사회복지사 1급 합격은 메인에듀

2026 사회복지사 1급 기본 핵심 이론서

2교시 사회복지실천

사회복지실천론
사회복지실천기술론
지역사회복지론

이상혁 편저

최신 법령 최신 정책 출제 기준 반영

독학으로 합격이 가능한 필수교재

합격에 필요한 핵심이론 완벽정리

단원별 실전 기출문제 수록

동영상 강의 mainedu.co.kr

머리말

21세기로 접어들면서 사회보장의 중요성은 더욱 커지고 있다.

최근 한국 사회에서 사회복지라는 화두는 가장 중요한 프레임으로 거론되고 있다고 해도 과언이 아니다.

이처럼 사회복지가 급부상하는 이유는 국민들의 인간다운 생활을 할 권리에 대한 사회복지정책과 서비스에 대한 열망에서 비롯되었다고 할 수 있다.

지난날의 한국 사회를 보면 경제성장을 주도로 한 소득성장과 비례해 근로자의 삶도 함께 성장했다고 볼 수 없다. 현재 한국 사회에서는 다양한 사회적 위험들이 공존하고 있다. 한국의 경제 수준은 날로 발전하고 있지만 소득 수준의 양극화는 오히려 심화되고 있다. 구체적으로 정규직과 비정규직 문제, 근로 빈곤층의 증가 등 노동시장의 구조적 문제, 양성평등을 기반으로 한 여성들의 사회진출과 맞벌이 부부의 증가로 인한 노인, 아동에 대한 사회적 케어 욕구 또한 늘어나고 있는 추세이다.

이와 같은 사회구조의 변화와 다양한 사회문제 발생이 사회복지정책과 서비스에 대한 욕구로 분출되고 이슈화되고 있다.

이러한 상황에 발맞추어 사회의 많은 자원이 사회복지 분야에 투입되고 있으며, 그 자원을 바탕으로 다양한 정책과 프로그램들이 개발, 시행되고 있다.

사회복지사는 1970년대 사회복지사업 종사자로 시작하여 1983년 5월 사회복지사업법이 개정되면서 사회사업가 또는 사회사업종사자라는 명칭이 사회복지사업의 전문지식과 기술을 가진 사회복지사로 규정되어 사회복지사 자격증이 교부되기 시작하였다.

그리고 2003년부터 시작된 사회복지사 1급 자격 시험은 사회복지사로서 갖추어야 할 전문적인 지식과 기술을 국가시험을 통해 검증하고 이러한 자격을 갖춘 사람을 사회복지사로 인정하기 위함이었다.

이 책은 사회복지사의 전문지식을 향상시키는 데 필요한 학습효과를 증대하고, 방대한 양의 내용을 좀 더 효과적으로 공부할 수 있도록 구성하였다. 뿐만 아니라 이론적 요소에서 이해를 쉽게 하고 집중력 향상을 높임으로써 효율적인 학습 효과를 얻을 수 있도록 하였다.

그리고 이론의 각 내용마다 사회복지사로서 알아야 할 가장 기본적인 사항들과 사회복지사 1급 국가고시 출제 경향이 높은 내용을 중심으로 핵심적인 내용을 요약하였다. 또한 방대한 양의 사회복지사 이론을 조금 더 효율적으로 공부할 수 있도록 많은 전공서적과 수험서적에 기반, 각 이론의 핵심내용을 정리함으로써 실전에 대비하였다.

모쪼록 이 책이 사회복지사 1급 준비 수험생들에게 길잡이 지침서가 되길 바란다.

편저자 이상혁

1. 시험일정 : 매년 1회 시행

○ 시험일정은 한국산업인력공단 홈페이지(www.Q-Net.or.kr/site/welfare/) 참조

2. 응시자격

1. 「고등교육법」에 따른 대학원에서 사회복지학 또는 사회사업학을 전공하고 석사학위 또는 박사학위를 취득한 자

   ※ 시험 시행연도 2월 말일까지 학위를 취득한 자 포함

   ※ 다만, 대학에서 사회복지학 또는 사회사업학을 전공하지 아니하고 동 석사학위를 취득한 자는 보건복지부령이 정하는 사회복지학 전공 교과목과 사회복지 관련 교과목 중 사회복지현장실습을 포함한(2004. 07. 31 이후 입학생부터 해당) 필수과목 6과목 이상(대학에서 이수한 교과목을 포함하되, 대학원에서 4과목 이상을 이수하여야 한다), 선택과목 2과목 이상을 각각 이수하여야 한다.

2. 「고등교육법」에 따른 대학에서 보건복지부령이 정하는 사회복지학 전공 교과목과 사회복지 관련 교과목을 이수하고 학사학위를 취득한 자

   ※ 시행연도 2월 말일까지 학사학위를 취득한 자 포함

3. 법령에서 「고등교육법」에 따른 대학을 졸업한 자와 동등 이상의 학력이 있다고 인정하는 자로서 보건복지부령으로 정하는 사회복지학 전공 교과목과 사회복지 관련 교과목을 이수한 자

   ※ 시행연도 2월 말일까지 동등 학력 취득자 포함

4. 외국의 대학 또는 대학원(단, 보건복지부장관이 인정한 대학 또는 대학원)에서 사회복지학 또는 사회사업학을 전공하고 학사학위 이상을 취득한 자로서 "제1호" 및 "제2호"의 자격과 동등하다고 보건복지부장관이 인정하는 자

5. 다음에 해당하는 자로서 **사회복지사 2급 자격증을 취득한 자 중에서, 그 자격증을 취득한 날부터 시험일까지의 기간 동안 1년(2,080시간) 이상 사회복지사업의 실무경험**이 있는 자
   1) 「고등교육법」에 의한 전문대학에서 보건복지부령이 정하는 사회복지학 전공교과목과 사회복지관련 교과목을 이수하고 졸업한 자
   2) 법령에서 「고등교육법」에 따른 전문대학을 졸업한 자와 동등 이상의 학력이 있다고 인정하는 자로서 보건복지부령이 정하는 사회복지학 전공교과목과 사회복지관련 교과목을 이수한 자
   3) 종전의 「사회복지사업법」(법률 제14923호로 개정되기 전의 것을 말한다)에 따라 사회복지사 3급 자격증을 취득한 이후 3년 이상 사회복지사업의 실무경험이 있는 자

6. **결격사유**
   1) **다음 각 호의 어느 하나에 해당하는 자는 사회복지사가 될 수 없다.**
   (사회복지사업법 제11조의2)
      1. 피성년후견인 또는 피한정후견인
      2. 금고 이상의 형을 선고받고 그 집행이 끝나지 아니하였거나 그 집행을 받지 아니하기로 확정되지 아니한 사람
      3. 법원의 판결에 따라 자격이 상실되거나 정지된 사람
      4. 마약 · 대마 또는 향정신성의약품의 중독자
      5. 「정신건강증진 및 정신질환자 복지서비스 지원에 관한 법률」 제3조제1호에 따른 정신질환자. 다만, 전문의가 사회복지사로서 적합하다고 인정하는 사람은 그러하지 아니하다.
   2) **사회복지사의 자격취소 등** (사회복지사업법 제11조의3)
      ① 보건복지부장관은 사회복지사가 다음 각 호의 어느 하나에 해당하는 경우 그 자격을 취소하거나 1년의 범위에서 정지시킬 수 있다. 다만, 제1호부터 제3호까지에 해당하면 그 자격을 취소하여야 한다.
      1. 거짓이나 그 밖의 부정한 방법으로 자격을 취득한 경우
      2. 제11조의2 각 호의 어느 하나에 해당하게 된 경우
      3. 자격증을 대여 · 양도 또는 위조 · 변조한 경우
      4. 사회복지사의 업무수행 중 그 자격과 관련하여 고의나 중대한 과실로 다른 사람에게 손해를 입힌 경우
      5. 자격정지 처분을 3회 이상 받았거나, 정지 기간 종료 후 3년 이내에 다시 자격정지 처분에 해당하는 행위를 한 경우
      6. 자격정지 처분 기간에 자격증을 사용하여 자격 관련 업무를 수행한 경우

② 보건복지부장관은 제1항제4호에 해당하여 사회복지사의 자격을 취소하거나 정지시키려는 경우에는 제46조에 따른 한국사회복지사협회의 장 등 관계 전문가의 의견을 들을 수 있다.

③ 제1항에 따라 자격이 취소된 사람은 취소된 날부터 15일 내에 자격증을 보건복지부장관에게 반납하여야 한다.

④ 보건복지부장관은 제1항에 따라 자격이 취소된 사람에게는 그 취소된 날부터 2년 이내에 자격증을 재교부하지 못한다.

3. 시험과목 배점 및 합격자 결정기준

1) 시험과목

<table>
<tr><th>구분</th><th>시험과목(3과목)</th><th>시험영역(8영역)</th><th>문항수</th><th>배점</th><th>시험방법</th></tr>
<tr><td rowspan="2">1</td><td rowspan="2">사회복지기초
(50문항)</td><td>인간행동과 사회환경</td><td>25</td><td rowspan="2">1점/1문제
(총 50점)</td><td rowspan="8">객관식
5지택일형</td></tr>
<tr><td>사회복지조사론</td><td>25</td></tr>
<tr><td rowspan="3">2</td><td rowspan="3">사회복지실천
(75문항)</td><td>사회복지실천론</td><td>25</td><td rowspan="3">1점/1문제
(총 75점)</td></tr>
<tr><td>사회복지실천기술론</td><td>25</td></tr>
<tr><td>지역사회복지론</td><td>25</td></tr>
<tr><td rowspan="3">3</td><td rowspan="3">사회복지정책과
제도
(75문항)</td><td>사회복지정책론</td><td>25</td><td rowspan="3">1점/1문제
(총 75점)</td></tr>
<tr><td>사회복지행정론</td><td>25</td></tr>
<tr><td>사회복지법제론</td><td>25</td></tr>
</table>

※ 시험관련 법령 등을 적용하여 정답을 구하여야 하는 문제는 당해연도 시험시행일 현재 시행중인 법령을 기준으로 출제함

2) 합격자 결정 방법(「사회복지사업법」 시행령 제3조제5항)

- ○ 시험의 합격결정에 있어서는 매 과목 4할 이상, 전 과목 총점의 6할 이상을 득점한 자를 합격예정자로 결정
- ○ 사회복지사 1급 국가시험 합격예정자는 한국사회복지사협회에서 응시자격 서류심사를 실시하며, 응시자격 서류를 정해진 기한 내에 제출하지 않거나 심사결과 부적격자인 경우에는 최종불합격 처리함
- ○ 최종합격자 발표 후라도 제출된 서류 등의 기재사항이 사실과 다르거나 응시자격 부적격 사유가 발견될 때에는 합격을 취소함

4. 원서접수 안내

1) **접수방법** : 인터넷 접수만 가능

 ❍ 큐넷 사회복지사1급 홈페이지(www.Q-Net.or.kr/site/welfare/)에서 접수

 ❍ 원서접수 시 **최근 6개월 이내에 촬영**한 여권용 사진(3.5㎝×4.5㎝)을 파일(JPG·JPEG 파일, 사이즈: 150 × 200 이상, 300DPI 권장, 200KB 이하)로 등록 (기존 큐넷 회원의 경우 마이페이지에서 사진 수정 등록)

 ※ 인터넷 활용 불가능자의 내방 접수(공단지부 · 지사)를 위해 원서접수 도우미 지원 가능하나, 코로나-19 감염 예방을 위하여 방문 자제 요망

 ※ 단체접수는 불가함

 ❍ 시험 장소는 수험자가 원서접수 시 직접 선택

 ❍ 원서접수 마감시각(**접수마감일 18:00**)까지 수수료를 결제하고 수험표를 출력하여야 접수 완료

 ❍ **응시자격 서류심사는 필기시험 실시 후 합격예정자를 대상**으로 하기 때문에 원서접수 시에는 응시자격 서류를 제출하지 않음

 - 한국사회복지사협회에서 원서접수 전 응시자격 해당여부 사전안내(02-786-0845) 실시(사전안내 희망자에 한함)

2) 시험 시행지역: 전국 12개 지역

 ❍ 서울, 강원, 부산, 경남, 울산, 대구, 인천, 경기, 광주, 전북, 제주, 대전

3) 응시수수료 : 25,000원

 ❍ 납부방법: 전자결제(신용카드, 계좌이체, 가상계좌) 중 택1

 ※ 결제수수료는 공단에서 부담

4) 수험표 교부

 ❍ 수험표는 인터넷 원서접수가 정상적으로 처리되면 출력 가능하고, 수험자는 시험당일 수험표를 지참하여야 함

 ❍ 수험표 분실 시 시험당일까지 인터넷으로 재출력 가능

 ❍ 수험표에는 시험일시, 입실시간, 시험장 위치(교통편), 수험자 유의사항 등이 기재되어 있음

 ※「SMART Q-Finder」도입으로 시험전일 18:00부터 시험실을 확인할 수 있도록 서비스 제공

 ❍ 원서접수 완료(결제완료) 후 접수내용 변경방법 : 원서접수 기간 내에 접수취소 후 재접수하여야 하며, 원서접수 마감 이후에는 내용변경 및 재접수 불가

5. 수험자(일반수험자/장애인수험자)는 매년 사회복지사1급 국가시험 시행계획 공고를 통하여 매 과목 시험시간표와 입실시간을 반드시 확인하시어 차질이 없도록 하여 주시기 바랍니다.

6. 사회복지사1급 국가시험 중 시험관련 법령 등을 적용하여 정답을 구하여야 하는 문제는 시험 시행일 현재 시행 중인 법령을 기준으로 출제함

제1과목 사회복지실천론

사회복지실천론은 인간다운 생활을 할 권리를 현장에서 실천함으로써 인간이 그들의 문제를 해결하고 행복한 삶을 살아가는 데 필요한 실천적 활동이다.

사회복지실천론과 사회복지실천기술론은 과목의 특성상 서로 관련성이 많은 과목이기 때문에 실천 분야와 실천기술론 분야의 핵심을 잘 이해하고 있어야 한다.

실천론은 각각의 개념에 대한 내용, 역사적 흐름으로 한국과 외국의 역사가 교차되면서 출제되고 있으며, 사회복지사의 역할로서 갖추어야 할 이론적 지식, 클라이언트에 대한 접수, 사정, 면접에 대한 영역과 사례관리 등 전 영역에 걸쳐 고르게 출제되고 있다.

사회복지실천론을 효과적이고 효율적으로 공부하기 위해서는 전 영역을 공부하되 영역별 핵심 부분을 잘 이해하고 있어야 하며, 다음의 사항들을 고려하여 수험준비를 할 필요가 있다.

1. 사회복지실천에 대한 실질적인 이론의 습득이 필요하다. 각 학문들에 대한 전반적인 개념을 숙지를 하고 있는지에 대한 문제가 출제되고 있다.
2. 사회복지실천현장에서 실천기술을 위해 사회복지사가 갖추고 있어야 할 지식으로 상황별 판단을 위한 지식을 묻는 문제들로 현장의 개념, 영역, 분류, 특성 등이 출제되고 있다.
   사회복지사의 역할로 자질과 기술, 개입수준 등에 대한 이해가 필요하다.
3. 역사 문제는 매회 빠지지 않고 출제되고 있으며, 현대사와 외국의 역사가 꾸준히 출제되고 있다. 특히 역사 문제는 암기적인 요소가 많아 공부하는 데 어려움이 있는 분야이기도 하다.
4. 사회복지실천 대상의 각 체계들을 정리해야 하며, 통합적 접근에 따른 각 학자의 실천모델에 대해 정리해야 한다.
5. 면접의 방법과 기술은 실천기술론과 중복되는 부분이 많아 두 과목을 함께 공부하는 것도 효율적일 수 있다. 면접은 내부적으로 클라이언트를 접수하고 종결하는 과정까지 함께 연관되는 분야이므로 영역별 분리보다는 함께 정리해 두는 것도 효율적인 방법이라 할 수 있다.

최근 들어서 사회복지는 민간에 의한 복지전환이 확대되면서 민간영역 각 부문들에 대해서 역할과 기능이 중시되고 있는 상태로 이러한 부분들을 참조하여 세밀하게 살펴보고 넘어가는 것도 1급 시험을 준비하는 수험들에게 많은 도움이 될 것이다.

제2과목 사회복지실천기술론

사회복지실천기술론은 사회복지현장에서 필요한 구체적인 개념과 개입방법을 이해함으로써 사회복지현장에서 실제 사례로 적용시키기 위한 케어 기술이다.

또한 각각의 실천모델들, 현장에서의 클라이언트를 위한 사회복지사의 역할, 인테이크 과정에서 사회복지사가 사용할 실천기술과 사용도구들 및 클라이언트 가족에 대한 이해, 클라이언트를 위한 평가도구에 대한 실제 적용에 관한 이해가 요구되는 학문이다.

이 과목은 사회복지실천론과 과목의 특성상 서로 관련성이 많기 때문에 실천 분야와 실천기술론 분야의 핵심을 잘 이해하고 있어야 한다.

뿐만 아니라 사회복지실천 과목에 대한 전반적 이해가 선행되어야 하며, 각각의 클라이언트에게 사용할 모델들과 상담이론에 대한 정확한 이해와 실제 사례에 적용할 수 있는 능력을 충분히 습득해야 한다.

사회복지실천기술론을 효과적으로 공부하기 위해서는 다음과 같은 사항들을 유념하여 공부하기 바란다.

1. 사회복지사의 전문적 지식과 실천 개념의 특성 및 기술을 이해하고 있어야 하며, 윤리 및 가치에 대한 부분들을 잘 이해하여야 한다.
2. 각 모델별 기본개념, 모델의 개입과정, 개입기법들에 대한 이해와 각 학자들이 주장한 모델의 특성들을 이해할 필요가 있다.
3. 개입대상 실천기법으로 등장배경, 개인대상 사회복지실천의 목적 및 특징, 관계형성과 의사소통의 기본기술을 활용할 수 있어야 한다.
4. 가족에 관한 케어는 가족사정의 방법과 도구, 가족실천의 초기과정, 중간과정, 중간과정에 필요한 가족치료모델과 관련된 각 모델의 특성을 이해하여야 한다.
5. 집단대상을 위한 실천기법으로 집단의 유형, 접근방법, 집단의 역동성, 발달단계에 대한 이해가 필요하며, 특히 발달단계는 개념과 특성을 잘 습득하고 있어야 한다.

사회복지실천기술론은 우선 사회복지실천에 대한 이해와 각각의 모델들에 대한 용어와 실천기술을 확실히 이해함으로써 사례에 적용할 수 있는 능력을 습득한다면 사회복지 1급 시험을 준비하는 수험들에게 고득점을 안겨줄 것이다.

제3과목 지역사회복지론

지역사회복지론은 기본개념에 대한 문제가 매년 출제되고 있으며 특히 지역사회의 개념과 유형, 각 모델 및 민간분야와 연관된 부분들이 많이 출제되고 있다.

지역사회복지실천에 관한 분야로는 지역사회복지실천의 가치, 윤리, 원칙 등에 대해서 세심한 정리가 필요하며, 우리나라 사회복지실천 역사에서는 근대와 현대사를 중심으로 출제가 증가하고 있다. 외국의 역사도 함께 정리해 놓아야 한다. 특히 자선조직협회와 인보관에 대한 개념을 정확히 알고 있어야 한다.

최근의 출제경향은 암기보다는 이론적인 개념의 이해와 응용을 바탕으로 한 문제들이 출제되고 있어 단순 암기보다는 이해를 잘 하고 있어야 문제를 쉽게 풀 수 있다.

지역사회복지는 전체적으로 각 영역에서 고르게 출제되고 있으며 자방자치제도, 분권화, 민영화 등과 관련된 지역사회복지의 흐름이 출제와 많이 연관되고 있다.

지역사회복지론은 다음 사항들을 고려하여 수험준비를 할 필요가 있다.

1. 지역사회복지이론은 기능이론과 갈등이론, 사회체계이론과 생태학이론, 사회교환이론과 자원동원이론, 사회구성론과 권력의존론, 다원주의이론, 엘리트주의이론, 가족주의이론, 국가주의이론 등에 대한 개념을 잘 이해해야 한다. 로스만 모델은 매년 출제가 되므로 각 모델에 대한 정확한 이해가 필요하다.
2. 지방자치, 민영화, 분권화에 대한 이해를 요하는 문제들이 많이 반영되고 있다. 사회행동의 전략에 관한 내용으로 정치적, 법적 전술 사용 등 지역사회와 연계된 사회행동의 개념을 이해해야 한다.
3. 지역사회 관련 사회복지사의 역할에 대한 전문성을 묻는 문제가 출제되고 있다. 또한 시험의 비중도 높아지고 있은 분야로 사회복지실천의 기술과 학자와의 관계를 혼동하지 않도록 정리해야 하며, 예시에 의한 사회복지사 역할과 실천기술에 대한 문제가 출제되므로 사회복지사의 역할에 대한 암기와 이해가 필요하다.
4. 사회복지 전달 주체가 중앙에서 지방으로 이전됨에 따라 지자체의 역할이 강화되었고, 이와 관련된 문제가 출제되고 있다. 지역사회복지협의체는 지역사회복지 협의회와 비교해 살펴볼 필요가 있다.

지역사회복지론은 지역사회복지의 개념과 지역사회복지 수립과정에 대한 내용을 이해하면 쉽게 해결할 수 있는 부문들이 많다.

제1영역 사회복지실천론_ 15

제2영역 사회복지실천기술론_ 203

제1영역 ı 사회복지실천론

Chapter 01 사회복지실천의 개념

제1절 사회복지실천의 정의

사회복지실천은 사회복지사가 사회적 안녕상태를 이루기 위해 필요한 구체적 서비스들을 개인, 집단, 가족, 지역사회를 대상으로 각자의 문제와 욕구를 스스로 해결할 수 있도록 돕는 전문적인 사회복지 활동이다.

즉 사회복지의 목적을 실현하기 위해 사회복지의 이념과 가치를 토대로 사회복지실천가인 사회복지사의 전문적인 실천활동을 의미한다. 사회복지사가 하드웨어라면 사회복지실천은 소프트웨어이다.

1. 사회복지실천에 대한 정의

① 메리 리치몬드(Mary Richmond, 1922) : 인간발달의 과정
인간을 둘러싸고 있는 환경과의 부조화나 갈등을 해소할 수 있도록 욕구를 충족시키고 사회규범에 적응할 수 있도록 돕는 활동이다.

② 핀커스와 미나한(Pincus & Minahan, 1973) : 체계 간의 상호관계
사회복지실천은 사람과 자원체계 간의 연결과 상호관계이다.

③ 미국사회복지교육협회(CSWE, 1994) : 권한 위임, 다양한 분야 서비스 제공
사회복지실천은 삶의 질을 향상시키고 빈곤과 억압을 감소시키기 위해 공적인 영역과 사적인 영역으로부터 권한을 위임받아 다양한 분야에서 사회적 서비스를 제공하는 것이다.

2. 사회복지실천의 의의

① 사회복지실천은 사회사업, 개별사회사업, 임상사회복지 또는 일반사회사업과 유사한 정의와 개념으로 설명할 수 있다.

② 사회복지사의 전문성과 실천성을 강조한다.

③ 사회복지 3대 방법론인 개별사업, 집단사업, 지역사회조직을 포괄한다.

④ 1917년 메리리치몬드(Mary Richmond)의 저서 사회진단에서 개별사회사업으로 표현되었다.

⑤ 1970년에 캐롤메이어(Carol Meyer)에 의해 사회복지실천이라는 말이 처음 사용되었다.

3. 복지(welfare)

1) 'wel(좋은, 만족스러운)' + 'fare(상태, 삶)' = 좋은 상태 or 평안한 삶

2) 다양한 정의

① Friedlander & Aptker : 국민 복지를 도모, 사회질서를 원활히 유지하는 데 필요한 사회적 제도

② Romanyshyn : 개인, 사회 전체의 복지를 증진시키려는 모든 형태의 사회적 노력

③ 전미사회복지사협회(NASW) : 사회문제의 예방과 해결 및 개인, 집단, 지역사회 복지 증진을 추구하는 모든 종류의 활동

4. '사회복지'의 특징

1) 제도로서의 사회복지

- 사람들에게 사회유지의 근원이 되는 사회, 경제, 교육 및 건강의 욕구를 충족시키도록 도와주는 그 나라의 프로그램과 편익 및 서비스 시스템을 말한다.
- 사회문제를 예방하거나 경감하고 또는 해결에 기여함으로써 개인, 집단, 가족, 조직, 공동체의 복지를 개선한다.

2) 학문으로서의 사회복지

- 인간의 욕구를 충족시키기 위해 지시과 기술을 사용하는 과학적, 체계적인 이론을 개입시키는 실천적 학문이다.
- 응용학문적 성격이 강하기 때문에 사회학, 심리학, 정신의학 이외에 다양한 학문들과 밀접한 관계를 맺고 있다.
- 사회복지학과 인접학문(사회학, 심리학, 정신의학, 정치학, 경제학, 문화인류학 등)

제2절 사회복지와 사회복지실천

(1) 사회복지와 사회사업

① 사회복지는 사회사업보다 더 포괄적인 개념이다.
② 사회사업 : 일차적으로 실천의 차원과 관련
③ 사회복지 : 사회사업+제도적인 부분이 포함
④ 사회복지실천 : 사회복지서비스를 제공하는 실천적인 활동

(2) 사회복지와 사회복지실천

① 사회복지실천은 사람들이 실체적 서비스를 획득하도록 돕는다.
② 개인, 가족, 집단에 상담 및 정신적 치료를 제공한다.
③ 지역사회나 집단을 대상으로 서비스를 제공, 개선하도록 돕는다.
④ 인간행동에 대한 지식과 사회. 경제. 문화적 제도, 이들의 상호작용을 알아야 한다.

제3절 사회복지 패러다임 변화

1. 로마니신 (Romanyshyn, 1971)

① 잔여적 관점 → 제도적 관점
일시적인 개념의 사회복지가 하나의 사회제도로서 정당한 지위에 놓일 필요성이 강조됨
② 자선 → 시민의 권리
19세기 중산층의 자선관을 반영한 사회복지의 개념이 시민혁명 이후 사회복지를 하나의 시민권의 개념으로 인식하게 됨
③ 특수성 → 보편성
사회복지는 빈민을 위한 서비스라는 인식 때문에 욕구 충족을 위한 제도, 프로그램으로 인식하게 됨
④ 최저 수준 → 최적 수준
사회복지의 보장 수준은 최저 수준에서 최적 수준으로 변화하게 됨. 이유는 사회의 생산력 향상, 절대적인 빈곤 개념을 상대적 빈곤 개념이 대체한 것

⑤ 개인변화 → 사회개혁
문제 발생 요인을 개인의 도덕적 · 기능적 결함에서 사회 구조적인 제도에서 찾는 관점으로 변화함

⑥ 자발적 자선 → 정부의 개입
16~17세기 영국의 빈민법, 19~20세기 미국의 사회복지 활동은 자발적 자선에 크게 의존하였지만 최근에는 정부의 개입이 증가하게 됨

⑦ 빈민에 대한 선택적 복지 → 복지사회
초기 사회복지는 빈민에 대한 복지 개념이었지만 현대는 모든 사회제도가 모든 개인의 발전에 기여하고 있는가에 관심을 갖는 복지사회의 개념이 강조되고 있음

2. 윌렌스키와 르보(Wilensky & Lebeaux, 1958)

① 잔여적 관점
- 사회복지는 일시적이며 보완적인 기능을 한다.
- 사회복지서비스는 일정수준 이하의 사람들에게 한시적, 선택적으로 제공한다.

② 제도적 관점
- 사회복지는 지속적이며 보편적인 기능을 한다.
- 모든 사람들이 각자 능력을 최대한 발휘하고 사회기능을 향상할 수 있도록 사회복지서비스를 제공한다.

제4절 사회복지실천

1. 리치몬드의 개별실천

개인에 대해, 개인과 환경 사이의 관계에 의한 의식적인 조정을 통해 개인의 인격발달을 이루어가는 과정

2. 전미사회복지사협회

개인, 집단, 지역사회 등 각자의 사회적 기능을 증진, 복구시키고 사회적 조건을 스스로 만들어 나갈 수 있도록 돕는 전문적 활동

3. 사회복지사 국제연맹

사회 내에서 존재하는 장벽, 불공정, 부정들에 관여

제5절 사회복지실천의 개념 : 6P(Perlman, 1957/1986)

문제를 가지고 있는 사람이 어떤 장소에 자신의 문제를 가지고 도움을 얻기 위해 찾아오게 되며, 사회복지사는 이때 클라이언트와 문제해결기능에 관여하게 되고, 나아가 문제해결에 필요한 자원을 보완해 주는 과정을 활용한다.

1. 문제(problem) : 클라이언트의 문제

① 개인과 사회환경 간의 상호작용 과정에서 발생하는 문제

2. 사람(person) : 상황속의 인간

① 개인과 사회환경 간 상호작용에 있어 변화를 필요로 하는 개인을 의미
② 사회복지실천에서는 어려움을 겪고 있는 사람들, 전문적인 도움을 필요로 하는 사람들인 클라이언트를 의미한다.

3. 장소(place) : 사회복지기관

① 사회복지사가 소속되어 있는 기관, 사실 해당 문제를 해결하기 위해 관여하는 기관이나 조직을 말한다.

4. 과정(process) : 실천과정

① 클라이언트의 문제를 해결하기 위한 초기 상담부터 종결까지 하나의 체계적인 문제해결을 위한 연결 고리이다.
*펄만은 문제해결모델을 사용하면서 다루어야 하는 내용을 위와 같이 정리하였고 이를

4P이론이라고 말한다. 이후에 펄만은 전문가와 사회적 지지나 재화, 관계 등을 제공하는 제공의 개념을 추가하여 6P로 확대하였다.

5. 제공자원

① 클라이언트에게 직·간접적으로 제공되는 인적, 물적 자원으로 유·무형의 서비스, 현물, 현금 등이 있다.

6. 전문가(professional)

① 클라이언트에게 직·간접적인 도움을 제공하는 사람

제6절 사회복지실천의 목적

사회복지실천의 궁극적 목적은 인간과 사회환경 간의 상호관계를 촉진하여 인간의 삶의 질을 향상시키기 위한 것이다.

1. 전미사회복지사협회(NASW,1958)

- 개인과 집단이 그들과 환경 간에 불균형 상태가 발생했을 때 문제를 찾아내어 문제의 어려움 정도를 감소시키거나 해결하도록 도와주는 것이다.
- 개인이나 집단이 그들과 환경 간에 불균형 상태가 일어날 수 있는 잠재적 문제를 미리 발견하여 예방하는 것이다.
- 개인과 집단과 그들과 환경 간에 불균형상태가 일어날 수 있는 잠재력을 발견하여 확인하고, 또 이를 강화시켜주는 것이다.

2. Baker & Federico(1978)

문제해결과 대처능력 중시, 사회구성원과 사회체계 사이의 건강한 상호작용 촉진, 사회제도는 사회구성원에게 적절한 서비스를 보장하는 사회체계 운영의 효과성 증진

3. 핀커스와 미나한(Pincus & Minahan, 1973)

- 개인의 문제해결 및 대처능력을 향상시킨다.
- 개인, 지역, 환경 내의 자원을 발견, 활용하여 서비스를 제공한다.
- 개인을 서비스와 자원 등 다양한 체계와 서로 연결한다.
- 체계들이 효과적.인도적으로 운영되도록 장려하고 촉진한다.
- 사회정책의 개발 및 발전에 이바지 한다.

제7절 사회복지실천의 목표

1. 전미사회복지사협회(NASW, 1982)

① 인간의 능력 향상(상담가, 교사, 행동변화가)
사회복지사가 개입을 통해 초기에는 가능하도록 하는 자로 서비스한다.

② 인간과 체계와의 종결(중개자)
사람과 그들이 상호작용하는 체제 사이의 관계에 초점을 둔다.

③ 자원과 서비스 체계의 운영과 효과성 증진(대변자, 프로그램 개발자)
체계간의 상호작용에 초점을 둔다(지도감독자, 조정자, 자문가)

④ 사회정책의 개발과 개선(계획가, 정책개발가)

2. 재스트로우(Zastrow, 1999)

① 사람들의 문제해결, 대처, 발달적인 능력을 신장시킨다.

② 사람들에게 자원과 서비스와 기회를 제공해 주는 체계와 연결한다.

③ 체계의 작동을 효과적이고 인간적이도록 해준다(옹호자 역할).

④ 사회정책을 개발, 개선하고 전문적 지식과 기술을 개발, 검증한다.

⑤ 위험집단에 권한을 부여하고 사회적,경제적 정의를 증진시킨다.

제8절 사회복지실천의 대상과 영역

1. 사회복지실천의 대상 및 영역의 다양성

1) 사회문제 영역에 따른 분류 : 빈곤, 비행, 범죄 등

2) 대상 중심 분류 : 지역(농촌, 도시영세지역), 성별(여성, 부녀자), 연령(아동, 청소년, 노인), 직업(근로자, 군인, 공무원)

3) 개입체계의 수준 : 미시적 차원 vs. 중시적 차원

① 미시적 차원

- 개인이나 집단을 대상으로 사회복지실천의 목적과 목표 달성을 위해 이루어지는 구체적, 전문적 활동 → 직접 실천

예) 상담 및 치료 프로그램 혹은 서비스, 실질적인 자원 제공 등

② 중시적 차원

- 집단과 지역사회를 대상으로 이루어지는 실천 → 직·간접 실천

예) 공동의 문제해결, 역량 강화 등의 활동을 실천

2. Friedlander & Aptker(1974) 서비스 영역에 따른 사회복지실천 개입의 차원

직접적인 서비스	개인, 가족, 집단 차원에서 복지 개입이 이루어짐
간접적인 서비스	기관 및 제도, 지역사회 차원에서 복지 개입이 이루어짐
지원적 서비스	공적 기관의 사회복지행정 등 지원적 성격의 개입이 이루어짐
조사	서비스 제공을 위한 조사활동

① 직접적 실천

클라이언트를 직접 만나서 도움을 제공하는 형태의 사회복지 개입

예) 상담, 집단활동 혹은 치료, 청소년을 대상으로 하는 예방교육, 부모교육이나 자문, 가족상담, 교사연수, 캠프 등

② 간접적 실천

클라이언트를 만나지 않고 간접적인 방법으로 서비스를 제공하거나 지원하는 형태의 사회복지 개입

예) 지역사회자원 조직 및 연계, 학교사회복지 공간의 쉼터 활용, 조사활동, 징계위원회 및 학교폭력자치위원회 참여, 복지 체계 개선을 위한 자문 활동 등

3. 일반적인 사회복지 영역과 확장된 사회복지 영역

1) 일반적인 사회복지 영역

공적사회복지	사회복지공무원이 수행
민간사회복지	아동, 노인, 장애인복지 등을 담당
보건의료복지	의료사회복지사나 정신보건사회복지사가 수행

2) 확장된 사회복지 영역

학교사회복지	학교에서 학생들의 지적·사회적·정서적 욕구 해결
자원봉사활동관리	자원봉사자들을 관리하고 이들을 위한 프로그램 개발 및 운영
교정사회복지	법무부 산하 교정시설에서 범죄인의 재활과 범죄예방에 개입
군사회복지	군대 내 환자의 상담과 복귀를 위한 복지업무
산업사회복지	기업체 노동자들의 복지문제 처리

01 다음 중 옳은 것은?

① 거시적 방법은 공식적인 조직체, 지역사회, 전체사회 등에 대응하는 실천방법이다.
② 중도적 방법은 개인, 가족, 소집단에 대응하는 실천방법이다.
③ 서비스의 종류에 따라 직접적 서비스, 간접적 서비스로 구분된다.
④ 미시적 방법에는 지역사회조직론, 사회행동, 사회계획 등이 있다.

해설 ②는 미시적 방법에 대한 설명이고, 서비스는 클라이언트의 접촉유무에 따라 구분된다. 그리고 ④는 거시적 방법의 예이다.

정답 ①

02 전통적 방법(예 : 개별사회사업)에 대한 내용 중 잘못된 내용은?

① 전문화 중심의 교육훈련은 사회복지사의 분야별 직장 이동에 도움을 주지 못한다.
② 전통적 방법은 지나친 분화로 서비스의 파편화 현상을 초래하였다.
③ 주로 포괄적인 문제에 대한 개입을 하였다.
④ 사회복지 전문직의 정체성 확립에 장애가 되었다.

해설 주로 제한된 특정 문제 중심의 개입을 했다.

정답 ③

Chapter 02

사회복지실천의 역사

제1절 서구 사회복지실천의 발달과정

서구 사회복지실천의 역사

태동기 (~1850)	출현기 (~1900)	확립기 (~1920)	분화기 (~1950)	통합기 (~1970)	발전기 (~1990)	확장기 (~현재)
구빈법	자선조직협회 인보관운동	전문성확립	3대방법론 진단주의 기능주의	통합방법론	모델다양화 사회행동	역량강화

1. 전문적 사회복지실천 이전 시기(태동기~19세기 중반)

사회복지실천의 역사적 배경은 영국에서 1601년에 제정된 엘리자베스 구빈법에 그 기원을 둘 수 있다.

1) 사회복지실천이 하나의 전문적 직업 영역으로 모습을 갖춘 시기 → 19세기 중엽

2) 사회복지실천이 대두된 사회적 배경

① 공업화 · 도시화로 인한 수많은 인구의 도시 유입
② 다수의 도시빈민 발생
③ 교회 중심 신흥 중산계층을 주축으로 많은 자선단체들의 산발적 활동
④ 다수의 사회복지기관 출현
⇒ 산발적 사회복지활동으로 인한 서비스 중첩, 소외, 배제, 비효율적 운영과 같은 문제 발생

3) 영국 자선조직협회(1869년)의 등장

① 빈민들에 대한 여러 비효율적 지원 조정

② 적절한 환경조사를 통한 효과적인 원조를 가능하게 한 기제

③ 자선조직협회는 1601년 제정된 영국의 엘리자베스 구빈법을 기반으로 하였고, 기독교적 도덕성을 강조

4) 미국 자선조직협회(1877년)의 성장

① 뉴욕 주 버팔로에서 시작하여 많은 도시로 빠르게 전파

② 민간기관들과 함께 개인과 가족에게 직접적인 서비스 제공

③ 재정적 지원 안내, 등록체제 확립

④ '우애방문원'을 중심으로 빈곤가족을 방문하여 가정생활지도, 아동교육, 가계경제에 대한 조언 등 제공

5) 자선조직협회의 의의 및 한계

의의	• 지역사회조직의 발전에 큰 영향을 미침 • 지역사회복지를 전문적으로 실시할 수 있는 근거 • 빈민의 중복지원 방지, 효율적 관리를 위한 유관기관 간 연계 • 빈민에 대한 면밀한 환경조사 실시 ⇒ **개별사회복지, 가족복지의 형성과 발전에 큰 영향**
한계	• 기독교적 도덕성을 강조하여, **문제의 원인을 개인에게서 도출** • 빈곤의 원인은 개인의 나태함이나 게으름 등에 있다고 보는 보수적 관점과 맥을 같이 함

6) 영국 인보관운동(1854년)의 등장

① 캠브리지대학과 옥스퍼드대학 학생들을 주축으로 빈민가의 삶을 체험

② 빈민들을 교육하고 변화시켜 가난으로부터 벗어나도록 돕는 사회운동

③ 1884년 런던 동부의 빈민지역에 세계 최초의 지역사회복지관 성격의 인보관인 토인비홀(Toynbee Hall) 설치

7) 미국 인보관운동(1886년)의 등장

① Coit에 의해 뉴욕 시에 도입

② 의과대학생이던 Addams와 Starr에 의해 1889년 미국 시카고에 헐 하우스(Hall House) 등 도시빈민지역의 사회운동으로 급속히 확산

③ 이민자들로 구성된 지역주민들을 대상으로 보육, 방문간호, 지역식당 등의 서비스 제공뿐만 아니라 언어, 예술 등과 같은 교육 프로그램을 제공

④ 문제지역과 빈민들을 보다 친밀한 이웃으로 생각하고 이들을 이해하고 돕기 위해 생활환경에 직접 들어가서 활동하였으며 주 활동가는 주로 대학생들이었다.
⑤ 주택의 개선, 공중보건의 향상, 빈민착취의 방지 및 해결 등 사회문제에 대한 공동 해결을 강조
⑥ 노동조합과 클럽 등의 회합 장소로도 활용
⑦ 인보관운동은 빈곤과 같은 문제의 원인을 환경에서 찾고자 하였으며, 개인과 사회환경과의 상호작용에서 개인이 어떻게 대처하는가에 따라 문제가 발생되기도 하고 해결될 수도 있다는 신념을 기반으로 하였다.

2. 사회복지실천 전문직 확립기(1900 ~ 1920)

1) 자선조직협회의 사회복지실천 전문화

① 1890년대 말부터 유료로 우애방문원 고용, 업무의 지속성과 책임감 고취, 역할 확대
② 사회복지실천을 위한 정규교육과정을 도제제도보다 한 단계 발전된 형태의 교육훈련 체계를 마련하였다.
㉠ 1898년 뉴욕 자선학교의 후원으로 마련된 6주 과정
㉡ 1919년 2년 과정의 17개 전문사회복지학교 설립
㉢ 대학 내 사회복지학에 대한 위상이 높아짐

2) Freud의 정신분석이론의 영향

① 사회복지실천의 기초이론 형성에 큰 영향
② 1910년 이후 확대된 '정신위생운동'을 통해 정신질환의 예방과 치료
③ 1917년 필라델피아 자선조직협회 Richmond의 『사회진단』
㉠ 사회복지실천에 관한 이론과 방법을 체계화한 최초의 교재
㉡ 정보수집을 통한 사례연구 방법, 수집된 정보로 문제를 진단하는 방법, 문제상황 예측 방법, 문제해결을 위한 개입 방법, 실행 방법 등을 체계적으로 제시

3) 사회복지실천 전문지식을 통한 전문화

① 1928년 밀포드(Milford) 회의에서 '개별사회사업(social casework)' 방법을 기본으로 실천에 있어서 공통영역 요소 발표
㉠ 개인의 사회력(social history) 파악
㉡ 치료(treatment)를 통한 개입
㉢ 문제를 지닌 클라이언트가 사회규범에 적응(adjustment)하도록 원조
㉣ 자원 활용

ⓜ 클라이언트의 자아정체성에 대한 인식 확립
ⓗ 클라이언트의 사회적 기능 향상

② 사회복지실천의 전문화
㉠ 전문적인 사회복지실천이론의 개발
㉡ 사회복지조직 혹은 단체에 유급직원 배치 확대
㉢ 전문적 복지확립을 위한 다양한 사업 전개
㉣ 사회복지 관련 단체를 전국 규모로 확대하는 등 통합적인 전문직 확립

③ 특히 그 당시의 사회복지실천가들은 사회구조적 변혁을 꾀하기보다는 개인 중심의 문제해결에 초점을 맞춘 실천 활동이 주를 이루었다. 이처럼 개인 경험 중심의 정보수집, 라포(rapport) 형성 기술의 발전은 클라이언트의 인격과 개별성에 대한 존중을 바탕으로 했다는 점에서 사회복지실천의 발달에서 중요한 의미를 갖는다.

3. 사회복지실천 전문직 분화기(1920 ~ 1950)

① 1929년 미국에서 시작된 대공황으로 혼란이 가중되었으나, 1933년 취임한 루즈벨트 대통령이 이끄는 정부는 뉴딜(New Deal)정책의 일환으로 연방정부의 적극적인 개입을 진행하였다. 이러한 시대적 · 사회적 상황에서 사회복지실천은 보다 다양한 형태와 이념으로 분화가 이루어졌다.

② 실천방법의 형태와 원리에 따라 개별사회사업, 집단사회사업, 지역사회조직론으로 분화되었다.

③ 이념적으로는 진단주의와 기능주의가 모두 발달하면서 대치하였다.

④ 실천방법의 형태 혹은 원리 측면(이영실 외, 2014)
㉠ 개별사회사업 : 개인 중심의 사회복지실천으로 개별사회사업에서 사회복지사는 사적인 영역에서 전문적인 사회복지실천을 추구하였다.
㉡ 집단사회사업 : 사회구성원 간의 상호작용을 강조하였다.
사회구성원 간의 상호작용이 강조되었고 그들 간의 경쟁보다는 협동에 초점을 두었으며, 특히 군대 혹은 사회복지기관에 집단을 지도하는 사회복지실천가가 고용됨으로써 집단지도가 발전하게 되었다. 이후 1946년 미국 사회복지회의를 통해 집단사회사업은 공식적인 사회복지실천기술로 인정되었다.
㉢ 지역사회조직 : 공공 복지기관이나 사회사업기관 중심으로 공공기관에서 활동하는 사회복지의 수가 증가하면서 지역사회실천이 전문화되어 지역사회조직이 사회복지실천의 방법론으로 정착하였다.

⑤ 학문적 영역

진단주의	• Freud의 **정신분석이론을 중심**으로 함 • 개인의 과거경험을 바탕으로 한 개별 접근에 대한 원리 제공 • **Hamilton(1940)의 사회복지실천의 과정** : 조사 - 진단 - 치료
기능주의	• 결정론적이고 기계적인 **진단주의 접근의 문제를 제기** • 인간의 **잠재력, 창조력, 문제해결 가능성을 중시** • 클라이언트의 개선된 기능회복을 목표로 하는 사회치료 강조

4. 사회복지실천 전문직 통합기(1950 ~ 1970)

1) 전통적 사회복지실천 접근의 한계

① 실천현장에서의 대립을 유발로 진단주의와 기능주의 간의 논쟁이 1950년대까지 지속되었다.

② 정신분석론적 관점 : 개인의 정신 내적 측면을 강조

③ 병리적 관점 : 클라이언트의 상황을 병리현상으로 인식

④ 단선론적 관점 : 문제 진단 후 단일 방법으로 처방·개입

그러나 과거지향적 실천방법으로는 변화하는 상황에 대응이 어려움을 알고 이에 Perlman(1957)은 문제해결 모델, Pincus와 Minahan(1973)은 4체계 모델, Compton과 Galaway(1984)은 6체계 모델을 제시하였다.

2) Perlman(1957)의 『개별사회복지실천 : 문제해결과정』

진단주의와 기능주의 양측 전문가들이 연구한 통합적 결과물을 제시하였으며, 시카고 학파의 효시가 되었다.

① 문제해결과정 : 일반적으로 개인이 문제를 해결하기 위한 노력의 과정과 별반 차이가 없음

② 개인을 둘러싼 요인들 사이의 영향력을 다방면으로 진단해야 함

③ 최근에 대두된 역동적 사정(dynamic assessment)과 유사하게 진단을 개념화하고 문제해결과정에서 클라이언트와 실천가 간의 관계가 중요하다는 점을 강조하고 있다.

3) 사회복지실천 관련 전문단체 통합

① 여러 개의 실천 단체들이 1955년 미국사회복지사협회(American Association of Social Workers)와 통합하여 단일화된 통합 전문단체인 전미사회복지사협의회(National Association of Social Workers)로 재정립

② 미국사회복지교육협의회(Council of Social Work Education)도 다른 교육협의회들을 통합
   ㉠ 1952년 개별사회복지실천에 더해 집단사회복지실천, 지역사회조직 방법론 인정
   ㉡ 1962년 윤리강령 제정, 기존 대학원 교육과정에 이어 학부 교육과정 개발
   ㉢ 1974년 학부 교육과정 인증제도 실시

5. 사회복지실천 전문직 확장기(1970 ~ 현재)

1) 이론과 모델의 다양화

① 진단주의와 기능주의 모두 심화된 이론체계로 진화
② 정신분석이론이나 개인중심 심리학에 더해 일반체계이론, 생태체계이론 등 사회복지실천 통합에 유용한 이론 등장
③ 통합적 관점에서 빈곤, 비행, 장애, 보건, 정신건강 등 다양한 문제를 다룸
④ 과제중심 모델, 강점관점, 역량강화, 임파워먼트, 체계이론 등에서는 병리적 관점보다 개인의 개발 또는 강점에 초점
⑤ 클라이언트의 상황에 맞는 역할과 개입전략의 다양성 중시

2) 1980~1990년 미국 : 복지국가 이행의 장애 시기

① 레이거노믹스(Reaganomics) : 조세와 정부의 공공정책 지출 삭감에 따른 사회복지 예산 삭감
② 빈곤과 불평등을 해결하는 사회적 노력을 단순히 사회적 안전망 정도로 인식
③ 공공복지 지출 감소는 사회적 약자인 아동과 여성들에게 더욱 치명적
④ 사회복지교육자들은 사회서비스 소비자들의 권익보호를 위하여 정치적 행동에 앞장섬
⑤ 1996년 미국의회는 '개인의 책임과 근로 기회 조정법(Personal Responsibility & Work Opportunity Act)'을 승인

3) 서구 사회복지실천 모델

모델	주요내용
기능주의	• 1930년대 Freud의 정신분석 이론을 중심으로 하는 진단주의 학파의 전통적 정신분석 이론에 대한 비판으로 대두 • Rank, Smalley, Taft, Robinson 등이 대표 학자 • 인간을 보다 창의적이고 의지적인 존재로 보아야 한다고 주장 • 변화의 중심은 클라이언트에게 있으며, 사회복지사와 클라이언트 관계를 원조과정으로 봄

문제해결	• Perlman은 사회복지실천에서 문제해결 모델을 발전시킨 대표적 학자 • 클라이언트의 어려움은 문제에 있는 것이 아니라 문제를 해결하는 태도에 있다고 봄 • 사회복지실천의 변화표적을 '문제'로 인식하여, 사회복지실천이란 클라이언트가 자신의 문제를 정확히 평가, 판단하여 문제를 인식, 해결할 수 있는 능력을 향상시켜 주는 과정으로 봄 • 자아심리학, 실용주의 철학, 역할이론, 사회심리학, 문화인류학 등의 영향을 받음
위기개입	• 1944년 Lindemann을 시작으로, 70년대 Caplan의 지역사회 내 자연적 상호지지 체계와 Parad의 문제해결 접근법을 통한 위기개입 등 • 위기에 처한 클라이언트가 자신의 심리적 능력과 사회적 자원을 동원할 수 있도록 원조하는 것 • 스트레스 사건의 영향을 최소화하기 위한 심리사회 기능적인 접근방법 • 지역사회 정신건강운동, 계획적인 단기치료, 문제해결 접근법과 결합하여 과제중심 접근의 발달에 영향을 미침
과제중심	• 1970년대 초반 Reid와 Epstein에 의해 개발 • 시간 제한적인 단기치료에 대한 관심의 고조, 집중적이고 구조화된 개입형태의 선호 경향, 전통적 개별사회사업의 효과성 입증 못한 비판, 이론보다는 경험적 자료를 통한 개입의 기초 마련 움직임 등의 결과 • 단기간의 문제해결의 효과를 보게 하며 클라이언트가 문제라고 인식하고 도움이 필요하다고 표현하는 등 클라이언트의 요구 중시 • 부부갈등, 청소년비행, 학교부적응, 재가노인문제 등 다양한 실천현장에서 그 효과성과 효율성이 인정되어 옴
행동주의	• 1931년 Watson 이후, Jones, Pavlov, Hull, Dolloard와 Miller, Skinner, Bandura 등의 이론에 근거 • 주로 실험실을 중심으로 하여 얻어진 학습원리를 인간의 행동수정에 적용한 행동과학적 접근 • 개입의 목표가 달성되었는지의 여부를 분명히 하고 어떤 행동이 소거되고 획득되었는지를 객관적으로 분명히 알 수 있어, 사회복지실천과정에서 개입을 과학으로 발전시킴 • 사회화 접근과 영향을 주고받아 이후 인지행동주의 모델에 의해 강화되고 그 적용과정이나 방법이 다양해짐
임파워먼트	• 1976년 Solomon의 저서에서 최초로 등장하여, 70년대 일반체계이론과 생태체계이론을 기반으로 한 강점 지향의 중요성과 함께 강조되어 옴 • 이후 80년대와 90년대 Weik, Rapp, Sullivan, Kisthard, Saleebey 등의 학자에 의해 발전됨 • 사회복지실천에서 사회적 약자들이 받는 억압이나 차별을 해소시키는 개입의 기본적인 준거틀로 발전 • 클라이언트의 문제보다는 해결점을 발견하고 강점을 강화시키는 데 초점 • 인간에 대한 낙관적인 시각을 가지고 환경 속의 인간이라는 관점에 기초하여 클라이언트 개인과 집단, 지역사회 등 환경 안에서 강점을 최대한 발휘하도록 돕는 것이 중요

제2절 한국 사회복지실천의 발달과정

1. 태화기독교사회관(1921년 설립) : 우리나라 최초의 사회복지관

2. 사회복지실천 전문화 이전기(1950 ~ 1960년 초반)

1) 외원사회사업기관과 한국외원단체협의회 중심 개별사회사업실천 등 시작

① 시설 중심의 수용 및 보호를 중심으로 한 구제활동이 주를 이루었다.

② 서구사회의 선진 사회복지실천 기술이나 모델을 전파·정착시키는 데 한계

③ 1960년대 후반부터는 많은 외원단체가 한국을 떠나 실제적인 한국 사회복지실천 발달에 견인차가 되기에는 역부족

④ 외원사회사업기관

한국전쟁을 전후로 기독교아동복지회(Christian Children Fund, CCF), 선명회(World Vision of Korea), 홀트아동복지회(Holt Adoption Program, HAP) 등으로 외원단체의 활동목적은 사회복지실천 고유의 목적이 아니라 종교적인 선교활동이었다고 할 수 있다.

2) 교육부문에서도 사회복지 학문 도입 시작

1947년 이화여대 기독교사회사업학과, 1953년 강남대, 1956년 대구대, 1959년 서울대에서 사업사업학과를 개설하였으며, 교과과정은 개별사회사업, 집단사회사업, 지역사회조직 중심이었다.

3. 사회복지실천 전문화 도입기(1960년 초반 ~ 1990년 초반)

1) 사회복지실천 전문직 단체

① 1965년 한국 Caseworker협회 → 1977년 한국사회사업가협회 → 1985년 한국사회복지사협회

② 1960년대 중앙대학교, 한국사회사업대학교(현 대구대학교), 성심여자대학교(현 가톨릭대학교), 서울여자대학교, 숭실대학교, 부산대학교 등 더 많은 학교가 사회사업학과를 신설하였다.

③ 1965년 한국사회사업교육연합회(現 한국사회복지교육연합회)가 태동하였다.

2) 1970년대 사회복지실천 활동이 대학생들의 봉사활동과 연계

YMCA, YWCA

3) 법적 기반 마련

① 1970년「사회복지사업법」 제정 : 사회복지사업 종사자 자격제도 마련
② 1983년 사회복지사 자격제도로 변경, 1987년 사회복지전담요원 배치
③ 1989년 사회복지관을 설치·운영할 수 있는 법적 기반 마련

4. 사회복지실천 전문화 확장기(1990년 초반 ~ 현재)

(1) 대학 교육과정의 다양화, 세분화로 미시·중시·거시적 차원의 실천접근이 이루어졌다.

(2) 사회복지실천의 발전과정

① 지역사회복지 영역

- 1970년 사회복지사업법 제정
- 1983년 사회복지사업법 개정(사회복지관 설립 및 운영 지원)
- 1985년 시도단위로 종합사회복지관 설립
- 1989년 사회복지관 설치운영 규정
- 1991년 영구임대아파트 내 사회복지관 건립 법제화
- 1992년 재가복지봉사센터 전국적 설치, 운영
  (한국노인복지회 : 198년 초 가정봉사원 파견사업 실시)
- 2003년 사회복지사업법 부분개정(지역사회복지협의체 설립 근거, 지역단위의 복지계획을 수립)
- 2005년 지역사회복지협의체 시행

② 공공영역

- 1987년 사회복지전문요원 배치
- 1999년 일반직(사회복지직) 사회복지전담공무원으로 전환
- 2000년 사회복지전담공무원 전직 시행

③ 그 외

- 1997년 개정된「사회복지사업법」 의거 1999년 입학생부터 1급 사회복지사는 국가시험에 합격해야 자격 부여
- 1996년부터 한국사회복지사협회 주관 '임상사회복지사(現 전문사회복지사)'
- 한국정신보건사회사업학회 주관 '정신보건사회복지사'

- 2005년부터 실시되어 온 '학교사회복지사'
- 2008년부터는 사회복지사 의무보수교육이 법제화되어 사회복지실천가들의 전문성 향상과 함께 지속적 역량강화를 위한 기반이 마련되었다.

01 다음 보기의 ( ) 안에 들어갈 가장 적절한 단어는 무엇인가?

> 우애방문자는 (㉠) 직원을 지칭하는 호칭으로 사회복지사의 효시이다. 일차적인 활동은 욕구 있는 가정을 조사하고, 문제 원인을 판명하여, 문제해결 방법을 알려주는 것인데, 가장 마지막 수단으로 도움을 받을 만한 가치 있는 클라이언트에게 물질적인 도움을 제공하였다. 우애방문은 (㉡)(으)로 대체되어 점차 전문화되었다.

① ㉠ 인보관 - ㉡ 개별사회사업
② ㉠ 자선조직협회 - ㉡ 개별사회사업
③ ㉠ 자선조직협회 - ㉡ 집단사회사업
④ ㉠ 인보관 - ㉡ 지역사회복지
⑤ ㉠ 자선조직협회 - ㉡ 임상사회사업

해설

정답 ②

02 사회복지실천의 역사적 발달과정을 발생한 순서대로 옳게 나열한 것은?

> ㄱ. 밀포드(Milford) 회의에서 사회복지실천의 공통요소를 발표하였다.
> ㄴ. 사회복지사업법에 따라 국내에서 사회복지사 명칭을 사용하기 시작하였다.
> ㄷ. 태화여자관이 설립되었다.
> ㄹ. 사회복지전문요원이 국내 행정기관에 배치되었다.

① ㄱ - ㄴ - ㄷ - ㄹ
② ㄱ - ㄷ - ㄴ - ㄹ
③ ㄱ - ㄷ - ㄹ - ㄴ
④ ㄷ - ㄱ - ㄴ - ㄹ
⑤ ㄷ - ㄱ - ㄹ - ㄴ

해설 밀포드회의(1929), 사회복지사 명칭사용(1983), 태화여자관(1921), 사회복지전문요원(1987)

정답:④

03 ( )는 문제의 원인을 개인에게 두고 빈민을 도와야 하나 가치 있는 빈민과, 가치 없는 빈민으로 나누어지며 가진 자들이 베푼다는 측면에서 접근하였다. ( )는 무엇을 지칭하는가?

① C.O.S(자선조직협의회)
② 인보관운동
③ C.O(지역사회조직사업)
④ 사회사업정책

해설 선별주의에 입각한 빈민구호는 C.O.S이다.

정답 ①

Chapter 03

사회복지실천 관련 주요이론

제1절 사회복지실천에서의 이론적 틀

1. 사회복지실천의 목적

① 개인-환경 간 상호작용의 증진이다.

② 모든 사회구성원의 삶의 질을 향상시킨다.

③ '개인-환경'에 대한 인식으로 클라이언트의 어려운 상황과 관련 요인을 어떻게 규정하는가, '개인-환경' 중 무엇에 더 의미를 둘 것인가를 의미한다.

④ 사회복지실천과 관련하여 실천의 포괄적 개념 틀로 인간행동과 사회현상을 설명하는 각종 이론들과 실천 관점들로 구성된다. 그 중 가장 상위 개념이 바로 사회복지실천을 위한 이론이다. 여기서 이론이란 사회복지실천 현장에서 발생하는 다양한 현상에 대한 설명을 제공함은 물론, 그 현상들을 둘러싼 각종 속성들의 특징과 원리를 제공하는 실천적 관점들, 구체적인 실천 모델이나 기술을 포함한 것이다.

⑤ 인간행동에 대한 설명과 인간행동 문제의 발생원인, 사회문제의 발생 원인과 과정 등 현상에 대한 포괄적인 설명의 기반이 되는 배경 지식으로 사회학, 심리학, 경제학, 행정학, 교육학 등의 학문 분야에서 차용하게 된다.

⑥ 인간의 행동과 심리 문제와 그에 영향을 미치는 사회환경의 문제를 어떻게 파악할지에 대한 지침을 제공한다.

2. 사회복지실천에 관한 다양한 이론적 관점

사회복지실천에 관한 이론적 틀은 사회복지실천 방법의 초기 모델이라 할 수 있는 Richmond (1917)의 「사회진단(Social Diagnosis)」속에 이미 함축되어 있던 개념으로 1950년대 이후부터 사회복지실천의 관점이 확립되었다.

① Gorden(1969)
환경이 제공하는 자원과 개인의 욕구나 성장 잠재력과의 조합을 이루어 내는 것이 사회복지사 활동의 초점이라고 하였다.

② Bartlett(1970)
사회복지사는 개인이 갖고 있는 대처능력과 그 개인에 대해 환경이 요구하는 것 사이에 균형을 이루어주기 위해 노력해야 한다고 보았다.

③ Germain & Gitterman(1980)
사회복지사들은 개인-환경 간 역기능적 교환에 개입해야 한다고 강조, 상호작용 양상을 변화시키기 위한 전략을 수행하는 것이라고 하였다.
Germain & Gitterman은 개인과 개인에게 영향을 주는 사회 · 물리적 환경 간의 역기능적 교환을 개념화하려고 노력하였으며, 사회복지사는 개인과 환경 사이의 역기능적 교환에 개입해야 한다고 강조하였다. 즉 사회복지사들은 어떤 때는 개인, 어떤 때는 환경, 다른 경우에는 개인과 환경 간의 상호작용 양상을 변화시키기 위한 전략을 구사하지만, 이 모든 전략들은 결국 개인 · 환경 간 상호작용의 성격을 변화시키기 위한 역할을 수행하는 것이라고 주장하였다.

사회복지실천의 관점이란 사회복지사가 인간행동과 사회환경 양자 간의 상호작용을 관찰할 때 사용하는 관념적 안목이다.

제2절 전통적 관점 vs. 통합적 관점

1. 전통적 관점

전통적 관점이란 개별사회사업, 집단사회사업, 지역사회사업으로 Freud의 정신분석학에 기반을 두고 병리적인 관점에서 단선론적인 관점을 보였다.

2. 통합적 관점

통합적 관점은 전통적 관점에서 벗어나 환경속의 인간에 대한 관점으로 일반체계이론과 생태학이론의 단초가 되었다.

제3절 생태체계적 관점

1. 생태학적 관점과 일반체계이론의 통합

1) 생태체계적 관점의 일반적 특성

① 인간행동에 관한 이해를 위해 인간과 환경이 어떻게 상호작용하는지를 설명하는 데 기본적 틀을 제공하는 관점으로 사회복지실천 분야에서 영향력 있고 포괄적 시각을 제공하는 중요한 패러다임으로 인식되어 왔다. 생태체계론, 생태적 체계론 등과 호환되어 사용되었으며 생태적 관점과 체계적 관점의 통합이다.

② 생태학은 유기체와 환경 간의 관계를 연구하는 생물과학으로 1866년 독일의 생물학자 Haekel에 의해 최초로 하나의 학문 분야로서 소개되었다(김동배, 이희연, 2003)

2. 생태학적 관점의 정의 및 특성

① 유기체와 환경 간의 관계를 연구하는 생물과학이다.

② 사회학 연구의 한 영역으로 1차 세계대전 이후 영향력 있는 이론적 개념으로 발달 하였다.

③ 환경과 유기체가 역동적인 평형상태를 유지하면서 성장하는 과정에 대한 관심이다.

④ 인간과 인간의 주변 환경간의 상호작용, 상호 의존성 또는 역동적 교류와 적응에 초점을 두고 있다.

⑤ 단선적 사고가 A와 B를 논할 때 A가 B의 변화에 기여한 영향만을 살피고, 그 과정에서 발생했을지도 모르는 A 자신의 변화에는 관심을 보이지 않는 반면, 생태체계적 사고는 A와 B 사이에 시간을 두고 지속되는 순환적 교환에 관심을 둔다. 즉 A가 B의 변화에 영향을 주고, B의 변화는 다시 A의 변화에 영향을 주며, 이 변화는 다시 B에 영향을 주어 B를 변화시킨다는 것이다.

⑥ 생태학적 개념은 인간과 환경 간의 상호관계를 규명하고자 하는 것으로 인간의 성장과 발달에 관심을 갖고 부적응적 환경의 생활 스트레스 인자를 다루어야 한다는 입장이다. 또한 생태적 관점은 인간의 욕구와 환경 자원 사이에 적합한 수준을 고양하는 것을 목적으로 한다.

3. 생태체계적 관점

1) 생태체계적 관점의 정의 및 특성

생태학적 관점과 일반체계이론을 병용하여 현상에 대한 인식을 높이려는 시도다.

전통적인 개입모델은 개인의 문제에 더 큰 비중을 두고 접근하는 데 반해, 체계모델이나 생태모델은 개인과 그들이 관여하는 다른 체계 또는 다양한 환경체계 사이의 상호작용에 문제의 요인이 있다고 본다. 그러나 인간은 그들이 처한 환경과 상호작용하는 과정에서 여러 가지 수준의 체계들과 동시에 교류한다는 관점이다.

사회복지실천의 시야는 개인의 가장 가까운 환경에서부터 시작하여 각종 수준의 사회환경, 자연환경, 생태환경에까지 확대되었으며, Compton & Galaway(1999)는 개인이 처한 개별상황, 미시수준(micro level) 환경, 중간수준(mezzo level) 환경, 거시수준(macro level) 환경 등 각 수준에 속한 체계는 그 수준보다 큰 수준체계 내에 놓여 있어 각 수준체계가 어떻게 기능하는지는 대개 높은 수준체계와의 상호작용 양상에 좌우된다고 보았다.

① 개인이 처한 개별상황

개인이 어느 특정한 순간에 경험하고 인지하는 부분적 환경이다. 이것은 우리가 직접 마주치는 환경이며 최근접환경과의 경험을 통해 외부세계에 의미를 부여하고 그 외부세계를 적절히 다루기 위한 특정한 행동을 발달시키게 된다(Magnusson & Allen, 1983).

② 미시수준 환경

전체의 물리적 · 사회적 환경 중에서 개인이 일상생활 속에서 직접 접촉하고 상호 교류할 수 있는 부분이다. 가족, 학교, 직장, 여가생활 등을 통해 개인이 경험하는 일상적 세계 등을 포함한다. 개인별로 독특성을 지니며, 다른 누구도 동일한 환경을 동일하게 경험하지 않는다. 인간의 행동 및 정서발달과 성장에 중요한 영향을 미치는 환경이다.

③ 중간수준 환경

미시수준 환경에 직 · 간접으로 영향을 주어 미시수준 환경의 성격과 기능을 결정한다. 학교의 구조, 운영과정, 정책결정과정, 규칙의 경직성과 유연성, 재단의 교육의지 등 학교의 일반적 특성, 직장 및 교회 등의 일반적 특성, 개인이 이용할 수 있는 지역사회 자원체계들의 성격 등이 포함된다.

④ 거시수준 환경

사회구성원 모두에게 공통적으로 해당되는 환경이다. 넓은 사회의 물리적 · 사회적 · 문화적 · 경제적 · 정치적 구조, 사회 전반의 기술 수준, 사회구성원이 사용하는 언어, 주택 수준, 법률의 성격, 관습의 내용, 사회의 내면적 규칙 등이 포함된다.

4. 생태체계적 관점 실천의 유용성

실천모델을 적용하기 이전에 문제현상을 사정하고 평가할 수 있는 구조와 준거 틀을 제공함으로써 일반적이고 통합적인 관점을 실천가들에게 제공할 수 있다.

즉 특정 개입방법이나 기술을 제시해주는 실천모델일 뿐만 아니라, 문제현상에 대한 전체적 성격과 다양한 변수들을 객관적으로 사정하고 평가하기 위한 관점이기 때문에 클라이언트와 관련된 정보 및 자료를 정리할 수 있는 구조를 제공한다.

생태도(eco-map)(Hartman, 1978)는 생태체계 관점을 반영하여 사회복지실천에서 유용하게 사용될 수 있는 도구로 동일한 삶의 공간 내에 존재하는 상호 관련되어 있는 체계들을 찾아서 그 체계들끼리 영향을 주고받는 양상들을 그림으로 묘사하는 실천도구이다.

이 지도 속에서는 개인 또는 가족 체계와 주변 관련 체계들 사이에 발생하는 자원과 에너지의 유입 및 유출상황, 갈등상황, 관계상황 등이 기록된다.

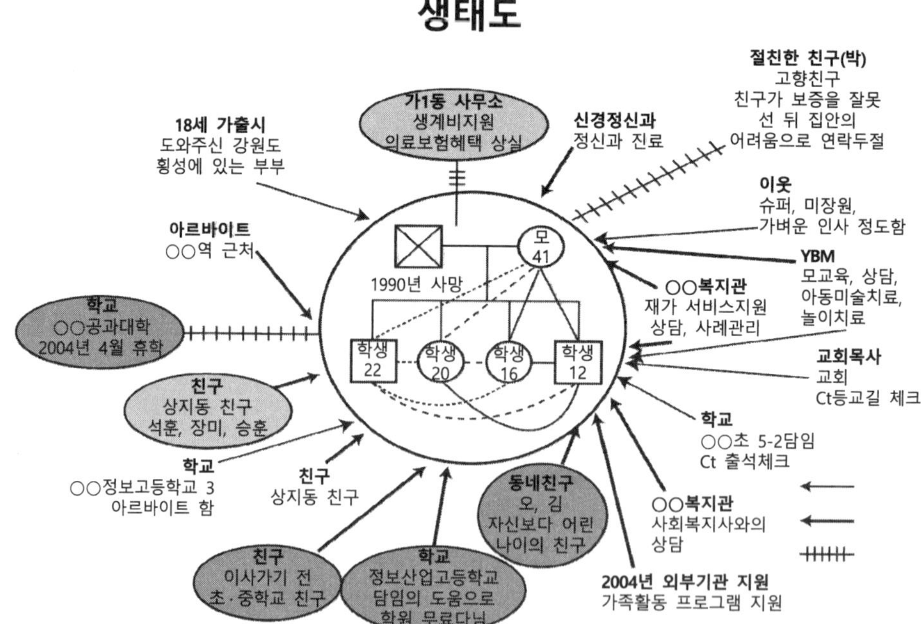

제4절 일반체계적 관점

1. 일반체계적 관점의 정의 및 특성

개인과 사회의 문제는 원인-결과의 관계로 해석되기보다는 상호 연결된 전체로 인식, 개인과 환경을 상호적 원인관계(reciprocal relationships)로 보았다.

① 인간체계란 상호의존적이며 상호 영향을 주고받은 부분(팔, 다리, 머리, 가슴, 정신, 지능, 마음 등)들로 구성된다.
② 하나의 행위는 상위체계, 하위체계로 파문효과가 있어 결국 관련 있는 모든 체계로 효과가 퍼져나간다. 그러므로 동일한 체계 구성 단위에 동일한 변화를 발생시키기 위해 사회복지사가 개입할 수 있는 방법은 여러 가지가 있을 수 있다.

2. 체계의 기본요소 및 활동과정

체계의 기본요소는 경계, 투입, 전환, 산출, 환류 등이다.

체계는 기본요소들(하위체계, 경계, 투입, 전환, 산출, 환류 등)을 통해 조직화, 상호작용, 통합되어 조직의 목적을 달성하기 위해 움직이면서 상호의존성, 전체성, 지속성, 조직성, 안정성의 속성을 가지고 투입 · 전환 · 산출 · 환류(피드백)의 과정을 거치게 된다.

① 경계는 선택된 구성요소를 둘러싸고 있는 관념적 동그라미 선으로 교수요원, 행정요원 등을 구분하며, 보이지는 않지만 우리의 관념 속에 존재하는 경계를 의미한다.
② 투입은 외부로부터 어떤 체계 내로 들어가는 에너지나 정보를 의미한다.
③ 전환은 투입물을 처리하여 체계의 기능 유지에 필요한 형태로 전환하는 작용을 뜻한다.
④ 산출은 전환활동을 통해 나타난 결과물이 체계 밖으로 나타난 것이다.
⑤ 환류(피드백)는 일련의 정보 투입이 일어나는 의사소통장치로 새로운 행위를 산출하거나 기존의 행위를 수정하는 자기 조절적 행위를 만들어내는 것이며, 그 체계가 스스로 목적을 향해 나아가도록 이끄는 역할을 한다.

3. 개방체계 vs. 폐쇄체계

1) 개방체계

① 개방체계
외부로부터 성장 및 발달에 필요한 정보나 에너지를 자유롭게 받아들임으로써 체계 자체의 기능을 유지 · 발전시킨다.

② 내부에서는 구성요소들간의 질서가 증가하며, 구성요소 나름대로의 다양성이 확대되어 각자의 잠재적 능력이 최대한 발휘한다.
사회복지의 관점에서는 개방체계가 고도의 질서와 방향인 안녕(well-being)을 지향하는 것이다.

2) 부적 엔트로피 또는 네겐트로피 상태

무작위 또는 무질서의 상태를 의미한다. 즉 시스템을 그냥 내버려두면 언젠가 엔트로피가 최대 수준까지 증가해 그 시스템은 기능을 정지하거나 해체되어 버린다는 것이다. 따라서 어떤 시스템이 계속 주어진 목적을 달성할 수 있기 위해서는 엔트로피의 증가를 억제하는 활동 또는 입력이 반드시 필요하게 되는데, 이것을 부적 엔트로피라고 한다.
사회과학에서의 엔트로피는 무작위 또는 무질서의 상태를 말한다.
〈출처 : 다음백과, 엔트로피 재구성〉

3) 폐쇄체계

① 다른 체계와 상호교류가 없는 체계로 정보나 에너지의 투입(input)과 산출(output)이 거의 없다.

② 폐쇄체계를 구성하고 있는 부분들은 시간이 지나감에 따라 구성원들 사이의 구별이 없어지게 되며 점차 동일성을 띠게 된다.

③ 폐쇄체계는 변화와 성장이 없는 엔트로피 상태에 이르러 고갈 또는 쇠퇴의 성격을 띠게 된다.

4. 사회복지실천에서의 다양한 체계

Pincus와 Minahan(1973)은 사회복지사가 실천 현장에서 함께 활동하게 되는 이러한 복잡하고 다양한 체계들을 다음과 같은 4가지 종류의 체계로 분류하여 제시하였으며, Compton과 Galaway(1999)는 여기에 전문가체계라는 것을 추가하였다.

① 변화매개체계
클라이언트의 문제 상황에 변화를 가져오는데 도움이 되는 관련 체계들과 함께 변화를 위한 실천을 하게 되는 변화매개(사회복지관, 상담실, 쉼터, 치료기관)

② 클라이언트체계
사회복지사에게 도움을 청하거나 어떤 문제해결을 위해 공동의 노력을 기울이겠다는 묵시적 계약 상태에 있는 사람(학생, 교사, 부모)

③ 표적체계
변화매개체가 활동목적을 달성시키기 위해 변화시킬 직접적인 대상

④ 행동체계
사회복지사의 활동목적을 달성하기 위해 공동으로 노력하는 모든 체계들

⑤ 전문가체계
사회복지사들의 전문가 단체나 조직

제5절 사회복지실천의 새로운 관점

1. 강점 관점(empowerment)

1) 강점 관점의 정의 및 특성

강점 관점의 전통적인 사회복지실천 개입 활동은 클라이언트의 문제상황을 면밀히 조사한 후 적절한 개입을 통해 문제를 해결해주는 방식으로 낙인(stigma)적으로 진단하고 분류하는 것을 피하고, 모든 인간의 광범위한 재능, 능력, 허용력, 기능, 자원, 열망을 신뢰한다.

① 강점 관점
과거의 결점, 병리, 역기능에 초점을 두어 낙인(stigma)적으로 진단하고 분류하는 것을 피하고, 모든 인간은 광범위한 재능, 능력, 허용력, 기능, 자원, 열망을 가지고 있음을 믿으며, 클라이언트로 하여금 변화에 대한 희망과 확신을 갖게 한다.

② Saleebay(2009)
"클라이언트가 갖고 있는 목적 및 꿈을 실현하게 하거나, 클라이언트 자신의 다양한 문제로부터 벗어나도록 돕는 사회복지실천 활동의 전 과정에서 사회복지사가 클라이언트의 강점과 자원을 발견하고 드러내어 묘사, 탐색, 활용하려는 총체적인 노력"이라고 정의하였다.

2. 강점 관점의 실천 원리

① 모든 개인, 집단, 가족, 지역사회는 강점을 가지고 있음을 신뢰한다.
② 어려운 상황이 도전과 기회가 될 수 있다는 신념을 키워준다.
③ 희망, 비전, 가치는 성장과 변화를 창출하며 이것을 무궁무진함을 인식시킨다.
④ 클라이언트와 상하관계가 아닌 협동적 관계를 형성한다.
⑤ 인간에 대한 신뢰 철학을 토대로 한다.
⑥ 강점 관점을 위해서는 사실과 상황에 대하여 병리적 진단과 평가보다는 클라이언트의 이해에 최우선하여 사정해야 한다. 강점 관점은 고질적인 정신장애인, 알코올 및 약물 중독자, 심각한 정서장애 아동이나 그 가족, 교정시설에 있는 죄수, 지역사회 설계, 정책 분석, 사례관리 등에 널리 활용된다.

3. 회복탄력성(resilience)

1) 회복탄력성의 정의 및 특성

① 동일한 어려움 속에서 어떤 사람들은 심각한 스트레스나 어려움을 경험하는 반면, 다른 사람들은 그럼에도 불구하고 해로운 영향 없이 견뎌낸다(Rutter, 1985)는 사실에 초점을 둔 것으로 역경을 극복한 사람들에게 적용되는 용어이다.
② 위험상황에서도 긍정적 발달 가능성에 초점을 두고 개인을 보호하고 역량을 강화하는 요인 확인의 중요성을 강조하는 개념이다.
③ 인간발달과 관련된 새로운 패러다임으로 최근 사회복지학, 교육학, 심리학, 정신분석학, 특수교육학 분야에서 아동 · 청소년, 가족, 장애인 등을 대상으로 관심이 확대되었다. 라틴어의 resiliere에서 파생된 resilience(회복탄력성)는 원래 물질이나 기관의 유연성과 신축성을 설명하기 위해 사용하던 용어로 자질의 목록이라기보다 '과정'으로 학습을 통해 성장할 수 있는 것이다.
④ 역경이라는 전제조건에서 내적 · 외적 자원을 활용하여, 긍정적인 발달을 통해 성장하고 강해지는 능력을 의미하며 아동 · 청소년의 회복탄력성 증진에는 학교가 결정적인 환경 역할을 한다.
⑤ 회복탄력성을 촉진하는 개인적 · 환경적 특성으로는 타인을 위한 서비스나 복지에 자신을 맡기고 현명한 의사결정, 자기주장성, 충동조절 및 문제해결을 포함하는 생활기술에 활용하며, 사고성과 친구를 사귀는 능력, 긍정적인 관계를 형성하는 능력이다.
⑥ 환경적 특성
- 친밀한 유대의 향상
- 교육을 중시하고 장려

- 온정적이고 비난을 적게 사용하는 상호작용 활용
- 분명한 경계설정과 집행(규율, 규칙, 법률)
- 많은 보살핌을 주는 외적 지지 및 자원들(신뢰관계 포함)
- 책임성의 공유, 타인을 위한 서비스, '필수적인 도움주기'의 향상
- 보건, 교육, 복지 안전 서비스의 접근가능성
- 성공을 위한 높고 현실적인 기대감 표현
- 목표설정과 성취 장려
- 이타적 가치와 협동성 같은 생활기술의 발달 권장
- 지도력, 의사결정 및 그 밖의 의미있는 참여기회를 제공
- 개인마다 독특한 재능 인정

제6절 임파워먼트(empowerment)

1. 임파워먼트의 정의와 관점

1) 개인적, 대인적 또는 정치적 힘을 증대시키는 과정

임파워먼트 실천을 위한 5가지 관점은 다음과 같다.

① 역사적 관점 : 억압의 역사를 학습
② 생태학적 관점 : 억압이 초래되는 자아와 환경에 대한 인식
③ 민족·계급적 관점 : 인종차별과 계급차별에 대한 인식
④ 성 인지적 관점 : 성에 따른 차별과 권력에 대한 인식
⑤ 비판적 관점 : 억압현상을 비판하고 개인과 사회 모두의 변화를 이끄는 방법과 전략을 개발

위와 같이 사회복지사는 클라이언트를 '자신의 생활이나 경험에 관한 누구보다 잘 아는 전문가, 인간 서비스나 정치면에 있어 자기 주장권을 가지고 자신에게 주어진 권한을 누릴 권리를 가진 시민이면서 주장자'라고 생각해야 한다.

2) 임파워먼트 효과

① 개인 수준 : 자존감, 자기효능감, 내면적 조절을 할 수 있다.

② 집단 수준 : 상호협력, 집단 정체성, 사회행동의 발달이다.

③ 지역사회 수준 : 잠재력 성장, 정의실현을 위한 정책과 제도를 변화시킨다.

3) 임파워먼트를 위한 사회복지실천 과제

사회복지사는 클라이언트의 억압받는 상황에 대한 비판적 인식을 가지고 접근한다.

또한 사회복지사는 클라이언트의 목소리를 경청하고, 그들과 협력관계를 형성하며, 객관적인 권력 분석을 통하여 케어해야 한다.

01 다음 중 옳지 않은 것은?

① 개인수준의 사회복지 실천에서 다루는 개인 클라이언트는 모든 개인과 특수한 개인 그리고 개인의 사회관계로 나눌 수 있다.
② 여기서 모든 개인은 어떤 구별도 인정하지 않음을 의미한다.
③ 특수한 개인은 기능과 역할을 제대로 하지 못하는 사람을 의미한다.
④ 클라이언트 체계로서 개인은 현실 속에 존재하는 그대로의 개인이어야 한다.
⑤ 클라이언트는 사회복지사에게 도움을 요청한 사람만을 의미한다.

해설 클라이언트들 중에는 비자발적인 클라이언트들도 있다. 이들의 경우 원조관계에서 클라이언트들을 참여시키고 클라이언트로 하여금 원조가 제공되는 사유를 이해하도록 하는 것이 사회복지사의 업무 중 하나이다. 정답 ⑤

02 생태도 작성에 관한 내용으로 옳은 것을 모두 고른 것은?

ㄱ. 용지의 중앙에 가족 또는 클라이언트체계를 나타내는 원을 그린다.
ㄴ. 중심원 내부에 클라이언트 또는 동거가족을 그린다.
ㄷ. 중심원 외부에 클라이언트 또는 가족과 상호작용하는 외부체계를 작은 원으로 그린다.
ㄹ. 자원의 양은 '선'으로, 관계의 속성은 '원'으로 표시한다.

① ㄹ
② ㄱ, ㄷ
③ ㄴ, ㄹ
④ ㄱ, ㄴ, ㄷ
⑤ ㄱ, ㄴ, ㄷ, ㄹ

해설 자원의 양은 원으로 관계는 선으로 표시한다. 정답 ④

03 집단체계의 설명 중 틀린 것은?

① 집단체계는 자연집단과 형성집단으로 나눠진다.
② 자연적 집단은 자발적인 형태로 모인 집단으로 가족, 동료, 친목회가 있다.
③ 형성집단은 외부의 영향이나 중재에 의하여 모인 집단으로 치료, 학급, 위원회, 클럽, 팀이 있다.
④ 집단체계는 집단으로 만나서 이기심과 경쟁심을 일으키기에 좋은 체계가 아니다.

해설 집단으로 만나면 서로 정보공유도 하며 상호작용으로 큰 효과를 얻을 수 있다. 정답 ④

Chapter 04 사회복지실천의 가치와 윤리

제1절 사회복지실천에서의 가치와 윤리

1. 사회복지실천

사상, 가치, 윤리의 관계에서 가치는 무엇을 선호하고 무엇을 싫어하는가에 대한 문제로 목표를 결정하게 한다. 또한 윤리는 도덕적 지침으로써 옳고 그른 것에 대한 개념으로 사회상황에 따라 변할 수 있다.

① 사상
어떤 영역에 대한 논리적이고 일관성있는 통일된 사고체계를 말한다. 이러한 사상에 따른 행위와의 관련성과 영향은 크며 가치와 윤리에 영향을 미친다.

② 가치
증명할 수 없는 주관적인 선호로 행동이나 목표의 선택 기준이 된다.

③ 윤리
무엇이 옳고 그른가에 대한 것으로 사회적 가치체계에 의해 영향을 받는다.

2. 한국 사회복지실천의 주요사상

① 기독교 사상 : 19세기 중반~19세기 말 영국과 미국의 자선조직협회, 인보관운동이 시작되었으며 우리나라는 1950년대 한국민간원조한국연합회(KAVA)가 들어왔다.

② 주요개념 : 인간존엄, 민족구원, 민주민권(평등사상), 구민경제

3. 사회복지실천의 가치

1) 가치의 딜레마

① 가치갈등의 유형

㉠ 가치상충

비슷한 사실인데 양자의 선택으로 인한 가치가 서로 대립하는 경우

ex) 필요한 가치에 대해 지불해야 할 비용을 지불하지 않는 것으로 예를 들면 자신이 잘못한 것에 대한 원인을 본인이 아닌 타인의 책임으로 전가하는 것

㉡ 의무상충

클라이언트에 대한 의무와 기관에 대한 의무 이 두 가지 의무가 충돌하는 경우가 있다.

㉢ 클라이언트체계의 다중성

클라이언트 문제의 복잡성으로 어떤 문제부터 해결해 나가야 하는가에 대한 문제로 무엇을 어떻게 접근하는가 하는 것이다.

㉣ 결과의 모호성

클라이언트에 대해 어떤 조치를 취했을 때 그 결과가 명확하지 않다.

㉤ 힘과 권력의 불균형

클라이언트는 일반적으로 힘과 권력이 상대적으로 적다. 그러므로 결정권이 자신이 아닌 타인에게 있고 이로 인하여 야기되는 가치의 갈등을 말한다.

2) 가치갈등의 문제에 대한 대응

① 가치갈등의 문제를 그대로 인식, 즉 문제가 있음을 인정한다.

② 사회의 법, 도덕 규범을 고려한다.

③ 사회복지사 자신의 가치를 어떻게 반영할 것인지를 판단할 필요가 있다.

④ 객관적으로 대처한다. 즉 사회복지사 자신의 가치관, 원칙을 세우는것이 필요하다. 왜냐하면 원칙을 세워놓은 상황에서 문제를 대처하는 것과 그렇지 않을 경우에는 큰 차이가 있기 때문이다.

⑤ 사회복지사에게 있어서 일반적으로 중요시 되는 가치

㉠ 인간존엄

사람의 개인차를 비롯한 독특한 존재로 인정하고 대처한다.

㉡ 자기결정

클라이언트 스스로 자신의 선택을 결정(즉 자기의 문제를 스스로 해결)하도록 도와준다.

㉢ 비밀보장

클라이언트의 사생활, 개인적인 삶에 관한 사항에 대해서 비밀을 보장해야 한다.

4. 사회복지사의 윤리강령의 주요윤리

① 전문가로서의 품위, 자질, 책임 - 품위유지, 스스로가 전문가에 합당한 인격을 갖추는 것이 필요하다.
② 전문직의 가치, 기술, 지식을 함양해야 한다.
③ 공공복지를 위한 성실성을 가지고 임한다. 영리목적의 사익을 추구해서는 안 된다.
④ 클라이언트의 권익에 우선하여 문제를 대처한다.
⑤ 클라이언트가 자기결정을 하는 데 있어서 이를 돕는 범위에서 도움을 주어야 한다.
⑥ 클라이언트에 대한 평등한 대우가 행해져야 한다.
⑦ 클라이언트의 사생활에 대한 비밀을 보장해야 한다.
⑧ 동료 사회복지사에 대한 존중과 신뢰가 필요하다.
⑨ 동료나 기관의 부정에 대한 합법적 대응과 고발에 따른 자기정화의 의무가 있다.
⑩ 사회복지 발전을 위한 협력적 참여가 필요하다.

제2절 사회복지실천에서의 윤리

1. 윤리의 정의

윤리는 사회적 의식의 한 형태로 인간이 마땅히 따라야 하는 규범의 총체이다. 또한 가치에서 비롯되며, 무엇이 옳고 그른가를 판단하는 기반이 되는 도덕적 지침이다.
예) 낙태는 잘못된 행위이며 법적인 책임을 물어야 한다.

2. 사회복지실천에서의 '윤리' 구분

① 사회적 윤리 : '모든 사람은 평등하게 존중 받아야 한다.'
② 전문가 윤리 : '모든 사람은 평등하게 존중 받아야 한다. 그러나 우선순위는 클라이언트의 이익에 주어져야 한다.'

3. 사회복지실천에서의 윤리적 가치

사회복지실천의 본질적 가치는 인간존엄성의 존중과 배분적 사회정의이다.

① 인간존엄성의 존중
인간존엄성의 존중이란 인간을 존엄한 존재로 생각하는 것이다. 이는 클라이언트의 개별화, 자기결정권, 비밀보장을 존중하는 수단적 가치와 직업적인 윤리의 토대가 된다.

② 배분적 사회정의
사회의 책임성과 참여를 중시하는 가치로 개인의 문제는 사회적 자원의 결핍이나 사회환경의 역기능적 영향에 의해 발생하는 것이기 때문에 사회는 사회적 자원을 공평하게 배분해 주어야 한다는 신념이다.

③ 인간의 존엄성 존중과 배분적인 사회정의는 사회복지실천의 이중적(double) 가치체계라 할 수 있다.

4. 전문직으로서 사회복지실천의 가치

① 인간생명의 존중
다른 사람들과의 차이 및 차별을 구분할 수 있는 인간의 존엄성과 개인의 독특함의 존중이다. 클라이언트의 존엄과 가치에 대한 믿음은 클라이언트의 권리가 존중받게 되는 것을 보증하는 약속으로 사회복지사는 클라이언트에 대한 수용을 보여주고 비밀을 유지할 수 있는 의무를 가져야 한다. 그리고 클라이언트의 다양성을 인정해야 한다.

② 자기결정권에 대한 클라이언트의 권리 인정

③ 비밀보장(전문적인 책임)
비밀은 상대적 비밀과 절대적 비밀로 나눌 수 있다.

㉠ 상대적 비밀
클라이언트에 대한 정보가 기관 내에서는 슈퍼바이저나 동료, 기관 밖에서는 클라이언트의 허락 하에 정보가 공유되며, 아동학대 관련 법률과 같은 법적 요구로 인해 법정에 정보가 공유되는 비밀이다.

㉡ 절대적 비밀
클라이언트의 이야기가 어느 누구와도 공유되지 않는 것으로 일반적으로 클라이언트는 상대적 비밀만을 보장받을 수 있다.

④ 클라이언트와 전문적 관계 형성
잔여적 대책이 아닌 제도적 대책을 지향하는 한편, 클라이언트와 전문적 관계를 맺는다.

클라이언트에게 잠재적으로 해를 끼칠 수 있는 이중관계를 피하고 전문적 관계를 맺는 데 초점을 맞춤으로써 사회적 · 경제적 정의를 추구한다. 서비스의 단위를 가족에게로 초점을 맞추며 서비스의 사회적 책임성을 지향한다.

제3절 사회복지사의 윤리강령

1. 사회복지윤리의 필요성(Reamer, 1995)

① 전문가 자신의 가치관과 다른 사람들의 가치관 사이에 어떤 공통점과 차이점이 있는가를 체계적으로 확인한다.
② 윤리적 딜레마의 실태를 이해하고 여기에 대처할 수 있는 능력을 갖춘다.
③ 다수의 상이한 가치들 사이의 관계정립 또는 위계설정을 지향한다.
④ 사회복지의 현행 주류 가치가 얼마나 정당한가를 반성하고 시대적 조류에 맞는 가치를 정립한다.
⑤ 사회복지실천 방법을 개발하거나 전문가의 전문경력을 발전시킨다.

2. 사회복지사 윤리강령의 주요기능 5가지(Lowenberg & Dolgoff, 1988)

① 실천에서 제기될 수 있는 윤리적 딜레마에 대한 지침을 제공
② 무능력한 실천가로부터 많은 사람들을 보호
③ 정부의 통제로부터 전문직을 보호
④ 전문가들이 조화롭게 일하도록 도움
⑤ 소송으로부터 전문가를 보호

3. 한국의 '사회복지사 윤리강령'

사회복지사 윤리강령(4차 개정 2023.04.11. 5차 개정 전문)

사회복지사는 인본주의 · 평등주의 사상에 기초하여, 모든 인간의 존엄성과 가치를 존중하고 천부의 자유권과 생존권의 보장 활동에 헌신한다. 특히 사회적·경제적 약자들의 편에 서서 사회정의와 평등·자유와 민주주의 가치를 실현하는 데 앞장선다. 또한, 도움을 필요로 하는 사람들의

사회적 지위와 기능을 향상시키기 위해 저들과 함께 일하며, 사회제도 개선과 관련된 제반 활동에 주도적으로 참여한다. 사회복지사는 개인의 주체성과 자기 결정권을 보장하는 데 최선을 다하고, 어떠한 여건에서도 개인 이 부당하게 희생되는 일이 없도록 한다. 이러한 사명을 실천하기 위하여 전문적 지식과 기술을 개발하고, 사회적 가치를 실현하는 전문가로서의 능력과 품위를 유지하기 위해 노력한다. 이에 우리는 클라이언트·동료·기관 그 리고, 지역사회 및 전체사회와 관련된 사회복지사의 행위와 활동을 판단·평가하며 인도하는 윤리기준을 다음과 같이 선언하고 이를 준수할 것을 다짐한다. [윤리강령의 목적] 한국사회복지사 윤리강령은 사회복지 전문직의 가치와 윤리적 실천을 위한 기준을 안내하 고, 윤리적 이해가 충돌할 때 고려해야 할 사항을 제시하고자 한다. 한국사회복지사 윤리강령의 목적은 다음과 같다.

① 윤리강령은 사회복지 전문직의 사명과 사회복지 실천의 기반이 되는 핵심 가치를 제시한다.
② 윤리강령은 사회복지 전문직의 핵심 가치를 실현하기 위한 윤리적 원칙을 제시하고, 사회복지 실천의 지침으로 사용될 윤리기준을 제시한다.
③ 윤리강령은 사회복지 실천 현장에서 발생하는 윤리적 갈등 상황에서 의사 결정에 필요한 사항을 확인하고 판단하는 데 필요한 윤리 기준을 제시한다.
④ 윤리강령은 사회복지사가전문가로서 품위와 자질을 유지하고, 자기 관리를 통해 클라이언트를 보호할 수 있도록 안내한다.
⑤ 윤리강령은 사회복지의 전문성을 확보하고 외부 통제로부터 전문직을 보호할 수 있는 기 준을 제공한다.
⑥ 윤리강령은 시민에게 전문가로서 사회복지사의 역할과 태도를 알리는 수단으로 작용한다.

[윤리강령의 가치와 원칙]

사회복지사는인간 존엄성과 사회정의라는 사회복지의 핵심 가치에 기반을 두고 사회복지 전문직의 사명을 다하기 위해 노력해야 한다.이러한 핵심 가치와 관련해 사회복지 전문직이 준수해야 할 윤리적 원칙을 제시한다.

4. 사회복지실천에서 윤리적 갈등과 결정

1) 윤리적 갈등의 유형 분류

① 가치의 상충 유형

두 개 또는 그 이상의 사회복지실천에 있어서 중요한 가치들이 상충되는 상황에 처하는 것이다.

예) 낙태, 출산, 이혼 - 결혼유지

② 의무의 상충 유형
서로 다른 의무 사이에서 갈등하는 경우이다.
예) 기관의 정책에 충실, 클라이언트의 이익에 최선 의무

③ 클라이언트 체계의 다중성
누가 최우선적으로 클라이언트가 되어야 하는지 결정한는 것이다.

④ 결과가 모호한 경우
장기적인 효과가 모호하고 불확실한 경우이다.

⑤ 권력이 불균형한 경우
클라이언트의 자기결정권, 의사결정에서의 참여와 미반영의 경우

5. 7가지 윤리원칙(Lowneberg, Dolgoff, & Harrington, 2000)

① 삶의 보호(생명 보호)
가장 중요한 윤리원칙으로 클라이언트의 자기결정, 삶의 존업성, 삶의 질과 같은 가치의 균형을 맞추어야 한다는 것이다.

② 평등과 불평등
사회복지사는 모든 사람을 평등하게 대하되, 상황에 맞게 보다 긴급한 욕구를 지닌 집단에게 우선적으로 집중하는 유연성도 발휘해야 한다.

③ 자율성과 자유
사회복지사는 클라이언트에게 최대한의 자율성을 보장하여 자기결정의 기초를 마련해 주어야 한다.

④ 최소한의 해
클라이언트 개인이 경험하는 해는 최소가 되도록 보장할 의무를 지닌다.

⑤ 삶의 질
인간의 욕구충족을 위한 자원에 접근할 수 있도록 하며, 인간다운 삶을 영위할 수 있는 환경을 마련해 주어야 한다는 것이다.

⑥ 사생활과 비밀보장
중요한 경우도 있지만 상대적으로 시급한 사안에 대해서는 사생활을 지키는 것보다 문제를 적극적으로 해결하는 것이 중요할 때도 있다.

⑦ 정직과 솔직함

여러 원칙들 중 가장 낮은 수준의 원칙이다. 왜냐하면 사회복지사는 말해야 할 필요가 있고, 인간의 삶을 보호해야 하는 상황에 직면하기 때문이다.

6. 윤리적 의사결정에 영향을 미치는 윤리 이외의 요소

① 조직적 요소

기관설립의 목적, 정책, 슈퍼바이저나 상급자의 지시 등

② 자원적 요소

클라이언트에게 제공할 자원 존재 여부

③ 개인의 속성

개인적 속성이나 가치에 의한 영향은 부정적이지만, 실제 현장에서 개인적 속성은 많은 영향을 미친다.

01 사회복지사가 갖추어야 할 클라이언트에 대한 윤리적 책임에 대한 설명으로 잘못된 것은?

① 사회복지사는 개인적인 이익을 위해 클라이언트와의 관계를 이용하지 말아야 한다.
② 사회복지사는 강력한 전문적 이유가 있을 때만 클라이언트의 동의 없이 전문가와 상의할 수도 있다.
③ 클라이언트에 의해 드러난 비밀을 다른 사람과 공유해야 한다.
④ 사회복지사는 클라이언트의 법에 저촉된 어떠한 행동에 대해서도 적극적으로 관여해야 한다.
⑤ 사회복지사는 사회적 서비스와 관련된 위험, 권리, 기회, 의무들을 클라이언트에게 알려야 한다.

해설 사회복지사는 클라이언트의 사생활을 존중해 주어야 한다.

정답 ③

02 다음에서 설명하고 있는 것은?

> 사회복지사가 자신의 가치, 신념, 행동습관, 편견 등이 사회복지실천에 어떤 영향을 미치는지 정확하게 이해하는 것이다.

① 자기지시
② 자기규제
③ 자기노출
④ 자기인식
⑤ 자기결정

해설 사회복지사의 전문성을 높이기 위한 자기이해라는 측면에서 사회복지사의 개인적가치관, 사회적 가치관의 관계를 분명하게 인식하는 것이 매우 중요하다.

정답 ④

03 인간의 존엄성을 존중하는 수단으로 개인의 자기결정권이나 비밀보장을 인정하는 가치는 어떤 가치에 대한 예인가?

① 학적 가치
② 수단적 가치
③ 차등적 가치
④ 결과우선 가치
⑤ 사람우선 가치

해설 궁극적 가치 : 사회나 시대상황에 관계없이 불변하는 가치는 인간의 존엄성, 사회정의 등이다.
차등적 가치 : 사회 문화적 영향이나 개인의 경험에 따라 찬반이 가능하다. 낙태, 동성애 등에 대한 개인의 가치가 여기에 속한다.
수단적 가치 : 궁극적 가치를 달성하기 위한 수단이나 방법으로 행동 지침이나 윤리로 나타난다.

정답 ②

Chapter 05 사회복지실천 현장

제1절 사회복지실천 현장의 이해

1. 광의와 협의 의미의 사회복지실천 현장

1) 광의의 사회복지실천 현장

사회복지실천 분야(field of practice)의 서비스 초점이 확대되어 이루어지는 것으로 실천 현장은 물리적인 장소의 개념 이상의 사회복지실천이 이루어지고 있는 전문 분야, 문제, 대상 집단 등을 모두 포괄한다.

① 대상별 분류 - 아동, 노인, 청소년, 여성 등
② 영역별 분류 - 약물남용, 의료분야, 정신건강 등
③ 장소별 분류 - 병원, 산업현장, 학교, 교도소 등

문제영역으로는 서비스 제공을 위한 직접적·간접적으로 관련된 모든 현장을 의미한다.

2) 협의의 사회복지실천 현장

사회복지실천이 이루어지는 구체적 장소로 사회복지기관이 대표적이다.

사회복지실천 기관은 클라이언트의 문제해결 과정에 중요한 영향을 미치며 사회복지사들의 활동을 규정하는 환경으로 기관의 목적, 기관을 설립한 주체 및 재원 조달 방식, 서비스 제공 방식, 서비스의 내용에 따라 분류할 수 있다(김혜란 외, 2003).

⇒ 클라이언트의 문제해결과 사회복지사의 활동 규정

2. 사회복지실천 현장의 분류

① 1차 현장과 2차 현장(기관의 목적에 따른 분류)

㉠ 1차 현장

기관의 일차적 기능이 사회복지서비스를 제공하기 위한 것으로 사회복지사가 중심이 되어 활동하는 실천 현장으로 지역사회 노인복지관, 사회복귀시설 등이 해당된다.

㉡ 2차 현장

기관의 일차적 기능은 따로 있으며, 필요에 의해 사회복지서비스를 제공한다. 의료기관, 교정시설, 학교, 읍 · 면 · 동의 주민센터 등이 해당된다.

② 공공기관과 민간기관(사회복지기관의 설립 주체와 재원의 조달 방식에 의한 분류)

㉠ 공공기관

정부지원으로 운영되며, 사회복지사 업무 또한 정부의 규정이나 지침에 따라 지도 · 감독을 받는다.

㉡ 민간기관

사회복지 관련 사업을 목적으로 사회복지법인, 재단법인, 사단법인, 종교단체, 시민사회단체 등에서 운영하는 비영리기관을 총칭한다.

③ 행정기관과 서비스 기관(서비스 제공 방식에 의한 분류)

㉠ 행정기관

사회복지서비스 전달체계를 효율적으로 운영하기 위해 행정업무를 수행하고 기관간의 협의 및 연계 업무를 담당한다. 보건복지부, 고용노동부, 민간행정조직 등이 해당된다.

㉡ 서비스 기관

클라이언트에게 직접 서비스를 제공하는 것을 목적으로 하는 지역 사회복지관, 노인복지시설 등이 해당된다.

④ 생활시설과 이용시설(주거시설의 제공 여부에 의한 분류)

㉠ 생활시설

주거서비스를 포함한 사회복지서비스를 제공하는 기관으로 장애인 생활시설, 보육원, 청소년쉼터, 치매요양센터, 공동생활가정(그룹홈) 등이 해당된다.

㉡ 이용시설

주거서비스를 제공하지 않고 자신의 집에 거주하는 클라이언트를 대상으로 사회복지서비스를 제공하는 기관으로 재가복지센터, 장애인 복지관, 청소년상담센터, 치매주간보호센터 등이 해당된다.

제2절 사회복지실천 현장의 사정 기준

1. Kamerman(1995)의 7가지 사회복지실천 현장의 이해 기준

1) 개입의 초점(대상, 문제, 현장)

① 특정 인구집단, 특정 문제, 현장(직장, 학교, 병원, 농촌 및 도시)
② 관련 법규나 프로그램 개입방법들을 규명해 나가는 출발점

2) 역사적 대응 방식

① 특정 집단이나 문제 관련 과거의 접근과 원조방법 탐색
② 특정 실천분야에 관한 역사적 관심은 물론 현재의 변화를 이해하는 데 도움

3) 관련 법규와 정책

법규는 원조의 형태, 수준, 대상과 같은 실천의 범위를 규정한다. 그리고 기준 정책은 서비스 전달과정과 내용을 결정짓는 제도로 실천분야를 이해하는 핵심적 요소이다.

4) 전달체계와 프로그램

① 제공할 원조의 종류와 지원 가능한 대상을 결정하는 것과 직접적인 관련
② 프로그램 자격요건, 서비스 접근성 이용방법과 내용에 관한 정보

5) 개입방법과 실무자의 유형

① 전문지식을 통해 상황에 맞게 적절한 개입방법을 선택
② 실천분야에 따라 서비스 제공 실무자의 유형과 역할 변화

6) 연구, 평가 및 성과

특정 실천분야의 전문지식과 기술을 이해하는 데 도움을 준다.

7) 주요 이슈, 동향 및 쟁점 확인

분야의 동향, 발전방향, 쟁점이 되는 문제, 입장 분석 등을 통해 실천현장을 이해할 수 있다.

2. 기관의 목적 및 특성을 올바로 이해하기 위해 할 일

① 기관의 목적 전달 방식과 역사적 발전 변화 등 분석

기관의 가치와 우선순위는 서비스 전달에 중요한 영향을 미친다. 그러므로 기관의 공식 문서에 근거한 목적과 가치를 파악하는 일뿐만 아니라 실제 서비스 전달 과정에서 기관의 목적이 어떻게 전달되었는지 그리고 기관의 역사적 발전과 변화 등을 분석하고 파악함으로써 기관의 목적과 가치에 대한 이해를 높이는 것이 중요하다.

② 기관의 조직구조 파악

기관 내의 공식적·비공식적 조직과 행정방침, 규범, 의사결정과 의사소통과정, 통제방식 등을 통해 기관의 조직구조를 파악해야 한다.

③ 재정을 포함한 기관의 자원 파악

자원봉사자를 포함하는 인적자원, 기관 소유의 건물이나 설비 등 물적자원, 후원금이나 보조금 등의 재정적 지원을 포함하는 재정상태는 기관 운영에 영향을 미치는 요소이기 때문에 기관의 자원을 파악하는 것은 매우 중요하다.

④ 전통적인 기관의 업무방식 이해

각각의 기관들은 선호하는 서비스 전달방식이 있고, 이는 기관이 갖고 있는 이론적 접근이나 모델, 대상 집단의 특성에 따라 달라진다. 또한 직원들의 교육적 배경과 주요 업무에 의해 영향을 받기도 한다. 따라서 전통적인 기관의 업무방식을 잘 파악해야 제대로 된 사회복지실천이 가능하다.

⑤ 직원들의 개인적·전문적 특성, 관계 등 파악

직원은 해당 기관을 이해하는 데 중요한 요소이기 때문에 다른 직원들의 개인적·전문가적 특성, 직원들간의 관계, 클라이언트나 집행부와의 관계 등을 파악하는 것도 기관의 서비스 전달과정을 이해하는 데 중요한 요소가 된다.

⑥ 클라이언트의 특성 파악

기관의 한 구성요소로서 기관을 이용하는 클라이언트는 기관을 이해하는 중요 요소가 될 수 있다. 특히 기관의 기능이 클라이언트의 욕구나 기대를 수용하며, 소비자 중심의 서비스 전달방식에 따라 이루어지고 있는가에 대한 파악이 점차 강조되고 있다.

⑦ 운영위원회나 이사회, 자문위원회 확인

비영리 사회복지관의 이사회는 조직의 총체적 관리를 위해 재가 받은 조직체로서 조직의 정책결정이나 인사, 기획, 기금조성 등을 책임진다. 한편 공공기관의 자문위원회는 기관의 기능을 평가하며 의사결정과정에서 조언을 제공하지만 기관운영에 대한 법적 책임이나 권한은 없다.

위에서 언급한 내용 외에도 기관의 특성을 이해하기 위한 요소에는 서비스 프로그램과 기술, 구성원의 관심과 특성, 구성원의 역할, 소집단, 공식적 구조와 권력체계, 환경적 상황 등이 포함될 수 있다.

01 다양한 사회복지실천모델이 있다. 다음 중 문제해결과정 모델의 특징이 아닌 것은?

① 사회복지사는 클라이언트가 과제를 수행할 수 있도록 원조한다.
② 클라이언트-사회복지사 간의 동의가 계약의 형태로 구체화된다.
③ 시간의 제한이 없이 장기치료를 목표로 한다.
④ 클라이언트가 스스로 실행가능한 과제로 대치하도록 인도한다.
⑤ 의사소통이란 정보를 주고받는 과정으로 회유형, 비난형, 초이성형, 혼란형의 종류가 있다.

해설 시간의 제한이 없이 장기치료를 목적으로 하고 있는 모델은 '4체계 모델'이다. 정답 ③

02 사회복지 실천현장과 분류의 연결로 옳지 않은 것은?

① 사회복지관 - 1차 현장
② 종합병원 - 2차 현장
③ 발달장애인지원센터 - 이용시설
④ 노인보호전문기관 - 생활시설
⑤ 사회복지공동모금회 - 비영리기관

해설 1차 현장-기관의 일차적 목적으로 사회복지서비스를 제공하는 현장
(종합사회복지관, 사회복귀시설, 건강가정지원센터 등)
2차 현장-기관의 이차적 목적으로 사회복지서비스를 제공하는 현장
(의료기관, 교정시설, 학교, 기업, 읍.면.동사무소)
노인보호전문기관은 이용시설에 해당한다. 정답 ④

03 사회복지사를 고용하는 공공기관이나 민간기관 또는 기타의 이윤추구 기관들에서 사회복지사가 활동하는 체계는 무엇인가?

① 변화 체계
② 행동 체계
③ 전문가 체계
④ 변화매개 체계
⑤ 클라이언트 체계

해설 기관과 민간 기타 상호간의 연계관계를 갖는다. 정답 ④

사회복지실천 현장의 사회복지사

제1절 사회복지실천 현장에서의 사회복지사

1. 개인적 수준

상담 혹은 부부 · 가족치료를 수행한다.

2. 집단 사회복지실천의 영역(사회적수준)

지지집단, 치료집단 등을 운영하기도 하고 클라이언트에게 적절한 정보를 교육하거나 제공하는 일을 담당한다.

3. 업무 특성에 따른 사회복지사의 역할

기능	주요역할	역할의 예
직접 서비스 제공	클라이언트에게 직접 서비스 제공	상담가, 가족치료사, 집단 사회복지사, 정보제공 및 교육자
체계와 연결	클라이언트 - 다른 체계와 연결	중개자(연결자), 사례관리자, 조정자, 중개자(조정자), 클라이언트 옹호자(대변자, 변호자)
연구 및 조사	개입방법 선택. 연구 및 조사. 효과성 평가	프로그램 평가자, 조사자
체계유지 및 강화	서비스 전달 시 효율성을 저하시키는 기관의 정책과 기능적 관계기관 평가	조직분석가, 팀 성원, 촉진자, 자문가
체계개발	기관의 서비스 확대 및 개선을 위한 체계개발에 관련된 역할 수행	프로그램 개발자, 정책과 절차 개발자, 기획가

(Hepworth 외, 1997: 구금섭 외, 2013, p. 142에서 재인용)

1) 직접서비스 제공

① 클라이언트를 직접 대면해 서비스를 제공한다.

② 사회복지실천에서 가장 눈에 띄고 높은 비중을 차지하는 역할로 사회복지사의 역할은 상담자, 심리치료자, 정보교육자 등이다.

③ 개인적인 개별사회사업 혹은 상담, 부부 및 가족치료(개인, 공동, 집단세션 포함), 집단활동서비스(지지, 치료, 자조, 기술발전집단 포함), 정보의 교육자/배포자, 필수적 정보제공자/교육적 제안가

2) 다양한 체계연결

① 중개자(Broker)

- 클라이언트와 지역사회(자원, 서비스)의 적절한 연계
- 지역사회 다양한 부분들의 상호이익 증진을 위한 교류 지원

② 조정자(Coordinator)

- 옹호 또는 조정 가능성 파악, 기술적 지원, 서비스 연계 및 수행을 위한 직접 개입

3) 체계유지 및 강화

사회복지사는 자신이 속한 기관에서 서비스전달의 효율성을 저하시키는 기관의 구조, 정책, 기능적 관계, 서비스 전달체계, 효과성 등을 평가하고 개선하는 역할을 하는 동시에 기관의 질적 향상을 위해 다음과 같은 역할들을 수행한다.

① 조직분석가(Organizational Analyst)

서비스에 부정적인 영향을 미치는 기관의 구조, 정책, 절차 분석 및 지적

② 촉진자(Facilitator/Expediter)

서비스 전달을 방해하는 요인 파악 및 서비스 전달체계 강화 방안 모색 및 수행

③ 팀 구성원(Team Member)

클라이언트의 문제와 서비스 전달에 협력하는 임상 팀의 일원으로 활동

④ 자문가(Consultant)

클라이언트에 대한 지식, 기술 태도를 발전시키기 위해 다른 전문가들과 함께 서로 돕는 역할 수행로 클라이언트에게 효과적인 서비스 전달

4) 연구자 및 조사활용자

체계적으로 클라이언트의 발전을 모니터하며 객관적으로 평가할 책임이 있고, 면밀히 자료를 조사하고 연구함으로써 기초자료를 수집하는 역할을 수행한다.

① 평가자(Evaluator)
평가 가능한 개입방법 선택 → 개입효과 평가

② 연구자(Researcher)
클라이언트의 변화과정을 체계적으로 점검

5) 체계개발

클라이언트의 욕구가 충족되었는지를 사정하고 예방적 서비스에 대한 욕구가 있는지, 서비스 간의 문제점은 없는지 등을 평가한다.

① 프로그램 개발자(Program Developer)
클라이언트의 요구에 대응해 프로그램 개발

② 계획자(Planner)
지역사회 주민들의 새로운 욕구를 반영해 프로그램 계획

③ 정책과 절차 개발자(Policy & Procedure Developer)
클라이언트의 요구 평가 → 실시되고 있는 정책과 절차들이 클라이언트의 관심에 부합되는지 파악 → 정책의사과정에 반영

④ 옹호자(Advocate)
㉠ 사회정의 증진에 필요한 법률과 사회정책을 옹호
㉡ 클라이언트, 개인, 집단, 다른 사회복지사, 전문가 집단으로 구성
㉢ 필요한 자원 제공 및 사회정의 강화

제2절 사회복지사의 역할

1. 개인과 가족에 대한 사회복지사의 역할(미시적)

① 조력자(Enable)
동반자로서 클라이언트를 격려, 지지, 안내하며, 개인, 가족, 소집단 등을 대상으로 클라이언트들이 임파워먼트를 키우도록 돕는다.

또한 그들의 역량강화에 주력하여 클라이언트가 스스로 서비스를 사용할 수 있도록 능력을 향상시키며 이를 활용할 수 있도록 원조한다.

② 중개자(Broker)
클라이언트 요구 확인, 인적 · 물적 자원 연결, 적절한 서비스 제공, 클라이언트의 환경사정, 자원사정, 의뢰, 서비스 체계연결, 정보제공 등의 의무를 수행한다.

③ 옹호자(Advocate)
개인집단, 지역사회 입장에서 직접적으로 클라이언트의 대변과 보호, 개입, 지지, 일련의 행동 등을 제안한다.

④ 교사(Teacher)
클라이언트의 문제 예방, 사회적 기능 향상을 위한 지식과 기술을 전달하며 구체적으로는 사회생활과 일상생활 기술 가르치기, 행동변화 촉진하기, 1차 예방 등이 있다.

⑤ 기타
서비스 소개, 의뢰하는 서비스 제공자 역할, 행동변화 유발자, 상담가(임상자), 사례관리자, 현장활동가, 평가자, 보호제공자, 교육자 등의 역할이 있다.

2. 기관 내 상호작용과 조직차원에서의 전문성 개발(중범위)

① 촉진자(Facilitator)
기관, 조직차원에서 조직의 기능, 상호작용, 직원들간의 협조나 지지, 정보교환 등을 촉진하며, 조직간의 연결망 강화를 위한 역할을 한다.

② 중재자(Mediator)
기관간 또는 기관 내의 의사소통 중 갈등이나 의견 차이를 협상과 타협을 통해 조정(중립 유지)하며, 자원의 개발을 위해 집단이나 조직간 네트워크 형성, 기관 혹은 기관 내 의사소통이나 갈등을 해소한다.

③ 훈련가(Trainer)
슈퍼바이저 역할과 직원 개발을 위한 교육이나 전문가 교육과 훈련을 담당한다.

④ 행정가(Administrator)
정책서비스 프로그램 계획 및 개발, 수행의 역할이다.

⑤ 기타
자문가, 업무량 관리자, 직원개발자, 정보관리자, 관리자, 협상가 등의 역할이 있다.

3. 지역사회 문제해결 및 사회적 불평등 감소(거시적/제도적)

① 계획가/지역사회 계획가(Planner)
정책계획이나 프로그램 계획 및 수립

② 행동가(Activist)
사회행동을 통해 클라이언트의 복지를 위한 사회변화를 유도하고 유지한다. 클라이언트의 복지를 가로막는 사회적 조건들을 인식하고 사회행동을 통해 사회변화를 유도하고 유지하는 등의 역할이 여기에 해당된다.

③ 현장노동자(Outreach Worker)
㉠ 직접 클라이언트를 찾아가 클라이언트의 필요와 요구 확인 및 지원을 하며, 잠재적 서비스가 필요한 클라이언트를 파악한다.
㉡ 클라이언트의 욕구를 확인하기 위해 지역사회로 찾아 나가 서비스기관에 의뢰하는 역할로 사회적 이슈와 사회서비스에 대한 정보를 전달한다.
㉢ 서비스가 필요한 잠재적 클라이언트를 파악하고 문제예방을 위해 홍보 또는 지역사회교육을 실시한다.

④ 사회변화 대행자(Change Agent)
변화나 새로운 자원 획득 옹호를 위한 이익집단 동원에 참여한다.

⑤ 자원동원가
새로운 서비스 개발 및 지원과 지역사회의 인적 및 물적 자원을 동원한다.

01 강점이론에 대한 설명이 아닌 것은?

① 클라이언트의 기본적인 인간성을 포기하지 않는다.
② 클라이언트의 취약점의 변화와 개선에 그 목표가 있다.
③ 클라이언트 스스로 자신의 장점을 찾도록 도와준다.
④ 문제해결에 있어서 클라이언트의 참여를 유도한다.
⑤ 클라이언트의 인격을 존중하고 잠재능력을 개발시킨다.

해설 강점이론은 기존의 문제중심, 대상중심의 이론을 보완한 이론으로, 대상의 문제점이나 취약점보다 긍정적인 점을 찾고 이를 확대시키는 것을 목표로 한다.

정답 ②

02 양자 간의 논쟁에 개입하여 중립을 지키면서 상호합의를 이끌어내는 사회복지사의 역할은?

① 중개자
② 조정자
③ 중재자
④ 옹호자
⑤ 교육자

해설 중재자 : 견해가 다른 개인, 집단 간 의사소통을 향상하고 타협하도록 도움
중립을 유지하며 서비스 전달과정에 존재하는 장애물 제거

정답 ③

03 다음은 사회복지실천에서 필요한 지식에 대한 내용이다. 각각의 내용이 잘못 연결된 것을 고르시오.

① 일반적인 사회사업 지식 – 클라이언트의 의견을 존중하고 그들의 결정을 존중하는 것
② 특수한 실천분야에 대한 지식 – 교정분야 사회복지사의 경우 교정의 기능이 유죄 판결을 받은 범죄자의 처벌이라는 것을 인식
③ 특수한 기관에 대한 지식 – 자기가 소속된 기관에 대한 특성과 역사적 배경, 목적 및 직무에 대한 지식
④ 특수한 클라이언트에 대한 지식 – 클라이언트에 대한 폭넓은 지식
⑤ 특수한 접촉에 대한 지식 – 관계론이나 면접법

해설 일반적인 사회사업 지식이란 사회문제에 대한 내용을 포함한 사회복지정책과 서비스, 인간행동과 사회환경, 사회사업실천 방법 등 사회사업의 일반적인 지식을 구성하는 정보들을 말한다. ②번의 경우는 자신이 소속해 있는 특수한 실천분야의 목적과 철학, 사회에서 요구하는 실천분야의 제반 기능 등을 설명해 주는 지식으로 위와 같은 예는 적절하다고 할 수 있다.

정답 ①

Chapter 07 통합적 사회복지실천 체계

제1절 전통적 접근의 한계와 통합적 접근의 필요성

1. 전통적 접근의 한계

1) 전통적 사회복지실천

전통적 사회복지실천은 개인-환경, 임상적 실천-사회행동, 미시체계-거시체계와 같이 이분법적 사고와 개별사회사업(casework), 집단사회사업(groupwork), 지역사회조직(community organization)의 세 가지 독립된 접근방법을 기반으로 이루어졌다.

2) 전통적 사회복지실천 방법의 한계

① 제한된 특정문제에만 적용 가능
새로운 복잡한 문제상황과 동시에 다양한 문제발생 시 적용 어려움

② 서비스의 분화
사회복지사가 최선의 서비스를 제공하는 데 많은 제약

③ 분화된 교육훈련
㉠ 사회복지전문가의 정체성 확립에 장애
㉡ 이러한 한계로 인해 개별사회사업, 집단사회사업, 지역사회조직, 사회복지행정, 사회복지정책, 사회복지조사 등을 통합된 체계인 사회복지실천 방법으로 만들어 가려는 시도가 나타나게 되었다.

3) 전통적 방법론의 한계 인식

① 1970년대부터 전통적 방법론의 한계 인식 → 새로운 이론적 틀에 대한 연구 활발
② Freud의 정신분석학 : 개인에 초점, 문제에 대한 사회 환경적 측면을 경시

4) 통합적 접근 시도

개인과 환경을 함께 고려하면서 통합적 사회복지실천 체계를 마련하였다.

① 미국

- Bartlett(1970)이 출간한 「사회복지실천의 공통기반」에서 공통된 사회사업방법의 지식과 가치가 다양한 실천 접근방법들을 규정하는 데 영향을 미치는 것을 강조
- 사회사업방법의 지식과 가치 → 다양한 실천 접근방법 규정에 영향

② 한국

- 통합적 방법론의 필요성이 대두되면서 사회복지실천 방법과 관련된 교과목을 '사회복지실천론'과 '사회복지실천기술론'으로 구분
- 통합적 지식과 기술교육 실시

2. 통합적 접근의 구성요소

① 생태체계 관점이 토대
② 문제에 대한 광범위하고 포괄적인 접근
③ 개인, 가족, 집단, 지역사회 등 다양한 수준의 접근
④ 체계와 체계를 둘러싼 환경 간의 관계 중시
⑤ 다양한 이론과 모델의 개방적 선택과 개입에 활용
⑥ 사회복지실천과정을 점진적 문제해결과정으로 인식

3. 통합적 접근의 특징

① 개인이 사회적 상황에서 직면하는 과업과 정상적인 과업수행 과정에 관심
② 개인 간, 개인-자원 간, 자원체계 간의 상호작용 검토와 사정
㉠ 모든 개인은 자신의 환경으로써 자원체계와의 관계에서 원만하고 적응적인 상호작용을 유지해야 한다.
㉡ 이러한 상호작용이 불가능한 경우 이것을 개인의 문제로 규정하기보다는 개인과 환경 간의 상호작용의 측면에서 검토해야 한다.
㉢ 자원체계 내에서 개인의 상호작용, 개인과 자원체계 간의 상호작용, 자원체계 간의 상호작용 등에 대해 사정한다.
③ 개인뿐만 아니라 개인을 둘러싼 사회적 환경도 고려한다.
④ 클라이언트의 잠재성을 인정하고, 클라이언트를 존중하며, 클라이언트의 강점, 참여, 자기결정, 개별화 등을 강조한다.

4. 사회복지실천 대상 체계

1) 개인체계

① 개별사회사업(casework)의 등장

㉠ 자선조직협회를 통한 우애방문가 활동으로 개인 대상의 원조서비스 제공

㉡ 19세기 후반~20세기 초반 상식적인 수준에서 개별상황에 필요한 활동 수행

㉢ 개별사회사업 조직화 → 반복훈련 & 교육 → 개인 대상 실천 수행

2) 개별사회사업의 정의

Richmond(1917)	개인과 그 사회 환경 사이에서 의식적인 조정을 통해 개개인의 인격발달을 이루어가는 과정 - 개인의 욕구충족과 인격개발을 목적으로 한 미시적이고 치료적인 과정임을 강조, 개인의 기능에 영향을 미치는 환경의 영향을 인식하여 개별사회사업을 개인의 부적응에 대한 치료적 개입으로 파악
Perlman(1957)	사회적 기능 수행 중에 나타나는 개인의 문제를 효과적으로 대처하기 위해 사회복지기관, 전문기관에서 활용하는 하나의 과정

제2절 가족체계

1. 가족체계

1) 가족의 개념(광의)

가족이란 스스로를 가족으로 정의하고 지속적으로 서로에게 가족체계의 핵심적 요소로 간주되는 의무감을 주는 둘 이상의 개인으로 구성된 집단(광의의 개념)이다.

2) 가족체계의 구성개념

① 가족체계

㉠ 가족 내 한 구성원의 변화는 모든 가족성원에게 영향을 미치고, 가족은 보다 큰 사회체계에 속하며, 많은 하위체계를 포함한다. 또한 사회적 규칙에 따라 움직인다.

㉡ 가족구성원은 가족 내에서 다른 가족원에게 발생하는 일의 영향을 받으며, 가족구성원과 전체로서의 가족은 그들을 둘러싼 다른 많은 환경체계의 영향을 받게 된다.

② 하위체계

가족은 상호의존적 하위체계 또는 커다란 체계 내에서 상호작용하는 작은 체계들의 복합체로 구성되어 있다.

부부 하위체계, 부모-자녀 하위체계, 형제체계, 개인 하위체계 등

③ 가족항상성

㉠ 가족은 안정된 상태로 돌아가려는 경향과 균형을 이루려고 하는 속성이 있다.

㉡ 가족항상성은 위기이론과 관련이 있다.

㉢ 가족은 위기상황 이후 정상적인 기능수행으로 되돌아가려는 경향이 있다고 보는 관점으로 사회복지사는 상호작용 패턴을 재조직하고 이러한 패턴을 조절하는 새로운 규칙을 만들어냄으로써 새로운 균형상태를 유지하게 하는 역할을 한다.

④ 순환적 인과성(순환적 인과관계)

㉠ 가족 내 한 성원의 변화는 다른 성원을 반응하게 하는 자극이 되고, 이 자극은 다른 가족에게 영향을 미치게 되어 가족 전체에 영향을 주게 된다.

㉡ 이 영향은 처음 변화를 유발한 성원에게 다시 순환적으로 영향을 미친다.

㉢ 가족문제를 해결하기 위해서는 '왜'보다는 '무엇'을 하느냐에 초점을 두어야 한다.

㉣ 문제의 원인보다는 문제를 유지하는 가족의 상호작용에 초점을 두어야 한다. 왜냐하면 가족 내 한 성원이 변하면서 문제의 근원이 되는 성원은 물론 가족 전체가 변하고 따라서 문제가 해결될 수 있기 때문이다.

⑤ 환류고리(feedback loop)

가족구성원들은 환류고리에 따라 규범을 강화하기도 하고 가족규범에서 벗어나려는 행동을 부적환류 과정을 통해 저지하며 가족의 항상성을 유지한다. 환류는 적극적(정적) 환류와 소극적(부적) 환류로 나누어진다. 두 종류의 환류고리는 정보가 체계에 들어와 적용할 때 체계가 그때까지의 안정을 깨고 일탈을 향해 움직이려는 경향을 증대 또는 감소시키느냐에 따라 구분하며, 어느 것이 더 바람직한가의 의미는 없다.

㉠ 적극적 환류(정적환류)

- 적극적 피드백이라고도 하며, 현재의 변화가 지속되거나 증폭되도록 하는 환류이다.
- 내용이 긍정적이거나 부정적인 것에 관계없이 상황이나 행위, 변화를 지속하게 하는 것이다.

예) 자녀가 새로운 의견을 제시했을 때(변화) 부모가 그것을 칭찬하고 지지해주면 자녀는 계속 자신의 의견을 자신 있게 말하게 되고, 이러한 변화가 유지되는 결과가 나타날 수 있다. 반대로 사춘기 자녀가 반항적인 행동(변화)을 했을 때 잔소리를 하게 된 경우 자녀의 반항적인 행동이 더 많아지는 사례들이 여기에 해당한다.

ⓛ 소극적 환류(부적환류)
- 부정적 환류, 소극적 피드백이라고도 한다.
- 변화, 새로운 행동이 부적절하여 원래 상태로 돌아가게 하는 환류이다.
- 일탈이나 위기상황으로 더 이상 진전되는 것을 멈추고 원래의 상태로 되돌아가게 하는 작용이다.
- 가족규범으로부터 벗어나려는 행동은 부적환류를 통해 저지되며 항상성을 유지하게 한다.

예) 자녀가 새로운 의견을 제시했을 때(변화) 부모가 거부하거나 야단을 치면 자녀는 더 이상 새로운 의견을 말하지 않게 되는 경우이다.(결과 : 변화감소 및 중단)

⑥ 가족규범(규칙)

가족의 항상성 유지를 위해 가족구성원들에게 특정한 방식으로 행동하는 것을 허용하거나 허용하지 않을 수 있는데, 가족규범은 가족들 간에 지켜야 할 의무나 태도에 대한 지침이나 권리를 말한다.

이것은 가족집단 내에서 적절한 행동이라고 간주되는 것을 구체화한 규범이다. 이때 모든 가족이 대부분 동의하지만 말로 표현되지 않는 경우가 많고, 가족구성원이 정해진 규범이나 무언의 약속에 충실하면 가족의 항상성은 어느 정도 유지되는 특징이 있다.

3) 가족의 유형

① 개방형 가족체계

㉠ 가족 외부와의 경계가 분명하면서도 침투력이 있는 특징을 가진다.

㉡ 구성원들의 행위를 제한하는 규칙은 집단의 합의과정에서 도출된다.

㉢ 가족들은 자유롭게 말하고 느끼며, 생각하고 자신의 입장이 존중되고 개별화가 장려된다. 따라서 개인은 다른 가족에게 악영향을 주거나 가족규범을 위반하지 않는 범위 내에서 외부와의 왕래를 스스로 통제할 수 있다.

㉣ 개방적인 가족체계는 침투 가능한 가족의 경계를 통해 가족 밖의 사회와의 교환이 허용적인 모습을 나타낸다.

㉤ 손님이 많은 집, 친구의 방문, 외부활동에의 참여와 소속, 대중매체에 대한 최소한의 검열과 정보교환의 자유 등이 개방형 가족체계에서 나타나는 모습이라 할 수 있다. 일반적으로 가족체계가 개방적일수록 더 적응적이고 변화의 가능성이 높으며 새로운 경험을 받아들인다.

② 폐쇄형 가족체계

㉠ 가족 내의 권위자가 가족공간을 이웃, 지역사회와 분리되도록 만드는 것이다.

㉡ 외부와의 상호작용과 사람, 물건, 정보, 생각의 출입을 엄격히 제한한다. 외부와의

경계가 너무 경직되어 있어 에너지와 정보의 교환이 없는 가족의 모습을 나타낸다.

㉢ 잠긴 문, 대중매체에 대한 부모의 깐깐한 통제, 여행에 대한 감시와 통제, 낯선 사람에 대한 세밀한 조사, 출입금지, 높은 담장 등을 특징으로 한다.

㉣ 폐쇄형 체계의 가족구성원은 가족 내에서 안정된 관계를 추구하며, 변화를 회피하는 모습을 보인다.

③ 방임형 가족체계

㉠ 가족 외부와의 구분과 경계가 불분명하며, 가족경계선의 방어를 중요하지 않게 생각하므로 외부와의 교류에 제한이 없다.

㉡ 방임형 가족체계는 집안 출입의 권리를 손님이나 제3자에게도 확대하려 하는 경향을 나타낸다.

2. 가족구성원 간의 경계에 따른 유형

① 밀착된 가족 : 가족구성원간 독립심과 자율성 결여 / 혼돈된 경계

가족응집력이 지나치게 높고, 가족원의 획일적인 감정과 생각을 강요하고 속박감을 주며, 구성원에게 가족 전체를 위한 희생을 요구하여 자립적인 탐구, 활동, 문제해결을 지원하지 못한다.

② 유리된 가족 : 가족원간 무관심 / 정서적 관여 없음

제3절 집단체계

1. 집단의 개념

공통의 관심사를 지닌 사람들이 공동의 목표달성을 위해 지속적으로 상호작용하는 2인 이상의 집합이다.

2. 집단의 특징

㉠ 상호접촉, 서로 배려, 유의미한 공통성을 갖는다고 의식하는 개인들의 복합체이다.

㉡ 2인 이상의 일정한 구성원, 구성원 간의 소속감과 공통의 목적 공유, 정서적 결속, 상호 의존적 관계를 형성한다.

㉢ '우리'라는 유대감 형성과 전체로서의 집단에 대한 정체성을 소유한다.

㉣ 집단규범 설정, 소속감을 느끼고 인정받고 싶은 욕구가 있다.

3. 집단의 유형

1) 치료집단

집단성원의 교육, 성장, 지지, 치유, 행동변화, 사회화 등 성원의 사회 · 정서적 욕구를 충족시키려는 목적을 가진 집단을 말하며, 보다 구체적인 목적에 따라 지지집단, 성장집단, 교육집단, 사회화집단, 치유집단, 사회화집단 등으로 세분화할 수 있다.

① 지지집단

집단성원들이 처한 사건에 대처하고, 이후 효과적으로 문제에 대응할 수 있는 능력이 향상되도록 원조하기 위해 형성된 집단이다.

지지집단은 유사한 문제를 경험한 사람들로 구성되어 유대감 형성이 용이하고, 자기개방 수준이 높다.

예) 이혼가정의 자녀로 구성된 집단, 자녀 양육의 어려움을 공유하고 돕는 한부모 집단, 암환자나 환자의 가족들이 질병과 그로 인한 영향에 대처하는 방법에 대해 토론하는 집단 등이 해당된다.

② 교육집단

㉠ 자신과 자신이 속한 사회를 이해할 수 있도록 교육을 통해 원조하는 집단이다.

㉡ 정보전달과 교육을 목적으로 하기 때문에 주로 강의형태로 이루어지며, 구성원간의 상호작용이 많지 않기 때문에 자기개방의 정도는 높지 않다.

㉢ 이러한 교육집단은 병원, 학교, 교정기관 등에서 활용된다.

예) 청소년성교육집단, 부모역할훈련집단, 위탁부모집단 등이 이에 해당한다.

③ 성장집단

㉠ 자기인식 증진과 사고의 변화를 목적으로 한다.

㉡ 구성원들은 자신의 능력을 최대한 발휘하기 위한 도구로써 의미를 가지며, 이 집단에서는 질병치료보다는 사회 · 정서적 건강증진이 중요시된다. 퇴직준비집단, 잠재력개발집단 등이 해당된다.

④ 치유집단

㉠ 행동변화와 개인적인 문제의 완화나 제거 등을 목적으로 한다.

㉡ 구성원들은 자신의 문제를 해결하기 위해 집단활동을 하며, 사회복지사는 권위적 인물 또는 대리인으로서의 역할을 수행한다.

㉢ 외래환자를 대상으로 한 정신치료집단, 금연집단, 약물중독집단 등이 해당된다.

⑤ 사회화집단

㉠ 사회적 관계에서 어려움을 겪는 경우 사회적 기술을 습득하고 사회생활에 효과적으로 기능할 수 있도록 원조한다.

㉡ 과잉행동주의력 결핍 아동 대상의 활동집단, 퇴원한 정신장애인을 위한 사교집단 등이 해당된다.

2) 과업집단

① 과업집단은 과업의 달성과 성과물의 산출, 명령 수행을 위해서 만들어진 집단이다.

② 과업집단의 목적은 조직적인 문제에 대한 해결책을 찾고 새로운 아이디어를 만들며, 결정 내리는 것으로 집단성원의 개인적인 성장보다는 방침을 만들어 나가면서 의사를 결정하고 산출물을 만들어내는 것에 초점을 맞춘다.

③ 사회복지사는 클라이언트의 강점과 자원을 강조하는 동시에 클라이언트의 관심사를 처리하는 협의회에 초점을 맞추며 클라이언트에 대한 서비스의 질을 높이기 위해 행동한다.

예) 팀, 직원발전집단, 자문위원회, 이사회, 연합체, 대표위원회, 협의회, 태스크포스팀 등이 해당된다.

3) 기타 – 자조집단

알코올, 약물, 마약, 암, 비만 등 공통의 관심사 혹은 문제가 있는 사람들이 서로 돕고 지지하기 위해서 구성한 집단이다.

자조집단에서 사회복지사는 다른 체계와의 연결, 자문, 지지제공 등의 간접적 역할을 수행하게 되고, 집단을 이끌어가는 실질적이고 주도적인 역할은 자조집단의 구성원들이 하게 된다.

집단체계 내에서의 사회복지사의 역할은 다음과 같다.

① 집단과정을 용이하게 하는 촉진자의 역할을 한다.

집단성원 간의 이해를 돕고 원활한 의사소통을 향상시키는 기술을 가져야 하는데, 구체적으로 집단성원 끌어들이기, 참여를 촉진하기, 성원에게 주의집중하기, 자유롭게 표현하기, 내용명료화하기, 집단의사소통의 초점화 유지하기, 집단과정 명료화하기 등의 기술이다.

② 자료수집과 평가(사정)기술을 가져야 한다.
구성원 간 의사소통 유형에 어떻게 개입할지 계획하고 어떤 기술을 사용할지 결정하기 위한 효과적인 자료수집과 사정기술이 필요하다.
아울러 구성원의 사고 · 감정 · 행동을 확인하고 묘사하기, 질문하고 탐색하기, 정보를 요약하고 세분화하기, 의사소통을 통합하고 자료분석하기 등의 기술이 요구된다.

③ 집단체계를 위한 행동기술을 함양해야 한다.
집단의 목적을 이루기 위한 원조기술로 지지, 재구조화 및 재정의, 의사소통 연계, 지시, 조언 · 교육 등에서 역량을 발휘해야 한다.

제4절 통합적 사회복지실천 모델

통합적 사회복지실천을 위한 주요 모델로는 4체계 모델, 생활 모델, 문제해결 모델, 권한부여 모델, 단일화 모델 등이 있다.

1. 4체계 모델(Pincus & Minahan, 1973)

(1) 전제 : 만족스러운 삶을 영위하기 위해 주변환경의 체계에 의존한다.

사회복지사는 체계(비공식 / 공식적 / 사회적 지원체계)의 변화에 초점을 둔다.

① 가족이나 친구, 동료와 같은 비공식 지원체계
② 지역사회집단이나 협회와 같은 공식적 지원체계
③ 병원과 학교와 같은 사회적 지원체계

이와 같이 사회복지사는 클라이언트와 환경간의 상호작용을 촉진시키고, 문제를 해결하도록 돕는 역할을 수행한다.

(2) 모든 체계(클라이언트, 행동, 표적, 변화매개)의 결과목표와 사회복지사의 방법목표 모두를 포함한다.

(3) Pincus와 Minahan(1973)의 사회복지실천 4체계

사회복지사의 목적은 결과목표와 방법목표에 따른 특정과업을 성취함으로써 달성된다.

체계	내용
클라이언트체계	- 사회복지의 욕구를 가지고 사회복지사와 계약이 이루어졌을 때 클라이언트로 인정 - 사회복지사는 클라이언트체계와 결과목표에 합의하지 못하면 목적을 명확히 할 수 없음 - 이 목표는 사회복지사와 클라이언트 사이의 계약으로 구체화될 수 있고, 고정적이라기보다는 유동적
행동체계 (Action System)	• 변화매개인 - 변화노력을 달성하기 위해 상호작용하는 사람(이웃, 가족, 전문가 등) - 계획적 변화노력에서 사회복지사와 함께 일하는 사람들로 구성된 행동체계(action system)가 변화매개인과 같은 클라이언트 이외의 사람을 포함할 때, 그들의 결과목표 또한 고려되어야 한다. - 행동체계의 구성원들이 클라이언트체계의 결과목표에 찬성한다면 그들의 협력은 좀 더 쉽고 확고해질 수 있지만, 변화매개인들은 그들 나름대로의 개인적 이익을 위해 변화노력에 참여하는 경우 클라이언트체계와 행동체계의 목표가 갈등상황에 놓일 수 있다. - 만약 행동체계의 구성원들이 클라이언트체계의 결과목표를 희생시키면서 그들의 결과목표를 성취하려고 한다면 사회복지사는 클라이언트체계를 지원하며 행동체계에 과도한 영향을 자제시켜야 할 것이다.
표적체계 (target system)	- 변화매개인이 변화 혹은 목표를 달성하기 위해 영향을 미칠 필요가 있는 사람들 - 클라이언트 체계와 동일할 수도 있고 상이할 수도 있음 - 표적체계는 클라이언트체계 외부에 있을 때 클라이언트체계의 목표에 동조적인 경우 목적 달성에 긍정적인 영향을 주지만, 적대적인 경우 목적 달성을 방해하거나 지체시킬 수 있다.
변화매개체계	- 도움을 주는 사람(대표적인 변화매개인 : 사회복지사) - 사회복지기관은 그 기관 자체의 일반적인 서비스 초점을 개발하며, 기관의 결과목표는 기관의 정책으로 해석되기도 하는데 일반적으로 사회복지기관은 사회복지사에 큰 영향을 미친다. - 사회복지사 자신도 그가 달성하고자 하는 특정한 결과목표를 가질 수 있으나 그것이 클라이언트의 목표에 우선해서는 안 된다.

2. 생활 모델(Germain & Gitterman, 1980)

Germain과 Gitterman(1980)의 생활 모델(life model)은 생태적 관점에서 나온 실천모델로 사람과 환경을 통합적으로 파악하고 개인과 환경 모두를 변화시켜야 한다는 관점이다. 생활 모델은 생태학적 체계이론의 주요한 틀로 이 이론적 모델의 핵심은 개인은 환경과 상호작용하는 관계 속에서 지속적으로 적응해 나간다는 것이다.

이때 환경과 적응하며 성장하는 개인이 있는 반면, 삶의 상황에서 지나친 스트레스로 인하여 문제가 발생하는 개인도 있다.

따라서 개인의 연관성, 자신감, 삶의 만족 등은 환경에 대한 적응과 깊은 관계가 있다.

1) 관점

사람과 환경을 통합적으로 보고 개인과 환경 모두를 변화시켜야 한다는 관점으로 개인은 환경과 상호작용하는 관계 속에서 지속적으로 적응한다는 것이다.

또한 문제를 개인의 장애로만 파악하지 않고 생활환경 내에서 찾으며, 개인이 환경과의 적응적 교류와 균형이 깨어지면 스트레스(긴장)가 발생한다고 파악한다.

스트레스(긴장)를 발생시키는 구체적인 요인으로는 생활주기의 변화, 환경의 압력, 대인관계의 과정 등이다.

이처럼 생활 모델은 개인과 환경에의 동시적 초점을 제공할 수 있는 개념들과 조직적 지역사회 그리고 문화적 상황 안에서 개인, 가족, 집단과 같이 활동할 수 있는 실천원칙과 기술들을 통합하는 실천방법을 개발하려는 시도라고 할 수 있다.

2) 목표

건강, 성장, 개인의 잠재성을 표현하도록 격려하고, 성장과 행복을 조장하고 지속시킬 수 있는 환경을 만든다.

3) 문제

사물, 장소, 조직, 아이디어, 정보, 가치들과 같은 생태체계의 요소 간 상호작용의 결과로 정의한다. 여기서 문제는 성격장애가 아닌 스트레스를 만들어 내고 대처능력을 과중하게 부담시키는 생활상의 문제로 정의된다.

4) 사회복지사의 역할

① 클라이언트의 생활 스트레스 요인, 스트레스 대처방법을 찾을 수 있는 길을 안내하며 관계, 자존감 및 자발성 복원 또는 강화시켜줄 수 있는 중재방법을 찾도록 유도한다.
② 클라이언트와 함께 구체적인 목표를 모색하고 결정한다.

3. 문제해결 모델(Perlman, 1957)

사회복지실천에서 가장 폭넓게 사용되어 온 문제해결과정의 체계적인 모델로 이 모델을 최초로 제시한 사람은 Perlman(1957)이다.

1) 문제해결과정의 구성요소

① 문제 : 조정이 필요한 적응이상 상태
② 사람 : 사회적 / 개인적 측면에서 도움이 필요한 사람
③ 장소 : 문제를 가진 개인이 도움을 받으러 찾아오는 곳(사회복지기관 등)
④ 과정 : 사회복지사와 클라이언트의 전문적 관계를 통해 문제해결에 도움을 주는 과정

2) 펄먼(Perman)

성공적인 사회복지실천 개입을 위해서는 다음과 같은 사항들을 고려해야 한다고 하였다.

① 사회복지사는 클라이언트의 능력을 고려한다.
② 변화를 향한 클라이언트체계의 동기, 능력, 기회를 근거로 한다.
③ 문제해결접근은 변화하고자 하는 동기 없이는 클라이언트에게 진전이 없을 것이라는 전제에 기초한다.
④ 문제해결과정에서 사회복지사는 클라이언트의 능력을 고려해야 하며, 기회는 클라이언트가 상호작용하는 환경 내에서의 자원활용 가능성과 관계가 있다.

3) 문제해결과정에 관한 다양한 견해들

① Compton & Galaway(1999) : 접촉단계 - 계약단계 - 행동단계
② Zastrow(1995) : 문제의 분석과 요구파악 - 전략대안의 개발 - 각 대안에 대한 평가와 선택 - 수행 - 평가

4. 권한부여 모델(empowerment model)

1) 접근방법

① 클라이언트를 문제 중심이 아닌 강점 중심(strength perspective)으로 접근하였다.
② 클라이언트의 잠재능력 및 자원을 인정하였다.
③ 클라이언트의 회복력을 전제로 스스로 삶을 결정할 수 있도록 능력을 부여하였다.
④ 사회복지사와 클라이언트의 관계를 상호 협력적 동반 관계로 보았다.

2) 강점중심 접근의 원칙(Saleeby, 1997)

① 모든 개인, 가족, 지역사회는 강점, 자질, 자원을 가지고 있다.
② 클라이언트의 위기는 기회, 도전, 성장의 기회가 될 수 있다.
③ 개인의 변화와 성장의 가능성은 무한하다.
④ 가족과 개인 그리고 지역사회의 전망과 희망을 고려한다.
⑤ 모든 개인은 친구, 집단, 가족 등 용기를 주고자 하는 잠재적 자원과 능력을 가지고 있다.

5. 단일화 모델(unitary model)

① 통합적 사회복지실천의 대표적 모델이다.

② 사회체계, 사회 학습 등의 접근법을 준거 틀로 삼은 모델이다.

③ Goldstein(1973)은 사회복지실천과정에서 역할유도 단계 - 핵심단계 - 종결단계가 반복적으로 일어난다고 주장했으며, 종합적인 과정 모델을 다양한 표적체계인 개인, 가족, 집단, 지역사회 등에서 구체화된 단계와 연결하여 설명하였다.

④ 단일화 모델은 사회학습에 관한 사회복지사의 기능과 역할에 초점을 둔다.
사회학습은 개인 또는 소집단 체계뿐만 아니라 집단 또는 지역사회와 같은 더 큰 체계들의 변화를 촉진할 수 있다고 강조한다.

6. 통합적 사회복지실천 체계의 의의

① 분절된 전통적 사회복지실천 방법들 간의 공통점을 도출, 생태체계적 관점에 근거하여 개인-환경 간 상호작용과 관련된 다양한 체계에 대한 실천적 모델을 제시하였다.

② 사회복지실천을 구성하는 공통영역과 차별영역을 명확히 하여 사회복지실천 전문직의 정체성 확립에 기여하였다.

③ 통합적 사회복지실천 체계에서 사회복지사의 역할
㉠ 미시-중시-거시적 차원의 전통적인 사회복지실천 방법을 유지하면서, 다양한 실천방법들 중 가장 효과적이면서 적합한 방법을 개발한다.
㉡ 개인, 집단, 가족, 지역사회, 정책, 제도 등에서 포괄적인 관점을 유지한다.
㉢ 다양한 이론적 모델을 상황에 맞게 적용할 수 있는 역량과 경험을 확대한다.

01 사회복지실천 통합화의 목적이 아닌 것은?

① 모든 사회복지사의 공통된 하나의 원리와 개념을 제공하기 위해서이다,
② 기존의 방법론적 실천보다는 사회적인 문제와 인간의 욕구에 초점을 두는 공정성을 추구하기 위함이다.
③ 의사, 심리학자 등의 다른 전문직과의 전문가팀 구성에 있어서 공통점을 강화하기 위함이다.
④ 사회정책의 개발과 개선에 공헌하기 위함이다.
⑤ 사람들을 자원의 서비스 그리고 기회를 제공하는 체계들과 연결시키기 위함이다.

해설 타 전문직과의 전문가팀을 구성하는 것은 클라이언트의 문제를 다각도에서 사정하고 개입하기 위한 것으로 통합화와는 다른 의미이다.
정답 ③

02 통합적 접근의 특징에 관한 내용으로 옳지 않은 것은?

① 생태체계 관점에서 인간과 환경 체계를 고려한다.
② 미시 수준에서 거시 수준에 이르는 다차원적 접근을 한다.
③ 개입에 적합한 이론과 방법을 폭넓게 활용한다.
④ 다양하고 복합적인 원인으로 발생하는 문제를 해결하기 위한 접근이다.
⑤ 서비스 영역별로 분화되고 전문화된 접근이다.

해설 통합적 방법이란 사회복지사가 개인, 집단, 지역사회에서 제기되는 사회문제에 활용할 수 있는 공통된 하나의 원리나 개념을 제공하는 방법의 통합화를 의미한다.
정답 ⑤

03 집단체계에 대한 설명 중 틀린 것은?

① 집단체계는 자연집단과 형성집단으로 나누어진다.
② 자연적 집단은 자발적인 형태로 모인 집단으로써 가족, 동료, 친목회가 있다.
③ 형성집단은 외부의 영향이나 중재에 의하여 함께 모인 집단으로, 치료, 학급, 위원회, 클럽, 팀이 있다.
④ 집단체계는 집단으로 만나서 이기심과 경쟁심을 일으키기에 좋은 체계가 아니다.
⑤ 사회복지사는 개인적인 이익을 위해 클라이언트와의 관계를 이용하지 말아야 한다.

해설 집단으로 만나면 서로 정보공유도 하고 상호작용으로 큰 효과를 얻을 수 있다.
정답 ④

Chapter 08

관계형성

제1절 사회복지실천에서 전문적 관계형성

1. 관계의 정의

관계는 상호작용, 상호 간의 정서적 교환 및 태도, 역동적 상호작용, 두 사람의 연결 매체, 전문적 만남, 상호간의 과정 등을 의미한다.

① 관계의 성격
본질적으로 지적인 성격이라기보다는 정서적인 성격을 지닌다.

② 좋은 관계
자극과 영양이 되고, 타인의 개성을 존중하고 키워주며, 안전한 느낌과 일치성을 제공하는 것이 좋은 관계이다.

③ 사회복지실천에서의 관계
클라이언트와 사회복지사 간 또는 사회자원들과의 교류를 가능하게 하는 연결통로로 클라이언트와 개인을 둘러싸고 있는 환경에 보다 나은 적응을 하도록 그 능력과 지역사회자원을 적절히 동원하고 활용하도록 돕는 관계를 의미한다.
클라이언트와 사회복지사 간의 태도 및 감정의 역동적 상호작용이며, 클라이언트와 전문 사회복지사 간의 정서인 교감을 기초로 이루어지며, 특징으로는 전문성, 의도적인 목적성, 시간제한성, 권위성 등이 있다.

2. 사회복지실천에서 관계의 중요성

1) 사회복지사와 클라이언트와의 관계는 클라이언트를 돕는 과정을 촉진하는 매개물이다.

관계의 질은 사회복지사의 영향, 개입에 대한 클라이언트의 수용 정도, 클라이언트를 돕는 최종 결과를 결정짓는다.

2) 사회복지사와 맺은 원조관계는 많은 클라이언트에게 긍정적인 변화의 원인이 된다.

클라이언트는 사회복지사와의 긍정적인 관계에서 자아존중과 자신이 가치 있는 존재라는 느낌을 받게 된다. 지속적인 보살핌을 경험해보지 못한 클라이언트에게 사회복지사와 맺은 관계는 정서적 박탈에 대한 보상차원에서 긍정적인 변화를 가져오는 정서적 동기가 될 수 있다.

3) 전문적인 관계

전문적 관계는 다음의 5가지 특성으로 분류할 수 있다.

① 사회복지실천에서의 전문적 관계는 의도적인 목적성을 지닌다.
클라이언트와 사회복지사는 서로 합의한 목적을 바탕으로 관계를 형성한다.
여기서 목적이란 클라이언트의 문제해결을 위한 원조이다.

② 전문적 관계에서 시간은 제한적이다.
사회복지실천과정은 시작단계 → 중간단계 → 종결단계로 이어진다.
시작과 종결이 요구되는 과정이므로 관계에서도 시간적인 제한이 반드시 필요하며, 일반적으로 목표가 달성되면 특별한 관계는 끝을 맺게 된다.

③ 전문적 관계 안에서 사회복지사는 클라이언트에 대한 헌신을 해야 한다.
㉠ 사회복지사는 자신의 이익보다 클라이언트의 이익을 위해 헌신해야 한다.
㉡ 사회복지사는 타인의 욕구에 민감하도록 객관성과 자기인식에 기초한 관계를 형성할 필요가 있다.

④ 전문적 관계는 권위성을 지닌다.
사회복지사는 특화된 지식 및 기술 그리고 전문직 윤리강령에서 비롯되는 권위를 지닌다.

⑤ 사회복지실천에서의 전문적 관계는 통제성을 나타낸다.
통제적 관계란 객관성을 유지하고 자기 자신의 감정, 반응, 충동을 자각하며 그 책임을 진다는 의미다.

제2절 전문적 관계형성을 위한 사회복지사의 기본적 자질과 태도

1. 사회복지사로서 갖추어야 하는 기본적 자질과 태도 7가지

① 성숙함

유능한 사회복지사는 성숙해가는 과정 속에서 자신을 성장시키고 발전하는 인간으로 키워가는 사람이다.

성숙해가는 인간이란 변화와 성장을 위협적인 것이 아니라 흥미있는 것으로 기꺼이 받아들이고자 하는 자세를 가진 사람이다.

② 창조성

창의적인 사회복지사는 클라이언트의 문제상황의 해결책에 대한 개방성을 유지한다. 즉 이미 알려진 해결책을 찾기보다는 당면한 상황에서 최선의 해결책을 찾도록 자신을 열어놓게 된다. 이것은 기존의 이론적인 입장이나 사고체계를 거부하는 것이 아니라, 기존의 지식만이 전부인 것처럼 행동하지 않으려는 자세를 의미한다.

③ 용기

사회복지사는 자신이 제공하는 도움이 기대하던 목표를 달성하지 못하거나, 어려운 상황에 휘말릴 때에도 이를 의연하게 받아들이고 대처해야 한다.

통제할 수 없는 상황에 감정적으로 억눌리거나 비난 또는 학대 받는 일, 예측할 수 없는 상황에 계속적으로 연관되는 일, 신체적으로 위협받는 일 등을 기꺼이 받아들일 수 있어야 한다.

④ 민감성

사회복지사에게는 특정한 단서가 없이도 클라이언트의 내면세계를 느끼고 감지할 수 있는 능력이 필요하다.

이를 위해 선입견과 고정관념의 틀에서 벗어나 클라이언트의 감정과 사고에 사회복지사 자신을 투입시키는 능력이 요구된다.

이러한 자질은 사회복지사가 새로운 것에 대한 개방성 및 변화에 대한 준비 자세가 되어 있는지와 밀접한 관련이 있다.

⑤ 진솔한 자세

진솔한 태도란 클라이언트로 하여금 겉치레가 아닌 진지하고, 정직하며, 개방적이고 좀 더 직설적인 태도를 보일 수 있도록 유도할 수 있다.

이때 클라이언트는 사회복지사가 말하는 것을 신뢰하게 되고 개인적인 정보를 고백할 수 있다.

⑥ 따뜻함

인간을 돕는 전문가가 반드시 지녀야 할 자질이다.

사회복지사가 지녀야 하는 따뜻함이란 클라이언트의 안녕과 복리를 위해 (비)언어적인 방법으로 보살핌과 관심을 전달할 수 있는 능력을 말한다.

⑦ 노력

사회복지사가 보여주는 수용, 존중, 공감만으로도 클라이언트는 긍정적 변화를 일으키고 자긍심을 높일 수 있다.

2. 사회복지사의 전문성 결여

① 사회복지사가 전문적 기술에 대한 부족으로 클라이언트를 비하하거나 클라이언트와 공감하지 못하는 경우 또는 부적절한 비판을 하는 경우 클라이언트는 분노, 거부, 좌절을 느끼게 된다.

② 상담을 하는 사람은 인간적 자질로 클라이언트의 고통을 존중하는 마음과 자신과 다른 인생경험, 행동양식, 가치관에 대한 포용성 그리고 장기목표를 가지고 일할 수 있는 끈기, 클라이언트가 스스로 결정하고 행동할 수 있도록 때때로 수동적인 자세를 취하는 것이 필요하다.

3. 사회복지실천 관계의 기본원리

관계란 클라이언트 개인이 환경과 보다 나은 상호적용을 하도록 돕기 위해 사회복지사와 클라이언트 간에 형성되는 태도와 정서의 역동적 상호작용이라고 할 수 있다.

사회복지실천에서 관계의 목적은 심리 사회적 문제를 가진 클라이언트를 돕는 것이다.

도움을 구하는 모든 사람들에게는 공통적인 기본 감정 및 태도 유형이 존재한다고 본다면 사회복지실천에서 효과적인 관계를 맺기 위한 여러 다양한 원리를 생각해 볼 수 있다.

제3절 사회복지실천 관계의 7가지 원리(Biestek, 1957)

1. 개별화 - 클라이언트를 존엄하고 독특한 개체로 인정한다.

① 클라이언트의 특수성을 인정하고 이해하는 것으로 클라이언트를 원조하는 원리와 방법을 다르게 활용한다.
② 사회복지사는 인간에 대한 편견이나 선입관을 극복하여 인간행동에 관한 다양한 지식을 습득하고 활용한다.
③ 클라이언트의 표현을 주목 · 경청하면서 클라이언트와 보조를 맞춘다.
④ 클라이언트의 감정과 경험을 사회복지사 자신의 경험으로 받아들여 이해하고 느끼려는 노력을 해야 한다.

2. 의도적 감정표현 - 클라이언트의 감정표현을 소중히 여긴다.

의도적인 감정표현이란 사회복지사가 클라이언트로 하여금 자신의 감정을 자유롭게 표현하도록 하는 것이다. 이것은 특히 자신이 비판받게 될지도 모르는 감정들을 자유롭게 표현하도록 하는 것을 말한다.

사회복지사는 클라이언트의 진술을 경청하고, 관련사항에 대해 질문하며, 주의깊게 답변을 수용하고, 비관용적이거나 심판적인 태도를 나타내지 않음으로써 의도적인 감정표현을 하도록 격려해야 한다.

① 클라이언트가 자신의 감정을 자유롭게 표현할 수 있도록 안정된 환경을 제공
② 자유롭게 감정표현을 할 수 있는 허용적인 태도와 분위기 조성
③ 자유로운 감정표현을 위해서 감정표현의 방법과 수단을 적절히 활용
④ 심리적으로 격려하고 안정을 유지시켜 용기를 주고 믿음과 확신을 가질 수 있도록 정서적으로 지지
⑤ 클라이언트의 감정을 환기

3. 통제된 정서적 관여 - 사회복지사는 자신의 감정을 자각하고 음미한다.

사회복지사가 클라이언트의 감정에 적절하게 반응하는 것이다.

① 민감성(sensitivity)을 지녀야 한다.
민감성이란 클라이언트의 생각, 감정, 의도를 파악하고 이에 적절하게 대처(얼굴, 표정,

자세, 복장, 손놀림 등)하는 것을 의미한다.

② 클라이언트의 감정에 대한 사회복지사의 적절한 반응이 필요하다.

③ 클라이언트가 나타내는 감정의 의미를 클라이언트의 입장에서 이해하는 감정이입적 이해(empathetic understanding)가 필요하다.

4. 수용 - 클라이언트를 있는 그대로 받아들인다.

여러 가지 약점을 가진 개인을 존재하는 그대로 편견 없이 받아들이는 것으로 남과 다를 권리를 인정한다는 것이다

클라이언트의 행동에 대하여 존중과 관심을 가짐으로써 수용을 표현하고 클라이언트와 사회복지사 간에 긍정적인 관계를 수립하고 유지하는 데 도움이 된다.

1) 효과적인 수용을 위한 사회복지사의 노력

① 클라이언트에 대한 완전한 이해

② 클라이언트와의 가치관 차이 극복

③ 수용(acceptance)과 동의(agreement)의 차이 인식

④ 수용의 저해요인을 줄여나가기 위한 노력 등

2) 수용의 저해요인

인간행동과 성장발달에 관한 지식의 부족, 클라이언트를 수용할 수 없는 사회복지사 본인의 해결되지 못한 정서적 문제 그리고 사회복지사 자신을 인식하는 능력이 결여되어 부정적 감정을 클라이언트에게 귀착 등 수용의 저해요인은 매우 다양하다.

① 사회복지사가 인종, 신념, 문화, 경제적 지위 등의 편견이나 선입견을 갖는 경우

② 사회복지사가 대안마련이나 문제해결을 보장할 수 없음에도 불구하고 말로만 안심시키는 경우

③ 수용할 수 있는 것과 수용할 수 없는 것의 기준이 모호한 경우

④ 비윤리적, 비도덕적인 문제상황(사회복지사가 클라이언트를 존중하기 어렵게 되는 경우)이 있는 경우 등

5. 비심판적 태도 - 클라이언트에 대해서 심판하지 않는다.

클라이언트의 문제에 대한 책임이 클라이언트에게 있다고 표현하지 않는 것이다.

사회복지사에게 필요한 자세(태도)는 비심판적 태도를 항상 유지, 클라이언트의 행위나 진술에 대해 성급한 결론 내리지 않기, 다른 사람과 비교하지 않기, 유형분류 하지 않기 등이다.

6. 클라이언트의 자기결정권 - 스스로 결정할 수 있는 권리를 존중한다.

자기결정권이란 클라이언트가 모든 의사결정과정에 참여하여 스스로 선택하고 결정하는 자유를 누리는 것을 말한다.

자기결정권은 클라이언트의 지적능력이나 수용능력, 사회제도나 규범, 윤리적인 규범, 사회복지기관의 기능에 따라 제한될 수 있다.

클라이언트의 바른 자기결정을 돕기 위해 사회복지사는 클라이언트가 자신의 문제와 욕구를 전체적인 관점에서 관찰하고 이해하도록 원조하고, 지역사회 내의 인적 자원을 포함한 활용 가능한 자원들의 존재에 대한 정보를 제공해야 한다.

이를 위해서 사회복지사는 잠재적인 자원의 활용을 적극적으로 활성화하도록 자극하며, 클라이언트가 사회복지실천의 전 과정에 적극적으로 참여하도록 원조하는 역할을 수행한다.

클라이언트가 자기결정의 원칙을 수행하는 데 있어 사회복지사가 지양해야 할 사항은 다음과 같다.

① 사회복지사가 결정하고, 결정한 내용을 클라이언트가 따르도록 유도
② 클라이언트가 요청하는 서비스에는 무관심하면서 사회복지사 중심으로 서비스를 계획하고 서비스 지원내용과 방법을 결정
③ 직접적으로 간접적으로 조정
④ 통제와 같은 방법으로 클라이언트를 설득

7. 비밀보장의 원칙 - 사회복지실천에서 드러낸 비밀은 지켜주어야 한다.

전문적인 관계를 통해서 얻은 클라이언트에 관한 정보를 누출시키지 않는 것으로, 클라이언트의 기본적인 권리에 해당한다.

보장되어야 하는 비밀의 종류는 다음과 같다.

① 자연적인 비밀
타인에게 알려질 경우 클라이언트의 명예, 신용에 손상을 주거나 부당하게 슬픔을 당하게 되는 정보(클라이언트의 전과사실, 알코올 중독, 입양, 이혼, AIDS 감염 등의 사실은 클라이언트의 진술 외에 의사진단이나 다른 문서를 통해 알 수 있다.
② 약속에 의한 비밀
③ 신뢰에 의한 비밀

이와 같은 비밀이 보장됨으로써 사회복지사와 클라이언트 사이의 신뢰관계가 유지되며, 왜곡되지 않은 자기표현이 가능해져 의소소통이 촉진되는 효과가 발생한다.

제4절 관계형성의 장애요인

1. 변화에 대한 장애요인

사회복지실천에서의 전문적인 관계형성의 장애요인은 다음과 같다.

1) 클라이언트의 불신

① 사회복지사와 관계를 맺기 전 중요한 다른 관계에서 부정적 경험이 있는 경우 클라이언트는 사회복지사에게 비난, 거부, 상처 등 부정적 경험에 기초한 방어적 태도를 나타낼 수 있다.

② 클라이언트가 살아온 과정에서 격려와 인정을 받아보지 못한 경우

③ 사회복지사를 신뢰하고 의지하는 것이 쉽지 않게 된다. 이때 사회복지사의 좋은 의도에도 불구하고, 자꾸 사회복지사와의 관계를 시험하며 불신하는 태도를 보이기 쉽다.

④ 이런 상황에서 사회복지사는 여유를 가지고 인내하면서 신뢰관계형성에 노력해야 한다.

⑤ 관계형성에 실패하거나 클라이언트가 조기종결을 원할 때

㉠ 문제발생 시 다시 올 것을 권고하며 원하는 대로 종결하는 것이 바람직하다.

㉡ 이 때 사회복지사는 자기를 성찰하고 점검하는 시간을 갖게 되므로 사회복지실천을 위한 발전적인 성장을 꾀하는 기회를 마련할 수 있다.

2) 클라이언트의 비자발성

① 변화의 동기 없이 타인에 의해 전문적 도움을 강요받은 사람은 사회복지사에게 불만과 적대적 감정을 표현하기 마련이다.

② 사회복지사는 관계형성을 통해 동기부여를 한다. 클라이언트의 동기부여는 자발성을 촉진할 수 있다. 그러나 클라이언트의 불만과 적대성을 올바른 관계형성을 통해서 해결하지 못할 경우, 사회복지실천의 효과를 거두기 어렵다.

③ Kirst-Ashman & Hull(2009)의 비자발적인 클라이언트를 대할 때 사회복지사가 취해야 하는 대응지침은 다음과 같다.

㉠ 클라이언트가 사회복지사와 함께하는 상황을 원하지 않았다는 것을 인정하여 클라이언트의 비자발성을 직면한다.

㉡ 클라이언트가 비자발적이 된 이유와 현실을 고민한다.

㉢ 클라이언트가 가진 부정적 감정을 표현하도록 돕는다.

㉣ 사회복지사 자신이 가진 권위의 한계를 인정하고 클라이언트가 선택할 수 있는 대안을 알려준다.

3) 전이(transference)

① 전이란 클라이언트가 어린 시절 누군가에 대한 바람이나 원망 등 무의식적인 감정을 사회복지실천에서 사회복지사에게 강한 저항으로 표출하는 것을 말한다.

② 클라이언트의 과잉일반화나 왜곡된 인지와 관련된 행동이므로 클라이언트 자신을 개인으로 차별화할 수 있도록 대인관계에서 인지능력을 개발시켜 주는 것이 필요하다.

③ 전이는 장시간 강한 감정을 불러일으키는 장기적 개입에서 잘 나타나며, 어린 시절에 그 뿌리를 두고 있기 때문에 스스로 인식하기 어렵다.

④ 전이반응은 현실상황에 맞지 않은 비현실적인 왜곡을 나타낼 수 있어 변화에 대한 강한 저항을 일으키기도 하는데, 이때 사회복지사는 클라이언트의 반응이 비현실적임을 지적하고 사회복지사에 대한 현실적인 관점을 갖도록 유도하는 것이 필요하다.

4) 역전이(counter-transference)

① 전이와는 반대로 사회복지사가 클라이언트를 마치 자신의 과거 어떤 인물이나 그와의 관계인 것처럼 느끼고 무의식적으로 그 관계와 같이 반응하는 것이다.

② 전이와 마찬가지로 강한 비현실적인 감정이기 때문에 사회복지실천에서 왜곡을 낳을 수 있다.

③ 역전이로 인해 관계를 지속할 수 없는 경우 클라이언트에게 사회복지사 자신의 문제로 인해 관계를 지속할 수 없음을 알리고 다른 사회복지사에게 의뢰하도록 안내하는 것이 필요하다.

5) 저항(resistance)

① 저항이란 사회복지사와 클라이언트 간의 관계에서 변화를 방해하는 중요한 요소로 사회복지실천 목표에 반대하는 클라이언트의 행동을 의미한다.

② 저항은 침묵, 지각, 횡설수설, 불평, 방어적 태도, 감정표현의 과도한 자제, 지나친 의존 등의 행동으로 표출된다.

③ 사회복지사는 저항을 부정적으로만 해석하지 말고 자연스러운 것으로 이해해야 한다.

④ 저항은 양가감정으로 인한 경우가 많으므로 저항의 저변에 있는 현재 감정에 초점을 두어 이를 완화하려는 노력을 해야 한다.

⑤ 저항하는 이유는 변화를 원해 도움을 청하면서도 동시에 익숙한 것을 버리고 새로운 행동을 해야 하는 것에 대한 두려움이다.

⑥ 서비스와 개입에 대한 잘못된 선입견을 가지거나, 익숙하지 않은 상황에 직면하는 것에 대한 두려움도 저항의 원인이다.

⑦ 지나치게 권위적인 사회복지사의 태도, 전문적 용어의 남용, 도덕적으로 심판하는 태도, 클라이언트의 수치심, 열등감을 자극하는 발언과 태도 등이 저항을 불러일으킬 수 있다.

⑧ 양가감정을 갖고 있는 클라이언트에 대하여 사회복지사는 클라이언트가 자신이 가진 양가감정에 대해 이해하도록 도와야 한다. 양가감정을 부정적인 것으로 인식하지 않도록 클라이언트가 자연스럽게 생각하도록 하며, 양가감정을 자유롭게 표현하도록 유도하는 것이 중요하다.

2. 변화를 방해하는 관계 다루기

변화를 방해하는 관계를 다루기 위한 기술은 다음과 같다.

① 긍정적 재해석

클라이언트의 부정적이고 바람직하지 못한 감정과 행동들에 대해서 사회복지사가 긍정적인 의미를 부여하는 것으로 클라이언트가 체면과 자존심을 보호할 수 있도록 해주는 기술이다.

긍정적 재해석의 목적은 클라이언트의 자기방어 수준을 최소화하고, 부정적이고 바람직하지 못한 감정에 의해 손상되기 쉬운 클라이언트의 자존심을 보호하며, 강점관점으로 일관되게 행동하는 것이다.

이를 통해서 클라이언트의 자존감과 자신감은 높여주고, 자기 방어는 낮춰 줄 수 있다.

② 문제를 성장의 기회로 재규정

문제에 대한 낙관적 관점을 제공해주고 생각하기 나름이라는 좀 더 확대된 시각을 제공함으로써 클라이언트가 문제를 성장과 도전의 기회로 인식하게 만드는 기술이다.

이 기법은 클라이언트가 문제에 대한 낙관적이고 긍정적 관심을 가질 수 있도록 강조함으로써 두려움, 불편, 변화에서 얻을 수 있는 장점을 강조한다.

③ 직면

직면이란 클라이언트와의 충분한 신뢰관계가 형성된 후 클라이언트의 변화를 직접적으로 방해하는 부정적인 감정, 생각, 행동들을 클라이언트가 인식하도록 돕는 것으로 직접적인 방법이다.

클라이언트 자신이 자신의 행동, 생각, 감정 사이의 모순을 발견하지 못할 때에는 효과적이지만 클라이언트가 받아들일 준비가 되어 있지 않을 때에는 역효과가 나타나기 쉽다. 조심스럽고, 부드럽게 그리고 무례하지 않고 진실하게 직면을 활용해야 하며, 점검 · 모니터링 후 직면을 하는 것이 좋다.

④ 불신에 대한 대응

불신을 가진 클라이언트를 만나면 사회복지사는 인내하고 참아야 한다. 이를 위해서 사회복지사는 불신을 가진 클라이언트 중 다수가 절박하게 도움이 필요한 사람들이며, 그들이 약속을 제대로 지키지 않는 것은 동기 부족보다는 회피하는 경향 때문임을 인식하는 것이 중요하다.
또한 사회복지사가 클라이언트의 회피행동 뒤에 숨어있는 두려움에 맞설 수 있도록 돕는다면 문제해결에 도움을 줄 수 있다.

⑤ 전이에 대한 대응
전이는 클라이언트의 반응이 현실상황과 동떨어져 있는 경우로 클라이언트의 전이 행동이나 표현이 비현실적임을 알려주고, 클라이언트가 사회복지사에 대한 보다 더 현실적인 관점을 가질 수 있도록 돕는 것이다.
이를 위해서 사회복지사에 대한 감정을 과거에 다른 사람에게도 느낀 적이 있는지 알아보고, 그 근원에 대해 클라이언트가 깨닫도록 도와주는 것이 무엇보다 중요하다.
클라이언트가 어린 시절 신체적 · 성적 학대 등 외상 스트레스를 경험했다면, 과거경험을 차분하게 묘사하게 하고 탐색하는 것이 필요하다.

⑥ 역전이에 대한 대응
역전이를 줄이기 위해 사회복지사는 자기 자신이 가지는 감정의 기원에 관심을 갖고, 클라이언트와 현실적인 관계를 갖도록 노력해야 한다.
무엇보다 중요한 것은 자기 성찰이다. 만약 자기 자신의 경험이 클라이언트와의 관계형성에 부정적 영향을 미치고 개선의 여지가 적다면 클라이언트가 더 적절한 사회복지사와 원만한 관계를 가져서 긍정적인 변화를 꾀할 수 있도록 안내해 주어야 한다.

⑦ 저항에 대한 대응
저항을 부정적인 것으로만 받아들이지 않고 변화의 자연스러운 과정으로 생각하는 자세가 필요하다.
사회복지사는 클라이언트의 저항 저변에 있는 현재의 감정에 초점을 두고, 저항이 변화로의 목표달성을 심각하게 방해할 때에는 다양한 방식으로 저항을 줄이기 위해 노력해야 한다.
또한 클라이언트가 서비스와 개입의 절차를 잘못 이해하는 것에서 비롯된 저항은 서비스와 기관의 특성을 명확히 설명해 줌으로써 해결해야 한다.
여기서 단정적인 진술보다는 시사하는 방식으로 관찰 · 해석 · 유도하는 것이 무엇보다 중요하다. 또한 클라이언트를 판단하기보다는 그들의 행동을 객관적으로 기술해줌으로써 비판이 아닌 도움을 주기 위한 관계라는 것을 클라이언트에게 알리는 것이 필요하다.
예) 클라이언트의 두려움을 탐색하고 시범과 역할극을 통해 상황에 익숙해지도록 돕는 것 등이 저항을 줄이기 위해 자주 쓰는 기법이다.

기출문제

01 Kameman이 분류한 사회복지실천장면의 분류가 아닌 것은?

① 사회복지사가 실천하는 장에서 대응하여 형성되고 발전된 실천범주
② 사회복지사가 개입하는 문제
③ 클라이언트가 스스로 해결할 수 있는 문제
④ 사회복지사가 지원하는 클라이언트 집단
⑤ 사회복지사는 사회복지영역에서 실천하고 있는 사람들을 통칭하는 개념이다.

해설 ③은 Kameman이 주장한 내용이 아니고 사회복지실천장면과 상관없다. 정답 ③

02 비스텍(F. Biestek)의 관계의 원칙 중 '의도적 감정표현'에 해당하는 것은?

① 클라이언트의 부정적 감정을 자유롭게 표현할 수 있도록 지지한다.
② 클라이언트의 감정이나 태도를 있는 그대로 받아들이고 존중한다.
③ 목적달성을 위한 방안들의 장 · 단점을 설명하고 클라이언트가 스스로 선택하도록 한다.
④ 공감을 받고 싶어 하는 클라이언트의 욕구에 따라 클라이언트에게 공감하는 반응을 표현한다.
⑤ 사회복지사 자신의 생각과 느낌, 개인적인 경험을 이야기 한다.

해설 의도적 감정표현이란 클라이언트가 자신이 비판받게 될지도 모르는 감정들을 자유롭게 표현하게 하는 것이다 정답 ①

03 사회복지실천의 전문적 관계에 관한 설명으로 옳지 않은 것은?

① 사회복지사와 클라이언트가 합의하여 목적을 설정한다.
② 사회복지사는 소속된 기관의 특성에 영향을 받는다.
③ 사회복지사의 이익과 욕구 충족을 위한 일방적 관계이다.
④ 사회복지사는 전문성에 바탕을 둔 권위를 가진다.
⑤ 계약에 의해 이루어지는 시간제한적인 특징을 갖는다.

해설 전문적 관계란 클라이언트가 변화 하고자 하는 의지가 생기기 전에 상호 간 신뢰감을 형성해야 한다. 정답 ③

04 비에스텍(Biestek)의 7가지 관계원칙이 아닌 것은?

① 통제된 정서적 관여
② 비심판적 태도
③ 의도적 감정표현
④ 감정에 대한 민감성
⑤ 개별화

해설 비에스텍(Biestek)의 7가지 관계원칙은 개별화, 의도적인 감정표현, 통제된 정서적 관여, 수용, 비심판적인 태도, 클라이언트의 자기 결정, 비밀보장이다.

정답 ④

Chapter 09 면접

제1절 면접의 개념과 조건

1. 사회복지실천에서의 면접

① 면접
인간의 행동과 반응에 대한 전문적 지식과 정교한 인간관계 기술을 갖춘 사회복지사가 클라이언트와 그의 문제를 이해하고 원조한다는 목적을 갖고 의도적으로 이끌어나가는 전문적 대화이다.(사회복지사와 클라이언트 간의 의사소통)

② Kirst-Ashman & Hull(1993)
사회적 상호작용인 의사소통과정이며 인지, 정서, 행동상의 변화를 목적으로 한 언어적 행동으로 문제해결을 위한 개입으로 파악하였다.

③ 면접을 잘하기 위해서는 의사소통에 대한 지식과 관찰, 경청, 질문, 해석과 같은 기술을 갖추어야 한다.

④ 사회복지실천에서 면접은 사회적 문제를 다루는 데 특별한 관심이 있다는 점에서 그 내용과 대상이 특별하다.

2. 사회복지사

심리 사회적 문제에 직면한 클라이언트를 돕기 위해 면접을 실시한다.

가장 먼저 면접 시작단계의 기본 목적은 문제상황에 직면한 클라이언트에 대해 이해하는 것이다.

즉 클라이언트의 문제를 파악하고 문제상황에 처한 개인과 그 상황을 이해함으로써 문제를 효과적으로 해결하는 것이 목적이다.

① 면접의 단계별 목적

㉠ 초기 면접과정 단계(신뢰관계를 형성)

㉡ 조사 및 사정단계(클라이언트에 대한 더 많은 유용한 정보를 획득)

㉢ 개입실행 단계(면접을 통한 문제해결과 억눌린 감정의 환기를 통한 치료효과를 위한 목적으로 수행)

㉣ 면접단계 과정에서 최종 목적을 바탕으로 회기마다 세부적인 목표를 설정해야 한다.

㉤ 면접자인 사회복지사는 클라이언트의 욕구와 상황, 클라이언트의 개인에 대한 정보를 수집하게 된다.

3. 면접의 구조적 조건

면접을 위해서는 시간과 공간이라는 물리적 환경, 보존을 위한 기록, 비밀보장과 같은 다양한 조건들이 필요하다.

① 면접장소

조용하면서 개인의 비밀이 보장되고, 사회복지사가 클라이언트에게 집중할 수 있는 환경이어야 한다.

단, 클라이언트의 선호와 사례에 따라 면접장소는 달라질 수 있다.

예) 거동이 불편한 클라이언트나 입원 중인 클라이언트는 클라이언트의 편의를 최대한 고려하여 면접장소를 선정해야 한다.

면접장소를 선정할 때는 너무 어둡거나 밝지 않은 채광과 조명, 춥거나 덥지 않은 온도, 면접에 적절한 가구와 분위기, 등을 기댈 수 있는 의자, 비밀보장이 되는 안전한 공간 등을 고려한다.

② 면접일정

㉠ 클라이언트와 사전에 일정을 잡고, 하루 전 확인을 하는 것이 좋다.

㉡ 면접일정을 예약하게 되면 면접 중 다른 일이나 사람에게 방해 받을 염려를 줄일 수 있다.

㉢ 면접예약을 통해 주어진 시간 동안 사회복지사와 클라이언트가 적극적인 참여와 노력을 할 수 있다.

㉣ 면접이 어느 정도의 시간이 소요될 것이라는 것을 미리 알리고, 그 시간을 이용할 책임과 권리가 클라이언트에게 있다고 알려주는 것이 중요하다.

③ 면접시간

클라이언트의 주의집중능력, 의사소통능력에 따라 달라지지만 1회 면접의 경우 보통 40~50분이 적당하다.

면접시간 제한을 두는 이유는 클라이언트가 시간을 효율적으로 사용하도록 돕기 위함이다.

㉠ 시작시간과 진행시간을 미리 약속하면 목적에 부합하고 초점에 집중하는 면접이 이루어지기 쉽다.

㉡ 면접시간이 끝난 후 클라이언트가 중요한 문제를 이야기하는 경우 사회복지사가 그 중요성을 인정하면서 다음 면접시간에 그 내용에 대해 다룰 것을 제안하는 것이 좋다.

㉢ 클라이언트가 제기하는 사안이 위급하지 않고, 일정한 면접공간이 있는 경우 일주일에 한 시간씩 장기간 면접을 진행할 수 있다. 그러나 위급한 상황에 처한 클라이언트의 경우 면접시간을 충분히 갖고 더욱 자주 만나는 등 단시간 동안 집중적으로 접촉할 필요가 있다.

④ 면접의 기록

㉠ 정보를 수집하고 개입방법의 점검과 확인을 위해 필요하다.

㉡ 면접을 이용한 교육 목적이므로 필기, 녹음, 녹화 등의 방법을 활용한다.

㉢ 면접 시 획득한 비밀정보에 대해서는 누설되지 않는다는 보증이 반드시 필요하다.

제2절 사회복지사의 태도

사회복지사의 태도는 옷차림과 행동, 사적인 질문, 관심과 신뢰의 측면에서 정리해 볼 수 있다.

① 사회복지사는 기관의 전통이나 클라이언트의 기대를 고려한 옷차림을 하고, 클라이언트에 대한 관심과 염려를 보여줄 수 있는 행동을 해야 한다.

② 클라이언트가 사회복지사에게 사적인 질문을 할 때 그 동기는 단순한 호기심, 사회복지사의 자질 탐색, 전문적 관계에서 사적인 관계를 만들기 위한 시도, 사회복지사에 대한 감정의 표현 등이 될 수 있다.

③ 사회복지사는 이러한 사적인 질문이 사회적으로 수용될 수 있는 질문이라면 간략하면서도 직접적으로 답하고, 사회복지사의 전문적 자질에 관련된 질문에는 솔직히 말하되 자신감을 갖고 대답하는 것이 바람직하다.

④ 사회복지사는 자신이 알지 못하는 지식이나 하지 못한 경험에 대해서는 자신의 한계를 스스로 인정할 수 있어야 한다.

⑤ 관심과 신뢰의 자세는 클라이언트에 대한 존중을 내포한다.

⑥ 사회복지사는 클라이언트의 욕구에 관심을 보이고 클라이언트의 이야기를 경청하고 반응함으로써 긍정적인 관계를 맺을 수 있다.

제3절 면접의 방법

사회복지실천을 위한 면접을 실시할 때 필요한 방법에는 관찰, 경청, 질문, 구체적 표현, 요약, 초점유지, 명료화, 해석, 직면, 감정이입 등이 있다.

1. 관찰

관찰은 가장 기본적인 면접기술이다. 선입견을 버리고 실제상황을 있는 그대로 보는 것이다.

또한 관찰은 사회복지실천의 모든 과정 동안 사용하는 기술로 클라이언트가 말하고 행동하는 것에 주의를 기울이는 것이다.

면접 중에는 언어적 표현뿐만 아니라 비언어적 표현에도 관심을 기울여야 한다. 클라이언트의 표현은 신체언어와 비언어적 행동으로 구분할 수 있다.

① 신체언어

자세, 앉은 모습, 얼굴색, 땀, 음성의 고저 등을 말한다.

② 비언어적인 행동

미소, 눈동자를 굴리는 행동, 허공을 쳐다보는 행동, 의자에 축 늘어져 앉는 행동, 깊은 한숨, 눈맞춤, 팔짱을 낌, 다리를 꼬는 행동, 어조의 변화, 침묵에 빠지는 행동 등을 가리킨다.

이러한 비언어적 표현은 사회복지사가 클라이언트의 감정과 표현의 차이를 분명히 하고 클라이언트를 이해하는 데 매우 중요하다.

③ 사회복지사는 클라이언트의 시작하는 말과 종결하는 말을 유심히 관찰할 필요가 있다. 이는 클라이언트가 무엇을 더 중요하게 생각하는지, 자기 자신이나 환경을 어떻게 인식하고 있는지, 무엇을 원하는지 등을 파악하기 위해서이다.

④ 주제의 이동이나 반복을 관찰한다.

특정 주제가 나올 때 화제를 바꾼다면 그 주제에 민감하거나 이야기하기 꺼려한다는 의미이다. 그리고 한 주제의 반복적 제시는 매우 중요한 문제라는 것을 의미하기도 한다.

⑤ 대화 중 내용이 불일치하는 경우도 유심히 관찰할 필요가 있다.
일관성 없고 앞뒤 내용이 엇갈린다면, 사실을 말하고 싶어 하지 않는 것일 수 있다.
또한 사회복지사는 클라이언트의 숨겨진 의미를 파악해야 하는데, 이때 숨겨진 의미는 클라이언트 입장에서 감추어진 의미를 말한다. 클라이언트의 말실수나 태도 등을 잘 관찰하면 숨겨진 의미를 파악할 수 있으므로 사회복지사는 클라이언트가 말하는 것뿐만 아니라 클라이언트가 의미하는 것을 듣는 데 주의해야 한다.

⑥ 침묵
클라이언트가 이야기할 주제가 자신에게 위협적이라고 느끼거나 말하기 곤란하다는 것을 나타낸다.

2. 경청

경청(active listening)의 개념은 말하는 사람의 생각, 감정, 사고 모두에 대한 이해를 동반하는 것으로 단순히 소리를 듣는 것(hearing)과는 의미가 다르다. 즉 단순한 듣기가 아니라 상대방의 사고와 감정을 이해하기 위한 적극적인 청취활동인 것이다.

경청 시에는 자신의 선입견을 배제하고 클라이언트의 관점에서 이야기를 들어야 한다.

경청은 사정을 위한 정보수집의 수단으로 무엇이 클라이언트에게 중요한가에 대해 주의깊게 듣는 것이며, 클라이언트에게 중요한 사람과 사건에 대해 듣는 것이다.

경청은 개방성과 수용을 반영하는 태도이다.

1) 경청기술

면접의 성패를 좌우할 정도로 중요하다. 원조의 가장 효과적인 방법이 클라이언트에게 최대한의 말할 기회를 허용하는 것이기 때문이다.

① 시선접촉(눈맞춤)
② 어조
③ 비언어적 행동(끄덕임)
④ 언어적 반응(정말 당황스러웠겠군요, 많이 놀랐겠군요, 그 이야기를 좀 더 해보시겠어요? 등)

이와 같은 기술을 활용하여 사회복지사가 클라이언트의 말을 방해하지 않으면서 경청하는 태도를 보일 때 클라이언트는 자신이 인정받고 있다고 느끼게 된다.

2) 경청을 방해하는 요인

경청을 방해하는 요인은 클라이언트, 사회복지사, 환경의 세 측면에서 생각해 볼 수 있다.

① 클라이언트

이해할 수 없는 모호하고 불명확한 단어를 사용하거나 사회복지사가 예상한 것과 상이한 문화적 배경을 갖고 있는 경우 사회복지사는 클라이언트를 충분히 이해하지 못하게 된다.

② 사회복지사

관심이 클라이언트가 아닌 다른 곳으로 분산되어 있거나 클라이언트에 대한 편견이 있는 경우 사회복지사는 클라이언트가 전하는 메시지를 바로 전달 받을 수가 없다.

③ 사회복지사와 클라이언트가 대화하는 장소

소음이 심한 경우에는 경청이 어려워진다.

3) 경청을 방해하는 요인의 극복방안

사회복지사는 클라이언트의 말을 문자 그대로 이해하기보다는 그 안에 내재된 맥락과 클라이언트의 상황을 이해할 필요가 있으며, 어조에 클라이언트에 대한 관심을 드러내면서도 분명하고 침착한 말투를 사용할 필요가 있다.

또한 비언어적 의사소통수단에 주의하며 클라이언트가 말한 것을 명확히 할 수 있는 질문을 해야 한다.

무엇보다 클라이언트의 문화를 이해하고, 클라이언트에 대한 선입견을 버리며, 면접에 소요되는 시간에 대해 클라이언트에게 미리 알려주는 것이 중요하다.

3. 침묵

면접이 서툰 사람일수록 면접 중의 침묵을 부담스러워 하는 경향이 있다. 면접에서 침묵은 다음과 같이 생각할 수 있다.

① 생각을 정리하여 표현하려는 의도
② 말하는 도중 격해진 감정을 다스리기 위한 행동
③ 정말 할 말이 없는 경우

침묵으로 인한 공백시간은 사회복지사의 관찰이나 제안으로 적절히 메우는 것이 바람직하지만, 침묵이 지나치게 길어져서는 안 된다.

클라이언트가 침묵하는 경우에도 질문에 대답하기 위해 노력할 기회를 주어야 한다.

4. 상담자의 비언어적 행동

면접에서 비언어적 의사소통은 2/3 정도를 차지할 만큼 중요하다.

일반적으로 사회복지실천의 면접에서 내담자가 인지하는 상담자의 행동은 언어적 단서 7%, 목소리 · 억양 · 어조 38%, 얼굴의 단서 표정 55% 등으로 비언어적 행동은 의사소통에서 매우 중요한 요소이다.

상담자의 비언어적 행동으로는 눈맞춤, 사회복지사가 클라이언트의 말을 잘 이해하고 있음을 보여주기 위한 고개 끄덕임, 클라이언트의 말에 대한 반응으로 다양한 얼굴표정, 온정과 이해를 나타내기 위한 적절한 미소, 이따금 하는 손동작, 클라이언트와 신체적으로 가까운 거리 유지, 적당한 속도의 언어구사, 관심과 집중을 보여주기 위해 클라이언트 쪽으로 몸을 약간 기울임, 이따금 하는 신체적 접촉 등이 있다.

5. 질문

클라이언트의 문제상황에 대한 정보를 수집하고 동시에 클라이언트가 문제에 관한 자신의 생각과 느낌을 표현하도록 효과적으로 이끌기 위한 방법으로 질문기법이 있다.

질문은 클라이언트를 통해서 필요한 정보를 제공받고 대안을 고려하며 현재의 문제를 보다 잘 다룰 수 있게 해준다. 질문을 잘 이해하기 위해서는 다양한 형태의 질문법을 숙달해야 하며, 그 질문법들의 유용성에 대해 이해해야 한다.

대표적인 질문법으로는 폐쇄형과 개방형이 있으며 사회복지사는 두 유형의 질문을 혼합해서 사용하는 것이 바람직하다.

1) 폐쇄형 질문(closed qusetion)

① 특정 대답을 요구하므로 사실적 정보를 수집하는 데 유용하다.

② 대답의 폭을 제한하여 사회복지사가 클라이언트의 대답을 유도하는 오류를 범할 수 있다.
예를 들면 "직업이 무엇입니까?"와 같이 정확하면서 제한된 답변을 요구하는 것이 폐쇄형 질문이다.

③ 클라이언트에 대한 구체적 정보가 필요할 때 또는 클라이언트가 혼란한 상태여서 자신의 문제에 대해 조리있게 설명할 수 없는 경우 폐쇄형 질문을 활용하는 것이 유용하다.

2) 개병형 질문(open question)

클라이언트가 질문을 규정하거나 논의하여 대답할 수 있게 하면서도, 자신의 생각과 느낌을 드러낼 수 있다는 장점이 있다.

예를 들면 "직업에 대해 말해 주시겠습니까?"와 같은 질문이 개방형 질문이다.

개방형 질문은 클라이언트가 자신의 문제에 대해 설명할 수 있을 정도로 정서적으로나 인지적으로 준비가 되어 있을 때 또는 다양한 정보가 필요할 때 적절한 기법이다.

면접이 진행됨에 따라 개방형 질문에서 폐쇄형 질문으로 옮겨 가면 클라이언트의 문제상황에 대한 대화의 초점을 명확히 할 수 있다.

① 구체적인 개방형 질문

"네", "아니오" 혹은 짧은 사실적 답변이 아닌 더 상세한 답을 요하는 질문이다. '무엇, 무슨'으로 시작하는 질문은 사실적 정보를 위한 폐쇄형 질문에 적합하며, '어떻게'로 시작하는 질문은 상황에 대한 주관적 혹은 개인적 견해를 묻는 질문을 할 때 많이 사용된다. 이러한 질문들은 사실 지향적이기보다는 사람 지향적인 질문이라고 할 수 있다. '~ 할 수 있습니까? ~을 해보시겠습니까?'라고 묻는 질문 역시 상세한 답을 이끌어낼 수 있는 개방형 질문에 가깝다.

② 면접에서 질문법을 활용할 때의 주의사항

㉠ '왜'라는 단어로 시작하는 질문은 힐난하는 뉘앙스를 주며 클라이언트는 자기 행동을 정당화시키려고 방어적 태도를 취하게 되기 때문에 가급적 피하는 것이 좋다.

㉡ 응답을 어느 한 방향으로 이끌어 가려는 유도형 질문은 잘못된 질문의 형식이다.

㉢ 여러 가지 질문을 한꺼번에 묻는 중첩형 질문은 초점이 흐려져 중요한 정보를 빠뜨리게 되기 때문에 되도록 피해야 한다.

3) 질문기법의 유형

① 직접적 질문(direct question)

필요한 정보를 지적하여 질문하는 것으로 물음표로 끝나는 형태이다.

예) "가장 심각한 문제가 무엇입니까?"

② 간접적 질문(indirect question)

우회하여 묻는 형식으로 문화적 · 윤리적 이유로 직접적으로 질문하거나 대답하기가 쉽지 않은 경우 효과적이다.

예) "자녀들의 문제는 부모의 문제와 관련이 있는 경우가 많다고 하더군요"

6. 요약

요약이란 클라이언트의 생각, 행동, 감정을 사회복지사의 언어로 정리하는 것을 말한다.

(1) **요약은 클라이언트의 말을 경청하고 있다는 것을 보여주는 동시에 정확하게 이해하고 있는지를 확인하는 수단이 된다.**

(2) **적절한 요약은 클라이언트로 하여금 잘못 이해된 부분을 바로잡아주면서 자기의 욕구나 문제를 한 번 더 심사숙고하게 만드는 반영적인 효과가 있다..**

(3) **요약을 할 때의 유의점**(Hepworth et al., 2006)

① 문제의 요점을 부각시켜야 한다.
사회복지사는 문제가 어떻게 외부적 압력, 행동패턴, 충족되지 못한 욕구와 요구, 숨겨진 사고와 감정 등의 상호작용에 의해 나타났는지 요약해야 한다.
요약은 전체를 만들기 위해 문제의 각 부분을 함께 끼워 맞추는 것이다.
문제를 강조하는 요약은 문제에 관련된 측면이 적절하게 탐구되었고 클라이언트가 고민을 표현할 기회를 가지는 것에 대해 만족을 느낀다고 생각될 때 면접 중 자연스럽게 사용되어야 한다.

② 긴 메시지는 요약해야 한다.
클라이언트의 메시지가 다수의 관계없는 요소들을 포함하고 있는 경우 사회복지사는 면접의 요점과 가장 밀접히 관련된 요소들을 가려내 초점을 맞추어야 한다.

③ 상담의 초점을 살펴봐야 한다.
요약은 이전에 행해진 면접의 끝부분에서 논의된 주요 문제를 다시 고찰하거나 문제에 관련된 주제나 유형을 부각시키기 위해 사용된다.
요약을 통해서 사회복지사는 클라이언트가 면접 중에 나타난 문제의 주제와 유형을 다시 고찰하도록 유도할 수 있다.

④ 초점과 맥락을 제공해야 한다.
면접의 시작단계에서 사회복지사는 클라이언트가 지난 면접에서 성취한 것을 상기하여 현재의 면접에서 해야 할 단계를 확인시키기 위해 요약을 사용할 수 있다.
정해진 면접시간이 끝날 시점에서 면접의 내용을 정리하는 것은 사회복지사가 면접을 자연스러운 결말로 이끌어가도록 하는 데 도움이 된다.

7. 해석

해석은 클라이언트가 미처 알지 못한 자신의 문제를 이해할 수 있도록 하는 것이다.
다시 말해, 사회복지사가 클라이언트와 이야기했던 내용을 분석하기 위해 이야기한 내용과 관련된 이론, 전문가적 경험, 클라이언트의 문제에 대한 정보를 토대로 문제상황에 대한 가설을 세우는 것이 해석이다.

해석은 사회복지사의 통찰력을 통해서 이루어지고 클라이언트의 통찰력도 길러주지만 해석한 사실을 공유하지 않는 것이 좋을 때도 있다. 왜냐하면 클라이언트가 자기 힘으로 사회복지사가 해석한 내용과 같은 결론에 도달할 수 있게 기다려주는 것이 바람직하기 때문이다.

해석은 클라이언트의 말 속에 숨은 내용을 파악하는 것과 숨은 메시지를 다른 관점으로 제시하는 두 단계로 구성된다.

해석 시 사회복지사는 클라이언트와의 면접과정을 고려하여 클라이언트의 고통, 중요한 사건이나 사람에 관한 정보를 감정이나 표정으로 표출하는 데 있어 그 과정이 일관되는 않을 때에는 적절한 시기에 이를 언급해야 한다.

제4절 면접의 기술 : 의사소통기술

1. 의사소통의 중요성

사회복지사와 클라이언트 간에 이루어지는 면접은 관계를 형성하고, 문제를 파악하며, 해결하는 의사소통기술이다.

2. 의사소통의 목적

클라이언트를 돕는 과정에 필요한 정보수집, 사고나 감정의 표현, 욕구의 충족, 문제해결, 행동체계의 구조화, 정보제공, 충고, 격려, 방향성 제시 등이다.

사회복지사는 의사소통에 있어 자신의 생각과 감정을 클라이언트에게 정확히 전달하고 클라이언트가 표현하는 생각과 감정을 정확히 받아들이는 것이 중요하다.

특히 의사소통에서는 표현방법, 환경(방해요인), 의사소통과정 등에 따라 오류가 발생할 수 있기 때문에 되도록 있는 그대로를 받아들이는 것이 바람직하며 이에 대한 숙달이 필요하다.

① 면접의 기본단위는 대화이고, 대화는 의사소통의 가장 기본적인 방법이라는 측면에서 성공적인 사회복지실천을 위해서는 사회복지사와 클라이언트가 편안한 대화를 하는 것이 무엇보다 중요하다.

② 면접에서 피면접자인 클라이언트는 욕구를 드러내고 도움을 청해야 하는 입장에 있다.

③ 클라이언트가 면접에 임하는 마음이 불편하고 두려움에 차 있을 수 있고, 반대로 면접을 진행해야 하는 사회복지사 역시 자신의 유능함을 증명하고 효과적으로 클라이언트를 도와주어야 한다는 부담을 갖게 된다.

④ 부담은 효과적인 의사소통을 통해서 완화할 수 있기 때문에 의사소통의 방법과 장애요인을 정확하게 이해할 필요가 있다.

⑤ 의사소통은 일반적으로 두 사람 이상이 서로 의미를 주고받으며 점검하는 상호과정이다.
송신자 - 메시지를 기호화해서 송신
수신자 - 메시지를 수신하여 해독하며 자기의 피드백 메시지를 기호화해서 최초 송신자에게 송신하는 과정이 반복

3. 의사소통의 종류

① 언어적 의사소통과 비언어적 의사소통으로 나뉜다.
② 일반적으로 사람들은 언어를 통해 의사소통을 하지만 때로는 말이 필요하지 않은 경우 비언어적 의사소통을 하는 경우도 많다.
③ 언어적 의사소통 시에는 클라이언트의 어휘력과 표현력 차이 등 개인적 편차에 영향을 받게 된다.

4. 언어적 의사소통의 유도 전략

① 클라이언트에 대한 지지적 언어 반응이 필요하다.
지지적 언어 반응이란 "아! 그랬군요", "알겠어요"와 같이 클라이언트의 말을 관심 있게 경청하고 있음을 알려주는 것이다.

② 사회복지사는 클라이언트의 언어를 재구성해야 한다.
언어의 재구성이란 사회복지사가 클라이언트의 말을 제대로 이해하고 있는지를 확인하고, 클라이언트에게 다시 한 번 생각해 볼 수 있는 여유를 제공한다.

③ 클라이언트의 감정에 대해 반응하는 것이 필요하다.
감정이입적 의사소통이라고도 한다.
예) "실직하여 가족들을 볼 낯이 없다고 생각했군요"라고 말하며 공감하는 표현이 해당된다.

④ 클라이언트의 인식을 명료화하도록 유도한다.

클라이언트가 자신의 생각을 분명히 하고, 이를 통해 사회복지사 자신도 클라이언트의 생각을 분명히 이해할 수 있다.

예) "임신한 아이가 다운증후군이라니 어쩌면 좋아요?", "다운증후군에 대해 좀 더 알고 싶고, 이 병을 가진 아이들을 돌보는 법과 예후에 대해 알고 싶으시군요!"와 같은 반응을 보이는 것이 여기에 해당한다.

⑤ 클라이언트의 장점을 강조한다.

클라이언트가 해결능력의 부재로 고민하는 경우 의기소침해 있을 가능성이 높다. 이럴 경우 자신의 능력과 잠재력을 믿지 않기 때문에 사회복지실천 개입의 효과는 기대하기 어렵다.

따라서 클라이언트의 강점을 찾아내서 강조를 하게 되면 자아효능감을 높여주어 개입의 효과를 높일 수 있다.

예) "어머니는 매우 강하신 분이십니다! 장애를 가진 아이를 어떻게 하면 잘 기를 수 있는지 이렇게 미리 알아보고 준비하려고 하시잖아요."와 같은 대응이 이에 해당한다.

언어적 의사소통 전략에서 유의할 점은 도덕적 판단, 성급한 해결책 제시, 비판이나 비난, 지적인 논쟁을 통한 설득, 현실성 없는 의례적인 동정이나 위로 등이다. 이런 방법들은 사회복지사와 클라이언트의 관계를 악화시킬 수 있다.

그 외에 사회복지사는 클라이언트의 말을 해석하여 자신과 자신의 문제를 이해하고 상황에 대한 인식을 높여준다던가, 클라이언트에게 어떤 사건이나 경험, 문제, 사람들에 대한 자료나 사실을 제공해야 한다.

5. 비언어적 의사소통의 종류

① 눈맞춤

눈은 마음의 창이기 때문에 눈맞춤을 통해서 지루함, 무관심, 불안, 거짓말 등의 경우 회피하는 것을 포착할 수 있는 수단이 된다.

② 옷차림과 외양

사회복지사의 옷차림도 하나의 전략으로 상항에 맞는 적절한 옷차림과 외양을 갖추는 것은 효과적인 의사소통을 위해 중요하다.

③ 표정

언어적인 표현과 함께 표정으로 현재의 감정상태나 상대방 표현에 대한 반응을 나타낼 수 있다.

④ 자세와 몸동작

손, 팔, 다리 몸 등의 자세와 동작은 면접에서 클라이언트의 감정이나 정서를 반영하는 의사소통 표현으로 읽을 수 있다.

예) 팔짱낌, 다리 떨기, 옷 가장자리 비틀기 등

제5절 면접의 기록

1. 기록의 목적과 활용

기록이란 개입한 사례에 대해 첫 단계부터 종결과 사후관리까지의 전 과정을 양식에 객관적으로 서술하는 것을 말한다.

① 사회복지사는 기록을 통해 클라이언트와 기관 및 지역사회에 대한 자기 책임성을 다해야 한다.

② 기록을 통해서 정보보관, 사례에 대한 의사소통과 연구, 슈퍼바이저의 교육과 지도감독을 할 수 있으며, 궁극적으로는 사회복지실천의 질을 높일 수 있다.

③ 기록은 클라이언트의 욕구를 확인하고, 서비스 내용을 보고하며, 사례유지 및 전문가간의 의사소통을 원활화하게 한다.

④ 사회복지사가 클라이언트와 정보를 공유하여 슈퍼비전이나 자문 등을 할 경우에도 활용된다. 사회복지사 간에는 동료 간 상호검토를 활성화시키고, 사회복지실천 서비스의 과정과 효과를 모니터링하기 위해서도 기록은 중요하다.

⑤ 기록은 대외적으로 다른 전문가의 교육자료를 제공하거나 행정적 과업을 위한 자료제공, 조사를 위한 자료제공 등을 위해 다양한 기능을 하게 된다.

2. 기록내용과 방법

기록을 할 때는 클라이언트가 부담을 가질 수 있기 때문에 정보가 공개되지 않을 것임을 명시해야 한다. 부득이한 경우 클라이언트의 동의 하에 공개할 수도 있다.

1) 사회복지실천 면접 시 기록되어야 하는 기본내용

① 클라이언트를 만난 날짜와 시간, 기록을 작성한 날짜를 포함시켜야 한다.
② 클라이언트의 인구학적인 특성을 기록해야 한다.
　예) 이름, 나이, 성별, 주소, 직업, 소득, 가족구성 등
③ 클라이언트가 사회복지사를 찾아오게 된 사유, 서비스를 제공하게 된 이유에 대해 기록해야 한다.
④ 클라이언트의 현재 및 과거의 문제나 욕구, 상황에 대한 자세한 정보, 즉 사회력에 대해 서술해야 한다.
⑤ 사회복지사의 사정내용과 소견을 기록해야 한다.
⑥ 서비스의 제공목적과 계획 · 특성을 기록해야 한다.
⑦ 서비스 종결방법과 사유 및 평가에 대한 내용을 서술해야 한다.
⑧ 서비스 활동과 결과에 대한 요약을 기록해야 한다.
⑨ 사후관리내용에 대해 기록해야 한다.

2) 기록을 활용하기 위한 방법

① 녹음 또는 녹화, 사진촬영, 메모 등
② 녹음이나 녹화의 경우 반드시 클라이언트의 동의를 받아야 한다.
③ 특히 성학대 피해아동이나 가정폭력 또는 성폭행 피해자의 경우 고통스러운 과정을 반복진술하지 않도록 주의해야 한다.
④ 녹음의 단점
　㉠ 녹음은 생생한 자료를 제공하지만 면접내용을 풀어쓰는 데 시간이 많이 걸리며, 영구적이지 못하다.
　㉡ 녹음을 사용한 기록은 기록작성의 보충적 역할을 하는 경우가 많고, 일반적인 경우 간단한 메모로 중요사항을 정리하였다가 면접종료 후 다시 기록하는 방식을 취해야 한다.
　㉢ 지나치게 기록에 몰두하면 클라이언트가 불편해 할 수 있기 때문에 면접진행에 방해가 되지 않도록 기록해야 한다.

3. 기록의 유형

1) 기록

① 최소기본기록(minimum basic recording)
단순하고 경제적인 기록양식이다. 기본적인 신상정보(클라이언트의 이름, 나이, 성별, 주소, 전화번호, 직업, 수입, 가족관계 등), 면접 날짜와 주요한 클라이언트의 문제, 목

적, 개입계획, 클라이언트의 반응, 탐색이 필요한 영역, 필요한 자원, 클라이언트를 위해 필요한 행동, 종결상태 등을 기록하는 것이다.

② 과정기록(process recording)

사회복지실천에서 가장 오랜 역사를 가지고 있는 기록법으로 면접의 과정 중에 일어나는 모든 일을 꼼꼼히 있는 그대로 기록하는 방법이다.

기록자는 클라이언트와의 면담이나 미팅의 전부 또는 일부를 과정기록하게 된다. 기록자들은 과정기록 시 자신들의 반응을 적을 수 있도록 넓은 여백을 남기고 기록하는 것이 일반적이다.

㉠ 장점

학생들의 사정기술, 자아인식, 서비스 과정에서의 자아의 사용을 발전시키기 위해 실습지도와 교실수업에서 사용된다.

㉡ 단점

시간이 많이 소요되므로 기관 실무에서 사용하기에는 효율적이지 않다.

㉢ 과정기록 시 유의사항

- 정직하게 기록해야 하며, 기록하는 데 너무 집중해서 면담에 방해가 되지 않도록 하는 것이 중요하다.
- 내용을 생생하고 사실 그대로 기록하기 위해서는 면접 직후 가능한 빨리 기록하는 것이 필요하다.
- 기록내용을 공식적으로 활용할 경우 클라이언트의 이름 등 개별적인 사항에 대한 비밀유지를 위해 슈퍼바이저의 검토 및 승인 후 별도로 보관한다.

③ 이야기체기록

가장 많이 사용되는 기록형태로 시간대별로 서술하거나 요약체를 활용하는 방법이다. 이야기체기록은 일지 형식과 유사하여 사건이 있을 때마다 기록하는 시간대별 서술과 일정 기간별로 묶어서 서술하는 형태인 요약체 기록의 방법을 포함한다. 실천과정의 단계에 따라 요약하는 것이 효과적이다.

㉠ 초기단계

요약의 내용은 일시와 대상, 장소, 문제탐색, 표적문제와 개입전략의 요약 및 계약이다.

㉡ 개입단계

클라이언트의 과업수행 과정과 표적문제의 진행상태, 사회복지사의 과업수행 등을 기록한다.

㉢ 종결단계

문제상태와 사후관리 계획을 기록한다.

시간의 흐름에 따른 기록이므로 장기간 진행되는 경우 매우 유용하며, 주로 사회복지사가 한 일보다 클라이언트에게 일어난 변화에 초점을 두고 기록한다.

특히 이야기체기록은 기록에 융통성이 있어 사회복지사가 중요하다고 판단한 것을 포괄할 수 있고 클라이언트와 그 상황, 서비스가 갖는 나름의 특수한 본질을 개별적으로 반영할 수 있다.

그러나 기록을 조직화하는 사회복지사의 재량에 상당 부분 의존해 면담내용을 지나치게 단순화해서 초점이 불명확할 수도 있고, 실제로 제공한 서비스 질보다 사회복지사의 문장능력이나 기록하는 데 투자한 시간에 따라 기록의 질이 좌우될 수 있다. 또한 기록 내용을 개별적으로 구성하기 때문에 추후에 원하는 정보를 쉽게 찾기 어렵고 기록하는 데 시간이 많이 걸려 비효율적이다.

④ 문제중심기록

더욱 정교하고 진일보한 기록방법으로 단순히 기록 차원을 넘어 문제해결 접근방법을 반영하며, 측정도구와 코멘트를 조합하는 기록양식이다.

문서화 뿐만 아니라 정보교환에 목표가 있기 때문에 병원 또는 의료적 프로그램, 보건, 정신보건현장에서 많이 사용되는 기록유형으로 사회복지기관에서도 널리 광범위하게 사용한다.

다른 영역의 도움이 필요할 때 사용되며, 통상적으로 클라이언트의 기본적인 자료, 문제목록, 목표와 계획, 활동을 통해 이룬 것과 결과에 대한 진행노트라는 네 가지 요소로 구성된다.

㉠ 자료수집

㉡ 문제의 규정과 문제목록 작성

㉢ 개입계획

㉣ 개인의 수행 및 점검의 영역에서 문제를 파악하여 개입의 초점을 잘 보여주며 효율성을 향상시킨다.

가장 많이 사용하는 기록은 SOAIGP와 SOAIGP의 구체적 기록방법이다.

S : 주관적 정보(Subjective Information) – 클라이언트 입장에서 보는 상황에 대한 정보

O : 객관적 정보(Objective Information) – 전문가의 관찰, 임상적 검사, 체계적 자료수집으로 이루어진 정보

A : 측정(Assessment) – 주관적 및 객관적 정보를 검토하여 얻은 전문가의 결론

I : 인상(Impression) – 사회복지사가 받은 인상, 가설, 사정 또는 평가

G : 목표(Goals) – 현재 목표

P : 계획(Plan) – 전문가의 문제해결 방안

⑤ 진단기록

병리적 현상 진단을 목적으로 사회 심리적인 지도감독을 위한 정보제공을 위한 기록이다.

⑥ 목표중심기록

1970년대 개발되어 과제중심모델이나 목표성취척도로부터 발전한 유형으로 문제에 대한 구체적 기록과 목적에 관해 구체적으로 기록하는 것에 강조점을 둔 유형이다.

⑦ 컴퓨터와 표준화된 기록

자동화된 문서화 과정을 통한 기록을 말한다.

장점은 특수한 정보가 체계적으로 기록되고 대부분의 형식은 짧은 질문이나 체크표로 완성되며, 기록의 보관을 간소화하고 일상화하여 기관관리에 필요한 정보에 쉽게 접근할 수 있게 한다.

고문서 기록에 효율적이고, 정정이 용이하며, 컴퓨터를 통해 미해결로 완료했던 사례와 재조사를 위한 사례의 분석이 가능하다는 점에서 유용하다.

단점은 클라이언트 상황의 독특한 성격이나 서비스 거래의 특수한 질적 내용을 포착하는 것은 불가능하다는 한계가 있다.

⑧ 시계열기록

서비스의 목표를 달성하는 과정에 대한 정보를 제공하기 위한 것이다.

시계열기록은 개입의 표적이 되는 행동이나 태도 등을 반복적으로 되풀이해서 기록한다는 특징이 있다.

제6절 좋은 기록과 좋지 않은 기록

1. 좋은 기록

① 서비스의 결정과 행동에 초점을 둔 기록을 말한다.

② 사정, 개입, 평가의 기초가 되는 클라이언트와 상황에 관한 정보가 들어있고, 각 단계에서 목적, 목표, 계획, 과정과 진행을 포함해 서비스 전달에 관한 정보가 포함되어야 한다.

③ 좋은 기록은 상황묘사와 사회복지사의 견해가 명확하게 분리되어 별도의 제목 하에 기록되어 읽는 사람들이 사회복지사의 관찰사항과 해석을 구분해 이해할 수 있다.

④ 구조화되어 있어 정보를 효과적으로 문서화할 수 있고 쉽게 색출해 낼 수 있다.
⑤ 서비스 전달이 잘 묘사되고 모든 문서가 정확하여 유용하며 기록이 간결하고 구체적이다.
⑥ 좋은 기록은 전문가적 윤리를 바탕으로 한 것으로 수용된 이론에 기초해 있고, 클라이언트의 관점을 무시하지 않은 것을 의미한다.

2. 좋지 않은 기록

① 부정확한 사정, 잘못된 판단, 비윤리적 행동, 부적절한 개입을 다루고 있는 것을 말한다.
② 정보가 너무 많거나 너무 적게 쓰여 조직화되어 있지 않는 기록으로, 필요한 사람에게 정보를 제대로 제공할 수 없다.
③ 뒷받침이 되는 관찰이나 평가 없이 결론을 내려 기록상 과잉단순화가 나타나기도 한다.
④ 초점이 없고 모호하며, 편견에 치우쳐 있고 추리에 의존하며, 정확하지 않고 맞춤법상의 오류가 있는 것을 좋지 않은 기록이라고 한다.

3. 클라이언트와 사생활을 보호하는 기록

기록은 클라이언트와 클라이언트의 사생활을 보호해야 하며 익명성과 비밀이 보장되어야 한다. 이를 위해 서비스 제공에 필요하거나 서비스 전달 및 평가와 관련된 것만 기록해야 한다.

① 민감한 정보
자세하게 기록하지 않으며 일반적인 용어로 기술하고 입증된 정보만 기록해야 한다.

② 사례기록
반드시 잠금장치가 되어 있는 곳에 보관하고 기록파일에 빈번히 접근해야 하는 사람이 잠금장치를 열 수 있도록 해야 한다.
특별히 허가된 예외적인 경우를 제외하고는 기록파일 자체를 기관 외부로 내보내지 않는 것이 일반적이다.
만약 기록을 전산화했다면 암호장치를 해서 합법적 권한을 가진 사람만이 접근하도록 해야 한다.
사회복지기관은 외부기관이나 개인에게 정보를 제공하는 절차에 대해 규칙을 갖고 있어야 하며, 기관의 절차를 사회복지사가 잘 지킬 수 있도록 훈련하고 감독하는 것이 중요하다.

01 인테이크(intake) 과정에 대한 설명 중 옳은 것은?

① 욕구를 명백히 하고 기관에서 줄 수 있는 도움의 내용과 절차를 알려주는 것이다.
② 문제해결을 위한 계획을 수립하는 것이다.
③ 문제해결을 위한 심리적 도움을 주는 것이다.
④ 클라이언트와의 관계를 종결하는 과정을 말한다.
⑥ 문제해결을 위한 사정과정이다.

해설 접수(intake)란 문제를 가진 사람이 기관에 찾아왔을 때 사회복지사가 그의 문제와 욕구를 확인하여 기관의 정책과 서비스에 부합되는지의 여부를 판단하는 과정이다. 정답 ①

02 사회복지실천 면접의 질문기술에 관한 내용으로 옳은 것은?

① 클라이언트가 방어적인 태도를 취할 수 있기에 '왜'라는 질문은 피한다.
② 클라이언트가 자유롭게 내답할 수 있도록 폐쇄형 질문을 활용한다.
③ 사회복지사가 의도하는 특정방향으로 이끌기 위해 유도 질문을 사용한다.
④ 클라이언트에게 이중 또는 삼중 질문을 한다.
⑤ 클라이언트가 개인적으로 궁금해 하는 사적인 질문은 거짓으로 답한다.

해설 면접에서 피해야 할 질문
- 중첩형 질문(혼합형 질문)
- 유도형 질문
- 왜?라는 질문

정답 ①

03 면접과 의사소통기술에 관한 설명으로 틀린 것은?

① 경청은 사회복지사가 비판이나 충고 없이 클라이언트의 이야기를 충분히 이해하면서 성의껏 들어주는 것으로 클라이언트로 하여금 자신의 가치를 느끼게 해준다.
② 질문에는 직접적 질문과 간접적 질문이 있는데 간접적 질문은 대답하기 용이하지 않은 경우에 효과적인 방법이다.
③ 비밀보장의 원칙은 사회복지사의 윤리강령에 따라 들은 것을 모두 비밀로 간직해야 한다.
④ 면접이 진행될수록 개방형의 질문에서 폐쇄형의 질문으로 옮겨가면서 클라이언트의 문제상황에 대한 대화의 초점을 명확히 할 수 있다.
⑤ 면접은 상대방의 의사를 충분히 들어주어야 한다.

해설 클라이언트가 밝힌 내용이 다른 사람이나 사회적 공익에 위배될 때는 비밀보장이 최우선의 가치일 수 없다. 정답 ③

Chapter 10 사회복지실천의 과정론

사회복지실천 과정이란 도움이 필요한 개인과 가족 및 집단에 대해 전문적 지식과 기술을 갖춘 사회복지사가 계획된 도움을 단계적으로 제공하여 문제해결을 돕는 일련의 과정을 의미한다.

1960년대 이후 진단과 치료 대신 사정과 개입으로 용어가 대체되었고, 사회복지실천에서 문제해결과정은 개별, 집단, 지역사회방법론 모두에 중요한 요소이다.

제1절 접수와 자료수집

사회복지실천 과정에 대해서는 다양한 학자들의 입장(양정남, 최선령, 2014)이 있다.

학자명	실천과정 단계구분
Sheafor 외(1997)	접수와 관계형성 - 자료수집과 사정 - 계획과 계약 - 개입과 모니터링 - 평가와 종결
Hepworth와 Larsen(1990)	탐색, 사정, 계획 - 변화, 문제해결 - 종결과 평가
Johnson(1998)	사정 - 계획 - 직접적 개입활동 - 간접적 개입활동 - 평가 및 종결
Northen(1995)	사정 - 계획 - 초기단계 - 핵심단계 - 문제해결단계 - 종결 - 평가
김융일 외	접수 및 참여유도 - 자료수집 사정, 계획 - 개입 - 평가 및 종결
장인협	사정 - 계획 - 개입 - 평가 - 종결
양옥경 외	접수 - 자료수집 및 사정 - 목표설정 및 계약 - 개입 - 평가 및 종결

1. 접수(intake)

1) 접수의 개념과 특징

사회복지실천 과정에서 접수의 개념은 클라이언트와 사회복지사가 처음으로 만나서 동반자적 관계를 수립하고, 정보를 수집하는 초기 상담과정이다.

이 단계는 클라이언트가 서비스와 만나는 문(gate)에 해당한다.

2) 접수단계에서 사회복지사의 과업

(1) 문제확인

접수단계에서 사회복지사는 클라이언트의 연령, 성, 성 정체성, 사회경제적 지위, 문화 등의 다양성을 고려하여 문제를 탐색, 확인해야 한다.

접수단계에서는 사회복지사의 감수성이 요구된다. 이 단계는 가장 기초적인 개입기술이라 할 수 있는데, 이러한 과정은 클라이언트가 이야기하는 문제와 이 문제에 드러내는 감정에서부터 시작하게 된다.

만약 클라이언트가 호소하는 문제가 근본적인 문제가 아니거나 같은 문제에 주어진 의미가 클라이언트마다 상이한 경우, 문제의 성격을 판단하는 것은 필요한 서비스가 기관의 한계 내에 속하는 것인지를 결정하기도 하므로 사회복지사는 접수단계에서 이를 민감하게 파악할 수 있어야 한다.

(2) 의뢰

클라이언트의 욕구가 기관의 서비스 방향이나 내용과 맞지 않을 때 사회복지사는 다른 기관으로 의뢰해야 한다.

의뢰 시 클라이언트의 동의가 필요하며 의뢰를 받는 기관의 서비스와 기관에 대한 충분한 토론이 있어야 한다.

클라이언트가 거부감을 느끼지 않도록 정서적 지지와 적절한 정보제공이 필요하다.

(3) 참여유도

클라이언트가 사회복지기관에 원조를 요청하게 되는 시점은 일반적으로 주변의 도움이 무용한 경우가 많기 때문에 클라이언트의 감정상태는 일반적으로 무력하고 회의적이며 상처를 받기 쉽다.

어떤 상황에서든 인간관계에는 감정이입, 인정, 온정 그리고 진실성의 요소가 필요하기 때문에 개입과정에서 클라이언트가 적극적으로 참여하도록 유도하기 위해 사회복지사는 클라이언트와의 관계형성, 동기화, 양가감정의 수용과 저항감 해소 등의 과업을 잘 수행해야 한다.

① 관계형성

㉠ 기관을 찾는 클라이언트의 두려움과 불안 등을 해소하기 위해 사회복지사가 클라이언트와 긍정적 신뢰관계를 형성하는 것, 즉 라포를 형성하는 것을 말한다.

㉡ 클라이언트가 두려움, 불안과 분노, 죄책감, 수치심, 의존에 대한 양가감정 등을 가진 경우 사회복지사는 신뢰관계를 통해 클라이언트가 안전감을 느끼도록 해야 한다.

㉢ 자발성을 보일 때까지 사회복지사는 인내심을 갖고 기다리면서 클라이언트가 조금만 노력을 보여도 격려하고 지지할 필요가 있다.

㉣ 클라이언트 자신의 능력을 스스로 인지하도록 돕는 것도 필요하다.

② 원조과정

㉠ 원조과정은 변화를 일으키는 과정으로 클라이언트가 변화하고자 하는 동기나 의지가 없다면 매우 어렵거나 실패할 가능성이 높다.

㉡ 클라이언트가 원조과정 동안 적극적으로 참여할 수 있도록 동기를 부여해야 한다.

㉢ 지나치게 낙담하여 더 이상의 변화를 기대하지 않는 클라이언트에게 그동안의 고통을 이해하고 이제까지 견뎌 온 의지를 격려하며 문제가 해결될 수 있다는 희망을 갖게 함으로써 동기부여를 해야 한다.

③ 저항

클라이언트와의 관계형성을 위한 기술로 '저항' 다루기가 있다.

초기 접수단계에서의 저항 다루기는 매우 중요하다.

저항은 양가감정으로 도움을 수용하기 꺼리는 마음, 지위나 자원의 상실에 대한 두려움, 변화가 불가능하리라는 생각 등에서 기인하는데 원조과정에 비협조적인 태도 등으로 표현된다.

저항적 반응에 대한 사회복지사의 태도는 다음과 같다.

㉠ 진실한 태도

클라이언트의 부정적 감정을 민감하게 인식하고 감정이입이나 수용적 태도, 때로는 조심스러운 직면 등을 활용하면서도, 온정적이고 돕고자 하는 진실한 태도를 유지함으로써 초기 관계형성과정에서 참여동기를 향상시키도록 노력해야 한다.

사회복지사의 적절한 저항 다루기는 초기 클라이언트와의 관계형성과정에서 클라이언트의 긍정적 참여와 협조를 끌어내는 데 결정적 기여를 한다.

㉡ 침묵의 허용

클라이언트의 침묵 이유는 사회복지사의 질문이나 언급에 대해서 생각해 보는 시간을 갖는다는 것을 의미하며, 방금 언급된 사건이나 내용에 대한 클라이언트의 숨겨진 감정적 반응의 표출과정이다.

무엇보다 사회복지사는 접수단계에서 긍정적인 고려, 온화함, 진실성과 같은 자세와 태도를 견지함으로써 클라이언트가 마음을 열고 적극적으로 사회복지실천 과정에 참여할 수 있도록 유도하는 역할을 수행해야 한다.

제2절 비자발적 클라이언트를 동기화시키기 위한 사회복지사의 행동지침 (Kirst-Ashman & Hull, 1993: 백은령 외, 2007에서 재인용)

① 비자발적 클라이언트들은 그들이 원해서 사회복지사를 찾아 온 것이 아니라는 사실을 명심해야 한다. 클라이언트에게 원조관계를 긍정적으로 받아들이게 만들고자 무리하게 노력하기보다는 이 사실을 인정하고 관계를 시작한다.

② 서비스에 대한 저항의 실체를 그대로 받아들인다.

③ 클라이언트의 부정적인 감정이 표출되도록 유도한다.
예를 들면 "여기에서 나를 만나는 것을 무척 싫어하고 있군요. 지금 당신 기분이 어떤지 알고 싶어요."라고 말을 하면, 클라이언트에게 자신의 기분을 솔직하게 표현할 좋은 기회를 주는 것이다.

④ 비자발적 클라이언트가 원하는 것을 어느 정도 해결해 줄 수 있는지를 생각해 본다.
클라이언트에게 필요한 구체적인 서비스를 해줌으로써 관계형성이 시작될 수도 있다.

⑤ 희망을 갖게 하고 용기를 준다.
사회복시자사 개입함으로써 긍정적인 결과가 초래될 수 있음을 알려준다. 비자발적 클라이언트에게서 사회복지사에 대한 신뢰감이 즉시 형성될 것이라는 기대는 무리이다. 점진적인 관계형성을 통해 클라이언트의 신뢰감이 형성되기를 기다려야 한다.

제3절 정보제공

1. 기관의 서비스에 관한 정보제공

사회복지사는 클라이언트에게 어떤 서비스가 어느 정도 주어질 수 있는지를 분명하게 설명함으로써 클라이언트가 서비스를 선택할 수 있는 기회를 제공하고 클라이언트로 하여금 스스로 자기결정을 통하여 문제해결 노력을 할 수 있다는 자아효능감을 키우도록 해야 한다.
예) 클라이언트의 욕구에 대한 기관 내 서비스가 준비되어 있지 않은 경우
이러한 경우 사회복지사는 필요하다고 판단되면 기관 내에서 새로운 서비스나 프로그램을 마련하도록 요구하는 옹호자 역할을 수행할 수도 있다.

2. 원조과정에 대한 안내

클라이언트에게 서비스 수혜에 대한 규칙과 조건 그리고 원조과정에서의 사회복지사와 클라이언트가 각기 수행해야 할 역할 등에 대하여 설명을 해주는 것을 말한다.

서비스에 관련된 세부사항, 시간, 장소, 빈도, 모임의 횟수, 전체 소요기간, 평가방법 등이 포함된다.

사회복지사는 클라이언트가 원조과정에 대하여 잘 이해할 수 있도록 명확히 설명해 줌으로써 사전에 클라이언트의 협조에 대한 약속을 받아 두는 것이 중요하다.

필요 시 서비스와 관련된 법규, 정책, 클라이언트의 권리를 이해할 수 있도록 설명해 주어야 하며, 비밀보장의 한계에 대해서도 정확히 설명해 주는 것이 좋다.

보다 효과적인 서비스를 제공하기 위해 서비스팀을 구성한 경우 팀에 소속되어 있는 동료 사회복지사나 타 분야의 전문가, 슈퍼바이저 등과 의논할 수 있으며, 법과 관련된 경우 사법기관에 보고를 해야 한다는 사실을 밝힐 필요가 있다.

제4절 정보수집

1. 정보수집의 개념과 과제

1) 자료수집의 개념

(1) 개입 가능성을 판단하고 개입에 도움이 될 수 있는 자료를 마련하는 것이다.

(2) 사회복지사는 수집한 자료를 바탕으로 클라이언트를 사정하게 된다.

(3) 자료수집과정은 클라이언트의 문제를 이해하고 분석 · 해결하는 데 필요한 자료를 수집하는 과정이다.

자료수집은 접수단계에만 국한된 것이 아니라, 개입과정 전체를 통해 이루어지는 지속적인 과정이지만 일반적으로 접수단계에서 집중적으로 수행한다.

2) 자료수집을 위한 과제

① 클라이언트의 문제와 욕구를 명확하게 규정함으로써 개입의 방향을 설정한다.

② 개입가능성을 판단하여 개입에 도움이 될 수 있는 자료를 마련해야 한다.

③ 생태체계적 관점을 가지고 자료수집의 범주를 문제, 개인, 환경으로 분류하여 잠재적이고 실제적인 자원과 제약을 파악해야 한다.

3) 자료의 영역

수집해야 하는 정보의 영역은 다양하다.

① 접수단계에서 파악한 클라이언트에 대한 기본적인 정보를 확인해야 한다.

② 문제에 대한 깊이 있는 정보를 수집한다.
자료수집단계에서는 접수단계보다 더 깊이 클라이언트의 문제에 대한 정보들을 수집하게 된다.

③ 개인력에 대한 정보를 수집한다.
개인력이란 클라이언트가 살아온 역사를 말한다.

④ 가족력에 관한 정보를 수집한다.
가족은 문제의 촉발요인이 될 수도 있고 클라이언트의 긍정적 자원이 될 수도 있다.

⑤ 생활 속에서 현재 이용하고 있는 서비스는 무엇이고, 현재 활용 가능한 자원은 무엇이 있는지 등 클라이언트의 자원에 관해 확인한다.

⑥ 클라이언트의 강점, 한계 등의 자료를 수집한다.

4) 자료수집의 정보출처

(1) 자료수집의 개념

① 개입 가능성을 판단하고 개입에 도움이 될 수 있는 자료를 마련하는 것이다.

② 클라이언트의 문제를 이해하고 분석, 해결하는 데 필요한 자료를 모으는 과정이다.

③ 문제사정을 위해서는 자료의 수집이 선행되어야 한다.

④ 수집된 자료를 토대로 클라이언트의 문제를 사정하므로 자료수집과 문제사정은 거의 동시에 반복적으로 진행되는 순환적 과정이다.

⑤ 문제사정을 위해 자료를 먼저 수집하기도 하고 문제사정을 진행하면서 추가적으로 자료를 수집할 수도 있다.

(2) 각각의 출처에서 나오는 자료의 성격

① 클라이언트 자신에게서 얻는 자료이다.
클라이언트의 이야기와 클라이언트가 작성한 자료이다.

② 클라이언트의 진술을 통해 얻을 수 있는 정보
스스로 보고하는 문제, 감정, 문제해결을 위해 가지고 있는 자원, 지금까지의 문제해결 노력, 문제의 원인과 지금까지의 전개과정 등이 있다.
이때, 클라이언트의 진술은 주관적인 경향이 있으므로 본인의 편견이나 감정에 의한 왜곡이 있는지 주의해야 한다.

③ 클라이언트의 태도 등 비언어적 행동
비언어적인 행동은 분노, 고뇌, 두려움, 당혹스러움 같이 말로 표현하기 어려운 정서적 상태와 반응에 대한 정보를 제공하며 누설적 성격 덕분에 따로 진실에 더 가까운 경우도 많다.

④ 클라이언트 가족에게서 얻는 자료
가족성원과의 면접자료를 의미하는데 가정방문을 통한 관찰이나 부부면접 또는 가족면접 시 클라이언트가 사람들과 어떻게 상호작용하는지를 관찰을 통해서 얻을 수 있다. 특히 가정방문 등 보다 자연스러운 상호작용을 통하여 필요한 자료를 수집하는 것은 큰 도움이 될 수 있다.

⑤ 객관적인 자료
의사, 사회복지사, 심리학자, 교사 및 사회기관, 행정기관 등에서 얻는 자료로서 의학적 자료, 심리검사결과 등이 포함된다.
이러한 자료를 이용할 때는 클라이언트의 동의를 얻어야 하며, 나름의 표준화된 기준을 제공해 주지만 사회복지실천 과정에서는 클라이언트와의 면접결과에 대한 부수적 자료의 의미만을 지니게 된다.

⑥ 클라이언트의 개인적 관계에서 얻는 자료이다.
고용주, 연고자, 친구 등과 면접을 통해 얻는 자료를 의미한다.

⑦ 클라이언트와 사회복지사의 상호작용 패턴이다.
사회복지사의 직관도 중요한 자료의 출처가 될 수 있다.

⑧ 상호작용 패턴
클라이언트가 대개 제3자와 상호작용하는 유형을 짐작할 수 있게 해주며, 사회복지사 자신의 감정 자체도 문제행동을 이해하는 데 실마리를 제공해 줄 수 있다.
상호작용 양식을 통해 클라이언트의 비주장성, 수동성, 공격성, 수동공격성, 순종, 조종, 철회, 돌봄, 의존성 등에 관한 정보를 얻을 수 있다.

이상의 출처로부터 얻은 자료를 바탕으로 사회복지사는 클라이언트의 개인력, 가족력, 지적·정서적·신체적·행동적 능력, 문제해결능력, 클라이언트의 자원, 클라이언트의 강점, 약점, 한계 등으로 재구성하여 사정에 필요한 자료를 준비하게 된다.

기출문제

01 자료수집 및 사정에 대한 설명으로 틀린 것은?

① 이 과정에는 클라이언트의 참여가 절대적으로 필요하다.
② 클라이언트의 문제점을 평가한다.
③ 클라이언트의 문제를 다양하게 규정할 수 있어야 한다.
④ 개입방법도 다양하게 설정해야 하며 실현가능성, 효과성의 기준에서 우선순위를 결정하여야 한다.
⑤ 초기 접촉단계는 클라이언트에게 가능한 서비스를 접촉할 수 있도록 해 준다.

해설 클라이언트의 강점을 확인하는 것은 문제해결 방안의 하나를 확보하는 정도로 중요한 과제이다.

정답 ②

02 자료 수집을 위한 자료 출처에 해당하는 것을 모두 고른 것은?

ㄱ. 문제, 사건, 기분, 생각 등에 관한 클라이언트 진술
ㄴ. 클라이언트와 직접 상호작용한 사회복지사의 경험
ㄷ. 심리검사, 지능검사, 적성검사 등의 검사 결과
ㄹ. 친구, 이웃 등 클라이언트의 중요한 타인으로부터 수집한 정보

①ㄱ, ㄴ, ㄷ
② ㄱ, ㄴ, ㄹ
③ㄱ, ㄷ, ㄹ
④ㄴ, ㄷ, ㄹ
⑤ ㄱ, ㄴ, ㄷ, ㄹ

해설 자료수집의 정보출처(클라이언트, 클라이언트 가족, 개관적 자료, 클라이언트와의 직접적 상호작용의 경험, 그 밖의 자료)

정답 ⑤

03 원조관계에서 사회복지사의 태도에 관한 내용으로 옳은 것은?

① 개선의 여지가 있다고 판단된 경우에 한해서 클라이언트와 전문적 관계를 형성하였다.
② 클라이언트의 감정에 이입되어 면담을 지속할 수 없었다.
③ 자신의 생각과 다른 클라이언트의 의견은 관계형성을 위해 즉시 수정하도록 지시하였다.
④ 법정으로부터 정보공개 명령을 받고 관련된 클라이언트 정보를 제공하였다.
⑤ 클라이언트 특성이나 상황이 일반적인 경우와 다르지만 획일화된 서비스를 그대로 제공하였다.

해설 실천현장에서 사회복지사는 자신의 이익을 위해 행동하면 안 된다. 정답 ④

04 다음 중 사정에 관한 설명으로 틀린 것을 고르시오.

① 사정은 단일 초점을 가진다.
② 클라이언트를 완전히 이해하는 데는 항상 한계가 있다.
③ 문제를 해결하거나 줄이기 위해 무엇이 변화되어야 하는지에 대해 답하는 사회복지실천 과정의 핵심적 단계이다.
④ 우선 문제는 클라이언트가 제시한 문제에 초점을 둔다.
⑤ 사정의 범주는 크게 문제의 발견, 문제를 좀 더 잘 이해하기 위한 정보의 발견, 정보분석을 통한 문제형성이라고 볼 수 있다.

해설 사정은 이중 초점을 가진다. 정답 ①

사정과 계획수립

제1절 사정과정의 개요

1. 사정(assessment)

1) 사정과 진단의 구별

자료수집과 문제사정은 동시발생적인 과정이다.

(1) 자료수집

사실적 자료인 정보를 모으는 것.

사정은 수집 · 정리된 자료를 분석하고 해석하여 문제를 규정해내는 작업을 의미한다.

(2) 사정의 개념

클라이언트가 지닌 문제들을 규정한 후, 문제의 중요성과 변화의 시급성을 기준으로 표적 문제를 찾아내어 개입하는 것으로 이는 이후 목표를 정하고 계약하는 계획으로 이어진다.

사정은 우선순위를 결정하는 실행계획의 첫 단계로 볼 수 있다.

(3) 사회복지실천에서 문제의 사정

사회복지사와 클라이언트가 함께 참여하는 과정이다.

이때 클라이언트의 종합적인 욕구와 관련된 자료를 수집하고 분석 · 통합하는 협동적 노력이 강조된다.

문제사정과 진단은 구별되어야 한다.

진단은 의학용어로 의사가 환자의 행동을 관찰한 후 명칭을 부여하여 분류하는 것이다.

(4) **진단과 구별하는 사정의 특징**(Kirst-Ashman & Hull, 2002).

① 문제사정은 클라이언트의 문제를 이해하기 위해 심리적 측면 외에 환경적 측면도 깊이 고려한다. 즉 어떤 문제 상황을 이해하려고 할 때 클라이언트의 환경적 측면을 미시적인 심리적 측면과 함께 고려하게 된다.

② 문제를 환경으로부터 찾을 수 있기 때문에 변화의 대상이 클라이언트로만 국한되는 것이 아니라 환경적·제도적 영역으로까지 확대된다.
즉 클라이언트 외부에도 문제가 존재한다고 인식하기 때문에 외부체계 역시 변화의 표적이 될 수 있으며, 법이나 정책이 해당 문제의 근원이 될 수 있다는 인식을 바탕으로 한다.

③ 의료적 진단모델에서 클라이언트는 단순히 사회복지사의 치료를 받는 변화의 대상으로 간주한다.
진단모델에서 클라이언트는 문제를 가진 것으로 고려되어 사회복지사가 클라이언트를 치료하고 클라이언트는 치료에 대해 반응하며 변화의 과정에서 협력자가 되기보다는 변화의 표적으로 여겨진다.
문제사정에서의 클라이언트는 참여를 무엇보다 중요시하며 사회복지사가 클라이언트와 더불어 활동하는 것이 강조된다. 다시 말해, 문제사정에는 개별 클라이언트의 생활뿐만 아니라 클라이언트 외계의 체계적 문제까지 포함되며, 사회복지사와 클라이언트는 문제를 해결하기 위해 함께 활동하게 된다.

④ 클라이언트는 단순히 병적인 존재가 아니라 문제해결능력을 가진 능동적인 존재로 인정된다.
진단은 클라이언트의 병리에 초점을 맞추고 있으나 문제사정은 클라이언트의 문제뿐만 아니라 클라이언트의 강점이 강조된다.
사회복지사는 이 강점에 초점을 두면서 클라이언트의 성장을 위한 잠재력과 자긍심을 극대화하기 위해 노력해야 한다.

2) 사정단계의 과업

사정단계 과업의 개념은 첫째, 문제를 발견하고, 둘째, 정보를 수집하며, 셋째, 문제를 형성해서 개입계획수립의 '무엇을 어떻게'에서 '무엇을'에 해당하는 질문에 대답하는 것이다.
즉 충족되지 않은 욕구를 인지하고 장애물을 규명하여 제거하는 방법을 설정하는 과정을 의미한다(Johnson, 1992).

3) 욕구사정

사회복지실천에서 문제(problem), 욕구(needs), 요구 또는 선호(want)는 유사하지만 동일한 개념이라 할 수 없다. 이들의 개념을 명확히 이해하는 것은 사정에서 매우 중요하다.

① 문제(problem)
욕구의 결핍으로 인해 나타나는 클라이언트가 호소하는 어려움을 의미한다.
클라이언트가 경험하고 있는 문제 혹은 어려움에 관심을 기울이는 이유로 클라이언트가 중요하게 생각하는 요소가 무엇인지를 확인하고, 그로 인한 고충을 이해함으로써 클라이언트를 이해, 공감, 수용하기 위한 것이다.
나아가 문제를 연관된 욕구로 전환함으로써 욕구를 사정하기 위한 근거로 활용하기 위한 것이다.
예) 학습의 어려움, 신체적 건강 문제 등

② 욕구(needs)
클라이언트가 생각하는 기준과 현재 상황 사이의 간격에서 표출되는 것으로 이 간격은 인지되고 합의된 것이다.
예) 학습의 어려움으로부터 생긴 학력신장 지원 욕구, 신체적 건강문제로부터 파생된 건강의 회복 등

③ 선호 혹은 요구(want)
욕구를 충족하기 위하여 클라이언트가 원하는 수단을 의미한다.
예) 학력 신장 지원 욕구로부터 생긴 튜터링(tutoring)과 건강의 회복으로부터 생긴 병원진료가 각각 해당 욕구에 대한 선호가 될 수 있다.
경우에 따라서는 클라이언트의 욕구와 선호가 불분명할 경우가 있다.

4) 욕구사정의 중요성

사회복지사는 클라이언트가 욕구와 선호를 명확하게 인식하고 표현할 수 있도록 도와야 하며, 필요하면 실천과정에서 제공할 수 있는 서비스 목록을 제시하여 선호를 탐색해야 한다.

이들은 밀접한 연관관계를 가지고 있으며 계획(plan)을 세우는 데 있어서 중요한 연결고리 역할을 한다.

즉 욕구와 선호를 바탕으로 한 계획(plan)은 클라이언트가 사회복지사와 함께 합의한 내용이 기반이 되는 것이다.

사회복지사는 이들 상호 간의 관계를 명확히 이해하고 그 연결성에 초점을 맞추어 전환적 사고를 하는 능력을 갖추어야 한다.

예) 튜터링 멘토 프로그램 연계, 무상진료 지원 등

5) 사정기술

'환경 속의 개인'이라는 사회복지실천의 기본 시각에서 클라이언트의 양육환경(nursing environment)과 유지환경(sustaining environment)의 이중적 관점으로 문제의 소재를 파악하여 접근의 실마리를 찾는 방법이 유용한 것으로 인식되어 왔다.

양육환경과 유지환경을 고려하며 사정을 할 때 가계도, 생태도, 심리검사, 생활력 조사, 자원사정 등의 기술을 활용한다(엄명용 외, 2011).

(1) **가계도**

가족에 대한 사정을 할 때에는 가계도가 유용하다.

특히 한국사회에서 가족의 역할은 매우 복잡하면서도 중요하기 때문에 가족의 전통이나 역사적 유형을 파악하는 것은 현재 클라이언트의 사회복지실천 욕구를 명확히 이해하는 데 매우 중요하다.

① 가족사정의 대상

가족 간 의사소통, 가족구조, 상호작용에 영향을 미치는 경계, 하위체계, 가족규범 등이다. 특히 가계도는 가족의 구조와 기능을 사정하는 데 활용한다.

② 가계도(genogram)

가족도(family tree)와 유사한 도표로 세대에 걸쳐 나타나는 가족의 패턴을 파악하고, 가족사에서 나타나는 죽음, 질병, 사고, 성공 등의 사건들이 현재 가족의 문제와 어떤 관계가 있으며, 어떤 영향을 미치는지를 이해하기 위한 가족 도표이다.

가계도에는 2~3대에 걸친 가족정보가 포함되는 것이 바람직하며 가족구성원, 가족구성원 상호간의 관계 그리고 가족구성원들의 특징이 포함되도록 작성하는 것이 일반적이다.

가계도를 작성하기 위해서는 상징을 익혀야 하고, 가계구조를 그려 가족관계와 동거가족을 표현해야 한다.

또한 가족체계나 가족구성원 개개인들과 사회적 관계를 맺고 있는 다양한 체계들을 원속에 기록하여 배열하고, 이 체계들을 연결한다(McGoldrick & Gurson, 1985).

사례의 가계도

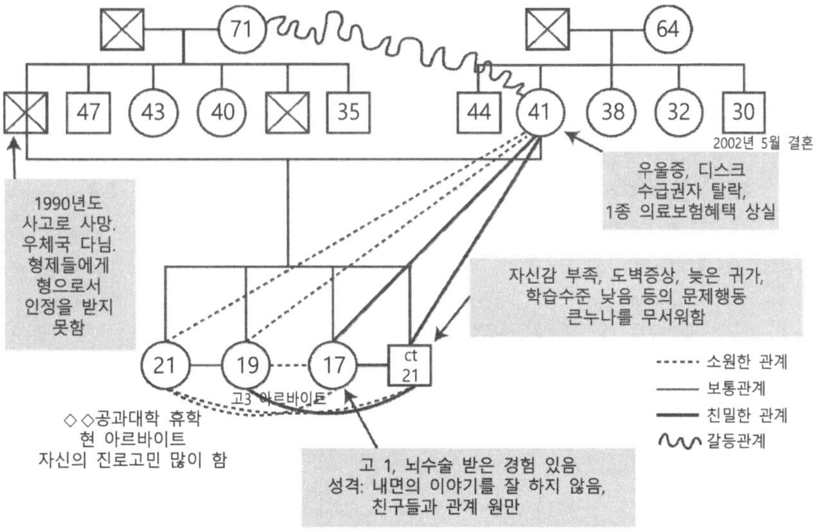

71
64
47
43
40
35
44
41
38
32
30
2002년 5월 결혼
우울증, 디스크
수급권자 탈락,
1종 의료보험혜택 상실
1990년도
사고로 사망.
우체국 다님.
형제들에게
형으로서
인정을 받지
못함
자신감 부족, 도벽증상, 늦은 귀가,
학습수준 낮음 등의 문제행동
큰누나를 무서워함
21
19
17
ct
21
고3 아르바이트
◇◇공과대학 휴학
현 아르바이트
자신의 진로고민 많이 함
고 1, 뇌수술 받은 경험 있음
성격: 내면의 이야기를 잘 하지 않음,
친구들과 관계 원만
------ 소원한 관계
—— 보통관계
━━ 친밀한 관계
∿∿ 갈등관계

(2) 생태도

생태도는 클라이언트의 삶에 영향을 미치는 조직이나 요인을 원을 사용하여 나타냄으로써 그들의 사회적 맥락을 표현하는 실천기법이다.

생태도는 클라이언트와 함께 개발하는 것이 바람직하며 이는 체계적이고 생태학적인 관점에서 가족을 보는 데 도움이 된다.

① 활용

클라이언트의 양육환경, 유지환경의 종류와 관계의 질 그리고 체계 사이의 에너지의 흐름을 보여줌으로써 가족에 대한 현재 지역사회 자원이나 체계들의 영향과 상호작용의 변화를 보여준다.

즉 가족이 지역사회에서 얼마나 많은 외부체계들과 관계를 맺고 있는지, 고립의 정도는 어떠한지, 관계의 질은 어떠한지를 보여줌으로써 가족 내부에 대한 이해와 함께 외부와의 연결과 적응정도를 파악할 수 있게 해준다.

② 내용

생태도에는 클라이언트에게 영향을 미치는 주요한 체계들과 상황들이 모두 포함되어야 하며, 사회적 체계 간의 상호작용 방식을 포함하는 것이 중요하다.

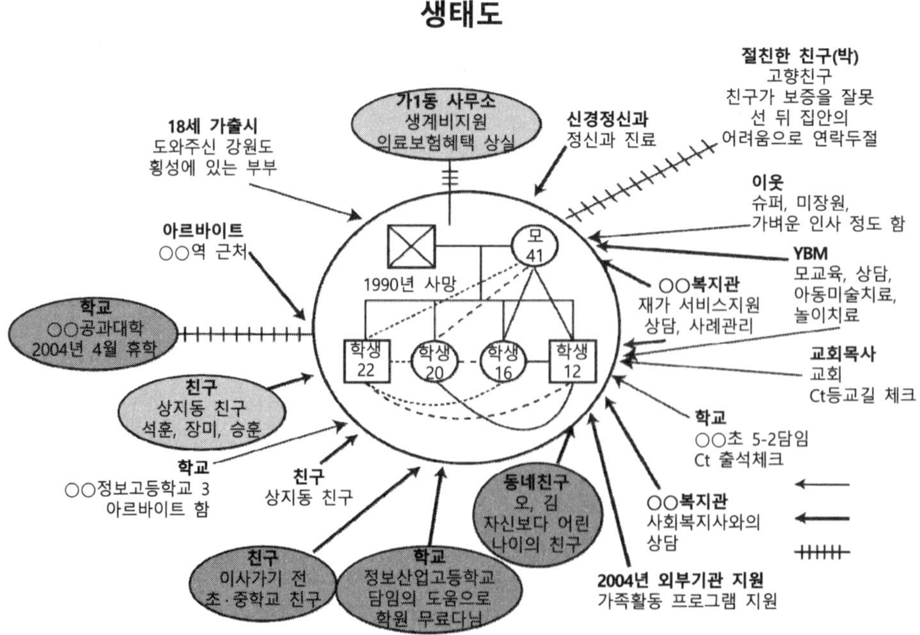

(3) 심리검사

사정에서 클라이언트의 일반적인 인성의 통합 등은 표준화된 심리검사를 통해 파악할 수 있다. 이를 위해 다양한 심리검사가 활용될 수 있는데 이러한 검사를 사회복지사가 다 완벽하게 알아야 하는 것은 아니다.

중요한 것은 검사결과는 의사결정에 있어 하나의 참고자료일 뿐 그 자체에 의존해서는 안 된다는 점이다.

무조건 검사부터 해보려고 하는 것은 지양하고, 반복적인 면담을 통해 사정을 해야 한다.

정신과적 어려움을 겪고 있는 클라이언트를 만나는 경우 사회복지사는 정신과적 치료를 받을 수 있도록 신속히 의뢰하는 것이 중요하다.

그러기 위해서는 정신질환의 증상을 인식할 수 있어야 하기 때문에, 정신적 상태를 사정하기 위해 일반적 외모와 태도, 행동, 시간과 공간의 지향, 기억, 감각, 지적 기능수행, 기분과 정서, 지각의 왜곡, 사고내용, 통찰, 판단 등 여러 범주를 고려하는 것이 바람직하다.

(4) 생활력 조사

모든 임상실천에서 공통적으로 사용되는 방법이다.

생활력 조사는 클라이언트의 생애동안 발생한 사건이나 문제의 발전과정을 사정하는 데 유용하다.

생활력에는 출생으로부터 연도순으로 지역, 가족, 교육(학교), 건강상태, 활동, 문제(상황) 등을 기록하여, 이에 대한 조사를 통해 클라이언트가 개인의 인생사에서 어떠한 변화를 겪어 왔는지를 파악할 수 있다.

(5) 자원사정

자원사정에서 규명해야 하는 자원에는 클라이언트 내부에서 발견되는 자원과 외부로부터의 지원이 사회적 지지가 있다.

① 클라이언트의 내부자원
   ㉠ 개인적 자질과 성격
   ㉡ 문제해결에 대한 동기와 의지
   ㉢ 문제해결능력과 의사결정 능력
   ㉣ 교육정도와 취업경험
   ㉤ 물리적 · 재정적 자원의 소유 등

자원사정을 위해서는 사회환경에 대한 사정이 필요한데 사회환경은 문제의 소재가 되기도 하지만 문제해결의 자원을 내포하고 있기도 하다.

클라이언트는 사회적 지지가 없거나 매우 약한 특성을 갖는 경우가 많은데, 클라이언트가 적절한 사회적 지지를 사용할 수 있도록 하기 위해 잠재적인 사회적 지지를 확인하고 사정할 필요가 있다.

② 사회적 지지

자연환경으로부터 개인의 안녕과 건강에 기여하는 사회적 힘으로, 개인의 전체생활주기에서 보호적 역할을 한다. 이때 사정은 다차원적인 과정으로 여러 가지 목적을 수행하게 된다.

사정을 통해 사회복지사와 클라이언트는 문제의 발생과 지속에 관계된 요인들뿐만 아니라, 문제해결에 도움이 되는 요인 및 방해요인들을 이해할 수 있게 된다.

6) 사정기록 : DAC

(1) 개념

DAC는 사정내용을 구조화하여 결과를 기록하는 여러 가지 방법 중 하나로 탐색을 통해 정보를 기술하고(description), 사람－문제－상황에 대한 사회복지사와 클라이언트의 사정내용을 정리하며(assessment), 사회복지사와 클라이언트가 동의한 계약내용(contract)을 일목요연하게 정리하는 것을 말한다.

(2) 단계

① 탐색을 통해 기술할 정보 확인

□클라이언트 신원정보 : 이름, 집, 직장의 주소와 전화번호, 비상시 연락처

□개인체계, 가족과 가구체계, 지역사회체계
- 개인정보 : 외모, 특징, 말투, 복장 등
- 가족과 가구의 체계 : 중요한 타자의 이름, 나이, 전화번호와 주소 등(이때 생태도와 가계도를 사용)
- 생태학적 체계 : 지역사회 정보(학교, 직장, 의료, 여가, 종교, 이웃, 문화, 친구, 친척 등)

□표출문제와 초기목표 : 클라이언트나 의뢰인이 밝힌 문제, 발생원인, 발달, 현 상태 요약, 클라이언트의 문제해결에 대한 기대 등 탐색

□강점과 자원 : 활용 가능한 자원과 자산, 강점기록(친척, 경제적 자산, 긍정적 태도, 활동력 등)

□의뢰출처와 과정 : 부차적 정보

□사회력 : 클라이언트의 사회력과 현재의 사회적 환경에 대한 정보(출생, 유아기, 아동기, 청년기, 성인기로의 성장과정에 대한 정보, 사건, 경험정보와 같은 발달과정, 과거와 현재의 중요한 개인적·가족적·문화적 관계에 대한 정보, 폭력, 학대, 성폭행, 성희롱, 자살시도, 희생, 억압 등 부정적 사건과 클라이언트의 역량을 강화시킨 긍정적 사건 등)
- 음주 및 약물사용, 의료와 건강 등
- 법적인 문제 : 형사, 민사상의 문제
- 교육, 직업, 여가선용방법, 종교, 이전의 심리 사회적 서비스 수급내용, 기타

② 사람 – 문제 – 상황에 대한 사회복지사와 클라이언트의 사정내용을 정리(assessment)

㉠ 개인의 영역

클라이언트의 방어와 대처과정, 장점, 스트레스 대처능력, 충동조절능력 등을 사정하고, 표출문제에 대한 클라이언트의 감정과 정서 사정, 언어적 · 비언어적 감정표현 간의 일, 즉 감정과 정서의 문제를 확인한다.

㉡ 생활주기 발달단계에서 나타나는 문제점, 연령과 상황에 적합한 역할과 과제 처리능력, 클라이언트의 자기보호와 통제능력, 참여정도가 어느 정도 되는지 능력을 사정한다.

클라이언트 및 관련된 사람에 대한 잠재적 위험 사정, 자살, 살인, 범죄, 학대 등의 위험 정도를 정리하도록 한다.

㉢ 가족, 가구 등 일차적 사회체계 영역

가족 전체의 자아정체성과 구조, 가족체계의 종교적 · 문화적 전통의 적절성, 응집력, 적응력, 역할, 하위체계, 가족경계, 가족 내 의사결정 구조 등을 사정한다. 또한 가족 내 지배적인 감정, 애정, 지지의 정도나 숨겨진 감정 등을 사정하고 가족체계의 생활주기 단계를 고려해서 생활주기 발달 상황을 사정한다.

㉣ 환경영역

자원의 범위와 양, 사회 · 정치 · 경제적 환경, 잠재적 자원과 기회, 장애물을 사정하고 사회 문화적 환경, 즉 가족의 사회 문화적 가치와 전통에 대하여 사정한다.

③ 사회복지사와 클라이언트가 동의한 계약내용(contract)을 일목요연하게 정리

클라이언트가 정의한 문제, 사회복지사가 보는 문제, 개입을 위해 합의된 문제를 계약내용에 포함시킨다. 최종목표와 계획을 정리하고, 특히 계획 시 접근방법, 클라이언트의 과제 혹은 행동단계, 사회복지사가 정한 과제 혹은 행동단계, 회기 내 과제 혹은 행동단계, 평가계획 등을 정리해야 한다(김인숙, 김용석, 2002).

7) 사정에서 확인해야 할 유의사항

(1) 아동 · 청소년을 클라이언트로 사정하는 경우

① 학교 – 담임교사 – 부모와의 연계를 잘 파악해야 한다.

② 이를 위해서는 아동 · 청소년의 부모, 학교, 특히 그중 담임교사와의 연계에 대해서 면밀히 사정할 필요가 있다. 왜냐하면 아동 · 청소년이 가정 외에 가장 많은 시간을 보내는 환경은 학교이기 때문이다.

③ 사정에서는 클라이언트의 생활시간대별 하루 일과를 따라가면서 중요사항을 파악한다.

㉠ 클라이언트의 생활시간대별 하루 일과에 따른 의 · 식 · 주, 학습 등 중요한 사항을 질문하고 상황을 파악해야 한다.

㉡ 이는 클라이언트의 생활에 대한 그림을 그리고, 어떤 욕구를 가지고 있으며, 어떤 강점을 가지고 있는지를 찾는 데 도움이 된다.

④ 사정과정에서 클라이언트의 거짓과 과장에 대한 대처를 잘 해야 한다.
간혹 클라이언트와 가족이 상담과정에서 거짓 · 과장된 정보를 제공하는 경우가 있다.

⑤ 클라이언트가 거짓말을 하는 이유
㉠ 클라이언트가 자신을 보호하고, 자신이 정당하다는 것을 입증 받고 싶어 하기 때문이다.
㉡ 클라이언트는 더 많은 서비스나 재화를 지원받고 싶은 동기가 있기 때문이다.
이것은 클라이언트만의 유별난 특성이 아니라, 우리 모두가 이런 상황에서는 그런 방식의 행동을 선호하기 마련이다. 따라서 거짓이나 과장을 하는 클라이언트와 가족의 입장을 이해하고 공감하는 것이 무엇보다 중요하다.

제2절 계획수립

1. 목표설정

계획수립 시 가장 먼저 고려해야 하는 것으로 개입의 목표를 설정하는 것이다.
개입목표의 개념은 클라이언트가 현 상황에서 벗어나기 위한 바람직한 변화의 방향을 의미한다.
목표설정에는 사회복지사와 클라이언트 간의 합의과정이 포함된다.
또한 목표설정을 통해 개입의 방향을 명확히 제시해주며, 이는 개입이 종결된 이후 그 결과를 평가할 수 있는 기준이 된다.

1) 목표설정은 사회복지실천 개입의 기본적인 구성내용이 포함되어야 한다.
① 누가
② 무엇을
③ 어느 정도
④ 어떤 상황에서
⑤ 언제까지 개입할 것인지에 대한 답이 제시될 수 있도록 고려한다.

2) 목표설정 시 목표설정요령(SMART)을 고려하여 수행하는 것이 바람직하다.

목표의 구체성(specific), 측정가능성(measurable), 성취가능성(achievable), 현실성(realistic), 시의적절성(timely)을 갖추어야 한다.

목표설정시 여러 문제들 중에서 가장 중요하고 시급히 해결해야 할 문제를 선정해야 한다.

즉 표적 문제를 선정하는 것이 목표설정에서 중요한 전략이라고 할 수 있다.

이러한 전략을 수립할 때에는 클라이언트와의 협의가 중요하다. 왜냐하면 클라이언트의 동기와 적극적 참여가 효과적이고 적절한 목표를 설정하는 데 기초가 되기 때문이다.

이를 위해서 클라이언트가 중요하게 생각하고, 시급히 해결되기를 원하며, 문제상황을 대표하면서, 해결의 가능성이 비교적 뚜렷한 문제들로 정한다.

2. 실천계획의 수립

① 실천계획을 수립할 때 무엇보다 우선적으로 고려해야 할 것은 클라이언트의 선호이다.

② 실천수단은 여러 가지가 있을 수 있다.
학업성적 향상을 목표로 설정했다면 학습지 지원, 학원 수강료 지원, 학습 지원 멘토 연결 등 여러 가지가 실천 수단이 될 수 있다.
이때 사회복지사는 클라이언트가 어떤 선호를 가지고 있는지를 파악하여 이에 부응하는 실천계획을 수립해야 한다.
또한 클라이언트가 충분한 정보를 가지고 있지 않을 수 있으므로 충분한 정보제공과 상담을 바탕으로 클라이언트가 어떤 것을 선호하는지 정확히 파악해야 한다.

③ 실천계획 수립 시 클라이언트의 개성과 자율성이 고려되어야 한다.
이를 위해 실천 전략을 수립함에 있어서 사회복지사는 유연성을 가져야 한다.

④ 강점과 자원, 욕구, 실천 계획은 서로 간에 부합해야 한다.
그렇지만 그 과정은 일방적인 것이 아니며, 이를 위한 획일화된 규칙이 존재하는 것도 아니다.
클라이언트의 선호를 선험적으로 재단하거나 사회복지사가 보기에 합당한 실천수단을 일방적으로 선택하는 것은 좋은 않은 결과를 가져올 수 있다.

⑤ 실천계획에는 클라이언트와 가족이 가지고 있는 욕구(needs)와 선호(want)가 반영되어야 한다.
욕구가 충족된 상태가 목표라면, 선호는 서비스 실천의 내용이라고 할 수 있다.
흔히 실천계획을 수립할 때, 사회복지사의 직접적 서비스만을 중심에 두는 경우가 있는데, 간접적 서비스와 옹호 등 전 영역을 포괄하는 것이 효과적이다.

즉 상담뿐 아니라 옹호, 조직화, 연계와 의뢰, 자원활용을 중시할 필요가 있다.

3. 계약

1) 계획수립 시 계약

클라이언트와 사회복지사가 서로의 의무와 과업, 구체적 실천 활동을 상호 약속하는 단계이다.

2) 사회복지실천의 성공 여부

클라이언트가 해야 할 일과 역할을 분명하게 인식하고, 적극적인 참여가 요구된다는 사실을 인정하는 데 있다.

따라서 사회복지사는 클라이언트가 변화의 주인공임을 인지하도록 안내해야 한다.

이것은 결국 클라이언트와 사회복지사 상호 간의 일종의 계약관계이다. 특히 비자발적인 클라이언트와 함께 할 때 이러한 계약은 매우 중요하다.

계약은 가급적 서면계약으로 하고, 계약에 포함될 내용은 역할, 목표, 과업과 책임, 개입방법, 종결조건, 기간 등이며, 서비스가 진행함에 따라 수정 · 보완될 수 있음을 안내해야 한다.

01 다음 중 접수의 과제를 틀리게 설명한 것을 고르시오.

① 문제확인 : 사회복지사는 클라이언트의 실제 문제가 무엇인지 정확하게 파악해야 한다.
② 관계형성 : 기관을 찾는 클라이언트들이 일반적으로 보이는 두려움과 양가감정을 해소해야 한다.
③ 문제확인 : 기관에서 접수된 문제에 관한 서비스를 제공할 수 있는지 평가한다.
④ 의뢰 : 의뢰는 클라이언트의 문제와 욕구를 기관에서 해결할 수 없을 경우 타 기관에 의뢰하여 문제해결이 가능하도록 적합한 프로그램을 만들어 수용한다.
⑤ 관계형성 : 사회복지사와 상호 긍정적인 친화관계, 즉 라포를 형성하는 것이다.

해설 의뢰는 클라이언트의 문제와 욕구를 기관에서 해결할 수 없을 경우 혹은 문제해결에 더 적합한 기관이 있을 경우 다른 기관으로 클라이언트를 보내는 것이다. 정답 ④

02 클라이언트 자원에 대한 사정으로 알맞지 않은 것은?

① 교육정도와 취업경험
② 문제해결에 대한 동기와 의지
③ 개인적 자질과 성격
④ 물리적, 재정적 자원 소유
⑤ 개인에 대한 환경의 적절함과 부적합

해설 개인에 대한 환경의 적절함과 부적합은 환경적 측면에 대한 사정이다. 정답 ⑤

Chapter 12 서비스 개입

제1절 개입단계의 목표와 과업

1. 개입단계

1) 개념

사회복지사와 클라이언트가 합의하여 결정한 문제(표적문제)를 해결하기 위한 계획(목표와 계약)을 실천하는 단계이다.

클라이언트는 해결 가능성이 있다고 생각할 때에만 움직이며, 자기 나름의 독특한 방식으로 접근하는 경우가 많다. 따라서 복지적 개입에서 사회복지사는 클라이언트의 가치와 신념체계, 평소 일상생활에서의 대처방법 등을 잘 파악하고 있어야 효과가 있다.

개입단계는 구체적인 행동을 통해 의도했던 변화가 일어나도록 지원하는 단계로 긍정적인 변화를 도모하는 사회복지실천 과정에서 가장 핵심적인 단계라 할 수 있다.

2) 개입단계에서 사회복지사의 목표.

① 문제해결을 위한 구체적인 변화전략을 수립하는 것이다.
구체적으로 직·간접적 개입, 환경 및 구조의 개선, 교육, 정보제공, 지역사회 자원연계 및 자원개발, 사회적 지지집단의 활동 등 다양한 전략을 수립한다.

② 교육, 동기유발, 자원연결, 행동변화 등을 통해 변화를 창출하는 것이다.
다양한 개입방법과 기술을 적용하여 클라이언트와 클라이언트를 둘러싼 환경체계에서 변화가 일어날 수 있도록 원조하는 것이 개입단계의 목표이다.

③ 지속적인 점검을 통해 변화를 유지하고 평가하는 것이다.
이 단계에서는 개입과정에서 일어나고 있는 변화가 지속될 수 있도록 점검하고 변화노력을 방해하는 장애물이 있는지 여부를 확인한다.
개입내용 면에서 문제해결과정이 잘 진행되고 있는지에 대해 점검해야 하며, 설정 목표나 개입방법이 적절하지 못한 경우에는 목표를 수정하고 개입방법을 바꿀 수 있다.

3) 사회복지사가 개입활동 결정 시 고려할 수행원칙(Johnson, 1986)

① 경제성

선택된 활동은 사회복지사와 클라이언트의 시간과 비용을 최소화할 수 있는 것이어야 한다.

클라이언트가 스스로 할 수 있는 일은 사회복지사가 관여하지 말아야 하며, 도움이 필요한 일에는 요구되는 도움만을 제공하고 클라이언트가 혼자서 할 수 없는 일에만 사회복지사가 개입한다.

② 클라이언트의 자기결정

개입의 전 과정을 통해 가능하면 클라이언트가 스스로 의사결정을 하도록 유도해야 한다.

③ 개별화

도움을 필요로 하는 특정 클라이언트 체계의 특성과 욕구에 맞도록 개입활동을 조정해야 하는데, 이를 위해서는 각 클라이언트의 능력과 상황에 맞는 접근이 필요하다.

④ 발달

개입의 전체적인 방향은 클라이언트체계의 발달과정 및 특성에 부합하는 것이어야 한다.

⑤ 상호의존성

사회복지사와 클라이언트가 상호보완적 활동을 하게 되므로 클라이언트의 변화능력을 고려한 후 개입해야 한다.

⑥ 서비스 목표에 초점 두기

사회복지사와 클라이언트의 모든 활동은 어떤 식으로든 두 사람이 합의한 계획의 목표에 부합되어야 한다.

제2절 개입단계에서 사회복지사의 역할

1. 사회복지사의 5가지 역할(Compton와 Galaway, 1984)

1) 중개자(broker)의 역할

중개자란 사회복지사가 개입 시 지역사회의 기관과 자원에 대한 충분한 정보와 지식을 갖고 적재적소에 자원을 연결하는 역할을 수행하는 것이다.

2) 조력자(helper)의 역할

사회복지사는 클라이언트의 문제해결능력을 강화시키고 필요한 자원을 찾도록 원조하는 역할을 한다.

3) 교사(teacher)의 역할

사회복지사가 문제에 대한 새로운 관점과 시각, 해결을 위한 전략, 관련 문제에 대한 정보나 지식, 기술을 배울 수 있도록 도와주거나 직접 교육을 하는 것이다.

4) 중재자(mediator)의 역할

사회복지사는 클라이언트와 갈등을 일으키고 있는 환경 또는 외부체계와 클라이언트 사이를 조정하여 합의에 도달하도록 하는 역할을 한다.

5) 옹호자(advocator)의 역할

사회복지사가 클라이언트를 대신하여 클라이언트의 이익을 대변해주는 역할을 한다.

즉 사회복지사는 논쟁, 타협, 투쟁 등을 통해 클라이언트의 이익과 권리를 대변하고 보호한다.

개입단계에서 사회복지사는 다양한 역할을 수행하기 때문에 각각의 역할별로 필요한 지식과 기술의 수준이 그 역할만 전문으로 하는 사람만큼 높을 수는 없지만 특정한 환경 속에서 상호작용하는 개인을 종합적으로 파악하고 도우려면 인간과 사회에 대한 다방면에 걸친 지식과 경험에 따른 상당한 숙련성이 요구된다고 할 수 있다.

2. 개입의 방향

1) 방향성에 따른 변화

개입의 방향은 전통적(잔여적) 방향과 제도적 방향으로 나눌 수 있다.

① 전통적 방향

클라이언트의 문제를 해결함에 있어서 그 원인을 개인적 측면에서 찾는다.

② 제도적 방향

클라이언트를 둘러싼 거시적 환경의 측면에서 원인을 찾는다.

2) 사회환경에 대한 이해

① 전통적 실천에서 사회환경

단순히 가족, 친구, 동료와 같은 미시적 주변 요소들로 이해

② 제도적 실천에서 사회환경
더 넓은 사회경제적 구조(지배적 이데올로기, 권력 갈등, 은폐되어 있는 착취적 · 억압적 관습, 제도 등) 등으로 이해

3) 제도적 실천의 초점

① 사회제도를 클라이언트 문제의 일차적인 원인으로 파악, 사회적 · 정치적 · 경제적 제도들에 대해 비판
② 문제의 원인으로 경제 불평등, 억압 그리고 차별에 관한 인식
③ 사회복지전문직과 사회복지체계의 사회통제기능들에 대한 분석
④ 구조적이고 내면화된 억압의 구조 이해에 초점

4) 제도적 실천의 등장 배경

1970년대 전후 복지권 운동과 사회복지실천의 정체성과 전문성에 대한 내부적 고민에서 시작되었으며 쟁점으로는 '개인피해자 문제(blame the victim)' 대 '사회시스템 또는 구조문제(blame the system)'라는 대조되는 인식이었다.

전통적 실천은 일회적, 개인적 차원의 치료에 집중하며 문제의 근원은 보지 않음을 비판하였으며, 지역사회조직(community organization)이 발전하면서 사회행동(social action), 야학이나 민주화운동을 이끈 풀뿌리운동(grassroots strategy, grassroots organization)으로 발전하게 되었다.

5) 잔여적 사회복지실천과 제도적 사회복지실천의 비교

구분	잔여적 사회복지실천	제도적 사회복지실천
원인	사회환경(social milieu) 강조	사회경제구조 강조
사정	개인의 문제는 환경에 대처하는 개인의 무능력에 기인	개인의 문제는 사회경제구조와의 상호작용에서 발생하는 '부적합성'으로 인함
목표	개인이 환경에 적응하고 대처하도록 도움	사회경제구조의 영향에 대항하는 통제력을 증지시켜 사회상황을 변화
방법	사회환경에 대처하도록 돕는 전략의 사용	사회상황과 구조를 변화시키고 통제하도록 돕는 전략
유형	COS(자선조직협회)	인보관운동

(사회환경은 단순히 가족, 친구, 동료와 같은 미시적 주변 요소들로 이해됨)

제3절 개인대상 개입의 기술

1. 사회복지실천 이론과 모델

사회복지사의 개입활동은 전문적 관계형성에 관한 접근방법 또는 모델들의 원리에 해당하는 이론적 기초에 근거해야 한다. 그것은 이론과 모델들이 개입의 방향을 제시하기 때문이다.

사회복지사에게 사정을 위해 어떤 정보를 수집해야 하는지, 개입의 초점을 어떻게 발견하게 되는지, 바람직한 클라이언트와 사회복지사 관계는 어떠해야 하는지, 목표설정을 어떻게 할 것인지 그리고 어떻게 개입할 것인지를 말해준다.

개인을 대상으로 한 사회복지사의 개입활동 구분은 먼저 클라이언트 자신에 대한 직접적 개입과 클라이언트를 제외한 체계들에 대한 간접적 개입으로 나눌 수 있다.

1) 직접적 개입

(1) 직접적 개입활동의 원인과 구체적 활동

직접적 개입활동의 초점은 변화이며, 그 초점은 클라이언트 개인과 클라이언트가 처한 상황이다.

개인의 변화란 클라이언트의 감정, 사고, 행동의 변화를 말하는 것으로, 클라이언트가 자신을 보다 긍정적으로 바라보고 과거를 수용하며 앞으로의 도전에 대한 대처능력을 향상시키는 것이라고 할 수 있다.

세분화된 대처능력의 변화로는 개인이 가지고 있는 생각과 감정 그리고 행동의 변화로 분류할 수 있다.

(2) 개입의 의미

사회복지실천의 개입은 문제되는 상황이 어떤 것이든지 긍정적이고 효과적인 방법으로 대응할 수 있도록 클라이언트의 감정, 주관적 사실, 사고와 행동적 반응방식에 초점을 두고 장애가 되는 태도나 행동 그리고 인간관계의 왜곡을 수정하려고 노력해야 한다.

이와 같은 개인에 대한 개입 활동을 Hamilton(1940)은 직접적 치료방법이라고 하여 그 심리적·내적 측면에 대한 개입의 초점을 강조하였다.

(3) 개인에 대한 개입활동이 필요한 경우

그 활동의 양식은 욕구의 성격에 따라 달라지는데 대개 다음과 같은 경우를 생각해 볼 수 있다.

① 문제가 주로 클라이언트의 내적, 주관적 원인에서 비롯된 경우
② 대인관계에 문제가 있는 경우
③ 문제의 초점이 애매모호하여 문제해결에 어려움이 있는 경우
④ 위기상황에 처하여 감정이 복잡하고 갈등을 겪고 있는 경우
⑤ 자원을 이용할 수 있는 클라이언트의 능력이 손상된 경우

개인의 변화가 목표일 경우 구체적 활동은 사회복지사와 클라이언트는 클라이언트의 인식 패턴, 감정, 행동 간의 관계를 검토하고, 그동안 지속되어 온 패턴을 확인하여 이를 대신하게 될 새로운 감정 · 사고, 행동방식 습득에 초점을 둬야 한다.

한편 가족이나 친구, 고용주 등과의 대인관계 변화가 목표일 경우에는 의사소통 방식이나 갈등해결 방식을 변화시켜야 한다.

(4) 개인과 관계변화를 위한 다양한 개입활동(Johnson, 1986)

① 클라이언트의 사회적 기능을 지원하는 활동
② 클라이언트와 다른 사람의 사회적 기능을 조정하기 위해 행하는 활동
③ 관계를 발전시키기 위한 활동
④ 상황 속의 개인을 이해하기 위한 활동
⑤ 문제상황을 분석하고 대안을 창안할 수 있게 하는 활동
⑥ 계획과정에 필요한 활동
⑦ 클라이언트로 하여금 가능한 자원을 인식하고 이용할 수 있게 해주는 활동
⑧ 위기상황에서 필요한 활동
⑨ 개인에 대한 개입활동에서 주로 사용하게 되는 기술들은 개인의 문제가 내 · 외부로부터의 스트레스에 대한 대처능력 부족에서 비롯된다는 인식에서 출발

이를 수정하는 데 필요한 것으로 의사소통기술, 행동변화기술 등이 중요하다.

이러한 기술들은 문제가 되는 클라이언트의 사고와 감정 및 행동을 변화시키는 기법으로 다방면으로 활용되어 왔다.

(5) 클라이언트 변화를 위한 직접적 개입의 기술

클라이언트 변화를 위한 직접적 개입의 기술은 의사소통기술과 행동변화기술이다.

① 의사소통기술

관계형성기술 중 하나로 사회복지사와 클라이언트 사이에 변화를 가져올 수 있는 대화기술을 의미한다.

주요내용은 클라이언트의 정서적 안정과 인지구조의 변화, 클라이언트 자신과 문제상황, 자원 등에 대한 상황인식 능력의 향상을 다루게 된다.
의사소통기술에는 먼저 정서적으로 불안정한 클라이언트를 위해 사회복지사가 가져야 하는 몇몇 필수적인 기술이 있다.
즉 클라이언트가 낙담, 좌절, 의기소침과 무력감, 자신감 결여 등의 심적 상태를 가지고 있는 경우, 이를 건강하고 자신감 있는 상태로 회복시키고 불안, 분노, 죄의식 등의 불합리하고 불건전한 정서를 적절히 해소하도록 도움으로써 자아기능을 회복시켜 줘야 할 때 적절한 의사소통기술이 필요하다.

② 행동변화기술

클라이언트의 행동을 변화시키는 것이 목적일 경우 사용하는 기법으로 주로 행동수정 이론에 기초하고 있다.
즉 특정한 행동은 그 행동의 결과와 상호 영향을 주고받는다고 보기 때문에 선행조건과 결과에 조작을 가함으로써 표적행동 자체를 변화시킬 수 있다는 가정에서 출발한다.
행동결과의 기법은 바람직한 행동을 새로 형성하고자 하는 경우에는 강화(reinforcement). 문제행동을 제거하고자 하는 경우에는 처벌(punishment) 또는 소거(extinction), 모델링 등이 있다.

㉠ 강화

특정한 행동이 보상을 받으면 그 행동이 다시 일어나기 쉽다는 원리에 따라 취해지는 조치이다.

㉡ 처벌

특정한 행동이 불유쾌한 결과를 초래하면 그 행동은 약화되거나 없어진다는 원리로부터 취해지는 조치이다.

㉢ 소거

처벌을 사용하는 대신 특정 행동에 강화를 해주지 않음으로써 자연스럽게 그 행동이 소멸되도록 하는 것이다.

㉣ 모델링

바람직한 행동을 하는 타인을 보고 그대로 모방함으로써 행동을 변화시키려는 것이다.
사회복지실천에서 모델링은 클라이언트가 모방할 수 있는 행동의 예를 제시하는 것이다.
모델링을 위해 실제 다른 사람의 행동을 직접 관찰할 필요는 없으며 책, 비디오, 역할극 등의 간접경험을 통해 시행이 가능하다.
사회복지사는 행동수정을 위해서 과제를 할당할 수도 있다.

보통 행동과제는 문제행동을 대치할 수 있는 바람직한 행동을 결정하여 다음 세션까지 실생활 속에서 수행하도록 요구하는 것이다.

(6) 사회복지사가 사용할 수 있는 기술

① 격려(encouragement)

클라이언트의 문제해결능력을 향상시키는 기법의 하나로 클라이언트를 인정하고 칭찬해주는 것이다.

구체적인 행동결과나 태도를 격려해주는 것이 클라이언트의 문제해결에 대한 능력, 동기, 자신감을 북돋을 수 있다.

② 재보증(reassurance)

자신의 능력이나 자질에 대해 회의감을 지닌 클라이언트들에게 사회복지사가 신뢰를 표현해줌으로써 자신감을 향상시키는 기법이다.

③ 일반화(universalization)

클라이언트가 자기만이 이런 문제를 경험한다고 괴로워하는 것에 대해 비슷한 상황에 있는 사람들도 일반적으로 그런 경험을 겪고 있다는 사실을 알려주고 특별하게 자신만이 가지고 있다고 생각하는 사고, 감정, 행동이 사람들이 공통적으로 겪는 일임을 깨닫도록 해주는 것이다.

즉 클라이언트가 자신을 다른 사람들로부터 소외시키거나 스스로 일탈감을 갖지 않도록 하는 것을 목적으로 하는 의사소통기술이다.

④ 환기법(ventilation)

환기법이란 클라이언트의 억압되어 있는 감정, 특히 부정적 감정인 분노, 증오, 슬픔, 죄의식, 불안 등이 문제해결을 방해하거나 감정 자체가 문제가 되는 경우 이를 표출하도록 함으로써 감정의 강도를 약화시키거나 해소시키는 기법이다.

(7) 인지구조의 변화

사회복지사는 클라이언트의 정서적 안정뿐만 아니라 왜곡되거나 부정적인 사고구조를 변화시켜 자신과 상황을 좀 더 현실적으로 인식하도록 지원해야 한다.

인지구조의 변화를 위한 기술은 초점화(focusing), 직면(confrontation), 재명명(reframing) 기법이 쓰이고 있다.

① 초점화

클라이언트가 자기 문제를 언어로 표현할 때 느끼는 혼란과 산만을 인식하게 도와줌으로써 클라이언트 자신의 말 속에 숨겨진 선입견, 가정, 혼란을 자각하도록 이끌고 스스로 사고과정을 명확히 인식할 수 있도록 해주는 기법이다.

초점화를 잘 하려면 사회복지사가 적절한 시기에 질문을 던짐으로써 클라이언트가 자신의 정보, 감정, 경험을 분석적으로 인식하여 명료히 정리할 수 있도록 하는 것이 중요하다.

② 직면(confrontation)

도전(challenge)이라고도 하며, 주로 클라이언트가 자신의 문제를 부정하거나 회피하고 합리화하여 변화를 거부할 때 사용하는 기법이다.

직면기법은 클라이언트의 행동이 자기에게도 도움이 되지 않으면서 타인에게 위협이 될 때 이를 재인식시키는 방법으로 쓰이는 경우가 많다(Sheafor, Horejsi, & Horejsi, 1994).

③ 재명명(reframing)

어떤 문제에 대해 클라이언트가 부여하는 의미를 수정해줌으로써 클라이언트의 시각을 긍정적인 방향으로 변화시키려는 전략 또는 기법이다.

의사소통기술을 효과적으로 활용한다면 사회복지사는 클라이언트의 상황인식능력을 향상시킬 수 있다.

이는 클라이언트 자신의 정서상태와 인지구조 및 행동, 문제와 이를 둘러싼 상황, 활용가능한 자원에 대한 클라이언트의 통찰력을 높이는 것을 말한다.

이때 사용되는 기술에는 정보제공과 조언(충고하기) 등이 있다.

㉠ 정보제공

클라이언트의 문제해결능력을 향상시키기 위해 필요한 정보와 지침을 제공

㉡ 조언

- 사회복지사가 클라이언트에게 행동의 지침을 제안
- 사회복지사는 충고하기를 주저하는 상황을 마주하게 되지만, 실제 실천현장에서는 충고의 형태로 주는 조언이 적절할 때도 많다(Dorfman, 1988).
- 사회복지사는 클라이언트가 조언이나 충고를 직접적으로 원하는지 아니면 간접적으로 이러한 욕구를 표현하는지에 대해 민감히 관찰
- 조언이나 충고의 성패는 이를 받아들이는 클라이언트의 능력에 있음

(8) 충고와 같이 직접적인 영향을 미치는 방법

강조하기, 암시하기, 촉구 / 주장하기, 클라이언트의 실제 생활에 대해 강제적으로 개입하기의 네 가지로 분류할 수 있다.

① 강조하기
클라이언트가 이미 하려고 하는 행동과정에 동의해주는 것

② 암시하기
자신의 생각을 반영하는 것

③ 촉구 / 주장하기
강요하는 수준으로 충고하는 것

④ 클라이언트의 실제 생활에 대한 강제적 개입
클라이언트가 비동의 · 비자발적이라 할지라도 입원을 시키거나 분노조절 프로그램 출석을 강조 하는 등 강제적인 조치를 취하는 것

2) 간접적 개입

(1) 개념

간접적 개입은 클라이언트가 처한 환경을 변화 · 조정하여 행동변화를 꾀하는 것으로 환경적 자원을 활동의 대상으로 삼으며, 클라이언트를 위해 사회자원이나 서비스를 직접 제공하거나 연결해 주는 활동, 클라이언트와 관련된 조직이나 기관의 조정, 제도나 프로그램의 변화 등을 포함한다.

간접적 개입은 기관과 지역사회체계들과 이루어지는 경우가 많으며, 중범위(mezzo) 또는 거시적(macro) 실천이라 불리기도 한다.

사회복지사는 문제가 개인적 수준에서 비롯된 것인가 아니면 사회적 공공사안으로써 다루어질 필요가 있는가를 파악하여 간접적 개입과 직접적 개입의 장점을 모두 사용해야 하는 경우도 있다.

(2) 종류

간접적 개입은 환경 조정, 영향력 있는 사람들과의 연계활동, 서비스 조정, 프로그램과 자원의 개발, 조직체 내부 변화를 위한 활동, 옹호활동 등을 통해 이루어지는 것이 일반적이다.

(3) **환경 조정을 위한 구체적인 개입전략**(Hepworth, Rooney, & Larsen, 2009)

환경 조정은 개인과 환경 간의 중간영역에 접근하는 다각적 개입이다.

즉 개인과 환경 간의 조화를 회복 · 유지 · 증진시키기 위해 자원과 기회를 제공하며, 환경 내의 유의미한 사람과 클라이언트의 개인적 능력 및 대인관계 능력을 증진시키는 것이다.

클라이언트의 독특한 동기, 능력 및 욕구, 환경에 대한 진단적 평가 후에 이루어지는 목표 지향적 문제해결을 위한 개입이라고 볼 수 있다.

이러한 개입에는 새로운 자원과 기회를 제공하여 환경을 풍부하게 하는 것, 개인과 환경 내에 부정적인 물리적 · 심리적 · 사회적 압력을 감소시키는 것 등이 포함된다.

① 가족 내 관계의 증진

가족은 인간욕구 해결을 위한 일차적 자원을 갖고 있으므로 가족기능을 확대 및 개선하기 위해 부모를 대상으로 부모양육기술을 교육하거나 집단활동을 통해 자녀를 도울 수 있다.

② 가족환경 내 자원의 보충

자원이 부족한 가정환경 내에 자원을 보충하여 클라이언트의 욕구가 해결될 수 있도록 하는 것이다.

③ 지지체계의 개발과 강화

가족이나 친척 및 이웃 등을 포함하는 종합적 지지체계의 개발과 활용, 상호부조의 기능을 하는 자조집단의 구성 및 자원봉사자의 활용, 사회적 서비스 제공기관이나 지역사회 내의 다양한 기관 및 조직체 등을 포함하는 공식적 지지체계의 활용, 물리적 환경의 개선, 대중매체의 활용 등이다.

④ 환경 조정을 위한 구체적인 개입이 효과를 나타내기 위한 사회복지사의 노력

- 해당 지역사회와 권력구조를 이해하고, 영향력 있는 사람들을 탐색해야 한다.
  이들은 타인에게 영향력을 행사하여 다른 사람들을 설득하거나 바람직하지 못한 행동을 효과적으로 차단하는 통제권을 갖는 사람이므로 개입에서 다방면으로 도움을 줄 수 있다.
- 추구하려는 변화가 무엇인지 분명히 공유하며 지역인사를 연계해야 한다.
  지역사회 내 영향력 있는 사람들과 교류하며 이들과 함께 일하는 방법에 대해 알아두어야 한다.

(4) 효과적인 서비스 조정

서비스 조정은 두 가지 이상의 활동계획을 갖고, 둘 이상의 서비스 제공자들과 함께 일할 때 필요한 것이다.

이때 조정은 클라이언트 체계에 초점을 두는 미시적 수준일 수도 있고, 노인이나 장애인과 같은 특정 범주에 속한 사람들에 초점을 두는 거시적 수준일 수도 있다.

서로 다른 기관에 의해 제공되는 각각의 서비스들이 바람직한 결과를 산출할 수 있도록 통합적으로 작용하는 것이다.

이러한 조정이 효과적으로 이루어질 때 각 전문직들의 차이를 상호 이해하여 균형성을 유지하게 되며, 조정과 관련된 모든 사람의 상호 만족에 도달할 수 있다.

(5) 서비스 조정을 위한 주요 접근방법

① 사례관리(case management)

일반적으로 사례확인, 사정 및 계획, 조정 및 의뢰, 서비스 이행, 모니터링과 평가 및 재사정의 과정을 거친다.

이를 위해 다양한 자원들로부터 협력을 구하고, 기존 자원을 변화시키며, 클라이언트의 욕구충족을 위해 다양한 전략과 자원을 조합하면서 직접적 실천과 간접적 실천을 병행하게 된다.

② 연계망 형성(networking)

다양한 관심과 지향성을 지닌 체계들이 함께 일할 수 있는 의사소통 구조를 개발 · 유지하는 거시적 조정활동이다.

이를 위해 공통의 관심에 기초해서 관계를 발전시킬 잠재성을 지닌 사람들이 서로 대면해서 의사소통할 수 있는 방식을 만들어내는 것이 요구된다.

(6) 사회복지사

사회복지사는 프로그램 자원을 개발해야 한다. 이를 위해 지역사회의 영향력 있는 사람들이나 지역주민들과 함께 논의하는 것이 필요하다.

사회복지사는 간접적 개입으로 조직체 내부변화를 위한 활동을 강구해야 한다.

즉 기관의 정책이나 절차가 클라이언트의 욕구를 충족시키는 데 방해가 될 경우에는 기관의 변화를 이끌어내기 위한 작업을 수행해야 한다.

물론 조직체 내부변화를 위한 활동과정에는 저항이 나타날 수 있지만 사회복지사는 타협적 태도로 저항을 다룰 수 있어야 하며, 저항을 완화하기 위해서는 계획 자체를 수정할 수도 있어야 한다.

간접적 개입 활동으로서 옹호활동은 클라이언트의 욕구충족을 방해하는 사회적 여건의 변화를 위해 사용할 수 있는 전략이다. 옹호는 한 명의 클라이언트에 대한 서비스 옹호와 사회문제의 희생자인 한 계층이나 집단의 사람들에 대한 서비스 옹호로 나뉜다.

사회적 위험에 처한 클라이언트를 위해 사회복지사는 쟁점이 되는 사안을 미리 조사해서 의사결정자들에게 객관적 사실을 알리거나 직면, 협상 등의 전략을 활용할 수 있다.

옹호는 사회복지사가 클라이언트의 상황을 최대한 완벽히 이해하고, 클라이언트의 문제를 경감시키기 위한 다른 방법이 전혀 없다고 확신할 때 고려해 볼 수 있다.

아울러 발생 가능한 위험요인이나 기대되는 결과, 이용 가능한 자원 등에 대해 충분히 고려하여 정책체계에 영향을 행사할지 아니면 문제의 영향을 받는 사람들을 조직할지를 결정해야 한다.

제4절 집단대상 개입

1) 집단대상 개입에서의 사회복지사의 역할

집단대상이란 집단 내 상호작용을 촉진시키고 집단구성원들이 집단의 목적과 과업을 성취할 수 있게 돕는 것이다.

① 집단대상 개입을 위해 집단 지도자가 수행해야 할 역할(김경호, 2005).

㉠ 집단구성원들이 자신의 불안을 인식하고 표현하는 것이 중요함을 인식시킨다.

㉡ 집단구성원들이 방어적으로 반응하는 경우 이를 인식하고 자신의 저항을 공개적으로 다룰 수 있도록 분위기를 조성한다.

㉢ 저항의 징조들에 주목하고 이러한 저항이 자연스럽고 건강한 것임에 대해 집단 구성원들과 이야기한다.

㉣ 집단 내 갈등을 인식하고 공개적으로 다루는 것이 중요함을 집단구성원들에게 교육한다.

㉤ 집단 내에 권력을 둘러싼 갈등이 있는 경우 이에 대해 공개적으로 이야기하고 집단구성원 모두가 집단의 방향과 결과에 대해 책임을 공유하고 있음을 주지시킨다.

㉥ 집단구성원들이 지도자에게 도전하는 경우 이를 직접적으로 정직하게 다룸으로써 집단구성원들에게 바람직한 본보기가 된다.

㉦ 집단구성원들의 바람직한 행동에 대해 체계적 강화를 제공한다.

㉧ 집단구성원들 사이의 공통된 주제를 찾음으로써 집단구성원들이 보편성을 공유할 수 있게 한다.

㉨ 집단구성원들이 집단에서 이루고자 하는 바를 기억하고 이를 성취하기 위해 노력하도록 격려한다.

2) 집단대상 개입의 기술

사회복지사는 집단 구성원 간의 이해를 증진시키고 개방적 의사소통을 촉진시키며 신뢰감을 형성시키기 위해 노력해야 한다.

① 집단구성원의 참여 촉진

사회복지사는 소외되거나 침묵하고 있는 집단구성원이 생기지 않도록 노력해야 한다.

② 집단구성원에 대한 집중

집단구성원들의 말, 행동에 주의를 집중하여 상대방의 말과 행동에 대한 느낌과 존중의 메시지를 전달해야 한다.

예) 집단구성원이 말을 반복하거나 다른 말로 표현하는 것, 이면에 숨어있는 말을 이해하고 그 의미에 감정이입하는 것, 시선 맞춤, 고개 끄덕임 등

③ 개방적 의사소통 격려

집단구성원이 자신의 생각이나 느낌을 자유롭고 편안하게 표현할 수 있도록 돕는다.

④ 집단구성원의 노력에 대한 반응 표현

집단구성원의 노력에 지지를 보이는 경우 집단구성원의 행동을 강화하여 그 행동을 계속할 수 있게 하고, 만약 사회복지사가 집단구성원의 행동과 말에 반응을 보이지 않거나 동의하지 않는 경우 집단구성원은 그 행동을 하지 않게 된다.
따라서 적절한 반응을 표현해 주는 것이 중요하다.

⑤ 의사소통 시 초점 유지

집단과정에서 의사소통 시 특정 주제나 영역에 초점을 두는 것이다.
주제와 관계없는 의사소통을 감소시키고 중요한 문제에 대한 심도있는 탐색이 가능하다.

⑥ 집단과정 명확화

집단구성원들이 어떻게 상호작용하고 있는가를 집단구성원들이 인식할 수 있도록 돕는 기술이다.
현재 일어나고 있는 일과 어떻게 생각하고 느끼는지 등 특정한 상호작용 등에 대한 질문으로 집단과정을 명확하게 할 수 있다.

⑦ 상호작용 내용의 명료화

집단구성원 간의 의사소통을 원활히 할 수 있다. 집단구성원들이 자신을 분명히 표현할 수 있도록 원조하고 특정한 메시지를 집단구성원들이 잘 이해했는지 질문하거나 검토함으로써 집단구성원 간의 상호작용 내용을 명료화 할 수 있다.

⑧ 집단 상호작용 지도

집단의 목적을 달성하기 위해 특정한 방향으로 집단을 이끌어 나가는 것을 의미한다.
특정 집단의 의사소통을 제한하거나 격려하여 집단구성원 간의 의사소통을 연결하고 집단의 상호작용을 촉진시킨다.

⑨ 요약 기술

요약은 집단에서 논의된 내용의 핵심을 간략하게 재진술하는 것이다.
이는 주제에 대한 검토, 모임 종료, 진전 정도를 상기시키기 위해 사용할 수 있다.

⑩ 세분화

세분화는 복잡한 이슈나 문제를 다룰 때 작은 단위로 나누는 것이다.

어려운 문제를 세분화하면 해결하기 쉽게 느껴져 문제해결동기를 높일 수 있다.

⑪ 언어적 · 비언어적 의사소통의 통합

사회복지사가 집단구성원의 언어적 의사소통과 비언어적 의사소통을 통합하는 기술이다.

집단구성원이 하는 말이나 행동의 의미들을 연결하고 숨겨진 의제를 표면화하여 명확하지 않은 생각이나 느낌을 분명히 하는 것, 말이나 행동 속에 나타나는 주제나 경향을 지적하는 것 등을 말한다.

⑫ 지지 제공

지지는 새롭고 어려운 상황에 대처하는 집단구성원을 지원하는 것이다.

지지는 스트레스에 대한 대처능력을 향상시키고 집단구성원에게 안도감과 확신을 주고, 수용 받는 느낌을 부여하므로 집단구성원의 불안감을 감소시킬 수 있다.

⑬ 재구성 활용

재구성 또는 재명명은 집단구성원들이 문제나 상황을 사실에 맞게 다른 관점에서 볼 수 있게 하는 개입 기술이다.

다른 관점에서 문제를 봄으로써 대안적 행동범위가 다양해지거나 적합한 문제해결방법을 찾을 수 있게 된다.

⑭ 집단구성원의 의사소통 연결

집단구성원 간에 직접적으로 의사소통을 할 수 있게 돕는 개입 기술이다.

이러한 개입은 집단구성원 간의 상호작용에 도움을 줄 수 있으며 서로 격려하고 도움을 요청하는 것 등을 장려하는 것이다.

㉠ 지시 활용

사회복지사는 집단구성원들이 프로그램 활동에 참가하도록 지시를 활용할 수 있다.

㉡ 조언, 제안, 교육 활용

조언, 제안, 교육은 집단구성원들에게 특정 행동을 제안하거나 추천함으로써 직접적 영향을 미치는 개입 기법이다.

집단구성원에게 새로운 행동이 요구되거나 문제 상황을 바꿔야 할 때 사용한다. 단, 집단구성원들이 받아들일 수 있을 때를 적절히 활용해야 한다.

㉢ 직면 활용

직면은 말과 행위 사이의 불일치, 표현한 가치와 실행 사이의 모순을 클라이언트 자신이 주목하게 하는 개입 기술이다.

㉣ 갈등해결 기술

갈등해결 기술은 집단규칙, 협상, 중재 등을 통해 갈등해결을 시도하는 것을 말한다. 집단 내 갈등에 대비해 집단의 규칙을 개발하고 집단구성원들이 이를 지키도록 하는 것, 집단 내 갈등이 있을 때 조정, 협상, 중재를 시도하는 것, 사회복지사가 직접 갈등상황에 개입하거나 집단구성원들이 갈등을 해결할 수 있는 기술을 개발하도록 원조하는 것 등이 그 예이다.

01 다음 중 콤튼과 갤러웨이의 전문적 관계의 기본 요소가 아닌 것을 고르시오.

① 비밀보장　　② 진실성
③ 명확한 커뮤니케이션　　④ 권위와 권한
⑤ 감정이입

해설 콤튼과 갤러웨이는 전문적 관계의 기본요소를 타인에 대한 관심, 헌신과 의무, 수용, 감정이입, 명확한 커뮤니케이션, 진실성, 권위와 권한, 목적성 등으로 제시하였다. 정답 ①

02 사회복지실천 개입기술에 관한 설명으로 옳은 것을 모두 고른 것은?

> ㄱ. 재보증은 어떤 문제에 대해 클라이언트가 부여하는 의미를 수정해 줌으로써 클라이언트의 시각을 긍정적인 방향으로 변화시키려는 전략이다.
> ㄴ. 모델링은 실제 다른 사람의 행동을 직접 관찰함으로써만 시행 가능하다.
> ㄷ. 격려기법은 주로 클라이언트 행동이 변화에 장애가 되거나 타인에게 위협이 될 때, 이를 인식하도록 하기 위한 목적으로 사용한다.
> ㄹ. 일반화란 클라이언트 혼자만이 겪는 문제가 아니라는 것을 인식하게 하는 기법이다.

①ㄱ　　②ㄹ
③ ㄱ, ㄹ　　④ ㄱ, ㄴ, ㄷ
⑤ ㄴ, ㄷ, ㄹ

해설 재보증 : 합리적이고 현실적인 생각과 자질, 지식을 보유하고 있는 클라이언트에게 문제해결 능력과 동기를 최대화시켜 주는 방법.
모델링 : 복잡하거나 새로운 행동을 가르치는 데 사용하는 기술로서 다른 사람의 행동을 모방함으로써 학습하는 것.
격려 : 클라이언트의 행동과 태도, 감정을 칭찬하거나 인정해 주는 기법. 정답 ②

03 다음은 진단주의와 기능주의에 대한 설명이다. 틀린 설명을 고르시오.

① 진단주의는 정신적인 결정론을 포함하는 프로이트파의 개념들을 기초로 한다.
② 기능주의는 진단주의의 사상에 불만을 품으며 시작되었다.
③ 기능주의는 인간 스스로 계속적으로 창조하고 재창조할수 있다는 낙관적 견해를 가진다.
④ 진단주의의 핵심은 원조과정이 전개되는 기관의 기능과 중요한 관계를 갖고 있다.
⑤ 진단주의와 기능주의의 갈등은 궁극적으로 사회사업의 가치와 원리 그리고 방법에 많은 영향을 주었다.

해설 원조과정이 전개되는 기관의 기능과 중요한 관계를 갖는 것은 기능주의의 핵심이다.

정답 ④

Chapter 13

평가와 종결

제1절 평가

1. 사회복지실천에서 평가의 개념과 중요성

사회복지실천 과정의 최종단계는 종결단계이다.

2. 종결단계의 중요성

개입을 끝마치는 것으로 간단하게 보일 수도 있지만 실제로는 사회복지실천 과정에서 그동안의 실천 결과를 어떻게 마무리할 것인가를 결정하는 중요한 단계이다.

사회복지실천에서 잘 수행된 종결작업은 클라이언트의 사회적 기능을 강화시키는 동시에 사회복지사와 클라이언트가 개입의 전 과정을 통해 함께 발전시켜 온 성과를 클라이언트가 올바로 이해할 수 있도록 안내하는 과정이기도 하다.

전문적 관계의 종결은 아쉬움과 같은 강렬한 정서적 반응을 동반하게 되는데 이러한 감정들은 클라이언트의 성장 수단으로 쓰이기도 하지만 그것이 더 이상의 관계를 유지하지 않는 거부감정으로 느껴지는 경우 클라이언트의 사회적 기능을 방해하는 부정적인 측면을 포함할 수도 있다.

사회복지사는 사회복지실천 과정의 최종단계인 종결을 잘 다룰 수 있는 기술을 갖추어야 한다.

종결단계에서는 개입활동 전반에 걸쳐 이루어졌던 평가가 병행된다.

3. 평가의 의의

평가는 사회복지실천의 전 과정에서 계속적으로 일어나는 과정으로 사회복지사는 이를 통해 사회복지실천의 목적과 목표의 달성 정도를 결정하게 되며, 동시에 목적과 목표를 성취하기 위해 사용된 수단의 적합성에 대한 판단을 할 수 있다.

평가는 개입의 전 과정에서 지속적으로 시행되지만 특히 개입이 마무리되는 종결단계에서 그 기능이 더욱 중요하다.

1) 평가의 개념

계획한 일들이 실제 일어났는지를 판단하는 것이다.

즉 완료된 개입과정을 되돌아보고 그동안 활용한 특정 수단과 전략들이 왜 선택되었고, 실제로 어떤 효과가 있는지에 대해 체계적이고 분석적으로 검토하는 과정이다.

평가는 사회복지사와 그들을 고용하고 있는 사회복지기관들이 클라이언트, 그들을 지지하는 자원 그리고 사회구성원들에게 사회복지서비스의 책무성을 증명하기 위한 필수불가결한 작업이다.

(1) 사회복지실천에서의 평가

실천 계획, 관련 정책, 사회복지 프로그램 등에 전반적으로 적용된다.

① 광의의 의미

평가는 사회복지실천 활동이 얼마나 효과적 · 효율적이었는지를 판단하는 것이다.

② 협의의 의미

사회복지사의 개입 노력을 구체적으로 사정하는 것이다.

개인, 가족, 집단, 지역사회를 대상으로 실시한 개입이 목표로 삼았던 변화를 실제 일으켰는지, 어느 정도의 변화가 나타났는지 등을 사정하는 것이다.

(2) 사회복지실천에서 중요한 평가의 6가지 측면

① 평가를 통해서 사회복지실천의 효과성을 측정

평가의 일차적인 목적은 기대했던 목표와 목적을 달성했는지를 측정하는 것으로 이는 다시 말해 사회복지실천이 얼마나 효과적이었는지를 측정하는 것이다.

② 평가를 통해서 사회복지실천의 효율성을 측정

서비스 비용과 관련된 개념으로 일반적으로 동일한 비용으로 높은 효과를 냈을 때 효율성이 증가되었다고 보는데, 이러한 사회복지실천의 효율성을 평가과정을 통해 측정할 수 있다.

③ 평가를 통해 자원의 사용에 대한 책임성을 입증

평가의 결과는 재정적인 지원이나 지역사회의 승인이 필요할 때 이에 대한 근거를 제시하는 계획안이 된다.

④ 평가를 통해서 사회복지사가 클라이언트에 대한 책무를 다했는지를 확인

특히 사회복지사는 클라이언트에게 계약 내용대로의 서비스를 제공할 책임, 사회복지 전문직의 윤리와 가치를 서비스 전달과정에서 잘 지켜낼 책임, 기관의 프로그램과 정

책 및 지침에 맞는 서비스를 제공할 책임 등을 가지고 있는데 평가는 이를 확인하는 기능을 지닌다.

⑤ 평가를 통해 실천과정에 대한 점검(모니터)
평가를 시행함으로써 클라이언트는 어떻게 반응하고 있는지, 계획했던 변화가 일어나고 있는지 등 변화과정에 대한 점검이 가능하게 된다.

⑥ 평가과정을 통한 사회복지사의 능력 향상
사회복지사는 실천내용을 평가하는 과정을 통해서 자신이 수행한 실천에 대한 성찰의 기회를 갖고, 추후의 실천활동에 이를 반영함으로써 역량을 강화할 수 있다.
다시 말해, 사회복지사는 평가를 통해서 실천경험을 종합 · 정리하고 성찰함으로써 특정 문제나 클라이언트에게 효과가 있는 개입방법을 배워 효과적인 개입이 가능할 수 있도록 하는 스스로의 능력을 향상시킬 수 있다.

제2절 평가의 유형과 주요방법

평가는 평가단계와 평가시기 등 여러 기준에 따라 다양한 유형으로 분류할 수 있다.

1. 단계에 따른 평가의 분류

1) 성과평가

결과평가(outcome evaluation)라고도 하며, 목표에 비추어 성취된 결과를 평가하는 것을 의미한다.

성과평가 방법은 평가단계에서 결정하는 것이 일반적이고, 전체과정을 평가하기 위해 각 과정에서 달성한 목표를 클라이언트의 관점에서 도출하는 것이 그 특징이다.

2) 과정평가(process evaluation)

사회복지실천 개입이 클라이언트에게 도움이 되었는지, 클라이언트가 원조과정을 어떻게 인지했는지 등을 평가하는 것이다.

과정평가를 통해서 사회복지사는 원조과정에서 도움이 되었거나 그렇지 않은 개입방법을 파악하고, 실천기술에 대한 유용성 분석을 할 수 있으며, 이를 바탕으로 분별력을 갖고 실천에 임할 수 있다.

① 과정평가의 핵심

긍정적인 변화를 유발할 수 있는 일반적인 요소를 올바로 인식하여 실천에 통합하고 효과를 향상시키는 것이다.

3) 사회복지사 평가

개입과정 동안 사회복지사의 행동이나 태도 등이 개입에 어떠한 영향을 주었는지 알아보기 위해 클라이언트로부터 피드백을 받는 것을 말한다.

클라이언트의 긍정적 피드백은 사회복지사로 하여금 자기 강점을 더 잘 알게 하고, 그것을 미래에 더욱 적극적으로 활용할 수 있게 한다.

반면 클라이언트의 부정적인 피드백은 때로는 고통스럽지만 사회복지사의 주의산만, 반치료적 행위나 태도, 매너리즘을 알려준다는 점에서 역시 도움이 될 수 있다.

2. 시기에 따른 평가

1) 형성평가

개입과정에 대한 평가로 실천의 과정에서 주기적으로 진전상황과 영향요소들을 평가하는 것이다.

이는 진행과정에서 부분적으로 수정 · 개선 · 보완하는 데 필요한 정보를 얻기 위한 평가활동이며, 형성평가를 통해서 필요 시 개입계획을 수정할 수 있다.

형성평가는 실천과정의 점검으로서 중요한 역할을 한다.

2) 총괄평가

사회복지실천에서 개입이 종결되었을 때 그 활동의 결과로 산출된 성과와 효율성에 대해 종합적인 평가를 하는 것이다.

실천의 효과성(목적달성) 여부와 관련된 다양한 요인을 분석함으로써 총괄적인 실천의 가치를 측정, 판단하는 것이 바로 총괄평가라고 할 수 있다.

제3절 사회복지실천에 적용되는 평가설계

1. 단일사례설계(single subject design)

혼히 단일사례(혹은 한 명의 클라이언트)를 평가할 때 쓰이는 방법이다.

둘 이상의 실험집단이나 개인을 사용하는 평가 혹은 연구와 다르게 한 사람의 개인, 하나의 집단, 가족, 기관을 집중적으로 평가하기 위한 것이 바로 단일사례설계이다.

단일사례설계에서는 개입초기의 자료로 기초선(baseline)을 설정하고, 이를 활용하여 후속적인 변화를 측정하여 개입의 효과를 평가하게 된다. 이는 다시 말해 시간이 지나면서 반복적으로 측정되는 구체화된 표적의 변화를 관찰하기 위해 사용되는 일련의 경험적인 절차라고 할 수 있다.

이 방법은 클라이언트의 변화 목적이 측정 가능한 형태로 제시되어야 하고, 타당도와 신뢰도가 높은 측정도구를 선택해야 하며, 결과를 그래프로 나타낼 수 있을 때 효과적이다.

1) 기초선

개입 이전에 표적행동이 일어나는 빈도, 강도 그리고 기간 등을 의미한다. 예를 들어 남편의 폭력이 문제행동일 경우 기초선은 개입이 시작되기 전 남편의 폭력 횟수, 기간 그리고 폭력과 관련된 전후 상황 등에 관한 것으로 설정할 수 있다.

이렇게 설정된 기초선은 A로 표시하며, 이를 개입 전 국면이라고도 한다. B는 개입실험단계, 즉 개입단계를 의미하며 복수의 개입유형이 사용되면 C, D 등으로 표기할 수 있다.

이때, 사회복지실천에서는 기초선을 측정할 수 없는 상황도 많으며 이 경우 개입기간의 행동기록만 이용 가능한데 이것을 B설계라고 지칭한다(엄명용 외, 2011).

2) 단일사례설계의 유형

① AB설계

여기서 A는 기초선, B는 개입을 의미하는데 AB설계는 기초선을 설정한 후 개입이 일어난 것을 의미한다.

만약 기초선과는 다른 변화가 나타난다면, 그것은 개입의 영향으로 볼 수 있다.

장점은 여러 유형의 문제와 장소에서 적용 가능하다는 것이다.

단점으로는 다른 변수의 영향을 통제할 수 없으므로 개입의 정확한 효과 파악이 곤란하며 표적행동의 변화에 미치는 효과의 신뢰도가 낮다는 것이다.

② ABA설계

AB설계에 개입을 중단하는 제3의 국면 A를 추가하여 변화의 개입효과성을 확인할 수 있게 만든 설계이다.

이때 개입이 효과가 있었는지를 검증하기 위해 일정 기간 개입을 실시한 후 중단한다. 개입 후 기초선으로 다시 돌아간다면 그동안의 변화가 개입의 효과 때문이라는 것이 증명되는 것이고, 만일 변화가 없다면 그동안의 변화는 개입으로 인한 것이 아니라 클라이언트를 둘러싼 다른 요인들 때문으로 해석할 수 있다.
장점은 변화의 개입효과성에 대한 파악이 보다 정확하며 개입을 철수해도 개입효과가 지속될 수 있다는 점이다.
단점은 변화가 일어난 클라이언트에게 개입을 중단함으로써 그를 다시 문제 상황에 빠트릴 수 있다는 점에서 비윤리적일 수 있으며, 조사기간이 길어진다는 점이다.

③ ABAB설계
ABA설계에서 다시 개입을 첨가한 설계방법이다.
두 번째 개입이 실시된 후 다시 변화가 일어난다면 이것은 개입 때문이라는 것이 확실히 증명되는 것이다.
장점은 개입의 효과에 대한 인과관계의 파악 및 특정 문제를 가진 클라이언트에 대한 개입효과를 알 수 있으므로 해당 분야의 이론 축적이 용이하다는 것이다.
또한 클라이언트와 사회복지실천가의 관계가 지속되고 있는 상황에서 두 번째 기초선이 설정되고 개입이 이루어지므로 지속적인 관찰이 가능하다.
단점은 ABA설계보다 시간이 더 오래 걸리기 때문에 두 번에 걸친 기초선, 개입기간을 모두 일정하게 유지하기가 어렵고 개입 지속효과로 인해 개입의 효과가 무의미하게 될 경우가 발생할 수 있다는 점이다.

2. 목표달성척도(Goal Attainment Scaling, GAS척도)

1) 개념

개인의 변화목표에 대한 변화상태를 계량화하는 방법이다.

2) 방법

개별화된 목표척도를 설정한 후 5단계로 목표 성취수준을 구분한다.
그리고 매 시점마다 관찰자가 성취수준을 기록하고, 처음 시점(×)과 마지막 시점(★)의 성취수준을 기록한다.

이처럼 회기마다 얻어진 점수의 평균을 산출하여 성취수준을 평가하는 것이 바로 목표달성척도 방법이다.

3) 목표달성척도

클라이언트와 합의한 기대변화의 정도를 평가하는 것으로 클라이언트와의 협력적인 과정이 전제되어야만 효과적이다.

4) 평가목표 수립

서비스 제공 이전에 이루어져야 하며, 목표는 명료하고 실현가능한 목표로 설정해야 한다.

3. 과업성취척도(Task Achievement Scaling).

1) 개념

사회복지사와 클라이언트가 합의한 개입과제를 완수한 정도를 확인하여 평가하는 방법이다.

이 방법에서는 목적에 도달하기 위해 문제해결활동을 여러 개의 독립된 활동과 과제로 세분하여 부과한 후 과제를 수행과정을 통해 해결되도록 한다.

이때 과제달성 정도를 알아보는 것은 문제해결에 접근하는 방법의 효과성과 밀접한 관련이 있는데, 합의된 과제가 실제로 달성되었는지를 측정하는 것이 과업성취척도라 할 수 있다.

2) 활용방법

이 방법은 사례의 개입활동에 대해서 기초선을 설정하거나 단일사례설계를 이용하기 어려울 때 유용하게 쓰인다.

과업성취척도에서는 과제의 진척을 평가하기 위해 4점 척도를 사용하고 나누어 평가하는 것이 일반적이다.

① 완전성취
② 상당히 성취되었으나 아직 행동이 필요
③ 부분적으로 성취되었으나 할 일이 남음
④ 아직 성취되지 않음

4. 클라이언트의 만족도를 통한 프로그램 평가

1) 개념

개입기간 동안 클라이언트가 받은 서비스에 대해 클라이언트의 의견을 구하는 기법이다.

사회복지사나 기관의 궁극적 목적이 클라이언트에 대한 최선의 서비스임을 고려할 때, 클라이언트의 반응은 매우 중요하다.

설문은 특정 서비스를 받은 모든 클라이언트 또는 특정 사회복지사의 서비스를 받은 모든 클라이언트에게 시행할 수 있다.

2) 한계점

① 개입의 결과에 대한 클라이언트의 인식만을 알 수 있을 뿐, 클라이언트의 인식이 반드시 현실이 아닐 수도 있다는 점이다.
즉 클라이언트들이 특정 사회복지사의 개입활동을 낮게 평가했다고 해서 반드시 그 사회복지사가 능력이 부족한 것은 아니라는 것이다. 그것은 클라이언트들이 특정 사회복지사를 낮게 평가하는 것은 그 사회복지사의 개인적 스타일에 불만이 있었을 수도 있기 때문이다.

② 개입에 적극적으로 참여했거나 좋은 인상을 받은 클라이언트만이 응답하는 경향이 있다는 것이다.
서비스에 만족하지 못했거나 소극적인 클라이언트는 적극적으로 응답하지 않을 가능성이 크기 때문에 결과가 긍정적인 방향으로 편향되어 나타나기 쉽다.

5. 목표설정

계획수립의 과정에서 이루어져야 하며, 목표는 명료하고 구체적이어야 그 수준을 측정하기 쉽다.

또한 클라이언트와 함께 합의해 나가는 기술적인 과정인 동시에 클라이언트의 의사를 존중하고 클라이언트가 중심이 되는 관점을 실천하는 중요한 과정이라 할 수 있다.

① 클라이언트와 함께 하는 평가
클라이언트의 목표달성 정도는 사회복지사와 클라이언트가 함께 평가해야 한다.
이를 통해서 개입에 의한 변화의 수준을 확인하고 긍정적인 변화가 나타났을 경우 변화를 축하하고 이러한 변화가 유지되거나 확대될 수 있는 방안에 대해 상호협의할 필요가 있다.
긍정적인 변화가 나타나지 않거나 문제가 악화된 경우 희망을 고취하면서 긍정적인 변화를 만들기 위한 새로운 전략을 함께 수립해야 한다.

② 범용척도를 활용한 사전-사후 조사를 실시
개입의 성과를 체계적으로 입증하기 위하여 핵심적인 변화를 측정하기 위한 범용척도를 활용하여 개입하기 전과 서비스의 동의를 받는 과정에서 사전조사를 실시하고, 사례를 종결하는 사후조사를 실시하도록 한다.

제4절 종결

1. 종결(termination)의 개념

클라이언트에게 더 이상 서비스가 필요 없게 되었거나 서비스 제공이 곤란해진 경우 클라이언트에 대한 개입을 종료하는 단계를 말한다.

2. 종결사유

목표의 달성, 서비스 거절, 이사, 사망, 연락두절 등 목표달성을 이유로 사례를 종결할 경우 클라이언트와 종결시기를 함께 결정하는 것이 바람직하다.

서비스 거절이나 이사 등으로 인해서 사례를 종결해야 할 경우 가능하면 다른 서비스 체계로 의뢰가 이루어질 수 있도록 하여 다른 서비스 체계에 접촉할 수 있도록 안내하는 것이 중요하다.

종결이 결정되면 클라이언트에 대한 모든 서류정리를 완료하고 다른 서비스 제공자들에게도 이를 알리는 것이 필요하다.

바람직한 종결은 클라이언트가 긍정적인 성과를 얻도록 하고 정서적인 불안을 해소하면서 만족스럽게 종결되도록 하는 것이다.

종결 시 평가나 점검을 통해서 클라이언트가 서비스를 요청하게 된 문제와 욕구가 충족되었거나 기타 종결사유가 발생하였는지를 확인하고 종결여부를 종합적으로 결정해야 한다.

목표달성으로 인해서 종결을 할 경우 클라이언트가 종결에 대해 미리 준비되어 있는지 확인하는 것이 필요하다.

클라이언트의 문제해결능력이 향상되고, 사회복지사와의 동반 관계에 대한 요구가 줄어드는 등 클라이언트가 종결할 준비가 되어있는지를 확인해야 한다.

사후관리는 종결 후에도 일정한 주기로 개입의 긍정적인 성과가 유지되고 있는지, 새로운 문제와 욕구가 나타나지는 않는지, 이로 인해서 새로운 서비스가 다시 필요한지 등을 추적하는 것이며 이러한 사후관리를 어떻게 할 것인지를 결정하는 것도 종결단계에서 이루어져야 한다.

종결을 위한 전문가적 목표로는 클라이언트가 다른 사람의 도움 없이도 살아갈 수 있도록 임파워먼트를 키운 것을 인식할 수 있도록 돕는 것이다.

3. 종결과정의 과업과 유형

1) 종결과정에서 결정해야 되는 사항

(1) 적절한 종결시기 결정

종결시기를 결정하기 위해 종결할 때가 되었는지 판단하는 것이 중요하다.

종결의 판단기준은 개입목적의 달성 정도, 서비스의 시간 내 제공 완료 여부, 클라이언트의 문제상황의 해결 정도, 사회복지사와 기관의 투자노력, 이득 체감에 대한 사회복지사와 클라이언트의 합의 여부, 클라이언트의 의존성, 클라이언트에 대한 새로운 서비스의 적합성 여부 등이다.

(2) 개입의 목표달성 정도 평가

종결단계에서 핵심적 과업들 중 하나는 합의된 목표가 달성되었는지의 여부를 평가하는 것이다.

(3) 클라이언트의 정서적 반응

목적이 달성되지 않은 경우 클라이언트는 실망하고 사회복지사에 대한 분노와 버림받는다는 느낌 등을 가지게 되는데, 이러한 감정을 수용하면서 부정적 감정을 표현할 수 있게 하는 것이 중요하다.

만약 사회복지사가 떠나야 한다면 이전에 거부당한 경험이 있는 클라이언트는 상처받기 쉽고 자존감이 약해지게 될 것이다. 이때 사회복지사는 떠나면서 변화를 위한 노력을 계속해 나가기를 바란다는 희망적 메시지를 전달하면서 지지와 격려를 제공해야 한다.

또한 클라이언트의 부정적 · 긍정적인 모든 감정표현을 허용하고, 클라이언트가 다른 사회복지사에게 의뢰하는 것을 수용하도록 도와야 한다.

(4) 개입을 통해 얻어진 효과의 유지와 강화

종결과정에서 사회복지사는 클라이언트로 하여금 개입과정에서 문제해결의 원칙을 파악하도록 돕는다. 또한 표적문제에 대해 문제해결의 원칙이 어떻게 적용되었는지 검토하고, 일반화 방법 등에 대해 예측하고 연습하도록 돕는 것이 중요하다.

아울러 앞으로의 삶에 어떻게 적용될 수 있는지 안내해 주어야 한다.

종결 후 일정 기간인 1~6개월 전화나 면접을 통해 클라이언트가 잘 적응하고 있는지 변화의 유지 정도를 확인하는 사후관리(follow-up services)가 필요하다.

(5) 필요 시 의뢰

클라이언트의 문제는 단기간에 완전 해결되지 않는 경우가 많으며, 한 기관이 모든 서비스를 제공하지 못하는 경우가 있다.

만약 클라이언트에게 새로운 서비스가 필요하거나 해결되지 않은 문제가 있는 경우 사회복지사는 의뢰를 하게 되는데, 의뢰 시 클라이언트의 자기결정권을 존중하며 클라이언트의 욕구에 적합한 자원을 연계하는 것이 중요하다.

(6) 개입활동의 결과가 효율적인지 효과적인지 사정

2) 대표적인 유형의 종결원인

① 실천과정의 중단으로 인한 종결

클라이언트의 요인으로 인해 중단되거나 클라이언트의 일방적인 중단 요청이 있을 수 있는데 이때 중단의 원인 파악이 필요하다.

② 클라이언트의 불만이나 저항으로 인한 종결

- 이런 경우 종결 전에 클라이언트의 부정적인 감정을 해소시켜야 하며, 사회복지사는 클라이언트의 부정적인 감정에 관해 논의하기를 원한다는 사실을 전하며 문제를 함께 다루는 것이 필요하다.
- 부정적인 감정은 대부분 잘 해결되지 못한 저항감에서 기인하거나 문제가 이미 해결되었다는 비현실적인 믿음 때문에 나타날 수 있다.
- 사회복지사는 계속 진행할 것을 강요해서는 안 되며 종결의 중요성을 알리고 신중히 생각할 것을 권한다.
- 결정은 클라이언트에게 맡기되 언제든지 다시 오면 서비스가 제공될 수 있음을 분명히 알려야 한다.
- 클라이언트의 자기결정권을 존중하면서 동시에 전문가로서의 의견을 제시하여야 한다.

③ 실천가 요인에 의한 종결

개입의 효과가 미미한 경우나 실천가의 사직 또는 이직이 발생한 경우 그리고 효과가 없을 것이라는 실천가의 판단으로 중단되는 경우이다.

여기서 클라이언트는 계속적인 원조를 원하므로 실천가 요인에 의한 중단은 클라이언트와 사회복지사 모두에게 어려움을 줄 수 있다.

특히 이전의 유사한 상황에서 거부당한 적이 있는 클라이언트는 상처받기 쉽고, 배신감 등으로 자존심이 약해질 수 있으며, 사회복지사는 떠나는 죄책감을 보상하기 위해 지나치게 자책할 수 있다.

그리고 사회복지사는 떠나는 죄책감을 보상하기 위해 과도하게 잘해주면서 재보증, 즉 안도감을 갖게 해주기 위해 애쓰는데, 이로 인해 클라이언트는 자신의 부정적 감정을 표현하기가 더 어려워질 수 있다.

사회복지사는 시간이 허락하는 한 클라이언트가 감정표현을 하도록 허용하고 다른 사회복지사에게 의뢰하여 원조를 받을 수 있도록 도와주는 것이 필요하다.

④ 시간제한에 의한 종결

실습생이 실습을 종결하는 경우(실습생이 맡았던 프로그램이나 면접은 종결), 입원기간 내에 제공되는 서비스, 학기 중에만 제공되는 서비스 등이 여기에 해당한다.

이는 미리 클라이언트에게 알리고 종결하는 것이므로 클라이언트가 종결에 대한 준비를 할 수 있다.

사회복지사는 시간제약의 한계를 설명하며, 신뢰관계가 손상되지 않도록 주의해야 한다. 또한 필요 시 적절한 기관에 의뢰가 이루어져야 한다.

⑤ 시간제한이 없는 종결

시간제한이 없는 실천과정에서는 종결시점을 결정하는 것이 중요한 과제가 되며, 일반적으로 클라이언트와 사회복지사 간의 만남을 통해 클라이언트가 얻게 되는 이득이 점차 줄어들어 그 의미가 퇴색되어 간다고 함께 판단되는 시점이 종결시점이 된다.

장기간의 개입과정에서 클라이언트의 사회복지사에 대한 의존성이 증가되고 전문적 관계를 통해 얻는 이득에 만족하는 경우 종결은 더욱 어려워진다.

이때 사회복지사는 종결할 무렵 클라이언트의 강한 정서적 반응을 다루어야 한다.

⑥ 목적달성에 의한 종결

가장 만족스러운 종결유형으로 목적달성에 의한 종결의 경우에도 정서적 반응을 다루는 것이 중요하다.

3) 종결에서의 유의점

어떠한 유형이든 종결이 되면 클라이언트에게는 양가감정이 생길 수 있다.

서비스 종결로 인해서 독립적으로 자신의 삶을 유지해 나가야 하는 상황에 직면하면서 클라이언트는 희망과 자신감뿐만 아니라 '잘 해낼 수 있을까' 하는 불안함을 경험하는 경우가 많다.

사회복지사는 성공의 경험과 파악된 클라이언트의 강점을 근거로 적극적으로 지지함으로써, 클라이언트의 희망과 자신감을 고취시키고 일정한 기간 동안 사후 접촉할 것임을 알려주어 불안을 해소하도록 해야 한다.

필요한 경우 다시 협력할 수 있다는 가능성을 제공함으로써 클라이언트가 자신감을 가지고 떠날 수 있도록 돕는다.

또한 종결과정에서는 무엇보다 임파워먼트를 강화하는 것이 중요하다. 종결에서 전문가적 목표는 클라이언트가 다른 사람의 도움 없이도 살아갈 수 있도록 돕는 것이다.

따라서 사회복지사는 실천과정에서 보여준 클라이언트의 강점과 자원을 공유하고, 이러한 것을 활용하여 스스로 문제를 해결할 수 있는 능력을 인지하게 함으로써 스스로 자신의 삶을 유지해 나갈 수 있도록 돕는다.

이러한 과정을 통해서 살아가면서 발생할 수 있는 어려움에 직면했을 때, 스스로 또는 비공식적인 지지망과 공식적인 자원망을 활용하여 어려움을 극복해 나갈 수 있도록 안내함으로써 임파워먼트를 향상시킬 수 있다.

제5절 사후관리

1. 사후관리의 개념

종결 이후 클라이언트가 변화를 잘 유지 · 지속하고 있는지, 클라이언트에게 더 필요한 지원이 있는지, 클라이언트가 지역사회 자원을 얼마나 잘 이용하고 있는지 등에 대해 클라이언트의 상황을 모니터하는 것을 의미한다.

2. 사후관리의 목표

사후관리의 과정을 통해 클라이언트의 변화유지에 도움이 되는 지지적 상담과 정보를 제공하여 클라이언트가 심리적인 안정감을 가질 수 있도록 하는 것이다.

이러한 사후관리 과정을 통해 사회복지사는 종결상태를 확정하거나 재개입의 가능성을 탐색하게 되며, 필요한 경우 다시 사회복지실천 과정의 초기단계로 돌아갈 수 있다.

특히 사후관리는 클라이언트가 사회복지사와의 전문적 관계가 종결된 이후에도 만족스럽고 자율적인 삶을 살아갈 수 있도록 종결 시와 같은 수준에서 잘 기능하고 있는지를 알아보기 위해 실시하는 것이다.

3. 사후관리의 중요성

종결 이후 이루어지는데 사후관리를 통해 수집한 정보로 재개입, 타기관 의뢰, 내부 서비스 의뢰, 클라이언트에 의한 종결, 최종 종결 등을 판단한다.

사후관리는 사회복지실천 과정에서 쉽게 간과되지만 성과의 유지를 확인하고, 의뢰의 적절성을 확인하며, 자원활용 정도를 파악함으로써 서비스의 영향을 평가하는 중요한 과정이라 할 수 있다.

실천과정에 소요되는 시간과 비용, 많은 사례 수로 사회복지사는 사후관리를 실천하는 데 실제 어려움이 있는 경우도 많지만 이러한 사후관리 과정은 전문적 기술이 비교적 적게 요구되면서도 가치있는 과정이므로 간과하지 않도록 유의해야 한다.

01 클라이언트를 원조하기 위한 사회복지실천의 과정으로 옳은 것은?

① 접수 - 사정 - 계획 - 개입 - 평가 - 종결
② 접수 - 계획 - 사정 - 개입 - 평가 - 종결
③ 접수 - 사정 - 계획 - 개입 - 종결 - 평가
④ 접수 - 계획 - 사정 - 개입 - 종결 - 평가

해설 Sheafor와 그의 동료들은 접수와 원조관계 성립의 1단계, 자료수집과 사정의 2단계, 계획과 계약의 3단계, 개입과 모니터의 4단계, 평가와 종결의 5단계로 구분하였다. 정답 ①

02 사회복지실천의 과정을 순서대로 짝지은 것은?

① 초기접촉단계 - 개입행동단계 - 사정계획단계 - 종결평가단계
② 사정계획단계 - 초기접촉단계 - 개입행동단계 - 종결평가단계
③ 초기접촉단계 - 사정계획단계 - 개입행동단계 - 종결평가단계
④ 사정계획단계 - 종결평가단계 - 개입행동단계 - 초기접촉단계
⑤ 초기접촉단계 - 사정계획단계 - 종결평가단계 - 개입행동단계

해설 초기접촉단계 - 사정계획단계 - 개입행동단계 - 종결평가단계 정답 ③

Chapter 14 사례관리

제1절 사례관리의 등장 배경

1. 사례관리(case management)의 등장 배경

사례관리는 탈시설화의 영향, 서비스 전달의 지방분권화, 복합적인 욕구를 가진 인구의 증가, 기존 사회복지 서비스 단편성의 한계, 사회적 지원체계와 관계망의 중요성에 대한 인식 증가, 비용억제의 필요성 등의 6가지 이유로 그 등장배경을 정리해 볼 수 있다(박미은, 2015; 설진화, 2009).

1) 사회복지실천의 탈시설화

1960년대에 선진국은 만성질환이 있는 노인이나 신체적, 정신적 질환이 있는 장애인들에 대한 탈시설화 정책을 도입하여 지역에서 이들을 보호하려는 재가복지서비스 혹은 지역사회보호가 시도되었다.

탈시설화(deinstitutionalization)는 시설화의 반대 개념으로 클라이언트가 그동안 생활해오던 시설에서 벗어나 다시 가정과 지역사회로 돌아가는 것을 의미한다.

사례관리는 시설에서 지역으로 돌아온 클라이언트와 그 가족의 욕구에 대해 지속적이면서도 포괄적으로 서비스를 제공한다.

탈시설화의 움직임이 사례관리가 등장하는 가장 주요한 배경이 된 것이다.

2) 서비스 전달의 지방분권화

1970년대 이후 서구에서 본격화된 지방분권화의 움직임은 사례관리의 필요성을 더 한층 높이는 배경이 되었다.

지방분권화로 인해 사회복지기관 및 프로그램의 운영과 책임이 중앙정부에서 지방정부로 이양되었으나 지역은 클라이언트에게 제공되는 다양한 서비스를 통합하거나 조정하는 장치를 갖추지 못하였다.

그러므로 클라이언트와 가족의 입장에서 분산되고 단편화된 지역사회 서비스를 이용한다는 것은 어려운 일이었다.

지역 기관들의 서비스를 조직화하고 클라이언트의 욕구를 통합적으로 충족시키는 장치를 통해 지방분권화의 부정적인 측면을 최소화하고자 사례관리를 사용하게 되었다.

3) 복합적인 사회복지 욕구를 지닌 인구의 증가

현대사회에서 정신지체나 정신질환, 신체장애나 심각한 의료적 문제, 심리 · 정서적 문제 등으로 인해 복합적 욕구를 지닌 클라이언트가 증가함에 따라 이들의 지원체계가 없으면 독립적인 생활이 어렵다는 한계를 나타나게 되었다.

한 기관이나 한 가지의 단일 서비스만으로는 이들의 복합적인 욕구에 효과적으로 대응할 수 없어 지역에서 클라이언트가 필요로 하는 서비스를 조직화하고 통합하여 상호연계가 이루어지기 위해 사례관리가 등장하게 되었다.

4) 전통적인 사회복지 서비스의 한계

클라이언트의 다양하고 복합적인 욕구가 통합되기 위해서는 아동, 노인, 정신보건, 직업재활, 공적 서비스, 사적 서비스 등과 같이 범주화되어 있는 서비스의 영역을 뛰어넘어야 가능하다.

초창기에는 이러한 영역을 뛰어넘어 서비스를 통합적으로 제공할 기반이 부족하였다.

사회적 분위기가 클라이언트의 욕구충족을 우선시하는 흐름이 강조되면서 기존 서비스의 단편성을 극복할 수 있는 장치로써의 사례관리가 필요하게 되었고, 사회적 지원체계와 관계망의 중요성에 대한 인식도 함께 증진되었다.

5) 사회적 지원체계와 관계망의 중요성에 대한 인식의 확대

서구에서는 1970년대 이후 석유가격의 폭등으로 인해 지속적인 경제성장의 기반이 무너지고 복지국가 위기론이 등장하였다. 신자유주의 사상은 기존의 방식과는 다른 정치, 경제적 대응과 함께 복지분야에서는 공적 서비스를 비공식 서비스로 대체하려는 움직임이 나타났다.

복지는 사회 전체의 노력으로 달성해야 한다는 입장과 비공식 지원체계 및 관계망에 대한 인식이 새롭게 대두되었는데 지역에 있는 가족, 친구, 친척, 이웃 등은 클라이언트의 삶의 질을 높이기 위한 의미있는 지원체계이자 관계망이라는 인식이 확산되었다.

사례관리는 공식적 지원체계 외에도 다양한 사회적 지원체계와 관계망을 조정하고 통합하는 실천방법으로 주목받게 되었다.

6) 비용억제의 필요성 대두

사회복지 서비스에서 비용억제가 필요한 두 가지 이유는 다음과 같다.

① 부족한 자원 안에서 서비스의 효과를 극대화
② 서비스의 전달에 소요되는 비용의 감소

그 동안 복지서비스는 어느 시대를 막론하고 자원의 부족과 그로 인한 서비스의 효과성에 대한 문제제기가 항상 중요한 쟁점이었다.

이와 같은 배경에 따라 사례관리는 사회복지실천에서 중요한 요소로 강조되어 왔다.

클라이언트가 바라는 보호(care) 혹은 서비스(service)의 내용과 수준이 크게 향상되고, 클라이언트 욕구에 효과적이고 효율적으로 대응하며, 보호에 따른 막대한 사회적 비용을 통제하기 위해 새로운 서비스전달 방식의 필요성이 대두됨에 따라 그 중요성은 더욱 부각되었다.

사회복지 전문직에서도 사례관리 방법을 통해 사회복지 전문직의 위상을 제고하고자 하는 노력이 제기되면서 사례관리는 사회복지실천의 필수요소로 자리잡게 되었다(박미은, 2015).

사례관리는 사회복지실천 분야에서 가장 많이 활용되고 있는 대인서비스 전달방식이다.

2. 사례관리의 역사적 발전

1) 19세기 빈민과 도움이 필요한 자에 대한 자선조직협회의 구제활동

현대적인 의미의 사례관리는 1970년대 중반 미국에서 등장한 이후 영국, 일본, 우리나라 등에 소개되면서 1980년대 이후부터는 다양한 용어로 등장하였다.

본격적인 사례관리는 처음 도입된 미국에서 시설중심의 보호가 지역사회로 이전되면서 지역사회로 돌아간 클라이언트는 기존에 한 기관에서 이용 가능했던 서비스를 각기 다른 기관을 찾아가서 받아야만 했고, 그 중에서 정보력, 동기 등이 부족하거나 서비스 접근에 어려움이 있는 클라이언트가 지역사회에 다양한 자원을 활용할 수 없는 경우가 발생하게됨에 따라 사례관리가 시작된 것이다(장인협, 우국회, 2001).

2) 우리나라에서의 사례관리

1992년 사회복지신문에 처음 소개되면서 사회복지나 재활현장에서 일하는 많은 전문가들에게 실무적인 지침을 제공해 주었다.

1993년 노인복지법이 개정되면서 재가복지가 사회복지의 한 분야로 자리매김하면서부터 시작되었다.

① 정신보건 분야 - 1995년 정신보건법이 제정되고 1997년 초에 시행되면서 그 법에 규정된 사례관리 업무가 지역사회 정신 보건사업의 필수사업이 되었다.

② 사회복지관의 경우도 한부모 가정이나 소년소녀가장세대 그리고 재가복지 대상자로서 장애인이나 독거노인을 대상으로 한 사례관리가 활발히 전개되기 시작하였다.

③ 1990년대와 2000년대 초반 사례관리 - 서비스를 직접 제공해주는 역할과 서비스를 연계하고 모니터(점검)하는 두 가지 역할을 통해 발전하였다.

④ 2005년 사회복지사업법 개정을 통해 시 · 군 · 구청장의 책임 아래 취약계층 위주의 보

호대상자별 보호계획을 수립하도록 하면서 사례관리의 근거조항이 마련되었다.

이후 여러 유형의 사회복지기관 평가항목에 사례관리업무를 포함시켜 기관이 나서서 어떤 식으로든 사례관리를 수행하게 하는 근거가 마련되었다.

그리고 2007년부터는 정부가 나서서 주민생활지원서비스에 공공사례관리를 포함시켜 그 제도적 기반을 마련하게 되었다.

3. 사례관리의 개념과 목적

1) 사례관리의 용어에 담긴 의미

① 사례(case)

'어떤 일이 전에 실제로 일어난 예'라는 사전적 의미로 원래 보건 및 의료현장에서 치료의 대상을 지칭하기 위해 사용하던 용어이다.

② '관리(management)'

'어떤 일의 사무를 맡아 처리'한다는 의미로 '통제하다', '지시하다', '다루다', '취급하다' 등의 의미가 내포되어 있다.

③ 사례관리 개념

- 보호관리(care management), 관리보호(managed care), 보호조정(care coordination), 사례조정(case coordination), 자원조정(resource coordination), 지속적인 보호조정(continuing care coordination), 지속적인 조정(continuing coordination), 서비스 조정(service coordination), 서비스 통합(service integration) 등의 다양한 용어로 사용된다(설진화, 2009).
- 장기적으로는 사회복지실천의 고유한 철학과 특성이 담긴 사회복지 사례관리(social work case management)에 대한 논의가 필요하다(박미은, 2015).
- 사례관리는 사회복지, 의료재활, 정신건강 등 다양한 분야에서 사용되는 방법으로 노인, 장애인, 노숙인 등 다양한 대상층에 적용되는 특성을 가지고 있다.
- 사례관리 적용영역의 광범위성과 다양성은 '사례관리'라는 용어의 정의가 매우 다양하며, 널리 수용되는 정의는 없다는 사실을 뒷받침하고 있다.
- 특정 복지영역에서 사례관리를 정의함에 있어서도 이러한 다양성으로 인한 어려움이 존재하는데, 이는 사례관리가 사회문화적 · 정치적 · 환경변화에 조응하면서 진화하는 개방적 개념이라는 점에 기인한다(정순돌, 2005).

제2절 사례관리

사례관리의 초점은 복합적이며 장기적인 욕구와 문제를 가진 클라이언트를 대상으로 클라이언트의 욕구충족, 문제해결 및 서비스 제공으로 욕구를 충족하고 문제를 해결하며 사회적 기능을 향상시키기 위해 서비스의 연속성을 보장하는 것이라 할 수 있다.

1. 특성

① 서비스의 효과성과 효율성을 높이기 위해 포괄적인 서비스를 제공하고 서비스의 조정과 점검(monitoring)을 실시하며, 비공식 · 공식 지원체계의 다양한 서비스를 활용하고 지역사회 자원의 개발 · 확보 · 동원 · 활용에 주안점을 둔다.

② 사례관리의 특성을 위해 제공되는 서비스에 대한 사정, 점검 및 평가를 위해 경계범주 접근방법(boundary spanning approach)을 활용하며, 임파워먼트 및 생태체계적 관점에서 직 · 간접적 개입방법의 통합 또는 기존의 사회복지실천 방법들을 통합하는 통합적 접근을 시도한다.

③ 장기간의 서비스를 필요로 하는 다양하고 복합적인 욕구를 가진 클라이언트를 대상으로 하여 문제해결과 치료보다는 욕구충족과 보호에, 시설보호보다는 지역사회보호에 초점을 두는 특성을 지닌다(설진화, 2009; 이근홍, 2015).

이와 같은 특성을 바탕으로 사례관리의 근본적인 목적은 바로 클라이언트의 삶의 질을 개선하는 것이다.

즉 보다 나은 서비스의 조정을 통하여 클라이언트에게 효과적인 서비스를 제공하고 욕구를 충족시키며, 효율적인 자원분배를 통해 필요한 자원을 확보하여 최종 이용자의 복지향상을 위해 활용하는 것이다.

2. 사례관리의 목적

클라이언트 입장에서의 사례관리 목적, 이용자 입장에서의 사례관리 목적, 지역복지 관점에서의 사례관리 목적 등 세 가지로 분류할 수 있다.

1) 클라이언트 입장에서의 사례관리 목적

서비스 제공의 연속성 보장, 통합적이며 개별적인 서비스 이용, 서비스의 접근성 향상, 사회적 기능 향상 및 역량강화의 네 가지 목적을 도모한다(박미은, 2015; 이근홍, 2006; 장인협, 우국희, 2001; 정순돌, 2007).

① 서비스 제공의 연속성 보장

사례관리는 장기적인 욕구와 문제를 가진 클라이언트를 대상으로 하기 때문에 클라이언트가 필요로 하는 서비스를 일시적으로 제공하기보다는 연속적으로 제공하는 것이 중요하다.

서비스 제공기간 사이의 간격을 최소화하면서 서비스 제공자가 포괄적이고 연속적으로 서비스를 제공하도록 하는 것이다.

서비스가 의뢰되거나 연계될 때 서비스가 중단되거나 포기되는 경우가 많이 발생하는데 이를 예방할 수 있다.

② 통합적이며 개별적인 서비스 제공

사례관리는 다중적이며 장기적인 클라이언트의 욕구를 개별욕구에 맞는 맞춤 서비스로 제공할 수 있다.

클라이언트의 독특한 신체적 · 정서적 · 사회적 상황에 따라 각 클라이언트의 확인된 요구에 맞게 각기 구체적으로 개발되거나 고안된 서비스를 통합적으로 제공한다.

문제해결, 치료 및 역기능의 예방보다는 욕구충족과 서비스의 연속적 제공에 더 중점을 두지만, 욕구가 제대로 충족되지 못하였을 경우 발생하는 문제를 해결하는 것과도 관련된다.

③ 서비스의 접근성 향상

최근 서비스 제공자가 다양해지고 있고 서비스 제공기관의 적격성 기준, 규정, 정책 및 절차가 점점 복잡해지고 있으며 서비스와 관련된 프로그램의 범주가 복합화되고 있어 클라이언트들은 그들이 필요로 하는 서비스에 대한 정보와 인식이 부족하다.

또한 이용방법을 잘 알지 못하여 접근하기 어렵고 서비스의 이용함에 있어 좌절당하는 경우도 있다.

사례관리는 클라이언트의 접근을 보다 용이하게 하기 위해 이동상담, 안내와 의뢰 등과 같은 보다 적극적인 접근방식을 택하고 있어서 서비스에 대한 클라이언트의 접근성을 증진시키는 수단이 되고 있다.

④ 클라이언트의 사회적 기능 향상과 역량강화

사회적 기능상의 문제를 지닌 클라이언트들은 자원과 기회의 부족, 동기의 결여, 능력의 부족, 정보의 부재, 자신감의 결여, 좌절감 등으로 인해 자신의 욕구를 충족시키지 못하는 경우가 많다.

사례관리는 클라이언트가 자신의 욕구를 충족시키고 문제를 해결하며 자립할 수 있도록 사회적 기능을 향상시키는 것을 목적으로 한다.

사례관리자는 클라이언트의 활용 가능한 자원, 성장과 발전의 가능성, 잠재능력, 장점, 건전한 기능, 문제해결 능력 등을 최대한 활용하고 발휘할 수 있는 환경을 조성한다.

2) 이용자 입장에서의 사례관리 목적

① 잠재적 이용자를 개발하여 산재하고 있는 자원을 찾아 필요한 서비스를 패키지로 만들어 지속적으로 제공되도록 하여 궁극적으로 지역사회 내 삶의 질을 향상시키는 데 그 목적이 있다.

② 클라이언트의 문제해결, 욕구충족을 위해 충분한 자원이 늘 존재하는 것이 아니기 때문에 필요한 자원의 개발과 이를 필요한 클라이언트에게 분배하는 것은 사례관리를 위해 매우 필요한 기능이다.

3) 지역복지 관점에서의 사례관리 목적

① 한정된 사회자원 내에서 서비스 전달의 효과를 최대화하면서 대인서비스 전달의 비용을 절감하려는 데 초점을 둔다.

② 한 사회복지기관의 필요한 모든 자원을 가지고 있지 않기 때문에 클라이언트의 복합적 욕구를 효과적으로 충족시키기 위해서는 분산된 서비스체계를 조정하고 연계하는 작업이 중요하게 대두된다.

③ 지역사회 서비스의 중복을 피하고, 자원을 조직화하여 효과적인 서비스를 제공할 수 있으며, 이는 궁극적으로 지역사회 문제를 해결하기 위한 방법으로 유용하다.

3. 사례관리의 모형

사례관리의 모형은 여러 학자에 따라 다양한 유형으로 분류될 수 있다.

박미은(2015)은, 사례관리의 주요모형을 사례관리 기능에 따른 분류, 사례관리 서비스 제공기관에 따른 분류, 사례관리 환경에 따른 분류, 사례관리 서비스의 수준에 따른 분류로 구분하여 설명하였다.

1) 로스(Rose, 1980)

사례관리 실천의 포괄성 정도에 따라 최소모형, 조정모형, 포괄모형을 제시하였다.

① 최소모형
사례를 발굴하여 사정을 하고 개입계획을 수립한 후, 적합한 서비스 제공자에게 의뢰하는 최소한의 서비스를 제공하는 것

② 조정모형
최소모형에서 제공하는 서비스 외에 클라이언트 옹호, 직접적 개입, 지지체계 개발, 재사정 등의 서비스가 포함

③ 포괄모형
조정모형에서 제공하는 서비스 외에 자원개발을 위한 옹호, 모니터링, 대중교육, 위기개입 등이 서비스가 포함

④ 사례관리 서비스의 포괄성에 따른 모형

구분	최소모형	조정모형	포괄모형
서비스 제공 내용	• 출장원조 • 클라이언트의 사정 • 사례기획 • 서비스 제공자에게 의뢰	• 출장원조 • 클라이언트의 사정 • 사례기획 • 서비스 제공자에게 의뢰 • 클라이언트에 대한 옹호 • 직접적 개별사회사업 • 자연지원체계의 개발 • 재사정	• 출장원조 • 클라이언트의 사정 • 사례기획 • 서비스 제공자에게 의뢰 • 직접적 개별사회사업 • 자연지원체계의 개발 • 재사정 • 자원개발에 대한 옹호 • 서비스의 질적 점검 • 공공교육 • 위기개입

(출처 : Rose, 1980: 박미은, 2015, p.103에서 재인용)

2) 무어(Moore, 1992)

지역 자원의 풍부한 정도와 서비스 전달체계의 통합 정도를 고려하여 다음과 같은 4가지(배분모델, 마케팅모델, 중개모델, 개발모델)로 제시하였다.

① 배분모형(rationing model)
서비스전달체계의 자원은 희소하지만 서비스의 통합 정도가 높을 때 사례관리는 주로 배분 혹은 분배의 기능을 수행하는 것이 효과적

② 마케팅모형(marketing model)
서비스전달체계 내의 자원도 많고 서비스의 통합이 높을 때는 사례관리가 마케팅의 기능을 수행하는데, 욕구에 맞는 다양한 서비스 가운데 선택(choice)한다는 의미

③ 중개모형(brokering model)

서비스전달체계 내에 자원은 충분하나 서비스의 통합 정도가 낮을 때는 중개(brokering)의 기능이 사례관리에서 강조

④ 개발모형(developing model)

서비스전달체계 내 자원이 부족하고 서비스의 통합의 정도가 낮은 경우 사례관리는 자원을 개발해서 조정하는 기능

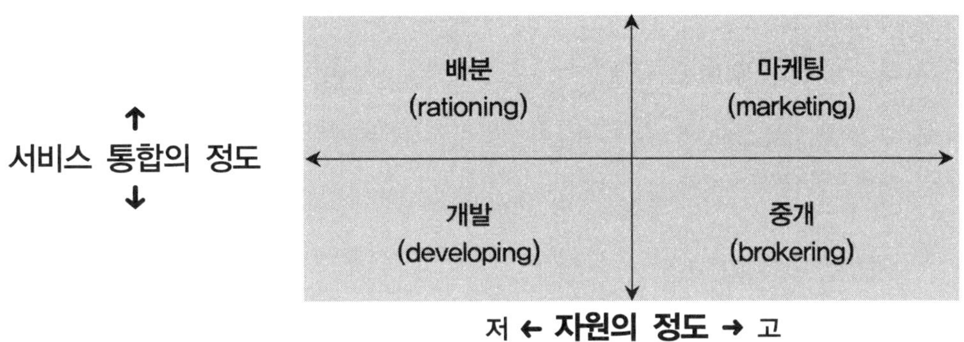

<그림 14-1> 무어(Moor)의 사례관리 모형

(출처 : Moore, 1992: 양정남 외, 2009, p. 49에서 재인용)

4. 사례관리서비스 제공기관에 따른 분류

독자기관모형, 직접서비스기관 내의 특수단위모형, 특수단위시설 또는 복합기능기관모형, 조합 모형의 네 가지 모형으로 분류된다.

① 독자기관모형

자율적 관리 조직체를 구축하고 있는 기관에서 사례관리서비스를 제공하는 모형으로 사례관리만을 유일하게 제공하는 모형이다.

서비스 협정을 통해 재정적인 권리에 관여하지 않기 때문에 보호계획 과정에서 객관성을 유지한다는 특징이 있다.

② 직접서비스기관 내의 특수단위모형

사례관리서비스로 가족상담, 가족건강 보조, 안내와 의뢰 서비스와 같은 직접서비스가 제공되는 것이다. 기관에서 직접서비스만을 제공해야 하는 한계가 있다.

③ 특수단위시설 또는 복합기능기관모형

사례관리가 병원, 노인 홈 또는 다목적 노인센터와 같은 복합적인 시설에서 실시되는

것이기 때문에 사례관리의 단위가 하나의 구성요소로 간주될 수 있도록 다른 시설 서비스로부터 분리되어 주체성을 갖는 것을 강조하는 모형이다.

④ 조합모형

다양한 기관들이 분배된 관리방식으로 협동적으로 일하는 것으로 사례관리 프로그램은 조합서비스 제공자망을 통하여 클라이언트에게 원조를 제공하는 기능을 수행하는 모형이다.

5. 사례관리 환경에 따른 분류

Woodside와 McClam(2006)는 사례관리기관이나 사례관리자가 처해 있는 여건과 상황에 따라 3가지 모형으로 분류하였다.

1) 역할기반 사례관리모형

① 사례관리자에게 기대하는 역할에 초점을 두는 것이다.

② 어떤 사례관리자는 주로 중개자 역할을 수행하도록 기대되는 반면 다른 사례관리자는 치료자 역할을 하면서 때로 중개자와 조정자의 역할을 하도록 기대된다.

이 모형의 장점은 사례관리자의 특성에 따라 역할이 부여되고 한 사람이 다양한 역할을 수행하는 것이며, 단점은 지역사회 전반에 개입하는 데는 어려움이 있고, 클라이언트의 욕구 보다는 표준화된 서비스를 제공한다는 것이다.

2) 조직기반 사례관리모형

복합적인 문제를 갖고 있는 클라이언트의 욕구를 충족시키기 위해 포괄적인 서비스를 제공하는데 초점을 둔다.

장점은 종합복지센터나 학제 간 팀 접근을 하는 상황에 잘 적용되는 모형으로 한 곳에서 다양한 서비스가 제공되고 개별화된 보호계획에 따라 개입이 이루어진다는 점이다.

반면 단점으로는 해당 조직에서 서비스를 제공할 수 없을 경우 기관 외부의 서비스를 받는데는 한계가 있다.

3) 책임기반 사례관리모형

① 사례관리의 기능이 가족성원, 지지적인 보호망, 자원봉사자 또는 클라이언트 등에 의해서 수행되는 모형이다.

② 기관에서 클라이언트는 상당한 책임을 갖고 있어 자활에 필요한 역량이 강화된다.

이 모형의 장점은 비전문가형으로 다양한 사람들이 책임을 분담하여 개입하는 특징이 있고 단점으로는 이러한 비전문성으로 인해 개입 결과가 비효과적이고, 주변인에 대한 교육과 슈퍼비전에 많은 비용이 드는 한계가 있다.

6. 사례관리 서비스의 수준에 따른 분류

1) 단순형 사례관리

사례관리의 근본적인 목적을 클라이언트와 지역사회의 자원 및 서비스와 연계시키는 데 초점을 둔다.

사례관리자는 주로 중재자의 역할을 수행한다.

사례관리자는 최소한 클라이언트 욕구의 인식 및 사정, 사례계획 및 서비스 연계 그리고 전달한 서비스의 효과성을 점검하는 세 가지 기능을 수행한다.

이러한 가장 기초적인 업무는 준전문가나 비전문가에 의해서도 수행되어질 수 있다.

기관에서 단순형 사례관리를 적용시킬 경우 조직구조의 측면에서 별도의 독립부서를 설치할 필요는 없으나 전문가에 의한 엄격한 슈퍼비전은 반드시 필요할 것이다.

현재 사례관리자가 담당하는 사례의 수는 5에서 300까지 천차만별이지만 보편적으로 100개 사례 미만을 담당하는 것이 관례이다.

단순형을 따르는 사례관리자의 담당 사례 수는 다른 모형의 사례관리자의 담당 사례수보다 비교적 많아도 무방할 것이다.

주로 준전문가와 비전문가에 의해 수행될 수 있는 단순형에서는 전문가 집단과 팀을 형성하여 여타 전문가와 공동으로 사례관리를 하는 것도 효과적일 수 있지만 비용효율적인 서비스를 강조하는 차원에서 이 모형이 도입된다면 팀 접근보다는 개별적 접근이 일반적인 서비스 전달형태로 자리 잡을 수 있다.

그리고 이 정도의 자격을 갖춘 사례관리자는 스스로 어떤 형태의 서비스를 어떻게 전달할 것인가에 관한 독자적인 판단능력과 소양이 부족하므로 사례관리자의 권위는 자율성이 부여되어 있지 않다고 보는 것이 타당하고 전문가의 엄격한 슈퍼비전이 반드시 필요하다.

2) 기본형 사례관리

기본적으로 사례관리자는 공식적 또는 비공식적인 지역사회기관과의 원조관계의 형성으로 클라이언트와 서비스연계 기능을 수행하고 아울러 개별화된 조언 및 상담 등 직접적인 서비스를 제공한다.

① 기본형 사례관리의 근본목적

클라이언트와 서비스의 연계를 도모할 뿐만 아니라 클라이언트의 동기부여 및 자조 능력의 배양을 포함한 상담서비스를 제공하는 것이다.

② 기본형에서 강조되는 사항

사례관리자가 단순히 서비스의 중재에만 만족할 수 없고 클라이언트의 일차적인 상담가가 되어야 한다는 점이다.

그러나 기본형에서는 때로는 준전문가가 사례관리자로 선임될 수 있고 전문가라도 충분한 훈련과 경험을 갖지 않은 사회사업가가 그 업무를 담당하는 경우가 있으므로 문제행동을 분석하고 치료하는 심층적인 상담을 전개하는 데에는 어려움이 많다.

③ 기본형의 기능

사례관리의 핵심적인 기능을 포함하므로 적극적 클라이언트 발굴, 개별사회사업에 필요한 사정 및 사례 계획, 서비스 제공, 서비스 점검의 기능과 클라이언트의 기술습득을 위한 정보제공 및 교육의 기능도 수행하게 된다.

④ 사례관리자의 역할

중재자, 교육자, 지지자 그리고 클라이언트에 제공된 서비스를 점검하는 본연의 역할도 수행한다.

이러한 사례관리자는 주로 준전문가나 전문가에 의해 수행되지만 경험이 많은 사회사업가의 슈퍼비전을 받는 것이 바람직스럽다.

제공되는 서비스 유형과 전달방식에 관한 결정권은 어느 정도 보장되어 사례관리자의 자율성이 어느 정도 확보된다고 본다.

사례관리는 기본적으로 한 사람의 사회사업가가 중요한 클라이언트를 대상을 종합적으로 서비스를 관리하는 체계이므로 기본형에서는 팀 접근보다는 개별적 접근이 선호된다.

기본형의 사례관리자는 30개 사례 정도를 맡을 수 있으면 적당하다.

특히 기본형 사례관리자는 기관 내에서의 상담 및 조언 뿐 아니라 가정 및 현장 방문서비스를 제공할 수 있어야 한다.

3) 종합형 사례관리

① 근본적인 목적

클라이언트와 서비스의 연계를 도모하기도 하지만 클라이언트의 문제상황과 행동을 치료하는 데에 초점을 둔다.

사례관리자는 다양한 기능과 역할을 수행할 수 있다.

이러한 서비스는 전문가에 의해 수행되는 것이 보편적이고 바람직하여 기존의 전통적인 서비스 전달체계와는 별도의 독립된 부서를 공식화하여 사업을 전개하는 것이 전문가의 책임과 권위가 인정되고 개별적 접근을 가능하게 할 것이다.

담당 사례의 수가 많으면 많을수록 행정적인 업무에 보다 많은 시간을 보내기 때문에 전문적 서비스를 위해서라면 담당사례의 수를 10~20개 내외로 한정하는 것이 바람직하다.

② 사례관리의 효과성에 관한 기존의 연구결과 종합

사례관리 접근이 전통적 접근보다 클라이언트의 삶의 질 향상, 스트레스와 고독감 감소, 재입원률 감소, 지역사회 서비스 이용률 증가, 클라이언트의 행동변화 등의 차원에서 긍정적인 결과가 우세한 편으로 나타났다.

그러나 이러한 연구결과에 의문을 갖게 하는 증거도 드물지 않게 제시되고 있다.

특히 Borland와 그의 동료들이 조사연구에서 사례관리에 의한 정신질환자의 입원비용의 감소는 지역사회보호 서비스의 비용증대로 인해 원래의 긍정적인 효과가 상실되어 거의 나타나지 않는 것으로 밝혀졌다.

이러한 사실은 사례관리가 기존의 전통적인 접근법보다 훨씬 광범위하고 포괄적으로 서비스를 제공하고 있으므로 실제로 비용절약 차원이 아니라는 것을 말해준다.

단순형과 기본형보다 포괄적인 서비스를 제공하는 종합형에서는 많은 양의 서비스와 자원이 투입되는 데 비하여 상대적으로 효과가 크지 않을 수 있다는 사실을 명심해야 한다.

4) 전문관리형 사례관리

사례관리자는 일반적으로 간접적 서비스로 분류되는 클라이언트의 가족과 지역사회를 대상으로 하는 활동뿐만 아니라 상담 또는 치료의 직접적인 서비스를 제공한다.

아울러 사례관리자는 관리자로서의 과업과 책무를 수행하기도 한다.

① 관리자의 역할

㉠ 일반적인 관리자 - 조직에서 계획, 의사결정, 점검, 조정, 자원배분, 통솔의 역할을 담당한다.

㉡ 사례관리자 - 클라이언트에 대한 직접적인 서비스 제공과 간접적인 가족 및 지역사회를 대상으로 하는 활동에서 이러한 역할을 수행하게 된다.

관리자란 조직이 위계서열상 상층부에 위치하는 것이 상례인데 조직의 말단에 위치하여 일선업무를 수행하는 사례관리자에게 관리자적인 지위를 부여할 수 있는가에 관해서는 의문이 제기되지만 관리자라는 조직이 위계서열상의 위치에서 판별되는 것이 아니라 그가 수행하는 기능에 따라 식별될 수 있다는 점에서 사례관리자를 관리자로 파악할 수 있다.

그러나 모든 사례관리자가 위에서 열거된 관리적 기능을 수행하는 것은 아니다.

대부분의 사례관리자는 서비스계획, 조정 그리고 점검의 기능을 수행하지만 의사결정, 자원배분, 또는 통솔의 기능은 어느 정도 관리자적인 책임과 전문적인 권위 및 능력이 수반될 때 수행될 수 있는 것이다.

ⓒ 전문관리형은 조직 내에서 전문가로서의 위치와 권위를 갖고 사례관리의 직접적인 목적과 간접적인 목표를 동시에 추구하는 과정에서 관리자적인 기능도 수행한다. 따라서 특수하고 전문적인 영역에서보다 잘 적용될 수 있을 것이다.
사례관리 실천은 개별적 접근보다는 팀 접근이 보다 효과적이라는 사실이 조사 연구에 의해서 입증되고 있다.
이러한 관점에서 전문관리형은 개별적인 접근보다 간호사, 정신과의사, 직업훈련사, 심리학자 등 다른 전문직원과의 팀을 형성하여 개입하는 것이 바람직하다.
팀을 형성하여 클라이언트에 대한 서비스와 지원계획을 수립하고 의사결정을 내릴 때 각기 전문직의 자율성은 보장된다.
공동노력에 의한 서비스의 극대화를 추구하고자 할 때는 공동의 의사결정과정이 반드시 필요하다.
공동의 팀 접근에 의한 전문관리형 사례관리는 비교적 적은 수의 사례를 담당할 수밖에 없을 것이다.

제3절 사례관리의 6단계

1. 접수

1) 개념

사례관리의 초기과정으로 접수는 클라이언트와 접촉하는 단계로 사례관리자가 다양한 방법으로 클라이언트를 처음 발견하여 새로운 도움의 환경에 적응하고 문제해결을 위한 파트너십을 형성할 수 있도록 하는 단계이다.

이는 사례관리의 가장 기본이 되는 단계로 사례관리를 필요로 하는 클라이언트를 발견하고 적격성 여부를 거쳐 클라이언트로 확정하는 과정이다.

① 초기과정에 대한 이해(권진숙, 김상곤, 김성경, 김성천, 김혜성, 2012)
사회복지 분야의 성격, 사례관리자의 역할, 학자의 분류에 따라 독립된 단계로 구분되기도 하고 사정단계에 포함되어 설명되기도 한다.

② 접수단계가 중요하게 부각되는 이유
사례관리 대상자가 주로 정보 접근성과 동기가 낮은 상태이기 때문에 적극적인 사례발굴이 필요하다.

③ 기관에서 사례관리를 제공하기 어려운 경우 가장 적합한 기관에 의뢰한다.

④ 적극적인 의뢰
클라이언트의 욕구와 그들에게 유용한 서비스를 확인하고, 클라이언트가 참여할 수 있는 기회를 제공하며, 클라이언트가 참여할 수 있는 서비스와의 연결이 잘 이루어졌는지를 확인하는 것을 포함한다(이근홍, 2006).
초기과정의 주된 내용으로는 클라이언트의 발견, 인테이크 및 계약이다(권진숙 외, 2012).

2) 사례발견

사례관리자와 도움을 필요로 하는 사람이 최초로 접촉하게 되는 과정과 방법이다.
클라이언트의 직접 요청, 기관 내부 의뢰, 타 기관 의뢰, 아웃리치 등이 해당된다.

① 클라이언트의 직접 요청
클라이언트가 자발적으로 사례관리 기관을 방문하여 서비스를 의뢰하는 것이다.
직접 요청은 흔하지 않은 방법으로 사례관리를 필요로 하는 클라이언트 대부분은 스스로 도움을 요청하지 못하는 경우가 많다.
이 경우 서비스에 대한 욕구가 강하며 변화의 의지가 커서 사례관리자 개입이 용이할 수 있지만 과도한 욕구를 가진 경우도 있으므로 초기면접에서 욕구를 명확히 하여 사례관리의 적절성 평가와 함께 적정수준에 대한 이해제공이 필요하다.
클라이언트가 직접 요청하는 경우 사회복지사는 신속한 접촉을 하여 인테이크하는 것이 바람직하다.

② 의뢰
초기상담한 사회복지사가 타 사회복지사 또는 외부기관에 사례를 연결시키는 전반적인 절차를 의미한다.
사례관리에서 의뢰는 사례발견의 가장 빈번한 방법이다.
외부인이 사례관리자에게 사례를 의뢰하는 상황과 사례관리자가 의뢰자가 되어 외부기관에 클라이언트를 의뢰하는 상황이 해당된다.
두 가지 의뢰를 효과적으로 수행하기 위해서 사례관리자와 소속기관은 지역사회 자원에 대해 정확히 이해해야 한다.
단순히 존재를 알고 있는 것이 아니라 사회복지사는 접촉점으로 활용할 수 있는 기관의 직원을 알고 있어야 하고, 지역사회 자원 간에 의뢰체계가 형성되어 있어야 한다.

③ 아웃리치
사례관리자 또는 기관의 인지와 판단에 의해 잠재적 클라이언트에게 직접 접근하여 발

굴하는 경우이다.

사례관리서비스 욕구를 갖고 있으나 그 욕구의 충족을 위해 기관을 찾지 않는 잠재적 클라이언트들에게 서비스의 접근성을 높이도록 사회복지기관의 사회복지사가 직접 나서는 방법이다.

3) 인테이크(in-take)

인테이크는 사례발굴 후 사례관리기관이 접수하여 초기면접자가 검토하는 과정이다.

초기면접자의 과업은 서비스 요청에 대한 정보를 수집하여 기관의 사례관리서비스 대상으로의 적합성을 판정하는 것이다.

사례관리 클라이언트에 대한 정보를 수집하고, 서비스 욕구를 파악하여 서비스 제공의 적합성을 결정한다. 정해진 적격성의 기준에 적합한 사람인지를 확인하고, 사례관리서비스의 클라이언트로 부적절한 의뢰와 서비스의 클라이언트가 아닌 사람을 미리 스크리닝하여 실제로 서비스가 필요한 클라이언트에게 신속한 서비스를 제공하기 위한 것이다.

① 초기면접자

사례관리 클라이언트를 직접 면접하여 작성하는 것을 원칙으로 하며 의뢰인 또는 후견인과 함께 면접이 가능하다.

② 초기면접자는 초기면접에 참여한 클라이언트 또는 후견인의 도움 요청 내용을 진술자의 표현 그대로 기록하는 것이 좋다.

클라이언트가 표현한 언어를 사정할 경우 표면적으로 드러난 요구(want) 이면에 숨겨진 요구(need)를 발견할 수 있어야 한다.

4) 사례관리 클라이언트 선정

사례관리자와 기관의 실질적이면서 기초적 작업은 클라이언트를 선정하는 것이다.

① 클라이언트 선정과정의 변수

클라이언트 욕구의 구체적 내용에 대해 사례관리자와 클라이언트가 동의하는가와 클라이언트가 욕구를 해결하고자 하는 동기의 여부, 기관의 관심과 능력이다.

그 결과 클라이언트에 대한 사례관리서비스 제공이 적합하다고 결정되면 서비스의 목적, 클라이언트의 권리, 사례관리자와 클라이언트의 책임과 의무 및 역할에 대한 설명과 사례관리 서비스에 대한 상호 동의 등을 확인하는 절차를 거친다.

② 필요한 동의와 계약절차 진행

서비스 성과 및 결과에 대한 클라이언트 책임을 강조하고 사례관리자와 주변인의 일방적인 도움 제공이 아니라 대상자의 노력과 주체적 참여가 전제되어야 하는 협력적 실천임을 인식하게 하기 위한 단계이다.

③ 동의나 계약

충분한 정보제공 및 합리적인 설명 그리고 자발성에 기초한 사전 동의(informed consent) 형태로 이루어지는 것이 바람직하며 사례관리 계약의 기본 단위는 1년이다(박미은, 2015).

반대로 클라이언트의 욕구와 기관의 서비스가 일치하지 않거나, 기관의 서비스가 적합하지 않을 때에는 클라이언트의 욕구에 보다 적합한 서비스를 제공할 수 있는 지역사회 내의 다른 기관으로 의뢰해야 한다(설진화, 2009).

5) 접수과정에서 기록할 사항(설진화, 2009).

① 클라이언트와 관련된 기본적인 사항

② 면접자명, 면접일자

③ 기관을 찾아온 경로

④ 클라이언트와 관련된 당면한 욕구와 문제, 경제상태 등

⑤ 적격 부적격 여부(부적격일 경우 사유 포함)

⑥ 서비스 제공에 대한 동의와 계약, 계약자명 등

6) 접수과정의 주요기술(설진화, 2009).

① 의사소통기술

사례관리자는 클라이언트가 말하려는 것을 주의깊게 경청하며 클라이언트와 친밀감과 신뢰관계 형성, 필요한 사항들을 클라이언트에게 질문해서 알아야 하며, 필요한 정보들을 클라이언트에게 전달할 수 있어야 한다.

② 면접기술

면접기술에서 가장 많이 활용하는 것은 클라이언트에 대한 질문이다. 그 외에 중요한 면접기술로는 관찰, 경청, 통솔과 지시, 공감과 동정, 명료화, 해석, 정보제공, 침묵의 활용, 바꾸어 말하기, 초점유지, 환류 주기, 요약, 상대방에 대한 집중, 중립의 유지, 방어행동에 대한 대처 등

③ 자료수집기술

클라이언트의 현재 당면한 욕구와 문제, 클라이언트의 능력, 가족관계 등과 관련된 질문 및 관찰, 전문가의 의견 등

④ 감정이입기술

사례관리자가 클라이언트의 입장과 기준에서 그들을 이해하려는 능력으로 그들의 감정

과 하나가 되어 감정의 의미까지도 민감하게 느낄 수 있는 능력

⑤ 계약기술
사례관리자와 클라이언트가 각자의 역할, 책임, 기대, 수행할 업무의 목적, 개입방법 등을 서로 동의하고 문서나 구두를 통하여 공식화하고 구조화하는 기술

2. 사정

1) 사정단계의 개념

접수과정에서 사례관리서비스를 제공하기로 결정한 클라이언트를 대상으로 그들의 복합적인 문제와 현재의 기능, 그들의 강점과 잠재능력, 공식적-비공식적 지원체계와 그들에 대한 보호능력 등에 관하여 전반적인 자료를 수집하고 종합적으로 분석하는 과정이다.

사정이 어떻게 이루어졌는가에 따라서 이후의 계획단계가 결정되기 때문에 매우 중요하게 다루어져야 한다.

2) 사정의 목적

① 클라이언트와 사례관리자에게 문제와 해결방안에 대한 이해 향상
② 단순히 정보를 수집하고 문제의 인과관계를 알도록 하는 것이 아니라 문제에 대한 수용력을 향상시킴으로써 이용자의 문제해결 능력을 강화
③ 이용자와 사례관리자의 신뢰, 협력관계 형성
④ 이용자의 잠재력, 강점을 드러내고 이에 대해 이용자와 공유하며, 지속될 수 있도록 지원

3) 사정의 목적에 따른 구체적인 목표(권진숙 외, 2012)

① 클라이언트의 욕구 / 문제, 발생원인, 욕구 / 문제 정도를 파악
② 요구에 대응하는 클라이언트의 능력을 파악
③ 요구를 충족시켜 줄 수 있는 공식적 · 비공식적 자원의 역량을 파악
④ 추후 발생 가능한 욕구 / 문제를 예측

4) 클라이언트의 욕구 파악

① 클라이언트의 욕구를 파악하는 것은 사정단계에서 가장 필수적이다.
욕구는 클라이언트, 보호자, 관련기관 등에 의해 파악될 수 있는데 클라이언트의 견해가 가장 중요하게 다루어져야 한다(장인협, 우국희, 2001).

② 자원 탐색

욕구해결을 위해 클라이언트가 사용 가능한 스스로의 자원을 사정하는 것이 필요하다. 즉 그들이 기지고 있는 강점, 잠재능력 활용, 가능한 자원, 성장과 발전 가능성을 탐색하는 것이 필요하다.

③ 사례관리자

클라이언트의 능력을 사정하기 위해 그들의 신체적, 인지적, 정서적, 행동적, 사회적, 경제적 기능을 사정하며 과거의 병력과 기능의 한계 등도 함께 확인한다.

클라이언트를 둘러싼 환경적 자원에 대한 점검이 필요하다.

④ 사정방법

가족, 이웃, 친척, 직장동료 등과 같은 비공식적 자원과 민간사회복지기관과 정부기관 등과 같은 공식적 자원들의 이용가능성과 한계 등에 대한 점검을 통해서 실질적으로 이용 가능한 자원목록을 파악하는 것이 중요하다(권진숙 외, 2012).

자원은 생태도나 관계망 사정을 통해서 파악이 가능하다.

클라이언트와 가족 단위에서 동원할 수 있는 인적, 물적 자원, 현재 이용하고 있는 자원(이용자원), 앞으로 활용 가능한 자원(가용자원), 개발이 필요한 자원(잠재자원) 그리고 자원과 관련한 장애물을 파악해야 한다.

클라이언트 및 주변인의 자원 활용의 긍정적 경험 혹은 부정적 경험 파악도 중요하며 장애물 사정도 중요하다.

㉠ 내부 장애물

문제해결에 부정적으로 작용하는 심리적, 정서적 상태로 변화의 동기가 없거나 무기력하고 의존심이 강하고 희망이 없고, 삶에 대해 비관적이거나 비판적인 태도 등이다.

㉡ 외부 장애물

문제해결에 필요한 자원을 발견하고 활용하는 데 걸림돌이 되는 요인이다.

부적절한 자원, 자원이용에 대한 능력부족, 자원의 고갈 등이다.

5) 사정 방법

가계도(geno-gram)를 통한 사정, 즉 세대 간 사정(종단적 사정) 혹은 가족력 사정, 생태도(eco-map)를 통한 사정, 즉 환경적 사정(횡단적 사정) 혹은 환경사정, 사회적 관계망을 통한 사정, 욕구사정표를 통한 사정, 기타 표준화된 측정도구나 개별화된 주관적 척도를 활용한 사정 등이 있다.

임상적 사정도구를 선택하여 활용할 때(박미은, 2015)는 클라이언트의 특성에 맞게 그리고 해당 척도의 강조점과 활용도를 고려해서 사용하여야 한다.

3. 계획

1) 계획과정

클라이언트에 대하여 설정한 목표를 달성하기 위해서 어떠한 서비스가 언제, 어떤 방식으로 얼마동안, 얼마만큼 제공되어야 하는가에 관한 사항들을 개별적으로 문서화하는 과정이다.

2) 계획

개별관리의 목적을 달성하기 위해서 클라이언트에 대한 장 · 단기의 목표를 설정하고 그러한 목표달성을 위한 가장 적절한 해결방안을 모색하기 위하여 클라이언트에 대해 개별적인 서비스 계획을 수립하는 과정이다.

3) 목표설정

① 사정과정에 확인된 욕구와 관련되어 있어야 한다.

② 기본적인 목표가 설정되며 이러한 목표를 구체적으로 달성하기 위한 구체적이고 세부적인 하위목표가 설정되어야 한다.

③ 이러한 목표들은 클라이언트의 변화를 촉진하는 데 도움이 될 수 있도록 장 · 단기로 구분하여 적절히 안배하고 우선순위에 입각하여 설정되어야 한다(이근홍, 2006).

4) 구체적인 계획수립 과정(권진숙 외, 2012).

(1) 사정내용에 대한 검토

사례관리자와 이용자는 상호 합의한 욕구 또는 문제가 무엇이었는지를 다시 한 번 확인해야 한다.

클라이언트의 욕구와 기대를 명료화하기 위해 클라이언트와 대화해야 하며 클라이언트를 모든 과정에 참여시킴으로써 동기화시켜야 한다.

이 과정에서 클라이언트의 자기결정권을 존중해야 하며 이용자 인터뷰, 이전 기록자료, 관찰 등을 통해 이 문제 또는 욕구가 이용자가 우선적으로 해결하기 원하는 것인가, 이용자는 이전에 문제해결 또는 욕구충족을 위해 어떤 노력을 했는가, 문제해결 또는 욕구 충족 과정에서 활용할 수 있는 강점은 무엇인가 등을 확인한다.

(2) 우선순위 정하기(표적문제 선정)

제시된 욕구 중에서 개입을 통해 변화를 도모하고자 하는 욕구선정을 위해 우선순위를 선정하도록 한다.

우선순위는 기간 내 달성 가능성, 상황 개선의 가치, 긴급성, 클라이언트가 중요하다고 생각하는 것이 기준이 된다.

우선순위에서 상위 3가지 정도를 선정, 목표수립을 위한 단계로 진행하는 것이 효과적이다.

(3) **변화 목표의 수립**

사정단계에서 클라이언트가 제시한 욕구로 사례관리자와의 합의하에 새로운 형태의 욕구로 재규정된다.

사례관리자는 제시된 욕구를 기반으로 목표에 합의함으로써 합의된 목표를 설정해야 한다. 이때 합의된 목표는 목표의 규모, 복잡성, 달성 기간 등에 따라 위계적 구조를 가진다.

① 장기목표

종결 시점에 어떤 변화가 이루어질 수 있는지에 대한 현실적으로 달성 가능한 목표 상태나 수준을 반영한다.

② 단기목표

장기목표를 세분화한 것으로 단기목표를 달성하게 되면 단계적으로 장기목표를 달성할 수 있도록 밀접하게 연결된 것으로 3개월 이내에 달성 가능하도록 설정해야 하며, 명시적·구체적·행동적이어야 한다.

③ 실천계획

실행을 위한 구체적 방안으로 사정에서 발견된 강점으로 반드시 빈도와 개입기간이 설정되어야 하며 계획수행에 참여하는 이들에게 각자의 역할 분담이 이루어져야 한다.

목표수립의 과정은 장기목표와 단기목표, 실천계획과 수립으로 구성될 수 있지만 사례관리계획은 3개월 단위로 제시된 욕구, 합의된 목표, 실행계획, 빈도, 담당자, 개입기간, 점검의 내용 등을 작성해야 한다.

(4) **계획실행자의 선정**

계획실행자의 선정은 행동계획 수립과정과 동시에 이루어지기도 한다.

목표를 달성하기 위해 무엇을 해야 하는가', '누가 이것을 위해 움직일 것인가'는 동시에 고려되어야 한다.

계획수행자는 실행방안의 이행자로 클라이언트 자신을 반드시 포함하도록 한다.

행동계획을 수행하는 사람은 클라이언트와 가족을 포함한 비공식적 자원체계를 우선적으로 고려해야 한다.

(5) **시간계획 수립**

목표를 달성하기 위한 날짜를 정하는 것은 중요한 과정이다.

무엇이 달성되고 있는지, 그것을 위해 무엇이 필요한지를 살펴보는 기준점을 제시하도록 한다.

(6) 계약

목표설정과 이를 달성하기 위한 전략, 역할, 장소, 비용, 개입기법, 평가방법 등에 대해 사례관리자와 클라이언트가 동의하는 것을 의미한다.

문제의 선정과 개입방안을 계획하는 과정에서 클라이언트가 주도권을 잃지 않도록 해야 한다.

계획수립 후에는 클라이언트 또는 가족으로부터 사례관리계약서를 작성하도록 안내해야 하며 계약내용에는 클라이언트의 과업과 사례관리자의 과업을 함께 기록하도록 한다.

이러한 과정은 클라이언트에게 동의와 이행을 위한 동기부여가 된다.

좋은 계약을 위해서는 클라이언트의 개입, 목표설정을 위한 구체적 행동, 이행의 결과, 시간적 틀을 포함하도록 한다.

(7) 계획서의 공유

사례관리자와 클라이언트의 상호계약으로 완성된 서비스계획서 양쪽 계약자가 날인하여 나누어 가짐으로써 이후 계약의 수행에 대한 책임과 의무를 함께 지게 된다.

(8) 서비스의 조정

사례관리자는 대상자의 요구와 치료목표를 충족시키기 위해 다학제간 팀 구성원과 협력하도록 한다.

사례관리자와 서비스제공기관 담당자 등이 모여 적절한 서비스 공급여건을 고려한 서비스 종류, 서비스 종류별 구체적인 서비스 내용 및 방법, 서비스 제공 횟수 등을 조정한다.

4. 실행

1) 실행단계의 개념

정보수집 및 계획단계에서 작성된 계획의 목적달성을 위한 활동과정을 의미한다.

서비스 계획을 완전하게 수행하는 단계이며 사례계획을 완전하게 수행하는 단계로 자원을 확보하고 조정하는 것을 포함한다.

서비스 계획의 모든 부분들의 단계적 수행을 통해 적절한 서비스를 클라이언트에게 제공하고, 서비스를 적소에 배치하고 서비스를 조정하며, 클라이언트와 가족 및 서비스 제공자 사이의 분쟁을 해결하고 개입의 연속성을 보장하는 과정이다(권진숙 외, 2012).

2) 사례관리자의 역할

실행단계에서 자원개발 및 연계, 조정 및 점검, 옹호 등의 주요과업을 수행한다.

3) 과업을 달성하기 위한 기록양식

사례관리과정기록지, 서비스의뢰서, 사례관리점검일지, 사례회의록, 슈퍼비전일지, 사례보고서 등이 있다(박미은, 2015).

4) 서비스 조정에서의 사례관리자

클라이언트에게 제공되는 서비스가 그들에게 가장 적합하고 적당하며 중복되지 않도록 조정하고, 서비스제공자와 클라이언트 사이에 발생하는 갈등을 해결하며, 서비스제공자들 사이에 유발될 수 있는 분쟁을 조정하고, 개별관리기관 상호간의 협정을 통해서 클라이언트의 서비스를 적절히 조정할 수 있도록 해야 한다(권진숙 외, 2012).

사례관리자는 직접적 개입과 간접적 개입 방식을 통해 클라이언트의 문제를 해결하고자 한다(설진화, 2009).

① 직접적 개입
클라이언트 자신이 스스로 서비스에 접근하고 이용할 수 있는 능력과 기술을 향상시키도록 사례관리자가 사용하는 개입 기술이다.

② 간접적 개입
사례관리자가 클라이언트를 대신해 체계의 개입이나 행동을 변화시키려고 할 때 사용하는 개입 기술이다.

③ 실행단계에서 유의할 점(권진숙 외, 2012)
사례관리체계에서 계획의 실행을 책임지는 실천 가능한 계획을 수립한 사람과 일치하는 것이 바람직하다는 것이다.
불가피하게 개입이 상이한 실천가에게 그 결과를 피드백 해주는 것이 필요하다.

5. 모니터링(점검)과 재사정

점검단계는 클라이언트 지원체계의 서비스의 전달과 실행을 추적하고 재사정을 실시하는 과정이다.

① 클라이언트 수준에서의 점검
㉠ 클라이언트에게 제공되는 서비스가 욕구충족과 문제해결에 기여하는가?
㉡ 목표달성을 위해 스스로 노력하고 있는가?
㉢ 클라이언트는 자신의 기술과 능력을 발휘하고 있으며, 자기보호의 노력은 적절하게 이행되고 있는가?

㉣ 새로운 욕구나 문제가 발생하고 있는가?

② 서비스제공자 수준에서의 점검
㉠ 서비스계획은 적절하게 수행되고 있는가?
㉡ 적시에 적절하게 지속적으로 제공되고 있는가?
㉢ 제공되는 서비스가 클라이언트의 욕구충족과 문제해결을 위해 필요한 것인가?
㉣ 서비스제공자와 클라이언트 사이 또는 서비스 제공자들 사이의 갈등이 있는가?

③ 서비스의 점검은 면접, 전화, 가정방문, 질문지 등을 통해 이루어지며 제공되는 서비스에 대한 적합성을 비롯하여 서비스제공자 수준에서 서비스계획의 수행정도, 서비스의 적당성, 적시성 연속성 등이 기록되어야 한다(이근홍, 2015).

④ 사례관리자는 클라이언트 및 서비스제공자와 지속적으로 접촉할 필요가 있다.
이를 통해서 클라이언트에게는 동기를 고양시키고 서비스제공자의 책임을 상기시켜 자신들의 과업을 완수할 가능성을 증가시키며 환류를 촉진하고 관계를 개선하는 수단이 된다.

⑤ 지속적인 점검과 더불어 사례관리는 일정한 간격을 두고 이루어지는 공식적인 재사정 과정을 강조한다(권진숙 외, 2012).
재사정은 클라이언트의 상태와 현재의 서비스계획의 적합성을 판단하는 과정이며, 서비스의 연속성을 기본으로 하여 서비스가 어떤 방식으로 변화될 필요가 있는가를 결정하는 것이다.
재사정 시에는 클라이언트에게 제공되는 서비스의 적합성 및 서비스계획을 수행한 이후에 발생된 새로운 욕구와 문제를 기록한다(이근홍, 2015).
초기의 사정 이후에 일반적으로 6개월에서 1년간의 정기적으로 계획된 간격에 의해 공식적으로 이루어진다.
재사정에 포함되어야 할 중요한 내용은 제공된 서비스의 비용효과성, 현재의 욕구, 서비스 수급자격, 결과 목표, 새로운 서비스 요구 사항, 현재의 시점에서 다음의 재사정 기간까지 필요한 비용의 재계산, 서비스의 결합, 다음 재사정 일정 등이다.
재사정을 방해하는 요인(설진화, 2009)은 다음과 같다.
㉠ 잘못 설정된 목표로 인해 사정이 잘못된 경우
㉡ 클라이언트가 자신에 관한 정보를 제공하지 않는 경우
㉢ 잘못된 정보나 정확하지 않은 정보를 제공하게 되는 경우
㉣ 클라이언트의 상태가 불규칙적인 경우
㉤ 사례관리자의 시간적 제약 등

6. 평가와 사후관리

1) 평가

평가는 클라이언트에 제공된 서비스, 클라이언트의 진척사항, 사례계획, 서비스활동 및 서비스체계의 효과성과 효율성을 종합적으로 판단하는 과정이며 사례관리가 얼마나 잘 행해졌는지를 판단하는 과정이다.

이 단계에서는 사례관리의 적합성과 대상자의 경과 또는 기대결과에 못미치는 이유 등을 규명해야 한다.

평가는 평가과정에 대상자의 적극적인 참여를 격려함으로써 서비스대상자의 임파워먼트 증대의 수단으로 기능하기도 한다.

사례관리자(권진숙 외, 2012)는 서비스의 질 평가에서 나타난 문제점을 개선하여 서비스의 질 관리에 특별한 노력을 기울여야 한다

평가의 세 가지 유형(권진숙 외, 2012; 박미은, 2015)에는 구조평가, 과정평가, 결과평가가 있다.

① 구조평가
- 사례관리체계 및 기관의 역량에 대한 평가를 의미한다.
- 기관의 신뢰도와 역량, 사례관리자와 사례의 비율, 행정적 지원 등을 포함한다.
- 사례관리자의 재량 정도, 사례관리자의 자격, 교육, 슈퍼비전, 훈련, 실천역량 등을 평가하는 것도 여기에 해당된다.

② 과정평가
- 사례관리서비스가 어떻게 제공되었는가에 대한 평가이다.
- 사례관리가 실천지침에 근거하여 진행되고 있는지를 보는 것이다.
- 즉 표준화된 지침이나 매뉴얼에 근거하여 이루어지고 있는지를 확인하는 것이다.
- 다소 시간이 걸리고 전문가의 판단이 요구된다.
- 과정을 평가하는 방법은 직접 관찰하는 방법과 기록을 중심으로 평가하는 방법이 있다.
- 과정평가 시 주의해야 할 사항은 다음과 같다.
  ㉠ 서비스제공이 정확하게 기록되었는가?
  ㉡ 사례관리자는 서비스제공 시 정확하고 능숙하며 판단력이 있는가?
  ㉢ 대상자와의 의사소통유형은 어떠한가?
  ㉣ 인권이 보장되었는가?, 서비스제공계획은 완전했는가? 등

③ 결과평가
- 사례관리 전반의 효과성과 효율성을 평가하는 것이다.

- 서비스효과성과 비용효과성에 대한 내용, 서비스 이용의 수준, 전체적인 기능수준(신체, 정신, 사회적 기능)과 능력, 가족기능의 수준(특히 비공식적 보호의 수준) 그리고 삶의 질의 수준(자율성, 심리적 안녕감, 만족감 등) 같은 내용을 평가지표로 활용할 수 있다(박미은, 2015).
- 결과평가는 표준화된 주기에 따라 이루어져야 하며 대개 월 1회, 3개월 1회, 6개월 1회 등의 기준으로 평가가 가능하다.
- 궁극적으로 결과평가는 과정평가의 결과와 다각도로 수집된 정보를 기초로 하여 사례관리의 유효성을 최종적으로 판단하기 위하여 평가하는 것이다.
- 결과평가에서는 과정평가나 그 외의 다른 곳에서 얻은 정보를 정리하고 사례관리자가 실시한 활동이 적절했는지의 여부와 사례관리자가 적극적으로 관여할 다른 활동이 있는지를 판단해야 한다.
- 사례관리 서비스를 평가하기 위해서는 다양한 자료원으로부터 자료를 수집해야 하며, 서비스의 효과성을 측정하는 데 필요한 정보를 수집할 수 있도록 클라이언트 수준, 기관 또는 프로그램 수준, 서비스체계 수준에서 질문할 문항이 정해져야 한다.
- 서비스를 평가하기 위한 수단으로는 클라이언트에 대한 직접적 면접, 전화면접, 사례 등이 있다.
- 결과평가는 클라이언트 수준, 서비스 제공자 수준 및 서비스체계 수준으로 구분(권진숙 외, 2012)된다.

㉠ 클라이언트 수준

- 서비스제공자가 클라이언트가 수용할 수 있는 형태와 수준의 서비스를 제공하고 있는가?
- 클라이언트에게 제공되는 서비스는 적당한가? 서비스가 일반적으로 수용할 수 있는 양질의 실천기준에 적합한가?
- 제공된 서비스가 의도한 결과를 초래하는가?
- 클라이언트는 제공되는 서비스에 대하여 만족하는가?
- 비공식지원체계는 클라이언트를 위해 적절히 활용되는가?
- 한정된 서비스의 공급이 극한 위기에 처해 있는 클라이언트에게 전달되는가? 서비스에 대한 접근성이 증진되었는가?

㉡ 서비스제공자 수준

- 클라이언트에게 제공되는 서비스가 서비스 제공기관의 차원에서 제대로 확보되는가?
- 서비스제공기관 직원의 의욕, 소진 또는 이직의 수준은 어떠한가?
- 서비스제공기관 부서 간의 협력은 원할한가?

- 서비스의 신뢰성과 연속성이 보장되는가?
- 클라이언트에게 제공하는 서비스에 대한 지속적인 개선을 추구하는가?
- 클라이언트의 변화하는 욕구에 적절히 대처하였는가?
- 지역사회의 자원활용은 적절하였는가?

ⓒ 서비스체계 수준

- 클라이언트에게 제공할 서비스는 충분히 확보되었는가?
- 서비스계획이 클라이언트의 장단기 목표를 설정하는 데 적절한가?
- 서비스의 이행에 존재하는 장애는 무엇이 있는가?
- 서비스계획에서 기술한 활동과 과업은 적절한 방법으로 실행되는가?
- 서비스계획은 클라이언트의 욕구충족과 문제해결에 적합한가?
- 서비스계획은 지역사회의 인식전환과 정책의 개선에 기여하는가?

사례관리자의 전문적인 판단에 근거하여 클라이언트에게 서비스가 더 이상 필요하지 않을 때 사례관리의 과정을 종결(termination)한다.

사례관리는 욕구충족에 관심이 있기 때문에 원칙적으로 서비스의 종결은 존재하지 않는다. 종결이라는 용어보다는 약속이나 철회를 의미하는 분리(disengagement), 계약의 해지를 의미하는 철회(discharge), 다양한 성과들의 한데로 묶는 통합(integration gains)이란 용어가 많이 사용된다.

사례관리가 종결되는 경우는 클라이언트가 스스로 종결시키는 경우, 주요한 서비스 제공자가 종결을 권고할 경우, 사례의 결과목표를 성취한 경우, 한 사람의 서비스 제공자가 포괄적 보호의 책임을 맡는 경우, 클라이언트의 욕구가 충족되고 제기된 문제가 해결되며, 사례관리자가 클라이언트 스스로 서비스의 획득과 조정의 과업을 수행할 수 있다고 생각하는 경우 등이다.

2) 종결

(1) 종결을 위한 준비

클라이언트의 준비상황 평가, 클라이언트의 현재 상태 평가, 클라이언트의 정서적 상태의 평가, 사례관리 팀에서 종결을 논의하고 결정한다.

(2) 종결과정 수행하기, 최종면접, 의뢰하기, 사례관리의 전반적인 요약과 종결을 기록하기의 세 가지 측면에서 과업을 수행하여야 한다.

종결이 필요한 클라이언트에게 다시 서비스를 필요로 할 경우(권진숙 외, 2012)에는 접근성 높은 의사소통 동료를 유지하고 주기적인 사후관리(follow-up)를 할 필요가 있다.

사후관리는 사례가 종결된 이후 사례관리자와 클라이언트 간의 지속적인 의사소통을 통하여 관계를 지속하는 것이다.

사례가 종결된 이후 클라이언트에 대한 정기적인 전화확인을 하거나 생일, 휴가철 및 사례 종결 날짜에 일상적인 인사편지를 발송하거나 현재 상태에 대한 평가와 주기적인 만족도 조사, 클라이언트와 접촉을 유지하는 다른 기관에 대한 주기적인 요청, 프로그램 소식지의 계속적인 발송 등을 통해 사후관리를 할 수 있다(이근홍, 2015).

3) 사례관리자

사례관리자가 공통으로 수행하는 역할은 정보수집과 사정활동, 서비스 계획, 프로그램 배치 및 서비스 제공·조정 활동, 사례계획의 수행 정도 점검, 지속적이고 원활한 의사소통, 옹호 활동, 지역사회 활동 등이다.

(1) 기능에 따른 사례관리자의 역할(권진숙 외, 2012; 박미은, 2015; 이근홍, 2015)

① 사정자

사례관리자는 클라이언트와 좋은 관계를 형성하고 감정이입, 의사소통 기술 등을 통해 클라이언트와의 의사소통과 희망적인 태도를 형성하는 것이 중요하다.

사례관리과정에서 사정과 클라이언트의 자원활용 역량 향상이 주요과업이 된다.

클라이언트의 약점, 단점, 장애 등과 같은 부정적인 요소보다는 강점, 건전한 기능, 잠재능력 등의 긍정적인 요소에 중점을 두어 그들의 욕구, 능력 및 사회자원에 관한 자료를 수집하고 분석하며 종합해야 한다.

② 위기개입 : 위기개입자

사례관리자는 위기의 심각성을 사정할 수 있어야 하고 계획을 세울 수 있어야 하며, 위기를 극복하기 위해 동원할 수 있는 자원의 명단을 목록화해야 한다.

따라서 사례관리자는 위기해결을 위한 중심적 역할수행이 주요과업이 된다.

③ 단기치료개입 : 임상가

단기개입으로 클라이언트의 문제가 해결될 수 있는 경우 임상가로서 단기치료자 역할을 수행하는 것이다.

사례관리자는 클라이언트가 무엇을 할 수 있는지 그리고 어떠한 성과를 기대할 수 있는지를 명확히 할 수 있도록 돕는 역할을 수행한다.

④ 중개 : 중개자

사례관리자는 지역사회의 다양한 자원을 클라이언트의 욕구에 맞게 연결시켜 주는 역할을 하게 된다.

클라이언트의 욕구충족, 문제해결 및 사회적 기능 향상을 위해 클라이언트와 필요한 서비스를 연결하는 것이다.

대부분의 자원중개는 의뢰의 형태를 거쳐 연계되는데, 클라이언트를 둘러싼 가족 등의 다양한 환경체계 간에 연계되고 지원체계의 역할을 담당할 수 있도록 용이하게 하는 역할을 하게 된다.

⑤ 문제해결 : 능력부여자, 교사, 중재자

사례관리를 통해 클라이언트의 문제해결능력을 향상시키고 자원활용의 역량을 향상시키고자 하게 되므로 사례관리자는 클라이언트의 능력을 향상시키고 책임감을 높이고 자신감과 독립성을 향상시킬 수 있도록 격려하는 능력부여자로서의 역할을 수행하게 된다.

클라이언트에게 학습기회를 제공하는 교사의 역할을 수행하기도 하고, 클라이언트의 문제해결과정에서 지역사회 내에서 발생할 수 있는 의견이나 갈등에 대해 중립을 지키면서 조정하는 역할을 수행하기도 한다.

⑥ 옹호 : 옹호자

사례관리자는 사례관리 대상이 되는 클라이언트가 취약층인 경우가 많은데 이들의 목소리를 대신하게 된다.

사례관리자의 역할 중 가장 중요한 것 중의 하나로 서비스제공과 관련하여 클라이언트 스스로 할 수 없거나 하고 싶어 하지 않는 일을 대신하는 것이다.

클라이언트가 직접 옹호활동을 하는 경우 사례관리자는 지역사회자원 정보제공이나 가족과의 협조나 필요한 지원제공 등의 역할을 수행함으로써 클라이언트 옹호를 지원하는 활동을 수행한다.

⑦ 서비스 조정 : 조정자

사례관리자는 서비스가 클라이언트에게 적절히 전달되고 효과적일 수 있도록 배열하고, 이중적이지 않도록 하며, 클라이언트와 서비스제공자들 사이의 상호작용을 촉진할 수 있도록 갈등과 분쟁을 해결해야 한다.

⑧ 추적 및 사후관리 : 사후점검 및 관리자

사후점검 및 관리자로서 사례관리자는 클라이언트의 문제가 잘 해결되었는지를 점검하는 역할을 수행한다.

⑨ 평가자

사례관리자는 클라이언트에게 제공되는 서비스의 효과성, 효율성 및 비용효과성을 검토하기 위해 사례관리의 과정 전반에 관한 정보와 자료를 수집하고 분석하는 평가자로서의 역할도 수행하게 된다.

⑩ 기록보존자

사례관리자는 사례관리 실천과정인 접수, 사정, 기획, 실행, 점검 및 평가과정 동안 사례관리 전반에 관한 사항들을 기록해야 한다.

01 성공적인 의뢰를 위해 사회복지사가 고려해야 할 지침이 아닌 것은 무엇인가?

① 사회복지사는 의뢰의 이유를 분명히 해야 한다.
② 의뢰하려고 고려하는 기관의 자원을 정확하게 평가하여야 한다.
③ 의뢰를 하는 기관에서 받게 되는 서비스의 한계는 클라이언트에게 비밀로 한다.
④ 의뢰결과에 대해 추적평가를 하여 의뢰서비스기술을 향상시킨다.
⑤ 상담자의 심신을 편안하게 해준다.

해설 의뢰를 하는 기관에서 받게 되는 서비스의 내용과 한계를 클라이언트에게 분명하게 인식시킨다.

정답 ③

02 사례관리자 역할과 그 예의 연결로 옳지 않은 것은?

① 조정자(coordinator): 사례회의를 통해 독거노인지원서비스가 중복 제공되지 않도록 하였다.
② 옹호자(advocate): 사례회의에서 장애아동의 입장을 대변하였다.
③ 협상가(negotiator): 사례회의를 통해 생활 형편이 어려운 가정의 아동에게 재정 후원자를 연결해주었다.
④ 평가자(evaluator): 사례 종결 여부를 결정하기 위해 목표 달성 여부를 확인하였다.
⑤ 기획가(planner): 욕구사정을 통해 클라이언트에게 필요한 자원을 설계하고 체계적인 개입 계획을 세웠다.

해설 협상가- 클라이언트에게 필요한 서비스와 제공 가능한 서비스의 적합성을 증진 시킨다.

정답 ③

03 사례관리 등장 배경에 관한 설명으로 옳지 않은 것은?

① 탈 시설화로 인해 많은 정신 장애인이 지역사회 내에서 생활하게 되었다.
② 지역사회 내 서비스 간 조정이 필요하게 되었다.
③ 복지비용 절감에 관심이 커지면서 저비용 고효율을 지향하게 되었다.
④ 인구 · 사회적 변화에 따라 다양하고, 복합적이며 만성적인 욕구를 가진 클라이언트가 증가하였다.
⑤ 사회복지서비스 공급주체가 지방정부에서 중앙정부로 변화하였다.

해설 사회복지서비스의 공급주체가 중앙정부에서 지방정부로 변화하였다. 정답 ⑤

04 다음 중 접수의 과제를 틀리게 설명한 것을 고르시오.

① 문제확인 : 사회복지사는 클라이언트의 실제문제가 무엇인지 정확하게 파악해야 한다.
② 관계형성 : 기관을 찾는 클라이언트들이 일반적으로 보이는 두려움과 양가감정을 해소해야 한다.
③ 문제확인 : 기관에서 접수된 문제에 관한 서비스를 제공할 수 있는지 평가한다.
④ 의뢰 : 의뢰는 클라이언트의 문제와 욕구를 기관에서 해결할 수 없을 경우 타 기관에 의뢰하여 문제해결이 가능하도록 적합한 프로그램을 만들어 수용한다.
⑤ 관계형성 : 사회복지사와 상호 긍정적인 친화관계, 즉 라포를 형성하는 것이다.

해설 의뢰는 클라이언트의 문제와 욕구를 기관에서 해결할 수 없을 경우 혹은 문제해결에 더 적합한 기관이 있을 경우 다른 기관으로 클라이언트를 보내는 것이다. 정답 ④

제2영역 ▮ 사회복지실천기술론

Chapter 01

사회복지실천의 개념 이해

제1절 사회복지실천기술

1. 사회복지실천기술의 개념과 특징

1) 사회복지실천기술의 정의

- 개인, 집단, 환경 문제간의 불균형을 발견하고 해결할 수 있도록 도와주고 예방하는 전문 활동을 말한다.
- 사회복지실천활동을 위해 효과적으로 지식을 이용하고 적용할 수 있게 해주는 방법을 말한다.
- 클라이언트의 변호와 사회적 기능 향상을 위해 사회복지실천의 가치와 지식에 기초한 사용방법과 더불어 사회복지사의 능력을 말한다.
- 클라이언트의 문제를 개입하는 사정단계에서 자원을 개발하거나 사회의 구조를 변화시키는 전문성을 의미한다.

2) 사회복지실천기술의 특징

- 사회복지실천은 다양한 클라이언트 상황에 따라 특정 상황에 맞는 실천기술을 선택하고 활용하는 능력이 필요하다.
- 이론에만 국한되는 기술을 지양하여 다양한 이론. 방법을 특정상황과 문제에 적절하게 선택하여 사용해야 한다.
- 사회복지실천의 가치와 지식에 근거한다.
- 사회복지실천기술은 사회복지사의 기본자질로부터 영향을 받지만 지식을 기반으로 하기 때문에 개발고 학습이 가능하다.

2. 사회복지실천 현장

1) 현장에 대한 이해

① 클라이언트에 대한 이해로 클라이언트의 문제는 그가 처한 환경과 밀접한 관계가 있기 때문에 클라이언트를 이해하려면 그 대상이 처한 실천 현장에 대한 이해가 필요하다.

② 개입계획
- 현장을 알고 그 상황의 환경적 특성을 고려하는 가운데 개입계획을 세울 수 있다.
- 현장 간 교류와 연대에 있어 도움을 줄 수 있다.
- 삶의 현장으로써의 교훈을 얻을 수 있다.

2) 주요 현장

① 행정기관
사회복지 전문요원, 보건복지부, 시도, 읍, 면, 동사무소, 시, 군, 구 등의 여성복지 상담원, 아동복지 지도원, 사회복지 단체(사회복지협의회)

② 이용시설
사회복지관(사회복지사업법), 노인복지회관(노인복지법), 장애인복지관, 정신보건센터, 성폭력피해상담소 등이 있다.
이 중 사회복지관은 지역사회를 기반으로 일정한 시설과 전문인력을 갖추고 지역주민의 참여와 협력을 통하여 지역사회복지 문제를 예방하고 해결하기 위하여 종합적인 복지서비스를 제공하는 시설이다.

③ 생활시설
아동복지시설, 노인 · 장애인 복지시설 등이 있다.

3) 관련 현장

① 노동부 산하 - 장애인고용촉진공단, 근로복지공단, 인력은행
② 문화체육부 산하 - 청소년복지 관련(수련원), 미혼모 쉼터(보건복지부와 함께 관련)
③ 사회단체 - 참여연대, 경실련, 환경단체, 청소년 폭력방지단, 한국월드비전, 여성의 전화, 홍사단
④ 찾아야 할 현장 - 학교, 교정기관시설(교호소, 보호관찰소)

3. 사회복지서비스의 직접실천, 간접실천

1) 직접실천(Direct practice)

사회복지사의 개별, 집단사회사업이 해당하며 문제를 가진 사람과 직접적으로 만나고 문제해결을 위한 도움을 주는 방식이다.

2) 간접실천(Indirect practice)

사회복지 정책, 행정 등으로 사회복지에 필요한 기반이 되는 여건을 조성하는 방법으로 옹호와 같은 기법도 포함된다.

4. 통합적 접근으로써의 사회복지 개입 수준

1) 미시적 수준(micro level)

개인과 가족 등 개인의 심리적 · 사회적 문제를 임상적으로 실천하는 직접실천 방법이다.

2) 중간적 수준(mezzo level)

학교나 혹은 문제를 가진 사람들끼리 문제를 해결하려는 목적을 가지고 활동하는 소집단 활동이 이에 해당한다. 자조집단(장애아를 가진 부모들의 모임), 치료집단(정신질환자, 알코올중독자들의 모임, 청소년 쉼터) 등의 소집단 활동에 적용하여 실천하는 방법이다.

3) 거시적 수준(macro level)

전체 지역사회, 기관, 조직 등을 대상으로 정책분석, 정책대안 제시와 같은 보다 포괄적이며 거시적 차원에서의 방법을 말한다.

5. 사회복지실천에서의 강조점

1) 전문성

사회복지실천은 전문분야이다. 그러므로 다른 분야의 전문직과 같이 독특한 전문기술이 반드시 강조되어야 한다. 사회복지사가 개입해야 하는 전문분야를 개척하기 위해서도 사회복지실천의 전문성이 앞서야 하는데, 클라이언트의 문제 상황이 다양하고 복잡해짐에 따라 사회복지사의 개입 기술도 향상되어야 하고 이는 전문성과 깊은 관계를 가지고 있다.

2) 공익성

사회복지사는 전문직이고 전문직업을 가진 사람으로 체계적인 지식과 기술을 이용하여 자신의 영리추구가 아닌 공공의 이익을 지향하는 직업이다. 그러므로 사회복지실천은 공공의 이익에 중점을 두어야 하며, 실천현장의 대상인 클라이언트는 사회의 약자들인 관계로 차별하거나 사익추구하는 것은 지양해야 한다.

3) 성실성

사회복지실천의 대인서비스는 사회복지사의 성실성을 바탕으로 클라이언트의 인간적 존엄성이 지켜질 때 가능하다. 사회복지 관련 기관, 종사자는 공익을 추구하므로 정직하게 업무를 수행해야 한다.

또한 서류보다는 인간적 교류에 의하여, 결과보다는 실천의 과정을 중시하여야 한다.

6. 사회복지실천의 정당성

1) 법률, 정부의 책임

사회복지실천은 정부의 책임이며 이는 법에 의하여 규정되어 있다. 사회적 약자에 대한 국가차원의 보호를 통해 사회적 정의와 국가의 존재 의의가 정당화된다. 사회복지 대상자의 문제의 원인은 사회의 구조와 관련되어 있고, 사회복지의 서비스 기준은 개인의 최저문화생활에 초점을 두므로 대상자의 인간다운 생활을 정부가 보장하는 것이 바람직하다.

2) 시민의 책임

다양한 사회적 위험에 직면할 수 있는 현대의 상황에서 사회복지실천은 시민연대의식이 토대가 될 때 가장 이상적으로 이루어질 수 있다.

또한 시민, 기업, 작은 정부로의 지향, 지방자치제의 실시 등은 사회복지사업의 비중을 민간에게 더 둔다는 시대의 추이라고 할 수 있다.

3) 법적으로 설립된 사회복지법인의 책임

4) 사회복지 전문인으로 구성된 각종 사회복지 관련 협회와 종사자의 책임

5) 시민의 권리(개인의 권리)

사회복지실천의 정당성은 인간다운 생활을 위해 합당한 서비스를 받을 수 있는 권리가 보장되어야 한다는 것이다.

7. 사회복지실천의 목표

① 개인의 변화
사회복지실천의 궁극적 목표는 사회복지서비스를 받는 개인의 변화이다. 그러므로 개인에게 관심을 갖고 사회복지서비스에서 개별화의 원리를 중시한다.

② 집단의 변화
사회복지실천은 가족을 포함한 집단의 변화에 목표를 둔다. 집단을 구성하는 구성원들의 원활한 상호작용을 조성하여 집단의 목적을 달성할 수 있도록 사회복지사가 지원하는 것에 초점을 두어 집단의 변화를 도모한다.

③ 지역사회의 변화
사회복지실천은 지역사회 변화에 목표를 두고 조직 혹은 지역사회의 계획된 변화를 위한 전문적 개입이 실시되어야 한다.

④ 사회복지정책의 변화
사회복지실천은 사회복지사의 임의대로 이루어지는 것이 아니라 사회복지정책이라는 준거틀에 의해 합법적으로 수행되는 과업이므로, 합당한 사회복지정책의 수립과 올바른 변화를 위한 정책의 입안을 돕는 자료제공과 개혁을 위해 적극적으로 협조할 필요가 있다.

8. 사회복지실천의 맥락

사회복지사는 사회복지실천의 근거와 흐름을 구체적으로 제시하고 이를 이해함으로써 자신의 전문적 활동에 대한 정당성과 과정을 명확히 해야 한다. 사회복지실천의 발전은 사회복지제도와 사회복지행정의 틀 안에서 상호 보완되는 것이 바람직하다.

1) 사회복지정책

사회 구성원의 인간다운 생활과 복지 증진에 필요한 제반 서비스를 규정하는 정부의 계획된 지침이나 내용을 의미하며, 이러한 내용은 사회복지서비스를 규정하는 법, 제도로 존재한다.

2) 사회복지행정

사회정책을 해석하여 적합한 실행계획으로 바꾸는 일과 서비스 활동을 조직하고 관리하는 것을 의미한다. 또한 사회복지행정은 사회복지정책과 사회복지실무를 연결하는 체계라고 할 수 있다. 따라서 실무를 위해서는 감독기관, 실무현장과의 교류가 있어야 하고 실무에 관한 구체적인 계획이 있어야 한다. 이를 위해 사회복지기관에서는 조직, 프로그램의 설계, 서비스 전달제계 등을 중요하게 다루고 있다.

3) 사회복지실무

사회복지정책, 사회복지행정에서는 관련 사회복지실무와 클라이언트를 직접 대하는 서비스 활동으로서의 사회복지실무가 있다. 이 두 가지 범주에서 사회복지사가 클라이언트를 직접 대하면서 행하는 실무가 바로 사회복지 실천이다.

제2절 사회복지실천의 사상, 가치, 윤리

1. 사상, 가치, 윤리의 관계

가치는 무엇을 선호하고 무엇을 싫어하는가에 대한 문제로 목표를 결정하게 하고, 윤리는 도덕적 지침으로 옳고 그른 것에 대한 개념으로 사회상황에 따라 변할 수 있다.

1) 사상

무엇, 즉 어떤 영역에 대한 논리적이고 일관성있는 통일된 사고체계를 말한다. 이러한 사상에 따른 행위와의 관련성과 영향은 크며, 가치와 윤리에 영향을 미친다.

2) 가치

증명할 수 없는 주관적인 선호로 행동이나 목표의 선택 기준이 된다.

3) 윤리

무엇이 옳고 그른가에 대한 것으로 이는 사회적 가치체계에 의해 영향을 받는다.

2. 한국 사회복지실천의 주요사상

1) 기독교 사상

19세기 중반에서 19세기 말 영국과 미국의 자선조직협회, 인보관운동이 일어났다. 우리나라는 1950년대 외국민간원조한국연합회(KAVA)가 결성, 인간존엄, 민족구원, 민주민권(평등사상), 구민경제 등을 목표로 활동하였다.

3. 사회복지실천 가치의 딜레마

1) 가치갈등과 해결책

(1) 가치갈등의 유형

① 가치상충

비슷한 사실인데 양자의 선택으로 인한 가치가 서로 대립하는 경우

② 의무상충

클라이언트에 대한 의무와 기관에 대한 의무가 충돌하는 경우가 있다.

③ 클라이언트 체계의 다중성

클라이언트 문제의 복잡성으로 어떤 문제부터 해결해 나가야 하는가에 대한 것으로 무엇을 어떻게 접근하는가에 대한 문제이다.

④ 결과의 모호성

클라이언트에 대해 어떤 조치를 취했을 경우 그 결과가 명확하지 않다.

⑤ 힘과 균형의 불균형

클라이언트는 일반적으로 힘과 권력이 상대적으로 적다. 그러므로 결정권이 자신이 아닌 타인에게 있고 이로 인하여 야기되는 가치의 갈등을 말한다.

(2) 가치갈등의 대응

① 가치갈등의 문제를 그대로 인식한다. 즉 문제가 있음을 인정한다.
② 사회의 법, 도덕 규범을 고려한다.
③ 사회복지는 자신의 가치를 어떻게 반영할 것인지를 판단할 필요가 있다.
④ 객관적으로 대처한다. 즉 사회복지사 자신의 가치관, 원칙을 세우는 것이 필요하다. 왜냐하면 원칙을 세워놓은 상황에서 문제를 대처하는 경우와 그렇지 않은 경우는 큰 차이가 있기 때문이다.

2) 일반적으로 중요시 되는 가치(사회복지실천의 주체인 사회복지사)

① 인간존엄 : 사람의 개인차를 비롯한 독특한 존재로서 인정하고 대처한다.

② 자기결정 : 클라이언트 스스로 자신의 선택을 결정(자기의 문제를 스스로 해결)하도록 도와준다.

③ 비밀보장 : 클라이언트의 사생활, 개인적인 삶에 관한 사항에 대해서는 비밀을 보장해야 한다.

3) 주요윤리(사회복지사의 윤리강령)

① 전문직의 가치, 기술, 지식을 함양해야 한다.

② 공공복지를 위한 성실성을 가지고 임해야 하며 영리목적의 사익을 추구해서는 안 된다.

③ 클라이언트의 권익을 우선하여 문제를 대처한다.

④ 클라이언트가 자기결정을 하는 데 있어서 이를 돕는 범위에서 도움을 주어야 한다.

⑤ 클라이언트에 대한 평등한 대우가 행해져야 한다.

⑥ 클라이언트의 사생활에 대한 비밀을 보장해야 한다.

⑦ 동료 사회복지사에 대한 존중과 신뢰가 필요하다.

⑧ 동료나 기관의 부정에 대한 합법적 대응과 고발에 따른 자기정화의 의무가 있다.

⑨ 사회복지 발전을 위한 협력적 참여가 필요하다.

제3절 사회복지실천의 중요 요소

1. 사회복지실천의 3대 가치

① 지식　　② 기술　　③ 가치

2. 상대적 중요성에 따른 가치체계의 구분(Johnson)

① 궁극적 가치 : 가장 추상적, 다수에 의해 쉽게 동의
(자유, 존엄성)

② 차등적(근시적) 가치 : 찬반이 가능, 특수적 · 단기적인 목표제시
(보건의료서비스, 치료 거부의 권리)

③ 수단적(도구적) 가치 : 목적을 위해 요구되는 수단들을 명확하게 하는 것 (자기결정, 비밀보장, 고지된 동의)

3. 실천 가치에 우선하는 전문직 자체의 가치(Levy)

① 사람우선가치(인간에 대한 바람직한 생각) : 개별화
② 결과우선가치(인간을 위한 바람직한 결과) : 동등한 사회참여 기회
③ 수단우선가치(인간을 다루는 바람직한 도구) : 존엄과 자율성 우선

4. 로웬버그와 돌고프의 윤리적 원칙의 우선순위

① 생명보호
② 평등 및 불평등
③ 자율과 자유
④ 최소해악
⑤ 삶의 질
⑥ 사생활 보호와 비밀보장
⑦ 진실성과 완전공개

01 사회복지사의 역할 중 대변자의 역할을 올바르게 설명한 것은?

① 클라이언트와 지역사회 자원을 연결하는 역할
② 자신이 제공한 서비스를 과학적이고 체계적으로 평가하는 역할
③ 자신이 속한 기관의 조직이나 정책 그리고 서비스 전달체계와 과정 등을 분석하여 보다 효율적인 조직을 만드는 역할
④ 개인이나 집단의 권익보호를 위해 새로운 자원이나 서비스를 제공하도록 클라이언트를 대신해서 촉구하는 정치적인 역할
⑤ 두 집단 간의 갈등이나 이해관계를 해결하여 서로간의 만족스러운 결과를 얻도록 하는 역할

해설 ① 중계자의 역할 ② 연구자의 역할 ③ 조직분석가의 역할 ⑤ 조정자의 역할 정답 ④

02 사회복지실천현장의 지식 유형에 관한 설명으로 옳지 않은 것은?

① 이론은 현상을 설명하기 위한 가설이나 개념의 집합체이다.
② 관점은 개인과 사회에 관한 주관적 인식의 차이를 보여주는 사고체계이다.
③ 실천지혜는 실천 활동의 원칙과 방식을 구조화한 것이다.
④ 패러다임은 역사와 사상의 흐름에 영향을 받는 추상적 개념 틀이다.
⑤ 모델은 실천과정에 직접적으로 필요한 기술적 적용방법을 제시한 것이다.

해설 실천지혜는 다양한 실천현장에 적합한 전문적인 원조관계를 알기 위한 지식이다. 정답 ③

03 다음 보기의 예문은 사회복지실천 상황 중 어떤 윤리적 딜레마에 직면한 경우인가?

> 매우 특수한 경우 클라이언트에 관한 정보를 알려주어야 할 때가 있다. 예를 들어 법에 따라 법적 판결과 관련된 정보를 관계당국에 보고하는 경우, 또 수퍼비전이나 전문가 회의 등에서 전문적인 이유로 공개할 수 있는 경우가 이에 해당한다.

① 클라이언트의 자기결정권
② 비밀보장
③ 제한된 자원의 공정한 분배
④ 클라이언트의 이익과 사회복지사의 이익
⑤ 진실을 말할 의무

해설 비밀보장은 절대 보장이 원칙이나 상황이 아주 특수한 경우에는 클라이언트의 동의 없이 상의할 수 있다. 이는 윤리적 딜레마 중 비밀보장의 원칙에 해당한다. 정답 ②

Chapter 02 사회복지실천기술의 역사와 윤리

제1절 사회복지실천기술의 역사

1. 전문적 태동기 : 자선의 과학화(1870~1900)

	자선조직협회(COS)	인보관운동(Settlement)
이념 및 이론	사회진화론	사회교육, 사회개혁
주요활동가	중상층 부인 중심의 자원봉사자 (우애방문가)	젊은 대학생, 교수 등 지식인
빈곤의 원인	빈민들의 도덕성 결여	사회체제의 문제
실천 장소	가정방문	빈곤지역에 거주 3R(거주, 연구조사, 개혁)
영향	개별사회사업, 지역사회복지	집단사회사업, 지역사회복지

전문적 사회복지실천 이전기	엘리자 베스 구빈법	- 빈민구호법령을 집대성하여 성문화, 세계 최초의 공적복지법률 - 빈민분류(사회통제적 성격) - 열등처우의 원칙(최하 봉급액수를 넘지 않는 선) - 빈민의 국가책임 인정
전문적 사회복지실천 출현 (19세기 말 ~1900)	자선조직 협회	- 미국(1877년), 영국(1896년) 설립 - 기존의 사회복지서비스를 과학적으로 통합 조정 - 구제신청자에 대해 체계적인 조사 - 우애방문자(19세기 말~산업혁명 이후) : 중산층 부인들이 중심, 구제 기능 간 연락, 조정 이후 유급봉사자로 활동하면서 기능과 영역확대, 정신보건 의료분야로 발전 - 개별사회사업의 시초 : 사회복지실천 활동의 근간이 됨
사회복지실천 전문화기 (1900~1920)	인보관 운동	- 영국에서 먼저 시작, 빈민계층과 함께 거주 - 기독교 사회주의 사상, 빈민들의 생활개선, 집단활동 전개 - 소외계층의 역량 강화 - 지역사회복지와 집단사회사업으로 발전

사회복지실천 전문적 분화기 (1920~1950)	- 사회복지실천 전문직이 확립된 시기(전문적 확립기) - 전문적인 사회사업실천 이론 확립, 사회사업조직이나 단체에 유급직원 배치, 사회사업 관련단체와 연맹을 전국 규모로 조직, 사회사업 관련 전국회의를 개최
사회복지실천 통합 (1950~1960)	- 사회복지실천의 통합이 이루어진 시기 - 사회사업실천 이론의 통합, 통합이론의 대표적 모델, 사회사업실천기술의 통합 - 전문직 단체의 통합
사회복지실천 발전기 (1960~1980)	- 여러 방향으로 발전하다 통합이란 이름으로 발전, 서로 공존, 의존하면서 발전
새로운 관점의 등장과 개입 전략의 확장 (1980~현재)	- 다양화시대

2. 전문적 확립기(1900~1920)

① 임금체계 정립 : 우애방문원에게 보수 제공, 지속성 · 책임성 높임

② 교육훈련제도 도입 : 대학 2년 정규과정, 2년제 전문대학원의 전신

③ 이론 구축 : 프로이트의 정신분석이론과 기술을 도입

④ 전문가협회 설립 : 미국사회복지사협회(1920) 등

3. 전문적 분화기(1920~1950)

① 3대 방법론으로 분화 : 개별사회사업, 집단지도, 지역사회조직

② 진단주의와 기능주의 대립

㉠ 진단주의 : 프로이트의 정신분석학에 의존, 기계적 · 결정론적 관점, '질병의 심리학', 홀리스의 심리사회모델로 발전

㉡ 기능주의 : 창의적 · 의지적 · 낙관적 관점, 치료보다는 원조, '성장의 심리학', 문제해결 모델, 클라이언트 중심 모델로 발전

4. 우리나라 사회복지 인력과 자격제도

① 사회복지전문요원(1987)

② 사회복지전담공무원(1999)

③ 사회복지사(2003)
④ 학교사회복지사(2005)
⑤ 정신보건사회복지사(2002)

제2절 사회복지사의 기본적 윤리기준

1. 전문가로서의 자세

① 전문가로서의 품위와 자질을 유지하고, 자신이 맡고 있는 업무에 대해 책임을 진다.
② 클라이언트의 종교 · 인종 · 성 · 연령 · 국적 · 결혼상태 · 성 취향 · 경제적 지위 · 정치적 신념 · 정신, 신체적 장애 · 기타 개인적 선호, 특징, 조건, 지위를 이유로 차별 대우를 하지 않는다.
③ 전문가로서 성실하고 공정하게 업무를 수행하며, 이 과정에서 어떠한 부당한 압력에도 타협하지 않는다.
④ 사회정의실현과 클라이언트의 복지증진에 헌신하며, 이를 위한 환경조성을 국가와 사회에 요구해야 한다.
⑤ 전문적 가치와 판단에 따라 업무를 수행함에 있어 기관 내외로부터 부당한 간섭이나 압력을 받지 않는다.
⑥ 자신의 이익을 위해 사회복지전문직의 가치와 권위를 훼손해서는 안 된다.
⑦ 한국사회복지사협회 등 전문가 단체활동에 적극 참여하여, 사회정의실현과 사회복지사의 권익옹호를 위해 노력해야 한다.

2. 전문성 개발을 위한 노력

① 클라이언트에게 최상의 서비스를 제공하기 위해, 지식과 기술을 개발하는 데 최선을 다하며 이를 활용하고 전파할 책임이 있다.
② 클라이언트를 대상으로 연구하는 자들의 권리를 보장하기 위해, 자발적이고 고지된 동의를 얻어야 한다.
③ 연구과정에서 얻은 정보는 비밀보장의 원칙에서 다루어져야 하고, 이 과정에서 클라이언트는 신체적 · 정신적 불편이나 위험 · 위해 등으로부터 보호되어야 한다.
④ 전문성을 개발하기 위해 노력하며, 이를 이유로 서비스의 제공을 소홀히 해서는 안 된다.
⑤ 한국사회복지사협회 등이 실시하는 제반교육에 적극 참여하여야 한다.

3. 경제적 이득에 대한 태도

① 클라이언트의 지불능력에 상관없이 서비스를 제공해야 하며, 이를 이유로 차별대우를 해서는 안 된다.
② 필요한 경우 제공된 서비스에 대해 공정하고 합리적으로 이용료를 책정해야 한다.
③ 업무와 관련하여 정당하지 않은 방법으로 경제적 이득을 취하여서는 안 된다.

4. 클라이언트에 대한 윤리기준

1) 클라이언트와의 관계

① 클라이언트의 권익옹호를 최우선의 가치로 삼고 행동한다.
② 클라이언트에 대하여 인간으로서의 존엄성을 존중해야 하며, 전문적 기술과 능력을 최대한 발휘한다.
③ 클라이언트가 자기결정권을 최대한 행사할 수 있도록 도와야 하며, 그들의 이익을 최대한 대변해야 한다.
④ 클라이언트의 사생활을 존중하고 보호하며, 직무 수행과정에서 얻은 정보에 대해 철저하게 비밀을 유지해야 한다.
⑤ 클라이언트가 받는 서비스의 범위와 내용에 대해 정확하고 충분한 정보를 제공함으로써 알 권리를 인정하고 존중해야 한다.
⑥ 문서 · 사진 · 컴퓨터 파일 등의 형태로 된 클라이언트의 정보에 대해 비밀보장의 한계 · 정보를 얻어야 하는 목적 및 활용에 대해 구체적으로 알려야 하며, 정보 공개 시 동의를 얻어야 한다.
⑦ 개인적 이익을 위해 클라이언트와의 전문적 관계를 이용하여서는 안 된다.
⑧ 어떠한 상황에서도 클라이언트와 부적절한 성적 관계를 가져서는 안 된다.
⑨ 사회복지증진을 위한 환경조성에 클라이언트를 동반자로 인정하고 함께 일해야 한다.

5. 동료의 클라이언트와의 관계

① 적법하고도 적절한 논의 없이 동료 혹은 다른 기관의 클라이언트와 전문적 관계를 맺어서는 안 된다.
② 긴급한 사정으로 인해 동료의 클라이언트를 맡게 된 경우, 자신의 의뢰인처럼 관심을 갖고 서비스를 제공한다.

6. 동료에 대한 윤리기준

1) 동료

① 존중과 신뢰로 동료를 대하며, 전문가로서의 지위와 인격을 훼손하는 언행을 하지 않는다.
② 사회복지전문직의 이익과 권익을 증진시키기 위해 동료와 협력해야 한다.
③ 동료의 윤리적이고 전문적인 행위를 촉진시켜야 하며, 이에 반하는 경우에는 제반 법률규정이나 윤리기준에 따라 대처해야 한다.
④ 사회복지사가 전문적인 판단과 실천이 미흡하여 문제를 야기시켰을 때에는 적절한 조치를 취하여 클라이언트의 이익을 보호해야 한다.
⑤ 전문직 내 다른 구성원이 행한 비윤리적 행위에 대해 제반 법률규정이나 윤리기준에 따라 조치를 취해야 한다.
⑥ 동료 및 타 전문직 동료의 직무 가치와 내용을 인정 · 이해하며, 상호간에 민주적인 직무관계를 이루도록 노력해야 한다.

2) 슈퍼바이저

① 슈퍼바이저는 개인적인 이익의 추구를 위해 자신의 지위를 이용해서는 안 된다.
② 슈퍼바이저는 전문적 기준에 의해 공정하게 책임을 수행하며, 사회복지사 · 수련생 및 실습생에 대한 평가를 공유해야 한다.
③ 슈퍼바이저의 전문적 지도와 조언을 존중해야 하며, 사회복지사의 전문적 업무수행을 도와야 한다.
④ 슈퍼바이저는 사회복지사 · 수련생 및 실습생에 대해 인격적 · 성적으로 수치심을 주는 행위를 해서는 안 된다.

7. 사회에 대한 윤리기준

① 인권존중과 인간평등을 위해 헌신해야 하며, 사회적 약자를 옹호하고 대변하는 일을 주도해야 한다.
② 필요한 사회서비스를 개발하기 위한 사회정책의 수립 · 발전 · 입법 · 집행에 적극적으로 참여하고 지원해야 한다.
③ 사회환경을 개선하고 사회정의를 증진시키기 위한 사회정책의 수립 · 발전 · 입법 · 집행을 요구하고 옹호해야 한다.
④ 자신이 일하는 지역사회의 문제를 이해하고, 그것을 해결하는 일에 적극적으로 참여해야 한다.

8. 기관에 대한 윤리기준

① 기관의 정책과 사업 목표의 달성 · 서비스의 효율성과 효과성의 증진을 위해 노력함으로써 클라이언트에게 이익이 되도록 해야 한다.
② 기관의 부당한 정책이나 요구에 대하여 전문직의 가치와 지식을 근거로 이에 대응하고 즉시 사회복지윤리위원회에 보고해야 한다.
③ 소속기관 활동에 적극 참여함으로써 기관의 성장발전을 위해 노력해야 한다.

9. 사회복지윤리위원회의 구성과 운영

① 한국사회복지사협회는 사회복지윤리위원회를 구성하여 사회복지윤리실천의 질적인 향상을 도모하여야 한다.
② 사회복지윤리위원회는 윤리강령을 위배하거나 침해하는 행위를 접수 받아, 공식적인 절차를 통해 대처하여야 한다.
③ 한국사회복사협회의 윤리적 권고와 결정을 존중하여야 한다.

01 다음 사례에서 사회복지사가 경험하는 가치 갈등 유형은?

> 자녀를 갖기 원하는 지적장애 여성 클라이언트의 자기결정권에 대해 사회복지사 A씨는 자녀양육 등 생활상의 어려움을 염려하고 있다.

① 결과의 모호성
② 의무상충
③ 가치갈등
④ 클라이언트 체계의 다중성
⑤ 제한된 자원의 배분

해설 사회복지사가 내릴 결정의 결과가 불투명할 때 어떤 결정을 내려야 할지 갈등하는 경우이다.

정답 ①

02 로웬버그와 돌고프의 윤리적 원칙들 중 최우선 순위에 해당하는 것은?

① 비밀보장의 원칙
② 생명보호의 원칙
③ 평등 및 불평등의 원칙
④ 진실성과 정보개방의 원칙
⑤ 삶의 질 원칙

해설 최우선 순위 순서
생명보호의 원칙, 평등과 불평등의 원칙, 자율과 자유의 원칙, 최소해악의 원칙
삶의 질 원칙, 사생활 보호와 비밀보장의 원칙, 진실성과 정보개방의 원칙

정답 ②

Chapter 03 사회복지실천기술로서의 면접

제1절 면접

1. 면접의 이해

사회복지 실천에 있어 가장 많이 사용되는 중요한 도구로 상담과 면접은 그 성격이 다르다.

1) 대화와의 차이점

① 면접은 대화와 다르게 뚜렷한 목표가 있다.

② 면접은 면접자와 피면접자의 역할이 분명하다.

③ 면접은 비상호적 관계이다. 대화는 쌍방이 서로 영향을 주고 받는 상호적인 관계이지만 면접은 대화만큼 상호적이지 않은 일반적인 관계이다.

④ 계획적이고 의도적인 면접자의 행동이 나타난다.

⑤ 의무적이고 공식적이다.

2) 면접의 목적(용도)

① 자료수집

피면접자의 나이, 직업, 생활력과 같은 객관적 사실과 심리상태, 성격, 가치관과 같은 주관적 사실이 모두 중요하다.

② 사정

무엇인가를 결정한다는 의미가 포함된 것으로 서비스 효과의 평가와 수혜의 적격성을 판단하는 것이다.

③ 치료

클라이언트가 처한 모든 상황을 변화시켜 치료하는 데 목적을 두기도 한다.

3) 면접의 구조적 요건

① 장소

면접에 유익한 여건이 구비되고 면접을 방해받지 않을 수 있는 장소가 필요하다.

② 시간

시간 약속을 잘 지켜야 한다. 또한 면접은 대개 1시간을 초과하지 않는 범위 내에서 하는 것이 좋다.

③ 기록

메모, 녹음, 녹화 등의 기록은 사전 동의를 얻은 후 해야 한다. 사회복지사가 면접의 내용을 상세하게 적고자 자주 시선을 돌리게 되면 클라이언트로 하여금 불안한 심리를 유발할 수 있으므로 중요한 내용과 잊어버리기 쉬운 숫자 등을 기록하고 면접이 끝나면 바로 다시 정리하는 방법을 사용해야 한다.

④ 비밀보장 : 클라이언트의 비밀은 보장되어야 한다.

2. 의사소통

1) 언어적 의사소통

① 클라이언트에 대한 지지적 언어반응을 통해 의사소통의 효과를 높일 수 있다.
② 클라이언트가 표한한 언어를 재구성해서 클라이언트가 하고자 하는 말의 의미를 보다 분명하게 해준다.
③ 클라이언트의 감정에 대해 반응함으로써 의사소통과 관계형성이 잘 될 수 있다. 이는 상대에 대한 실제 상황과 심리적 상황에 관한 민감성, 이해를 통해서 반응할 수 있다.
④ 클라이언트의 인식의 명료화를 통해서 클라이언트가 말한 개념과 면접자가 느끼는 구체적 개념에 대한 유사성을 확인해야 한다.
⑤ 클라이언트의 장점을 찾아서 강조함으로써 상대방의 심리적 지지를 확인시켜 주는 효과를 얻을 수 있다.

2) 비언어적 의사소통

① 눈맞춤, 옷차림, 표정관리, 자세나 몸동작 등도 비언어적 의사소통이라 할 수 있다.

3. 면접의 방법

1) 경청

수동적 활동이 아닌 적극적이고 능동적 활동으로 클라이언트를 존중하고 수용한다는 의미가 들어있다.

2) 질문

① 자기의 사정을 이야기할 수 있도록 격려하여 자발적인 참여 분위기를 조성한다.

② 개방적인 질문에서 폐쇄적인 질문으로 가는 게 좋다. 개방적 질문은 대답 선택의 범위나 기호가 다양한 질문이고, 폐쇄적 질문은 구체적인 상황에 초점을 맞춘 질문이므로 대답하는 사람의 대답 선택이 매우 제한적이다.

③ 직접적 질문과 간접적 질문을 적절하게 사용하여야 한다. 직접적 질문은 대답하는 사람이 그 말에 대한 책임을 져야 하고, 대답과의 연관성이 깊은 반면, 간접적 질문은 자신의 의견이 아닌 타인들의 의견에 대해 알고 있는 사항을 이야기해주는 식으로 질문에 대한 답변의 책임을 주체로부터 확산시키게 된다. 간접적 질문이 필요한 경우는 본인이 이야기하기에 불편한 경우이다.

④ 추상적인 질문을 많이 하게 되면 주의력이 떨어지게 된다. 구체적 질문을 하는 것이 중요하다.

⑤ 클라이언트의 대답에 근거하여 질문한다.

⑥ 바람직하지 못한 질문들은 하지 않는다.

유도질문은 적절하지 않다. 질문하는 사람의 내면에 이미 그 문제에 대한 답을 정해놓고 유도하는 방법은 좋지 않다.

- 이중질문, 즉 여러 개의 질문은 함께 하는 것은 피해야 한다.
- "왜"라는 질문은 노골적인 느낌을 준다.

⑦ 질문의 유형

유형	설명	장점	단점	예
폐쇄형 질문	'예' 혹은 '아니요'로 대답 가능한 질문	- 구체적 정보 제공 - 사실, 결혼 또는 동의 확인 - 초점을 제한함으로써 면담의 속도를 늦춤 - 클라이언트가 대답하기 쉬움	- 대답을 제한 - 반복될 때 클라이언트가 심문받는 것 같은 느낌을 받음	- 오늘 밤 부모모임에 갈 건가요? - 당신이 말하고 싶었던 것을 모두 말했나요?
개방형 질문	더욱 확장된 대답을 촉진하는 질문	- 제한되지 않은 대답 가능 - 클라이언트에게 대답에 대한 통제권을 줌으로써 권한 부여	- 대답하는 데 더 많은 시간을 소비함 - 클라이언트가 대답하기에는 좀 더 도전적	- 오늘 저녁 계획은 무엇인가요?

간접 질문	질문처럼 작용하는 표현법	- 전통적 질문보다 덜 위협적	- 클라이언트가 응답하지 않을 수 있음	- 당신이 오늘 저녁에 계획이 있는지에 대해 관심이 있습니다.

3) 요약과 해석

① 요약

전체적인 내용을 일정한 틀로 간결하고 알기 쉽게 정리하거나 자신이 이해하기 쉽도록 주된 내용을 정리한 것이다.

② 해석

면접의 내용을 해석할 때는 어느 정도 추적, 추리를 할 수는 있지만 비논리적인 비약을 하면 안 되고 객관적 사실과 경험에 기초하여 해석해야 한다.

4. 기록

1) 기록의 양식

(1) 과정기록

설화기록이라고도 하는데 면접내용을 있는 그대로의 표현으로 기술하는 것으로 비언어적인 것도 기술할 뿐만 아니라 사회복지사가 클라이언트에게 느끼는 감정과 문제에 대한 분석적 사고까지도 포함해서 기술한다.

(2) 요약기록

축어적 반복 없이 결과에 초점을 두고 요점만 짧게 기록한 것으로 문제의 과정에 따른 시간 순서에 꼭 따를 필요는 없고, 소제목이나 주제에 따라 기록한다. 클라이언트의 말과 행동에 초점을 맞추고 사회복지사의 판단이나 견해는 마지막에 기록하는데 이것은 과정기록에 비하여 효율적이다.

2) 유의사항

① 보고서 작성이나 기록 시 특별한 경우를 제외하고는 연필을 사용하지 않는다.
② 불필요한 반복을 억제하여 간결명료한 기록을 한다.
③ 소제목을 적절하게 활용한다.
④ 비상식적인 약어, 기호, 전문용어 사용을 지양하고 완전한 문장으로 작성한다.
⑤ 필요한 경우에는 정보나 자료의 출처를 기록한다.
⑥ 추상적이고 주관적인 상황설명은 배제해야 한다.

⑦ 명확한 근거 없이 진단 명칭의 사용은 배제한다.

⑧ 복지사가 관찰한 사실이 불확실한 경우 모르면 모른다고 기록하는 게 바람직하다.

⑨ 필요한 경우 복수의 만남을 요약 기록한다.

제2절 면접의 의사소통기술

의사소통의 목적은 자신의 생각과 감정을 타인에게 정확히 전달하고, 타인이 표현하는 생각과 감정을 정확히 받아들이기 위한 것이다.

1) 의사소통과정의 기술

① 탐색

클라이언트에 대한 좀 더 구체적인 사회조사자료 및 반영적 사고의 표현을 이끌어 낸다.

② 격려

사회복지사는 클라이언트가 하기 싫어하는 금기 영역을 이야기하도록 격려한다. 이를 위해서는 클라이언트를 수용하는 자세를 보여주고 클라이언트가 판단되지 않을 것이라는 관점을 표현해야 한다.

③ 클라이언트의 감정을 끌어냄

클라이언트가 말하기 힘들어하거나 기꺼이 말을 하지 않을 때, 사회복지사는 자신이 생각한 것을 클라이언트에게 정확하게 이야기한다. 이를 통해 클라이언트로 하여금 자신에 대한 정확한 해석을 듣고 이에 대한 피드백을 표현할 수 있도록 해준다.

④ 클라이언트의 문제를 보편화

보편화란 클라이언트의 생각, 감정 또는 행동이 다른 사람들과 비슷하다는 것을 설명하는 것이다.

⑤ 명료화

사회복지사들은 명료화를 통해 클라이언트가 말한 것을 좀 더 분명하게 정리할 수 있다.

⑥ 요약

요약기술은 사회복지사가 면접 진행 중 부족한 진행 부분을 설명하거나 업무내용과 감정적 요소를 한데 모으는 것이다.

⑦ 적절한 침묵의 사용

질문을 한 후 사회복지사는 클라이언트가 응답을 할 때까지 침묵을 참아야 한다.

2) 질문 기술

면담과정 중 질문을 하는 것은 질문에 답을 얻기 위한 것이며 또한 질문을 하는 것은 사회복지사가 클라이언트가 말하는 내용이나 생각, 감정에 귀를 기울이고 있고, 이들이 중요함을 질문을 통하여 표현하는 것이다.

유형	설명	장점	단점	예
폐쇄형 질문	- '예' 혹은 '아니요'로 대답 가능한 질문	- 구체적 정보제공 - 사실, 결혼, 또는 동의 확인 - 초점을 제한함으로써 면담의 속도를 늦춤 - 클라이언트가 대답하기 쉬움	- 대답을 제한 - 반복될 때 클라이언트가 심문받는 것 같은 느낌을 받음	- 오늘 밤 부모모임에 갈 건가요? - 당신이 말하고 싶었던 것을 모두 말했나요?
개방형 질문	- 더욱 확장된 대답을 촉진하는 질문	- 제한되지 않은 대답 가능 - 클라이언트에게 대답에 대한 통제권을 줌으로써 권한 부여	- 대답하는 데 더 많은 시간을 소비함 - 클라이언트가 대답하기에는 좀 더 도전적	- 오늘 저녁 계획은 무엇인가요?

(1) 개방형 질문

① 장점

- 클라이언트에게 선택의 자유를 주고 자신의 생각이나 감정을 자유롭게 표현할 수 있다.
- 클라이언트가 하고 싶은 말을 자율적으로 충분히 하게 함으로써 많은 정보를 수집할 수 있다.

② 단점

- 자신의 생각이나 감정을 언어로 표현하는 데 익숙하지 않는 클라이언트들에게는 오히려 위협이 되거나 불안감을 야기할 수 있다.
- 따라서 클라이언트들은 대답을 해야 한다는 압박감으로 자신의 생각이나 감정을 충분히 언어적으로 표현하지 못할 수도 있다.

(2) 폐쇄형 질문

① 장점

- 제약된 상황에서 사실이나 자세한 정보를 얻고자 할 때 그리고 위기적인 상황에서 신속하게 정보를 얻고자 할 때 유용한 질문이다.
- 면담의 방향을 전환시킬 때, 민감한 주제나 감정에 다가 서거나 벗어나려고 할 때, 면담의 속도를 줄이고자 할 때 유용하다.

② 단점

- 집중해서 질문하고 답해야 하기 때문에 쉽게 지치고, 문제를 다양하게 탐색해 볼 기회가 줄어들게 된다.

3) 라포형성과 관계형성 기술

사회복지에서 라포는 '조화로운 상태, 호환성 및 공감대'를 의미하는 것으로 클라이언트와 사회복지사 상호 간의 이해와 전문적 관계를 형성할 수 있도록 도와준다.

4) 공감

공감은 사회복지사가 클라이언트의 입장에서 느끼는 감정, 사고, 행동, 동기 등과 같은 클라이언트의 경험을 민감하게 그리고 주의깊게 이해하는 것이다.

5) 경청 기술

(1) 경청과 적극적 경청

① 경청

클라이언트가 하는 말을 주의깊게 듣는 것뿐만이 아니라 클라이언트의 비언어적 제스처나 자세를 관찰하고, 클라이언트가 자유롭게 표현할 수 있도록 적극 격려하며, 사회복지사와 클라이언트 간의 대화내용을 기억하는 것을 포함한다.

② 적극적 경청

- 클라이언트가 표면적으로 나타내는 말뿐만 아니라 그 이면에 숨겨져 있는 감정까지도 세심하게 살피는 것이다.
- 분명하고, 침착하게 흥미를 나타내는 어조를 구사하며, 관심과 열린 마음을 갖고 클라이언트의 말을 잘 듣고 있다는 것을 나타낸다.
- 클라이언트가 한 말 중에서 불분명하거나 추가적인 정보가 필요하면 적절한 질문을 하고, 무엇을 주장하거나 의견제시를 위한 말보다는 클라이언트를 보다 더 잘 이해하기 위한 말을 한다.

6) 명료화 기술

클라이언트가 분명하게 표현할 수 있도록 격려함과 동시에 클라이언트가 말한 내용을 사회복지사가 잘 이해하고 있는가를 확인하기 위한 질문을 한다.

① 장점
사회복지사가 클라이언트의 이야기를 주의깊게 경청하고 있으며, 한편으로는 이야기에 중요성을 부여하고 있음을 보여주는 것이다.

② 단점
면담의 흐름을 방해할 수 있다.

7) 요약 기술

클라이언트가 한 말의 내용과 그 속에 담겨 전해진 감정들을 전체적으로 묶어 정리하는 것을 의미한다.

8) 침묵의 활용

카두신은 면담 도중의 침묵은 불안이나 위협이 아니라 오히려 기회라고 했다. 침묵은 나름대로의 의미를 갖고 있기 마련이므로 상황에 따라 각기 다른 의미를 파악하려는 노력이 필요하다. 경우에 따라 어느 정도의 침묵은 클라이언트가 조용히 생각할 수 있는 시간적 여유를 주게 되며 무엇인가를 생각해 볼 수 있는 무언의 시간이 허용됨으로써 평소 생각해 보지 않았던 세세한 마음속의 생각이나 감정을 헤아려 볼 수 있는 생산적인 시간이 될 수 있다.

9) 피드백 주고받기

① 분명하고 솔직한 피드백은 합의된 목표를 성취하는 데 있어 일련의 행동이 제대로 수행되고 있음을 확인하는 방법이 될 수 있다.
② 이 기술은 의사소통에서 말뿐만 아니라 감정적인 내용까지도 짚고 넘어갈 수 있도록 도와준다.

10) 계약 기술

클라이언트와 사회복지사가 각자의 역할, 책임, 기대 및 수행할 업무의 목적을 공식화하고 구조화하는 것이다.

01 사회복지실천에서 면접은 클라이언트의 문제를 파악하고 원조하는 데 기본적 도구이다. 사회복지면접의 특징이 아닌 것은?

① 비공식적이다.
② 한정적이며 계약적이다.
③ 목적 지향적이다.
④ 특수한 역할관계를 수반한다.
⑤ 전후관계나 장(setting)이 있다.

해설 공식적이다. 면접의 목적은 클라이언트의 문제해결을 위한 정보를 얻는 것뿐 아니라 면접 자체를 통해서 클라이언트에게 도움을 주는 것이다.

정답 ①

02 개입문제에 대한 설명으로 틀린 것은?

① 문제의 존재가 클라이언트가 인정하는 문제이어야 한다.
② 사회복지사와 클라이언트 모두가 현실적으로 해결 가능한 문제이어야 한다.
③ 사회복지사의 개입이 필요한 문제가 정해진 다음 우선순위는 사회복지사의 임의대로 정한다.
④ 사회복지사와 클라이언트 모두가 이해할 수 있도록 분명한 용어로 정리되는 문제이어야 한다.
⑤ 내담자와 상담자가 공감해야 한다.

해설 사회복지사의 개입이 필요한 문제가 정해진 다음 그 우선순위는 클라이언트의 시각에서 정해져야 한다.

정답 ③

Chapter
04
사회복지실천 개입 기술

제1절 개입 기술

1. 초기단계

사회복지실천 개입의 초기단계에서는 접수와 관계 형성을 하게 된다. 이때 클라이언트와의 신뢰관계 형성이 매우 중요하다.

1) 접수와 관계 형성

① 접수(Intake)

서비스의 적격성(Eligibility)을 결정하거나, 자신이 판단하기 힘들거나, 적절하지 않은 경우 다른 곳에 의뢰(Referral)한다.

② 참여유도 : 신뢰관계를 형성하는 것이 가장 중요하다.

③ 접수양식

㉠ 기본정보 : 클라이언트의 일반적 사항으로 이름, 성별, 나이, 결혼관계, 주소, 전화번호, 종교, 직업 등

㉡ 주요문제 : 기관에 오게 된 이유나 기관에 도움을 요청하게 된 문제가 무엇인지, 문제로 인해 어떤 점이 가장 힘들었는지, 기관에서 도와주어야 할 문제가 무엇인지, 문제의 발생 및 지속과정, 문제해결을 위해 타 사회복지기관이나 어떤 서비스를 이용해 보았는지 파악

㉢ 기관에 오게 된 동기 : 누구로부터의 소개였는지, 광고를 보았는지, 다른 기관에서 의뢰 받았는지 파악

㉣ 의뢰이유 : 클라이언트가 스스로 왔는지, 가족이나 다른 기관에서 의뢰되어 왔는지, 의뢰된 이유는 무엇인지를 파악하고 처음인지와 치료 중 의뢰되었는지를 파악

㉤ 이전의 경험 : 이 기관에 방문하기 전에 사회복지서비스를 받은 경험의 여부

㉥ 가족관계 : 현재 동거 중인 가족을 중심으로 한 가족구성원의 이름, 나이, 직업, 교육 정도 등

2) 자료수집

① 문제의 성질을 파악할 때 사실을 파악하여 문제를 가진 개인을 개별화해서 보는 것으로 성급한 결론을 내리면 안 된다. 사실은 객관적 실제인 사실과 주관적 실제인 사실 2가지로 볼 수 있다.

㉠ 객관적 실제

사회구성원 대부분이 경험하고 지각하는 것으로 IMF로 인한 경제적 곤란 같은 것이다. 이 자료가 실제로 유용한 자료가 되기 위해서는 해석이나 의미부여가 필요하다. 모두가 겪는 객관적인 실제에 불과한 IMF를 클라이언트의 상황과 접목해서 해석하거나 의미부여를 하게 되면 유용한 자료가 될 수 있다.

㉡ 주관적 실제

특정의 개인이 경험하고 지각하는 것으로 이것이 유용한 자료가 되게 하려면 증명할 객관적인 자료가 필요하다. 가령 시어머니 때문에 괴로운 며느리의 경우 시어머니의 학대를 증명할 객관적 자료가 필요하다.

② 자료수집의 기본적인 방법은 현재시점에서 과거로 이동하는 것이 바람직하고, 이러한 방법은 개인의 생활력, 가족력과 경제적인 부분, 건강 · 정서적 문제, 문화적 · 환경적인 모든 문제를 망라해서 사용된다.

3) 문제의 사정

① 사정

자료분석을 통하여 전문적인 판단을 하게 되는 것이다. 이를 통해 문제해결을 위한 계획(어떠한 목표를 가지고 접근할 것인가에 대한 계획)을 수립할 수 있는데 이때 사회복지사는 종합적인 지식을 갖추고 있어야 한다.

② 문제의 확인과 진술

자료를 수집하고 그것을 가지고 어떤 상황인지, 누가 관련되었는지, 판단 근거가 무었인지의 상관관계를 살펴보아야 한다. 개인의 성격적인 요인의 파악과 사회적 상황의 역동성도 함께 분석해야 하며, 이를 통해 외부환경요인은 물론 가족이 문제에 미치는 영향과 기능도 파악해야 한다.

③ 자원에 대한 사정

서비스 제공 시 자원을 잘 활용하는 것이 중요하다. 이것은 클라이언트 내부의 자원(문제해결을 하고자 하는 동기나 의지, 교육정도, 재정능력, 성격, 의사결정 능력 등)과 클라이언트 외부의 자원(가족, 지역사회 자원) 두 가지로 나눌 수 있다.

④ 목표의 설정(표적문제와 밀접한 관계)

일차적으로 전체목표와 하위목표를 설정한다. 전체목표는 다소 포괄적일 수 있지만 구체적으로 설정해야 평가가 가능하고 문제의 해결목표를 긍정적으로 설정해야 한다. 이러한 전체목표를 달성하기 위한 구체적인 방법은 하위목표를 통해 시간, 난이도에 따라 정한다.

⑤ 과제와 전략의 구성

문제를 해결하기 위해서는 치밀한 전략을 짤 필요가 있다. 즉 어떤 식으로 접근할 것인가에 대한 고찰로 크게 3가지로 나누어 생각할 수 있다.

㉠ 교육적 중재접근

클라이언트의 문제를 해결하는 데 있어서 기술, 정보, 지식을 제공하고 가르치는 역할을 뜻하며 사회복지사의 교사(Teacher)적 역할을 의미한다. 이때 사회복지사는 직접 그 역할을 담당해야 한다.

사람들 간에 살아가는 데 필요한 기술을 사회기술이라 하는데 부적절한 행동을 하는 이유는 자신에게 싫은, 즉 혐오적인 것을 피하고 싶거나, 타인이 알아주기를 바랄 경우 이를 적절하게 표현하는 방법을 모를 때이다. 사회복지사는 목적을 성취하는 적절한 표현 방법을 가르칠 수 있다.

㉡ 촉진적 중재접근

클라이언트가 자기 스스로 문제를 잘 해결할 수 있도록 내 · 외적인 자원을 동원하여 조정, 교섭, 협조하여 문제해결을 촉진시키는 방법으로 연결자의 역할을 의미한다. 문제와 관련한 기관을 소개하거나 연결하여 도울 수 있다.

㉢ 대변적 중재접근

클라이언트가 자신의 문제에 대해서 스스로 대변할 수 없을 때 사회복지사가 그것을 대변하는 역할로 시위나 주장의 조직화이며, 고발의 문서화이다.

⑥ 계약서 작성

계약 당사자인 사회복지사와 클라이언트의 구체적인 역할을 명시해야 한다. (문제리스트) 또한 목표와 우선순위를 명시하고 구체적 개입방법과 개입의 구조적인 요건(장소, 시간)도 명시해야 한다.

제2절 개입과 수행

1. 사회복지사의 역할

① **중개자의 역할**

사회복지사가 클라이언트에게 지역사회 자원을 연결해준다.

② **조력자의 역할**

클라이언트가 자기 문제를 스스로 해결할 수 있도록 돕는 역할로 자원을 활용할 수 있는 능력을 기르도록 한다.

③ **교사의 역할**

새로운 기술, 지식, 정보를 제공하거나 가르치는 역할을 한다.

④ **중재자의 역할**

갈등관계에 있는 당사자들 사이에서 조정하고 합의하는 일을 돕는다.

⑤ **옹호자의 역할**

클라이언트를 대신해서 이익이나 권리를 대변해주는 역할을 한다.

2. 개인에 대한 개입활동과 기술

① 정서적 지지

㉠ 공감적 경청

개인에 대한 개입으로 가장 먼저 생각할 것은 정서적 지지이다. 이를 위해서는 개인에게 관심을 보여야 하며, 공감적인 경청이 필요하다.

㉡ 수용

수용은 그 사람을 인정하고 비판하지 않으며 있는 그대로 받아들이는 것으로 정서적 지지에 있어서 굉장히 중요한 항목이다.

㉢ 재보증

재보증은 불확실한 불안에 대한 보증으로 불안을 해소시켜 주지만 무분별한 재보증은 피해야 한다. 현실적인 것을 기반으로 하는 것이 좋다.

㉣ 격려

격려는 그 사람의 행동과 의미를 구체적으로 기술하고 표현하는 방식으로 정직한 평가를 해주어야 한다.

ⓜ 선물주기

마음의 표시를 하는 데 좋은 방법이지만 의존성을 갖게 하면 안 된다.

ⓗ 일반화

클라이언트가 가진 문제에 대하여 그 사람만이 가진 문제가 아니라 다른 사람도 그러한 문제가 있을 수 있다고 이야기해줌으로써 문제에 대한 심각한 마음을 완화시켜 준다.

ⓢ 환기법

다른 말로 정화법이라고 하는데 클라이언트로 하여금 문제와 감정을 이야기하거나 표현하도록 하여 카르타르시스, 즉 감정을 정화시켜 준다. 감정의 표현에 지나치게 의존하고 습관화되어 동정을 유도하기 위한 수단이 되는 경우도 있으므로 적절히 사용해야 한다.

② 인지적 · 직접적인 영향 : 논리적, 이성적 판단에 호소하는 것

㉠ 초점화

문제가 다양하거나 불확실한 경우 특정의 문제에 초점을 맞추는 것을 말한다.

㉡ 직면(도전)

대부분의 사람이나 클라이언트는 자신에게 당면한 문제를 회피하려고 하는 경향이 있으며 문제가 시간의 흐름 속에 망각되기를 바란다. 사회복지사가 문제에 대한 단호한 입장과 상황을 이야기하여 클라이언트로 하여금 자신의 문제를 직면하도록 도와주는 것이다.

㉢ 재명명

문제의 의미를 다시 한 번 확인시켜 줌으로써 문제의 불확실성을 제거한다.

③ 행동변화의 기술

㉠ 적절한 행동을 위해서는 보상을 통한 강화와 벌을 통한 소거가 있다.

㉡ 행동을 강화시키는 자극을 강화물이라 한다. 1차적 강화물은 원래 강화물로써의 특성을 가지고 있는 것으로 인간의 욕구와 밀접한 관련이 있다. 2차적 강화물은 원래 강화물로써의 특성은 없지만 1차 강화물과 자주 짝지어짐으로써 학습에 의해서 강화물로 작용하는 것을 말한다.

㉢ 강화물은 가능하면 2차적인 강화물을 사용해야 하는데 2차적 강화물이 힘을 발휘하도록 하기 위해서는 1차적 강화물과 자주 짝지어 줌으로써 서로의 관계를 밀접하게 해주는 것이 중요하다.

㉣ 벌

벌은 즉각적인 효과와 간편하게 사용할 수 있다는 장점이 있지만 의도한 목적과 더불어 의도하지 않는 효과, 즉 부작용이 수반되는 경우가 많다.

또한 반응이나 행동에 대해 혐오적 자극을 주어 그 행동의 발생 가능성을 낮추는 것인데 벌을 받는 행동자에게 오히려 강화요인으로 작용하는 경우가 많다. 장기적인 효과가 없고 단기적인 효과만 있는 경우가 많고 특히 혐오적인 반응만 받아들이는 것이 아니라 혐오자극을 주는 사람과 혐오자극을 동일시하게 되어 인도자 자체도 혐오적인 존재로 인식되어 관계형성에 부적절한 영향을 미친다. 그리고 적절하지 않는 행동이 감소되기도 하지만 동시에 바람직한 행동도 함께 감소되는 경우가 있다.

ⓜ 소거

혐오적인 자극을 직접 줌으로써 행동을 줄이도록 하는 것이 벌이라면 부적절한 행동을 벌 대신 강화자극을 제거해 감소시키는 방법이다. 이는 소거저항이 있으므로 사용에 있어서 주의가 필요하다.

ⓑ 모델링

사회복지사가 모범을 보여서 클라이언트로 하여금 관찰학습이 일어나도록 하는 것이다.

ⓢ 행동형성

행동의 기준을 낮은 수준에서 시작하여 점점 그 행동의 기준을 높여가는 것이다.

ⓞ 행동연쇄

전방연쇄는 행동을 수행할 때 첫 번째 단계에서 대폭 강화를 줌으로써 그 다음 단계가 잘 일어나도록 유도하는 것이다. 후방연쇄는 일의 수행이 끝났을 때 강화를 줌으로써 그 행동이 다음에도 잘 일어나도록 하는 방법이다.

ⓙ 용암

어떤 행동을 처음 시작할 때 주었던 강화를 점점 줄여서 나중에는 강화 없이도 일어나도록 하는 것으로 아동의 글씨 공부에서 나타나는 형태이다.

제3절 사회복지사의 클라이언트 상담 기술

1. 조언 기술

클라이언트가 해야 할 것을 추천하거나 제안하는 사회복지사의 진술이다.

2. 정보제공 기술

사회복지사가 클라이언트에게 의사결정이나 과업수행에 필요한 정보를 제공하는 것을 말한다.

3. 설명 기술

클라이언트가 특정 사건이나 상황에 대해 분명하게 이해할 수 있도록 돕거나 상황을 해석해 주는 것을 포함한다.

4. 지지 기술

1) 정서적 지지

① 심리적 고통이나 스트레스 혹은 위기를 경험할 때 누군가에게 의지하려는 욕구에 반응하는 것이다.

② 정서적 지지를 제공할 때 사회복지사는 클라이언트에게 어떠한 도움이 얼마 동안 그리고 어떤 목적으로 제공될 것인지에 대해 분명하게 설명할 필요가 있다.

2) 격려 기술

① 초기단계에서는 면담을 활성화하기 위해 사용한다. 최소한의 격려로 '음…', '그렇군요', '계속 하세요' 등의 표현과 머리를 끄덕이는 행동 등이 있다.

② 중간단계의 격려 : 클라이언트가 특정한 행동이나 경험 혹은 생각으로부터 벗어나도록 하거나 그런 쪽으로 행동을 취할 수 있도록 도움을 주는 것을 의미한다.

3) 인정 기술

클라이언트가 어떤 행동을 취하거나 벗어난 이후 이에 대해 긍정적인 평가를 내리는 것을 의미한다.

4) 재보증 기술

자신의 능력이나 자질에 대해 회의적인 클라이언트를 대상으로 자신감을 향상시키기 위해 활용하는 기술이다.

① 현실적일 것

② 적절한 시점에서 클라이언트가 자신의 염려와 슬픔을 표현할 수 있도록 할 것

③ 모든 상황에 있어 일반적인 적응과 구체적인 적응이 가능함을 인식하고 이를 현명하게 사용할 것

5. 환기 기술

① 클라이언트의 억압된 감정, 특히 부정적인 감정, 분노, 증오, 슬픔, 죄의식, 불안 등이

문제해결을 방해하거나 감정 자체가 문제가 되는 경우, 이를 표출하도록 함으로써 감정의 강도를 약화시키거나 해소시키는 기술이다.

② 클라이언트의 기능에 부정적인 영향을 줄 수 있는 감정을 표현할 수 있도록 돕는 것으로 해소되어야 할 감추어진 감정이 표면으로 표출될 수 있도록 하는 방법으로 이러한 감정을 탐색하고 고려해 볼 수 있는 기회를 제공한다.

6. 재명명 기술

① 특정문제에 대해 클라이언트가 부여하는 의미를 수정해줌으로써 클라이언트의 시각을 긍정적인 방향으로 변화시키는 기술이다.
② 인지 및 사고과정과 행동의 변화에 목표를 두고 있다.
③ 문제상황이나 행동을 보다 긍정적이면서 다른 각도에서 조명해볼 수 있는 기회를 제공한다.
④ 이전에 내렸던 결정이나 의견을 다른 시각이나 상황으로 재조명해봄으로써 개인이나 가족이 특정 사건이나 행동에 부여했던 의미를 변화시키는 데 그 목적이 있다.
⑤ 낙인, 죄책감, 수치심 등을 정상화, 일반화시킨다.
⑥ 클라이언트의 자아존중감이 낮거나 자신감이 결여되어 있을 때, 혹은 자기 비판적이면서 자책할 때 매우 유용하게 활용될 수 있는 기술이다.

7. 해석

① 정신역동에서 활용되는 기술로 클라이언트에게 새로운 준거틀을 제공해주는 것으로 수집된 정보를 근거로 하지만 수집된 정보를 넘어서 사회복지사의 인식 및 직관력을 통해 유추(inferences)하는 것도 포함된다.
② 사회복지사의 이론적 지식과 직관력, 사고적 유추가 통합되어 클라이언트의 상황, 특히 산재해 있는 행동과 사고, 감정 등의 유형을 클라이언트에게 설명하는 것이다.
③ 클라이언트가 사회복지사의 해석을 받아들일 수 있도록 하기 위해서는 이러한 해석이 충분한 타당성을 확보한 상태에서 이루어지는 것이 중요하다.

8. 직면

(1) 클라이언트의 행동이 자신에게도 도움이 되지 않으면서 타인에게 위협이 될 때 이를 재인식하도록 돕기 위해 사용된다.

(2) 직면은 변화를 방해하는 부정적인 감정, 생각, 행동들을 클라이언트가 인식하도록 돕는 매우 직접적인 방법이다.

(3) 직면기술의 활용 지침

① 면담의 목적에 맞게 활용한다.

② 클라이언트에게서 보이는 불일치가 해결되어야 할 필요가 있으며, 이를 직면해야 할 필요가 있음을 나타내는 충분하고 타당한 근거가 있을 때 사용한다.

③ 직면의 시기와 빈도 그리고 불일치점을 선택하는 것에 주의한다.

④ 직면해야 하는 행동을 분명하게 파악한 상황에서 활용한다.

⑤ 도움을 주기 위해 직면하는 것임을 명심한다.

⑥ '진실된 마음으로' 무례하지 않게, 부드럽게 직면한다.

⑦ 직면하기 위해서는 긍정적인 관계의 형성이 필수적임을 명심해야 한다.

9. 중재 기술

① 중재기술은 당사자 간의 분쟁에서 차이점을 조정하여 합의점을 모색하거나 상호 만족할 만한 합의점에 도달할 수 있도록 돕는 것을 의미한다.

② 한쪽의 입장을 대변하거나 옹호하기보다는 중립적인 위치에서 당사자들의 차이점을 조정해야 한다.

10. 모델링

(1) 모델링은 '행동 및 사회학습방법의 하나로 클라이언트가 활용하기를 바라거나 필요로 하는 절차에 대해 시범을 보이는 것'을 의미

(2) 클라이언트가 학습하는 행동은 관찰학습이나 대리경험, 모델링 혹은 흉내내기와 같은 다양한 방법을 통해 이루어지는데 의도적인 모델링과 우연적인 모델링의 기법이 있음

(3) 우연적인 모델링은 클라이언트가 다른 사람을 관찰함으로써 얻어지는 모델링이며, 주로 부모나 타인을 관찰하면서 얻어지는 것임.

(4) 의도적인 모델링은 특정 문제행동이나 불안감 등을 교정하거나 줄이기 위한 것으로 사회복지사들이 절차에 따라 제시

① 변화나 시범을 보이고자 하는 행동을 구체화하고 클라이언트가 이를 주의깊게 관찰하도록 한다.

② 시범을 보여준다.
③ 시범이 끝나자마자 클라이언트에게 즉각적으로 따라해 보도록 한다.
④ 클라이언트의 시범이 끝나면 즉각적으로 교정적인 피드백을 제공해준다.
⑤ 계속해서 연습하도록 한다.

11. 사회성 기술훈련(= 사회기술훈련)

(1) 모델링이나 직접적인 지시를 통해 이루어지고, 비디오와 행동 시연이나 역할극, 숙제, 코칭, 촉구, 프로그램 변화 등의 방법으로 제공

(2) 이 훈련은 기본적으로 개인이 겪는 문제나 어려움이 특정 기술이 결핍되어 있기 때문이라고 여기고 이에 대한 적절한 기술을 습득할 수 있도록 훈련

(3) 클라이언트의 긍정적인 사회적 행동을 향상시킴으로써 클라이언트가 주변 환경에 대한 영향력을 향상시킬 수 있도록 돕는 'empowerment(권한부여)'의 특징

12. 권한부여 기술

(1) 클라이언트가 자신의 삶과 상황에 대해 좀 더 많은 통제력을 가질 수 있도록 하기 위해 의미있는 선택과 가치있는 선택을 할 수 있도록 돕는 것이다.

(2) 불평등이나 억압, 차별을 없애는 노력을 포함하며 클라이언트가 자신의 삶에 대해 더 많은 통제력을 갖고 삶의 질을 향상시키는 것을 의미한다.

(3) 권한부여 기술은 특정 목적을 파악하고 이를 어떻게 달성할 것인가를 강조한다.

(4) 개인적, 대인관계적 그리고 제도적 차원에서 일어나는 것으로, 클라이언트가 자신의 권한을 개발하고, 타인에게 영향력을 미칠 수 있는 능력을 개발하며, 타인과의 공조로 사회적 제도에 변화를 일으킬 수 있는 능력을 개발하는 과정이다.

제4절 비자발적 클라이언트 대상의 개입 기술

1. 비자발적인 클라이언트에게 효과적으로 개입하기

1) 중간단계의 면담

① 클라이언트의 변화속도에 맞춤

클라이언트의 '속도'에 인내하면서 기다려 주는 것이 중요하다.

② 직면 기술의 사용

클라이언트와 라포가 충분히 형성되었으면 클라이언트의 행동, 진술, 태도나 사고에서 나타나는 불일치적인 면, 비일관적인 면을 직면할 필요가 있다.

③ 현재와 미래에 초점을 맞춤

클라이언트가 가지고 있는 생각에서 장점과 긍정적인 면을 스스로 파악하고 이를 향상시킬 수 있는 구체적인 방법을 모색해 나가는 것이 중요하다.

클라이언트에게 과거의 잘못된 부정적인 행동을 말하도록 하는 것은 수치심과 죄책감을 일으킬 수 있다. 클라이언트가 과거의 잘못에 대해 잔술할 때 사회복지사는 말해준 것에 대해 감사하고 말을 한 클라이언트의 용기에 대해 진실하게 감사할 필요가 있다.

④ 권익옹호

비자발적인 클라이언트도 일반 클라이언트와 마찬가지로 삶의 많은 영역에서 억압과 차별을 경험하게 된다. 따라서 이들의 권익옹호를 위한 사회복지사의 활동은 비자발적인 클라이언트와의 관계를 더욱 돈독히 할 수 있는 기회를 제공한다.

2. 보호와 통제하기

(1) 사회복지사는 종종 이중적인 역할, 즉 클라이언트를 돌보는 한편 사회적 통제의 매개인 역할을 한다.

(2) 교정복지 : 제소자의 재범방지 및 사회적응 및 복귀 → 범죄자들의 사회적 통제의 수단

(3) 정신보건사회복지 : 정신질환을 앓고 있는 장애인이 사회에 미칠 잠재적인 위험을 최소화하고자 집단시설에 수용, 통제하는 것이다.

(4) 사회복지사가 클라이언트를 보호하고 통제하기 위해 어느 정도 사회로부터 권한(power)을 위임 받았는지에 대해서는 아직도 많은 논란이 있다.

01 다음 중 면담의 목적으로 옳지 않은 것은?

① 치료관계의 협조를 확립하고 유지하는 것이다.
② 목표성취를 지향하는 활동을 규명하여 수행하는 것이다.
③ 문제를 파악하고 적합한 해결방법을 제공하여 문제를 효과적으로 해결하는 것이다.
④ 원조과정에 대한 장애요소를 강화시키기 위한 것이다.
⑤ 자료를 수집하기 위한 것이다.

해설 원조과정을 촉진하는 것으로 1:1 면접과 집단을 대상으로 한다.

정답 ④

02 사회복지실천의 개입기법에 관한 설명으로 옳지 않은 것은?

① 소거 : 부적 처벌의 원리를 이용하여 바람직하지 않은 행동을 중단시키는 것
② 시연 : 클라이언트가 힘들어하는 행동에 대해 실생활에서 실행 전에 반복적으로 연습하는 것
③ 행동조성 : 특정 행동 수준까지 끌어올리기 위해 작은 단위의 행동으로 나누어 과제를 주는 것
④ 체계적 둔감법 : 두려움이 적은 상황부터 큰 상황까지 단계적으로 노출시켜 문제를 극복하도록 하는 것
⑤ 내적 의사소통의 명료화 : 클라이언트가 자신의 생각을 말로 표현하고, 피드백을 통해 사고의 명료화를 돕는 것

해설 클라이언트가 습득한 행동기술을 현실에서 실행하기 전에 면담 중이나 사회복지사 앞에서 반복하여 연습하도록 하는 것.

정답 ②

03 설명 기술 시 고려해야 할 점이 아닌 것은?

① 흥미롭고, 분명하며, 잘 구조화된 방식으로 설명한다.
② 클라이언트의 생각과 감정을 민감하게 고려해야 한다.
③ 클라이언트의 이해 여부를 확인한다.
④ 학습과 이해를 향상시킬 수 있는 방법을 설명한다.
⑤ 특정문제에 클라이언트가 부여하는 의미를 수정해주어야 한다.

해설 설명 기술 시 고려해야 할 점
- 클라이언트의 생각과 감정을 민감하게 고려해야 한다.
- 흥미롭고, 분명하며, 잘 구조화된 방식으로 설명한다.
- 학습과 이해를 향상시킬 수 있는 방법을 설명한다.
- 클라이언트의 이해 여부를 확인한다.

정답 ⑤

Chapter 05 심리사회모델

제1절 심리사회모델의 주요 개념

1. 개념

정신분석이론에 기반을 두고 진단주의의 옹호자였던 Hamilton(194)에 의해 사회복지실천에 학문적으로 정착되었다.

① 모든 개인은 연령에 상관없이 성장하고, 학습하며, 적응해 나가는 능력을 가지고 있다는 가정에서 시작되었다.
② 인간을 생리적, 심리적, 사회적 존재라는 포괄적 시각으로 파악한다.
③ 환경 속의 인간(PIE : person-in-environment)이라는 관점을 가지고 있다.
④ 지금-여기(here and now)에 초점을 둔다.

2. 심리사회모델의 가치

① 클라이언트를 존중하고 수용하는 것이 중요하다.
② 클라이언트의 욕구에 우선순위를 둔다.
③ 클라이언트를 평가할 때 개인적 선입관을 재제하고 개별화해야 진정한 이해가 가능하다.
④ 클라이언트의 자기결정권리와 자기지향성을 인정한다.
⑤ 클라이언트가 자신의 사고, 감정, 행동 등을 이해하고 고찰할 수 있도록 도와주어 문제해결능력을 향상시킨다.

3. 개입 과정과 개입 기법

1) 개입 과정

① 사회복지사의 전문적 개입의 필요성을 이해할 수 있게 도와야 한다.

② 전문적 관계를 확립한다.

③ 클라이언트가 변화에 저항하지 않도록 도와야 한다.
클라이언트의 현재의 문제와 관련되어 있는 과거사, 성격, 생활 등에 국한하여 문제가 분명해질 때까지 지속적으로 조사한다.
클라이언트를 개인과 상황의 복합체이자 개별적 존재로 파악한다.

2) 개입 기법

(1) 지지(sustainment) : 감정과 행동 지지하기

① 사회복지사의 활동 가운데 가장 기본적이고 핵심적이다.
클라이언트의 문제해결능력에 대한 확신감을 표현하여 클라이언트의 불안을 줄이고 자아존중감을 증진하기 위한 과정이다.

② 클라이언트가 죄책감과 수치심, 두려움, 분노를 느끼는 경우 유용하다.

③ 언어적, 비언어적 형태로 진행한다.

(2) 직접적 영향 주기(지시하기: 제안이나 조언 등을 통해 직접 영향주기)

① 클라이언트의 행동을 향상하기 위한 조언, 제안 등을 통해 사회복지사의 의사를 관철하기 위한 과정이다.

② 지지과정을 통해 신뢰관계를 형성하는 것이 중요하며, 클라이언트가 가진 욕구를 명료화하여 조언해야 한다.

(3) 탐색, 기술, 환기(사실을 말하고 감정을 탐색하여 환기할 수 있게 하기)

탐색, 기술은 클라이언트, 클라이언트의 환경, 또는 클라이언트와 환경과의 상호작용에 관한 사실을 진술하고 설명하도록 원조하는 것이다.

① 환기는 사실과 관련된 감정을 끄집어냄으로써 카타르시스를 경험하도록 원조하는 것이다.

② 심리사회모델에서는 분노, 상실에 대한 애도 반응, 죄책감, 불안 등의 감정에 주의를 기울인다.

(4) 개인-상황의 구성에 대한 성찰

클라이언트가 말하는 것에 대해 사회복지사가 의견 제시, 질문, 부연 설명 등을 통해 관심 있는 사건에 대해 클라이언트가 깊이 있게 되새겨 볼 수 있도록 돕는 것이다.

(5) 유형-역동의 성찰(성격과 행동, 심리 내적 역동 고찰하기)

클라이언트가 특정한 방식으로 생각하거나 행동하는 것(행동, 사고, 감정의 패턴 등)을 확인하도록 하는 것이다. 클라이언트가 자신의 심적 기능을 탐색하도록 격려한다.

(6) 발달과정의 성찰(과거 경험이 현재기능에 미치는 영향 고찰하기)

① 현재의 인격과 기능에 영향을 주는 원가족이나 초기생활의 경험을 클라이언트가 고려해 보도록 한다.

② 과거와 현재가 연계되어 있음을 알 수 있도록 돕는 것이다.

③ 전이와 역전이가 일어나지 않도록 유의해야 한다.

3) 주요 적용 영역

① 심리적인 내적 부분과 환경이라는 부분의 상호작용을 강조하는 모델

② 개인, 집단, 가족, 환경 등 폭넓게 적용.

③ 관계형성, 자원활용, 사회복지사가 클라이언트를 위해 행동하는 역할

④ 클라이언트와 다른 사람들 사이에서 중재자의 역할

⑤ 개인의 변화나 적응을 촉구하고 강조

기출문제

01 심리사회모델의 특징으로 가장 적합한 것은?

① 단기접근 ② 경험에 기초한 모델
③ 상황속의 인간 관점 중시 ④ 행동수정을 통한 문제해결
⑤ 과거에만 초점

해설 인간을 생리적, 심리적, 사회적 존재라는 포괄적 시각, 환경속의 인간이라는 관점 정답 ③

02 다음 사례에서 활용한 심리사회모델의 개입기법은?

> "지금까지의 방법이 효과적이지 않다면 다른 방법을 시도해 보면 어떨까요? 제 생각에는 지금쯤 변화가 필요하니 가족상담에 참여해 보시면 어떨까 합니다."

① 지지하기 ②직접적 영향주기
③ 탐색-기술-환기 ④ 인간-환경에 관한 고찰
⑤ 유형-역동성 고찰

해설 직접적 영향주기- 사회복지사가 제안이나 조언 등을 통해 직접적으로 영향을 주어 클라이언트의 행동을 향상시키는 것을 목표로 한다. 정답 ②

03 심리사회모델의 기법에 관한 설명으로 옳지 않은 것은?

① 지지하기 : 클라이언트가 표현한 표적문제와의 명백한 연관성을 탐색한다.
② 직접적 영향 : 문제해결을 위해 사회복지사의 의견을 강조한다.
③ 발달적 고찰 : 성인기 이전의 생애경험이 현재의 기능에 미치는 영향에 대해 고찰한다.
④ 탐색-기술-환기 : 클라이언트와 환경과의 상호작용에 대한 사실을 기술하고 감정을 표현하도록 한다.
⑤ 인간-상황에 대한 고찰 : 사건에 대한 클라이언트의 지각방식 및 행동에 대한 신념, 외적 영향력 등을 평가한다.

해설 지지하기-클라이언트의 문제해결 능력에 대한 확신을 표현하여 클라이언트의 불만을 줄이고 자아존중감을 증진시키기기 위한 것이다. 정답 ①

Chapter 06

인지행동모델

제1절 인지행동

1. 등장배경

인지행동모델의 뿌리는 고대 그리스 스토아 철학에서 그 근원을 찾을 수 있다.

인지행동이론은 생각하고 정보를 처리하는 과정인 인지과정의 연구로부터 도출된 개념과 함께 행동주의와 사회학습이론으로부터 나온 개념들을 통합 적용한 것이다. 이는 문제를 일으키는 잘못된 가정과 사고의 유형을 확인, 점검하고 재평가하여 수정하도록 격려하고 원조하도록 하는 것으로 여기에는 행동치료, 인지치료, 합리정서치료, 현실치료, 인지행동치료 등이 속한다. 이러한 치료 모델간의 차이는 인지-행동주의 구조에서 인지측면과 행동측면 중 어느 것을 더 강조하느냐와 함께 인식, 기억, 정보처리과정, 판단, 의사결정과 같은 인지과정에 어느 정도로 어디에 초점을 두는가에 있다.

2. 이론적 기반

인지행동이론은 인간이란 개인적, 환경적 그리고 인지적 영향력 사이의 끊임없는 상호작용에 의해 행동한다는 것을 바탕으로 한다. 즉 환경적 조건은 개인의 행동을 조성하고 개인적 조건은 다시 환경적 조건들을 형성한다는 상호결정론적 입장을 취하고 있는 것이다.

1) 행동주의 이론

개인과 환경 사이에 일어나는 거래를 향상시키고, 클라이언트의 생활기술을 향상시키며, 환경을 변화시키기 위해 계획된 직접적 개입활동에 초점을 두는 이론이다.

① 인간에 의해 일어나는 모든 현상들은 관찰이 가능하건 불가능하건 모두 행동으로 간주한다.

② 전부는 아니지만 많은 경우 인간행동은 생활경험에서 광범위하게 학습, 즉 전 생애를 통하여 이루어진다.

③ 기본적인 학습은 여러 문화와 생활환경을 통하여 개인의 행동으로 나타나며 정상적이거나 역기능적인 행동, 느낌, 사고 등은 학습의 결과이다.

④ 대인적 행동은 범위가 커질수록 기본적인 학습기전이 보다 복잡하게 작용한다.

(1) 고전적 학습 (반응적 조건화)

· 무조건 자극(US)
· 무조건 반응(UR)
· 조건 자극(CS)
· 조건 반응(CR)

(2) 조작적 학습 (조작적 조건화)

왓슨의 행동주의에 영향을 받은 스키너가 손다이크의 문제상자에 시행착오 학습원리를 적용한 지속적인 실험을 통하여 실생활에서의 학습원리로 발전시킨 것이다.

적응적이고 긍정적인 행동은 보상을 통하여 향상시키고 부정적이고 파괴적인 행동은 처벌 또는 무시를 통하여 소거할 수 있다고 보는 관점이다.

① 강화 : 행동의 결과로 칭찬과 인정을 받는 보상이 따르는 행동은 반복되는 경향

② 처벌 : 반응의 결과가 불리하거나 비강화적이면 그 행동의 반복 가능성은 희박한 경향

(3) 관찰학습

직접적인 보상이나 처벌 경험 없이 타인의 행동을 관찰함으로써 행동을 습득한다는 것이다. 따라서 행동의 환경적 혹은 상황적 결정요인들을 중요시한다. 왜냐하면 행동을 개인적 변인과 환경적 변인의 계속적인 상호작용의 결과로 보기 때문이다.

자극과 반응을 연결하는 인간의 인지적 기능을 강조하여 직접경험 또는 대리경험을 통해 행동을 학습한다고 언급한다.

① 관찰학습 - 집단에서 성원들이 역할극, 모델링, 연습을 통해 새로운 대인관계 기술을 배우도록 하는 연구

② 모델 - 직접적인 보상이나 처벌경험 없이 타인의 행동을 관찰함으로써 행동을 습득하는 것

2) 인지 이론

인간의 사고가 정서와 행동의 결정인자라는 것을 기반으로 한다. 정서, 행동 그리고 문제해결에 역기능적으로 작용하는 사고패턴을 확인하고 클라이언트가 이를 직면하여 변화하도록 클라이언트를 돕는 것이 중요하다고 믿는 이론이다.

개인이 느끼거나 행동하는 방식은 주로 그 개인이 사건에 대해 내리는 평가로써 결정된다.

3. 기본적 가정

① 인지활동은 행동에 영향을 미친다.
② 인지활동은 모니터링 되고 변경될 수 있다.
③ 바람직한 행동변화는 인지변화를 통해 영향을 받는다.

4. 인지모델의 기법들

1) 치료관계의 적극적 이용

클라이언트에게 이전과는 다른 방식으로 스스로와 세상을 바라보는 기회를 제공한다는 장점을 갖는다.

① 관계에서의 지지적 요인의 활용
치료과정 동안 존중과 지지 그리고 격려를 제공함으로써 클라이언트가 가치 있는 중요한 존재임을 나타낼 수 있고 이 때 비로소 왜곡된 인지과정은 차단될 수 있다.
② 클라이언트와 원조자 간의 관계에서 일어나는 왜곡들에 초점을 두면서 검토하는 것이다.

2) 개인 내부적 의사소통의 명확화

클라이언트에게 그가 생각하고 스스로에게 독백하는 바에 대해 피드백을 제공하는 장점을 갖고 있는 기법이다.

3) 설명

① Ellis의 ABC모델
인지, 정서, 행동의 사이클을 이해시킴으로써 클라이언트 자신이 갖고 있는 정서의 발생경위를 보다 확실히 이해시키고 이 정서의 파급효과에 대해 인식하도록 하는 것에 초점을 둔다.

4) 서면과제물의 할당

클라이언트가 읽고 쓰는 능력을 갖추었다면 비합리적 자기대화 등을 확인하고 변화시키는 데 있어 유용한 도구라 할 수 있다.

① 서면과제물 양식
클라이언트가 자신의 복잡한 정서 상태를 좀 더 쉽게 이해할 수 있도록 작은 단위로 나누어주는 역할을 한다.

② 역기능적 사고 기록

원조자와의 만남 외의 클라이언트 생활에서 발생하는 자동적 사고를 감시하고 이에 도전하기 위해 사용되는 방법이다. 이것은 문제상황에서 일어나는 자동적 사고들을 이러한 양식을 통해 기록하는 방법을 배운 후 원조자와 클라이언트가 그것들을 함께 세밀히 분석하며 비현실적이거나 역기능적이라고 판단된 사고들을 변화시키는 방법으로 활용할 수 있다.

5) 역설적 의도

클라이언트가 어떤 불유쾌한 구체적 행동이 자주 발생할 것을 불안해하는 나머지 그 행동을 오히려 더욱 발전시킬 경우 가장 적절하게 사용할 수 있는 방법이다. 하지만 자살충동과 같은 경우 오히려 사용상 주의를 기울여야 한다.

6) 이득-불이득의 분석

이득과 불이득의 열거 후, 이들 사이에서 우선순위의 결정이 뒤따르는 것으로 여기는 클라이언트의 직접적 참여로 이루어진다.

이 외에도 정적 강화, 부적 강화, 행동시연, 포화, 타임아웃, 소멸, 체계적 둔감법, 사고중단, 주장훈련, 모델링 등 많은 행동수정기법들이 활용된다.

제2절 인지행동주의모델

1) 아들러의 인지행동

최초의 인지치료자 및 실천가로 성격은 통합된 전체로 존재한다고 주장했다. 또한 그는 인간은 사회적 충동에 의해 자극 받고 동기 유발을 일으킨다고 믿었다.

2) 기본 가정

① 인간은 이성적인 동시에 비이성적이다.
② 정서적 혹은 심리적인 장애, 신경증적 행동은 비합리적이고 비논리적인 사고의 결과이다.
③ 비합리적 사고는 생물학적 경향성을 띠고 있으며 부모와 그 문화에서 특별하게 획득한 초기의 비논리적 학습에 기원한다.
④ 인간은 언어적 동물이며, 사고는 보통 기호나 언어의 사용을 통해 일어난다.

⑤ 자기 언어화의 결과로써 계속되는 정서장애 상태는 외부환경이나 사건에 의해서가 아니라 내재화된 문장으로 구체화되는 사건들에 관한 지각과 태도에 의해 결정된다.

⑥ 부정적이고 자기패배적인 사고와 정서는 비논리적이고 비합리적인 것보다는 논리적, 이성적인 사고를 하도록 사고와 지각을 재구성하는 방법으로 해결해야 한다(양옥경 외 4명, 2001).

3) ABCE모델

사건(Accident)에 대한 개인의 신념체계(Belief)가 결과(Conclusion)로써의 정서를 유발한다. 비합리적 신념체계를 발견하여 이를 논박(Debate)함으로써 부정적 정서와 역기능적 행동을 감소하거나 제거하는 효과(Effect)를 가져온다.

(1) 과정

① 클라이언트가 어떠한 비합리적인 생각과 신념을 가지고 있는지를 찾아서 이를 클라이언트에게 보여준다. 그리고 분명히 자각하고 인식하도록 도와준다.

② 클라이언트의 상념이나 신념이 어떻게 심리적 고민과 정서적 혼란의 원인이 되고 있는가를 보여준다.

③ 비합리적인 신념을 반박해보도록 자기의 사고방식을 분석하고 교정하는 시간을 가짐으로써 지금과는 다른 새로운 신념체계인 합리적이고, 융통성이 있으며, 효율적인 사고로 바꾸게 한다.

잘못된 믿음	바람직한 믿음
만약 내가 타인을 불편하게 한다면 그것은 큰 잘못이므로 나는 고통스러워야 한다.	항상 남들의 반응을 따를 수는 없다. 그렇지 않으면 내가 상처받기 쉽다. 나를 기쁘게 하는 것은 남을 기쁘게 하는 것만큼 중요하다.
세상은 인정사정없는 곳이다. 사람들은 자기 자신 외에는 누구에게도 신경쓰지 않는다.	세상에는 다양한 종류의 사람들이 있다. 무자비한 사람도 있고, 이타적인 사람도 꽤 많다. 만약 나를 포함하여 사람들이 이타적이고자 노력한다면 보다 좋은 세상이 될 것이다.
사람은 훌륭해지기 위해 완벽히 유능하여야 하며 하는 일마다 성공해야 한다.	모든 사람은 고유의 재능영역이 있어서 어떤 부분에서는 남들보다 잘 할 수 있다. 누구도 완벽하지 않으며, 때때로 좌절하기 마련이다.
타인의 복지를 증진시키기 위해 자신을 희생하고 고통스럽게 하는 것은 미덕이다.	남을 돕고 남에게 관심을 주는 것이 바람직하기는 하지만 나의 개인적인 만족을 추구하는 것 또한 나의 몫이다. 불필요한 고통은 미덕이 아니다.

4) 합리적 정서치료(REBT)

인간의 사고와 감정은 서로 연관되어 있으며 부정적 감정과 증상들은 비합리적 신념에서 비롯된다고 주장한 관점이다.

① 치료의 목표
부정적 감정의 뿌리가 되는 비합리적 신념을 규명하고 도전함으로써 이를 재구조화하는 것을 목표로 한다.

② 비합리적 신념
'반드시', '절대로', '모든', '완전히', '전혀', '파멸적인', '해야만 한다' 등이 저변에 깔려 있다.

③ 개입방법
교육적 환경에서 클라이언트의 비합리적 신념을 합리적인 신념으로 바꾸도록 원조한다.

④ 합리정서치료를 적용한 연습

5) 벡

(1) 기본 가정

한 개인이 자신과 세계에 대해 가지고 있는 지각은 자신의 심리적, 사회적 문제나 행복에 있어 다른 무엇보다 중요한 역할을 한다고 가정한다.

앨리스가 한 개인이 가지고 있는 규범의 경직성으로 인해 자신과 타인에게 극단적이고 자기 파괴적 평가를 내리는 행위의 역기능적인 면인 평가적 신념의 오류, 즉 비합리적 신념을 문제의 핵심으로 가정한 반면, 벡은 세계에 대한 개인의 정보처리과정에 나타나는 오류와 왜곡을 문제의 핵심으로 가정한다(양옥경 외 4명, 2001).

① 자동적 사고
벡은 어떠한 사건에 대한 개인의 즉각적이고도 계획되지 않은 해석으로 개인이 사건에 반응함에 있어 정서와 행위들을 형성(김혜란 외 2명, 2001)하는 것을 '자동적 사고'라고 하였다. 즉 한 개인이 어떤 상황에 대해 내리는 즉각적이고 자발적인 평가를 의미하는 것으로 자동적 사고를 인식하게 되면 그 사고의 타당성을 평가할 수 있게 된다.

② 스키마
인간의 인지를 형성하는 요소들을 스키마, 규칙, 기본 신념 등으로 구분해서 설명하였다.
여기서 '스키마'란 인지의 구조를 일컫는다. 즉 기본적인 신념과 가정을 포함하여 사건에 대한 한 개인의 지각과 반응을 형성하는 인지구조로 대개 이전의 경험에 의해 형성(양옥경 외 4명, 2001)된다고 할 수 있다.

(2) 추론과정에서의 체계적 오류

Beck은 우울과 불안 등의 정서문제를 생활사건에 대한 왜곡된 사고나 비현실적인 인지적 평가의 결과로 설명한다. 다음은 역기능적 사고체계의 예시이다.

① 이분법적 사고

모든 경험을 상반되는 양범주로 간주하는 것이다.

예 완전한 실패 아니면 완전한 성공 같이 극단적으로 생각

② 과도한 일반화

분리된 사건들에 대한 결론을 연관되거나 연관되지 않는 상황 전반에 적용하는 유형이다.

예 시험에 실패했으니 인생에 실패한 것이다.

③ 선택적 추론

상황에 대한 보다 현저한 특성을 무시한 채 맥락에서 벗어난 세부 내용에 초점을 둔다.

예 어제 지각했어도 내일 지각한다는 법은 없다.

④ 긍정적 측면의 격하

부정적인 측면으로 긍정적 측면들을 무시하는 경우이다.

예 나도 열심히 하지만 저 사람은 이길 수 없어.

⑤ 독심

근거 없는 타인들의 마음에 대한 부정적인 생각이다.

예 저 사람은 나를 싫어 하는 게 분명해.

⑥ 예언하기

예측한 사건으로 사실처럼 반응하는 경우를 말한다.

⑦ 비극화

가능한 부정적 사건을 비극으로 간주하는 경우를 말한다.

⑧ 최소화

사건의 의미나 크기를 왜곡하는 것이다.

⑨ 정서적 추론

본인이 상상하는 정서를 실제상황으로 추리하는 경우이다.

⑩ '~해야만 해'라는 명령식의 진술

완곡한 진술적 표현으로 압박감이나 불만족을 표현한다.

⑪ 라벨링

구체적 행위 묘사가 아닌 자신에 대한 부정적 라벨을 부여하는 것이다.

⑫ 개인화

외부 사건이 자신과 관련이 없음에도 불구하고 자신과 연관시키는 것이다.

(3) 인지치료의 개입 방법

인지치료방법은 클라이언트의 학습경험을 강조한다.

① 자신의 부정적 자동적 사고를 모니터한다.
② 인지와 정서, 행동의 연관성을 인식한다.
③ 자신의 왜곡된 자동적 사고를 뒷받침하거나 반박하는 근거를 점검한다.
④ 왜곡된 인지를 보다 현실 지향적 해석으로 대체한다.
⑤ 왜곡된 인지유형으로 기울어지게 된 저변의 가정들과 믿음을 규명하고 변경할 수 있도록 학습한다.

01 인지행동 모델에 관한 설명으로 옳지 않은 것은?

① 특정 상황에서 떠오르는 생각을 점검하기 위하여 행동 기록 일지를 작성하도록 한다.
② 생각이 바뀌면 역기능이 해소될 수 있다고 가정한다.
③ 합리정서행동치료가 해당된다.
④ 옹호활동을 통해 클라이언트의 자원 및 기회를 확대시킨다.
⑤ 클라이언트의 주관적 경험과 책임을 강조한다.

해설 인지행동이란 본인 스스로 깨우쳐 알게 하는 의미로 클라이언트의 권익을 옹호하고 자원을 동원한다. 정답 ④

02 인지행동모델에 관한 설명으로 옳지 않은 것은?

① 개인의 주관적 경험의 독특성을 중시한다.
② 클라이언트의 강점과 자원이 문제해결의 주요 요소이다.
③ 제한된 시간 내에 특정 문제에 초점을 두고 접근한다.
④ 과제 활용과 교육적인 접근으로 자기 치료가 가능하도록 한다.
⑤ 클라이언트의 적극적 참여와 협조적 태도를 중시한다.

해설 클라이언트의 강점과 자원이 문제해결의 주요 요소인 것은 임파워먼트 모델이다. 정답 ②

03 인지적 오류(왜곡)에 관한 예로 옳지 않은 것은?

① 임의적 추론: 내가 뚱뚱해서 지나가는 사람들이 나만 쳐다봐.
② 개인화: 그때 내가 전화만 받았다면 동생이 사고를 당하지 않았을 텐데. 나 때문이야.
③ 이분법적 사고: 이 일을 완벽하게 하지 못하면 실패한 것이야.
④ 과잉일반화: 시험보는 날인데 아침에 미역국을 먹었으니 나는 떨어질거야.
⑤ 선택적 요약: 지난번 과제에 나쁜 점수를 받았어. 이건 내가 꿀찌라는 것을 의미해.

해설 과잉일반화- 한 가지 단순한 사건이나 경험을 가지고 부당하게 일반적 법칙을 세우려는 경우 예) 길동이만 나를 싫어하는 게 아니라, 친구들 모두가 나를 싫어한다.

정답 ④

04 다음의 개념은 벡(Beck)이 제시한 인지적 오류 중 무엇에 해당하는가?

> 맥락에서 벗어난 한 가지 세부 특징에 초점을 기울이고 더 현저한 다른 특징들은 무시한 채 이러한 경험의 단편에만 기초하여 전체 경험을 개념화하는 것을 말한다.

① 과잉 일반화
② 확대와 축소
③ 개인화
④ 임의적 추론
⑤ 선택적 요약

해설 선택적 요약(추론) : 상황에 대한 보다 현저한 특성을 무시한 채 맥락에서 벗어난 세부 내용에 초점을 두는 것이다.

정답 ⑤

Chapter 07

과제중심모델

제1절 과제중심

1. 이론적 배경

① 1972년 시카고 대학의 리드와 엡스타인에 의해 소개된 이론으로 실천모델이다.
② 문제해결중심의 방법론에 행동주의이론과 과업에 대한 개념을 접목한 것이다.
③ 클라이언트가 자신에게 주어진 과업을 통해 문제해결을 돕는 실천방법이다.
④ 특정한 이론에 근거하기보다는 다양한 이론을 통합, 임상실험과 실천적 경험에 의해 비롯된 모델이다.
⑤ 단기치료 우수성에 대한 연구결과를 토대로 인지행동이론, 행동수정기법 그리고 체계이론 등을 통합하여 계획적으로 구조화된 치료과정과 단기치료를 강조하는 사회복지실천 방법으로 점차 확산되기 시작하였다.

2. 이론적 특징과 주요개념

① 단기치료이므로 클라이언트가 인식하고 동의한 문제에 초점을 두고 집중적으로 원조하는 특징이 있다. 클라이언트가 스스로 인식하고 수용해서 변화하기 원하는 표적문제가 중요하다.
② 사회복지사와 클라이언트의 협조적인 관계를 중시한다.
③ 클라이언트 중심의 개입으로 클라이언트가 아닌 문제를 범주화함으로써 클라이언트 낙인화를 방지한다. (대인관계 갈등, 자원의 결핍, 역할 수행의 어려움)
④ 클라이언트와 사회복지사가 계약한 구체적인 문제해결에 초점을 둔다.
⑤ 클라이언트의 자기결정권을 강조한다.
⑥ 개입의 책무성 강조
개입과정을 객관적으로 기록하고 진행 상황을 회기마다 모니터하고 개입과정과 사회복지사 실천에 대한 클라이언트와 사회복지사의 평가 등을 중요시한다.

⑦ 클라이언트의 환경에 대한 개입을 강조한다.

⑧ 절충적인 접근 방법
한 가지 이론이나 모델을 고집하지 않으며 다양한 접근방법을 사용한다.

3. 과제중심모델의 주요개념

1) 표적문제

표적문제는 클라이언트가 제시하는 문제 또는 해결하고자 하는 문제로 개입의 목표가 되는 문제이다.

〈주의사항〉: 표적문제 선정 시 가장 중요한 것은 클라이언트의 의견이 최대한 반영(여러 개가 될 수 있으나 최대 3개 정도로)

4. 과제

① 과제는 목표를 달성하기 위해 클라이언트와 사회복지사가 해야 하는 활동으로 클라이언트와 사회복지사가 함께 계획하고 동의한 후 수행하는 문제해결과정이다.

② 클라이언트와 사회복지사의 합의에 의해 계획되며 면접 안팎에서 이루어진다.

③ 과제의 내용, 형식 등에 관해서는 클라이언트와 사회복지사가 함께 계획하고 동의해야 한다.

5. 과제유형

1) 일반적 과제

① 목표달성과 관련된 상위 과제

② 클라이언트의 목표를 내포, 목표는 과제가 행해졌을 때 달성되어야 하는 상태

③ 행동의 방향을 제시하지만 무엇을 해야 하는지 정확하고 구체적으로 언급하지 않음

2) 조작적 과제

① 상위과제에 도달하기 위한 구체적인 하위과제

② 클라이언트가 수행해야 하는 구체적인 행동

예) 문제 : 부모-자녀 간의 대화가 없음
일반적 과제 : 부모 자녀 간의 의사소통 촉진
조작적 과제 : 매일 식사 때 한 가지씩 자녀 칭찬하기

3) 기타유형 과제

① 유일과제 : 한번의 수행을 위해 계획된 과제
② 반복과제 : 반복적인 행동을 위해 계획된 과제
③ 단일과제 : 여러 단계들이 필요한 하나의 행동
④ 복합과제 : 밀접하게 관련 된 둘 또는 그 이상의 구분된 활동들
⑤ 개별과제 : 혼자서 수행하는 과제
⑥ 상호과제 : 두 사람 이상이 교환으로 수행하는 과제로 분리되었지만 서로 연관되어 있는 과제
⑦ 공유과제 : 둘 이상의 사람이 같은 과제

4) 과제 형성 시 사회복지사가 고려해야 할 내용

① 클라이언트의 동기화 : 의욕이 있는지, 수행할 능력이나 에너지가 있는지, 해결할 수 있다는 희망 주기
② 과제의 실행가능성 : 현실적으로 가능한지가 불확실한 경우가 있음
③ 과제의 바람직성 : 꼭 필요한 건지, 이뤄져야 하는지, 과제가 다른 사람이나 클라이언트 자신에게 부정적인 결과를 초래해서는 안 됨
④ 변화에의 융통성
⑤ 과제중심모델의 주요개념
㉠ 초기단계 - 표적문제 설정
㉡ 표적문제에서 우선순위를 결정, 개입에 관한 계약을 체결
㉢ 표적문제 해결을 위한 과업을 설정 - 일반적 과업, 구체적 과제
㉣ 전략과 계획 수립, 동기 부여

실행, 문제해결, 과제성취, 문제경감 필요에 따라 선택
표적문제를 규정하고 구체화한다(최대한 세 개까지). 문제를 다시 진술하고 명명한다(변화해야 할 특정조건과 행동들). 사전한다(표적문제와 목표와 연관). * 표적문제 얼마나 자주 일어나는가(빈도) 어디에서 일어나는가(장소) 누구와 함께(참여자들) 선행사건들 결과들(영향) 의미(중요성)

* 사회적 맥락(문제를 촉발하고 유지하는 사회 조건들)
직장-학교 상황들
경제적 지위
가족
또래집단
주거 상태
문화 배경
* 인지정서적 상황
클라이언트 성격
기능양식
개인 자원
* 기타 사정

대안을 창출한다.
* 가능한 범위 내의 문제해결 행동을 찾아내고 규명한다.

다른 사람들, 기관들과 지지적이고 협력적인 행동들에 대해 협의한다.

의사결정(목표들을 확인하고 무엇을 할 것인지 선택하며 세부 개입전략을 계획한다.)
* 계약과 목표를 재확인한다.
* 기본적으로 개입방법을 결정한다.
* 시간과 순서를 계획한다.
* 참여자를 선정한다.
* 클라이언트가 동의하고 이해하도록 한다(고지된 동의).
* 다른 사람들이 동의하고 이해하도록 한다.

실행(전략을 수행한다.)

과제들을 개발한다.
* 과제들을 형성한다.
* 과제들에 대해 클라이언트가 이해하고 동의하도록 한다.
* 과제들에 대한 근거와 보상에 대해 이해하도록 한다.
* 과제들을 요약한다.
* 예견되는 어려움을 점검한다.
* 클라이언트의 과제수행을 위한 계획을 세운다.
* 과제들을 요약한다.
* 클라이언트의 과제수행을 위한 계획을 세운다.

과제수행을 지원한다.
* 남은 회기수를 점검한다.
* 자원을 획득하고 사용한다.
* 자원제공의 장애물을 찾아낸다.
* 지시한다.
* 지도한다.

* 모의훈련한다.
* 역할 연습, 모의훈련, 지도 연습한다.
* 모델링과 옹호를 위해 클라이언트를 동반한다.
* 과제수행의 장애물을 찾아낸다.

사회 환경 : 자원 부족, 스트레스, 차별, 구조적 문제들

대인간 상호작용 : 결핍과 갈등, 협력 부족

심리적 상태 : 두려움, 의심, 지식 부족

* 장애물을 제거, 감소, 변경하기 위한 행동을 계획한다.
* 기술 부족, 다른 사람들의 협력과 지지의 부족, 자원 부족 등 과제수행의 실제적인 장애물을 개선한다.
* 과제수행의 인지적 장애물을 경감한다 : 두려움, 의심, 지식 부족, 역신념에 대해 토의한다.
* 사회복지사의 과제에 대해 계획하고 진술한다 : 클라이언트에게 사회복지사의 과제들에 대해 알려주고, 과제실행과 문제 상태를 점검한다.

검증한다(개입의 가능한 효과들을 점검, 검사, 확인, 구체화).

모니터한다(문제상태에 대해 정규적으로 기록 – 구조화된 표기법, 차트, 그래프, 간결한 이야체 코멘트를 사용).

다음의 상황이 발생하면 계약을 수정 혹은 일부 변경한다.

* 진보가 만족스럽지 못함
* 진보가 기대 이상
* 새로운 문제가 발생
* 문제가 다른 성격을 취함
* 과제들이 수행되지 않거나 제대로 수행되지 않음
* 지지와 자원이 비효과적임
* 사회복지사의 과제들이 비효과적이거나 비현실적임

⑥ 종결 - 치료와 목표 달성할 경우

⑦ 평가 및 사후계획 수립

⑧ 필요 시 계약연장 및 타기관 의뢰

5) 사회복지실천의 적용

개인, 부부, 가족, 소집단에 활용될 수 있으며 비자발적인 클라이언트에게도 적용 가능하다. 직장, 주택문제, 주간보호, 운송수단 등과 같이 불충분한 자원들로 인한 문제를 해결하려는 클라이언트에게 특히 유효하다.

01 과제중심모델에 대한 설명으로 옳은 것은?

① 클라이언트의 문제의식을 반영하여 표적문제를 설정한다.
② 단일이론에 기반을 둔다.
③ 개입단계의 내용이 구조화되어 있지 않다.
④ 클라이언트의 심리적 문제에만 초점을 둔다.
⑤ 과제는 사회복지사가 클라이언트에게 부여한 활동이다.

해설 클라이언트의 문제해결에 대한 방향과 방법들이 달라지므로 이를 평가하고 표적문제를 설정한다.

정답 ①

02 사회복지실천모델에 관한 설명으로 옳은 것을 모두 고른 것은?

ㄱ. 위기개입모델에서는 사건에 대한 클라이언트의 주관적인 인식보다 사건 자체를 중시한다.
ㄴ. 클라이언트중심모델에서는 현재 직면한 문제와 앞으로의 문제를 극복할 수 있도록 성장과정을 도와준다.
ㄷ. 임파워먼트모델에서는 클라이언트가 자신의 삶을 스스로 통제할 수 있도록 원조한다.
ㄹ. 과제중심모델에서는 클라이언트가 인식한 문제에 초점을 두고, 클라이언트의 욕구를 최대한 반영한다.

① ㄱ
② ㄴ, ㄷ
③ ㄱ, ㄴ, ㄷ
④ ㄴ, ㄷ, ㄹ
⑤ ㄱ, ㄴ, ㄷ, ㄹ

해설 위기개입모델은 대처할 능력과 자원이 부족하여 문제가 생기는 사람들을 돕기 위한 모델이다.

정답 ④

03 과제중심모델 중 계약에 포함되지 않는 것은?

① 클라이언트의 목표
② 사회복지사의 과제
③ 표적문제
④ 과제수행의 장애물
⑤ 클라이언트의 과제

해설 과제중심모델실천에서 사회복지사는 클라이언트가 자기의 문제를 구체화하고 과업을 선택하는 것을 도우며 과업실행 계획을 세우고 실행동기를 부여하여 과업수행을 촉진시키는 과정에서 장애물을 예견하고 제거해 준다.

정답 ④

Chapter 08 현실치료

제1절 현실치료

1. 현실치료의 개념

현실치료는 정신병동에서 통찰을 획득하고도 오랫동안 퇴원하지 않고 빈둥거리는 만성환자들을 관찰한 후, 이들에게 필요한 것은 지적인 통찰이 아니라 현실적으로 적응하려는 용기와 책임성의 문제임을 주장하는 이론이다.

따라서 현실치료는 과거를 중시하는 전통적인 상담치료와는 달리 내담자의 행동과 "지금 그리고 책임"을 강조하며, 경미한 정서적 혼란으로부터 심각한 정신병자라고 분류된 사람에 이르기까지 어떤 종류의 심리적 · 정서적 문제로 시달리는 사람들에게도 적용될 수 있다.

현실치료 상담에서는 많은 사람들이 여러 가지 삶의 현장에 활용할 수 있는 실용적이고 구체적인 이론과 방법을 가르침으로써 성숙한 인간으로서의 삶을 영위할 수 있도록 돕는 데 목표가 있다.

2. 인간관

사람은 궁극적으로 자기 결정적이며 자신의 삶에 대한 책임과 능력이 있다고 가정하기 때문에 비결정론적이고 긍정적이다. 글래서가 현실치료에서 보는 인간은 자신과 주위 사람들이 자신을 사랑하고 가치 있게 여기면 성공적인 정체감이 발달하지만 그렇지 못할 경우에는 패배적인 정체감이 발달한다는 것이다. 즉 개인의 바람이나 질적인 세계와 지각세계가 불일치하는 경우 갈등이 생기면서 문제행동을 선택하게 된다는 것이다. 내담자의 성공적 정체감을 강조하는 이 접근법은 전통적인 접근과는 달리 내담자가 자신이 선택한 행동과 그 결과에 대해 책임을 지도록 한다.

① 인간은 자신의 건강을 증진시키고 자신을 성장시키는 힘을 가지고 있다. 이러한 힘이 있기 때문에 인간의 행동변화도 가능한 것이다.
② 인간은 자기 결정이 가능한 존재이다.
③ 인간은 자신이나 환경을 통제할 수 있는 존재이다.
④ 인간은 성공적인 정체감을 반전시킬 수 있는 존재이다.
⑤ 인간은 기본적 욕구를 충족시키려는 존재이다.

01 사회복지실천모델의 개별실천에 관한 설명이다. 틀린 것을 고르시오.

① 심리사회모델은 홀리스, 리치몬드, 해밀튼의 학자들이 개인의 심리상태, 사회환경, 환경의 상호작용을 강조하였다.
② 클라이언트중심모델은 로저스, 랭크의 학자들이 클라이언트의 자기 이해를 통한 자아실현, 인간존엄성, 성장가능성에 초점을 두었다.
③ 인지행동모델은 아들러의 개별심리학, 엘리스의 이성 및 감성정신치료, 워너의 이성적 개별사회사업, 글래서의 현실치료 등의 모델 기법이다.
④ 체계적이고 종합적이며 효과적인 단기치료모델은 행동수정모델이다.
⑤ 시작단계와 4개의 연속적이며 중복적인 후속단계로 이루어지는 것은 과제중심모델이다.

해설 체계적이고 종합적이며 효과적인 단기치료모델은 과제중심모델이다. 정답 ④

02 클라이언트의 자기결정 개념은 사회복지실천의 저변에 깔려있는 가치 전제의 하나로 설정하였다. 유의해야 할 것이 아닌 것은?

① 자기결정에는 여러 가지 대안들이 요청된다.
② 사회복지사의 주요한 책임을 의사결정을 위하여 클라이언트 대신 결정하는 것이다.
③ 클라이언트에게 자신의 견해를 제공할 의무가 있다.
④ 클라이언트의 이익을 극대화할 수 있도록 행동할 책임이 있다.
⑤ 클라이언트의 자기결정권을 존중해야 한다.

해설 클라이언트 대신 결정하는 것이 아니라 도와야 한다. 클라이언트의 의사결정 기회가 극대화될 수 있도록 해야 할 것이다. 정답 ②

Chapter 09 위기개입모델

제1절 위기개입

1. 위기개입의 개념

위기로 인한 불균형 상태를 회복하기 위하여 일정한 원조수단을 개인, 가족, 집단, 그리고 지역사회 등에 적용하는 과정이다. 사회복지실천의 클라이언트들은 잠재적으로 위험 가능성이 있는 인생 사건들에 노출되어 있거나 혹은 현재 위기를 겪고 있는 경우가 대부분이다. 사회복지사들의 위기개입 서비스의 제공은 개입의 효과를 높여준다. 이러한 효과성으로 최근 위기개입의 활용 영역이 넓어지고 있다.

2. 기본 가정

위기를 구성하는 위험 사건, 취약 상태, 촉발요인, 실제 위기 상태, 재통합 위기 이론은 다음의 가정들을 기초로 한다.

(1) 위험 사건

위기는 개인, 가족, 집단, 지역사회, 국가에서 언제라도 일어날 수 있으며 대개 위험 사건에 의해 시작된다. 위험 사건은 외부적인 스트레스 사건일 수도 있고, 내부적인 압력일 수도 있으며, 하나의 재앙 사건일 수도 있고 혹은 연속적으로 축적된 사건일 수도 있다. 예를 들어 실직이나 첫 아이의 탄생 등이다.

(2) 취약 상태

위험 사건으로 항상적 균형을 잃게 되면 취약 상태가 된다. 취약상태에서는 이전의 평형 상태를 회복하기 위해 평소 사용하던 문제해결 기제를 시도하며(개인마다 사건을 인지하는 정도에 따라 나름대로의 방법으로 대처), 이에 성공하지 못하면 위기 상황에 대처하기 위한 새로운 방법을 활성화한다.

(3) 촉발요인

긴장과 불안을 최고봉으로 올려놓음으로써 취약 상태를 불균형 상태로 만드는 요인이다. 어떤 위기 상황에서는 위험 사건이 압도적이어서 동시에 촉발요인이 되기도 하지만 촉발요인은 위험 사건과 직접 관련이 없는 경우도 있다.

(4) 위기에 대한 인식 차이

위기상황이 진행되면서 개인의 인식에 따라 위협, 상실, 도전으로 달리 인식되기도 한다.

(5) 정서적 반응의 차이

위기상황을 주관적으로 어떻게 인식하고 해석하는가에 따라 정서적 반응이 달라진다. '위협'으로 인식하는 사람들은 높은 수준의 불안을 경험하고, '상실'로 인식하는 사람들은 우울, 결핍감, 애도의 반응을 나타내며, '도전'으로 인식하는 사람들은 어느 정도의 불안을 경험하지만 희망과 기대를 갖는다.

(6) 과거 갈등의 재현

위기상황은 과거에 해결되지 않았거나 부분적으로 해결된 갈등을 재활성함으로써 현재의 대처능력을 저하시키기도 한다.

(7) 예측가능한 반응

위기는 다양한 상황을 포함하지만, 특정 위기상황은 예측할 수 있는 단계를 거치며, 사람들은 각 단계에서 예측할 수 있는 정서적 반응과 행동을 나타낸다. 따라서 특정 단계에 고정되거나 단계를 생략한다는 것은 위기를 해결하기 위해 어떤 부분에 초점을 맞추어야 하는지에 대한 단서를 제공한다.

(8) 위기의 시간 제한성

위기는 오랜 기간 동안 지속되는 것이 아니라 시간 제한적이다. 따라서 위기개입은 실제 위기 기간을 넘지 않는 4~6주 이내에 이루어진다.

(9) 위기개입의 효율성

위기상황에서 사람들은 현재 자신의 대처기제가 적절하지 못하다는 것을 경험하고 외부의 영향과 원조에 쉽게 반응한다. 따라서 사회복지사는 적은 원조로 큰 효과를 얻을 수 있다.

(10) 재통합

재통합 단계에서는 일어난 문제에 대해 인지적으로 이해하게 되고, 위기 관련 감정을 방출하고 변화를 수용하며, 새로운 대처 행동 유형을 개발한다. 또한 위기상황을 극복함으로써 숙달감, 자기 존중감의 증진을 경험하게 된다. 이 단계에서 학습한 새로운 적응기제는 장래 다른 상황을 효과적으로 대처하는 데 적용될 수 있다.

3. 위기의 개념

(1) 상황적 위기

위기 상태를 촉발하는 사건을 중심으로 분류한 결과 심각한 질병, 외상, 사별, 자연재해, 폭력범죄 등과 같이 갑작스럽게 발생하는 외부사건에 의한 위기 등이 있다.

(2) 발달적 위기

발달단계에서의 성숙과정에서 발생하는 생활사건이나 발달단계마다 요구되는 발달과업에 의한 새로운 대처자원이 필요한 성숙위기 등을 들 수 있다.

(3) 실존적 위기

브래머는 실존적 위기를 추가하였는데 목적, 책임, 독립성, 자유, 헌신 등 인간에게 중요한 이슈를 동반하는 내적 갈등이나 불안과 관련된 위기라고 보았다. 이는 매슬로의 최상위 욕구인 자기실현 욕구와 관련된 갈등과 위기로 이해할 수 있다.

(4) 위기상태

위기상태는 일반적으로 혼돈, 걱정, 절망, 분노와 같은 감정을 동반하는 격심한 정서적 혼란상태이다. 위기에 처한 개인은 심리적 취약성의 약화, 방어기제의 위축, 문제해결 및 대처능력의 심각한 와해를 경험하게 된다. 위기상태는 6~8주 정도 지속된다.

기출문제

01 골란(N. Golan)의 위기반응 단계를 순서대로 옳게 나열한 것은?

ㄱ. 취약단계	ㄴ. 위기단계
ㄷ. 재통합단계	ㄹ. 위기촉진요인
ㅁ. 위험한 사건	

① ㄱ-ㄴ-ㄹ-ㅁ-ㄷ
② ㄱ-ㅁ-ㄹ-ㄴ-ㄷ
③ ㅁ-ㄱ-ㄹ-ㄴ-ㄷ
④ ㅁ-ㄴ-ㄹ-ㄱ-ㄷ
⑤ ㅁ-ㄹ-ㄱ-ㄴ-ㄷ

해설 위험한사건-취약단계-위기촉진요인-위기단계-재통합단계

정답 ③

02 위기개입모델에 관한 설명으로 옳지 않은 것은?

① 클라이언트에게 실용적 정보를 제공하고 지지체계를 개발하도록 한다.
② 단기개입 서비스를 제공한다.
③ 구체적이고 관찰 가능한 문제에 초점을 둔다.
④ 위기 발달은 촉발요인이 발생한 후에 취약단계로 넘어간다.
⑤ 사회복지사는 다른 개입모델에 비해 적극적이고 직접적인 역할을 수행한다.

해설 위기의 발달단계 : 위험사건→취약상태→촉발요인→실제위기상태→재통합

정답 ④

03 위기개입 과정을 단계적으로 잘 설명한 항목은?

① 사정단계 - 계획단계 - 행동단계 - 종결단계
② 사정단계 - 계획단계 - 개입단계 - 위기대비계획
③ 준비단계 - 계획단계 - 사정단계 - 개입단계
④ 접수단계 - 사정단계 - 개입단계 - 위기대비계획
⑤ 사정단계 - 계획단계 - 치료단계 - 종결단계

해설 위기개입 과정은 사정단계-계획단계-개입단계-위기대비계획이다.

정답 ②

Chapter 10 사례관리

제1절 사례관리

1. 사례관리의 개념

사례관리는 보호관리, 사례조정, 자원조정이라고도 한다. 사례관리는 보건 및 사회서비스 분야의 다양하고 복잡한 문제에 대한 해답으로 폭넓게 받아들여지고 있다. 정신장애인이나 만성질환을 가진 노인 및 그 가족들은 다차원적이고 장기적인 서비스 욕구를 가지고 있는 반면, 이들에게 필요한 다양한 서비스에 대한 정보는 부족하고, 서비스 전달 체계 또한 복잡하다. 다양하고 지속적인 서비스의 재원의 부재로 인해 결과적으로는 클라이언트와 서비스가 적절히 연결되지 못하는 문제들이 흔히 발생한다. 이러한 문제를 해결하는 유용한 방법으로써 사례관리 방안이 개발되었다.

결국 사례관리기법은 다양한 니즈를 가지고 있는 클라이언트에 대해 그 니즈에 맞는 개별적인 원조계획을 통해 여러 가지 자원을 연결, 동원하여 적절한 서비스를 제공함으로써 클라이언트의 기능 회복 및 복지증진을 도모하는 서비스 전달 체계이다.

2. 사례관리의 목적

① 외부환경에 적응할 수 있는 클라이언트의 잠재력을 최대화한다.

② 클라이언트와 가족이 여러 서비스와 지원체계에 접근하여 이를 활용할 수 있는 방법을 습득하게 함으로써 가족, 이웃, 친구 등 비공식적 지원체계가 클라이언트를 보조할 수 있는 능력을 최대화시킨다.

③ 클라이언트와 가족의 욕구를 충족시키는 데 있어 공식적 도움 체계의 능력을 최대화하는 역할들을 수행한다(Moore, 1990)

3. 사례관리의 기능

1) 직접적인 서비스 기능

이전의 개별사회사업 방법이 여기에 해당된다. 사례관리자 또는 해당기관에서 제공할 수 있는 서비스를 가지고 클라이언트에게 접근하는 것으로 기관의 자립성, 고유성이 유지될 수 있다. 또한 비교적 안정적인 자원이 제공될 수 있는 장점이 있는 반면, 기관이 제공할 수 있는 서비스의 한계로 인해 클라이언트의 만족도가 낮아질 수 있다.

2) 간접적인 서비스 기능

해당기관이 직접 제공하는 것이 아니라 외부자원을 활용하는 것이다. 클라이언트의 다양한 욕구충족에 적절히 대응할 수 있는 장점이 있으나 외부자원의 상황에 따른 변수로 인한 안정적인 서비스의 제공을 보장할 수 없다는 한계가 있다.

사례관리에서는 이상의 두 가지 기능을 동시에 수행함으로써 고전적인 사회사업방법의 한계를 극복할 수 있다. 어느 한쪽의 단점을 다른 기능을 활용함으로써 상호보완해 나갈 수 있기 때문에 기능면에서 최근 각광받는 사회사업방법이라 할 수 있다.

4. 사례관리자의 역할

사례관리자는 직접적 서비스 기능과 간접적 서비스 기능을 효과적이고 균형적으로 수행할 수 있도록 노력해야 한다.

1) 조정자

사례관리자는 개인이나 그 가족에게 직접 서비스를 제공하지 않으며 주로 서비스 전달 상황을 파악하고 조정한다. 즉 사례관리자는 서비스 세팅에 따라 서비스를 정리하고 직접적으로 통제할 수도 있다.

2) 옹호자

클라이언트가 자신에게 필요한 자원을 적절히 이용하지 못함으로 인한 직접적 서비스 제공자와의 오해에 있어서 클라이언트의 입장에서 대변하고, 적절한 서비스가 전달되도록 노력하는 역할을 말한다. 예를 들면 행정편의상의 서비스 제공으로 인한 이용부족에 대한 사례관리자의 건의사항 제시 등이 여기에 해당한다.

3) 상담가

클라이언트와 가족이 그들 자신의 문제와 욕구를 스스로 파악하고 인식하도록 돕고, 서비스의 뢰의 적합성을 판단하는 방법을 교육시키며, 클라이언트의 문제해결에 대한 책임을 어느 정도 분담하도록 격려해주어야 한다.

5. 사례관리의 과정

일반적으로 사례관리의 과정은 ① 문제발견 ② 사정 ③ 계획 ④ 조정 ⑤ 모니터링 ⑥ 재측정의 단계로 나눌 수 있다.

1) 문제발견

이 단계에서는 사례발견을 위한 소극적인 클라이언트의 방문부터 적극적인 Out-reach를 통해 클라이언트의 문제가 무엇인지를 식별하고, 클라이언트가 서비스를 받을 자격이 있는지 클라이언트의 성명, 연령, 가족 상태, 소득 등 기타 사항을 참고로 판단한다.

여기서 사례관리자는 클라이언트와 가족에게 기관이 제공할 수 있는 서비스, 기관이 클라이언트에게 요구하는 사항 그리고 기관이 갖는 제한점에 대해 설명한다. 만약 해당기관에서 제공할 수 있는 서비스로 적절한 사례관리가 이루어지기 어려울 경우 타기관에 사례를 의뢰한다.

2) 사정

클라이언트의 현재 기능에 대한 광범위하고 구조화된 평가의 과정이라는 의미를 가진 사정의 목적은 클라이언트 및 클라이언트의 사회적, 물리적인 환경의 욕구와 강점을 정확히 평가하는 데 있다. 따라서 이 단계에서 사례관리자는 클라이언트와 그 가족이 제시한 문제 외에 신체적, 인지적, 사회적 및 정서적 욕구뿐만 아니라 재정적 · 환경적 욕구를 파악해야 한다. 그리고 공식적 서비스 제공자와 가족이나 친구와 같은 비공식적 서비스 제공자로부터 클라이언트가 받을 수 있는 지원에 대한 검토가 이루어져야 한다.

① 자기관리능력, 일상생활능력, 위험요소
② 신체적인 건강상태
③ 정신적인 건강상태
④ 기능과 생활양식
⑤ 돌보는 사람의 기여도
⑥ 사회적 지지망과 지지의 정도
⑦ 주거와 경제적 상황 등에 관해 다각적으로 조사한다.

3) 보호계획

계획은 사정에서 얻어진 자료들을 근거로 포괄적이고 구체적인 서비스 제공 방법과 시기 그리고 목표에 대한 개념을 설정하는 단계이다. 이 단계에서 사례관리자는 클라이언트의 능력과 기술의 개선을 위한 목표, 필요한 서비스들의 활용을 위한 목표, 사회망을 통한 개입의 목표들을 설정한다. 그리고 이 목표들을 달성하기 위한 구체적인 개입계획을 수립하여 서비스 전달에서 나타날 수 있는 장애요인 등을 명확하게 분석하며, 점검과 평가를 할 수 있도록 서비스 효과성에 대한 지침을 정확히 설정해야 한다. 이 과정은 다음과 같은 기본원칙을 토대로 이루어져야 한다.

(1) 기본원칙

① 보호계획은 클라이언트의 기능을 포괄적으로 특정한 결과를 바탕으로 수립한다.
② 클라이언트와 보호자를 계획과정에 참여시킨다.
③ 구체적 보호기간을 정한다.
④ 공식직 시비스와 비공식적 서비스를 모두 계획한다.
⑤ 비용을 의식하고 있어야 한다.
⑥ 보고서를 꼭 작성한다.

(2) 공식적 서비스와 비공식적 서비스를 모두 계획하는 데 있어서의 과정은 일반적으로 다음과 같다.

① 포괄적으로 문제의 목록을 작성한다.
② 다루어야 할 개별문제의 바람직한 상태를 정한다.
③ 필요한 도움의 형태를 파악한다.
④ 도움을 제공하는 제공자와 서비스의 목록을 정한다.
⑤ 제공될 각 서비스의 양을 기록한다.
⑥ 서비스에 대한 비용의 계산과 비용을 지불할 기관이나 단체를 기록한다.
⑦ 클라이언트와 보호자가 합의한 바를 기록한다.

4) 서비스 조정

계획단계에서 수립된 계획을 실천하는 단계이다. 이 단계에서 사례관리자는 계획을 현실화하는 데 있어서 가능한 한 필요한 모든 서비스를 제공하도록 노력해야 한다. 제공자와의 접촉도 빈번해지고 다양해지면서 여러 복잡한 역할을 수행하여야 한다.

이 단계에서의 노력이 사례관리 전체의 성공여부를 판가름 할 수 있는 중요한 과정이 된다.

서비스 조정에서 사례관리자의 역할은 다음과 같다.

① 가족과의 연계
문제해결을 위해 가족의 참여를 유도함으로써 궁극적으로 설정한 목표를 향한 주도적인 역할을 제시하여야 한다.

② 기존의 유대강화 및 유지
클라이언트가 가지고 있는 기존 사회적 지지망에 대한 부정적인 인식을 바꾸는 데 교육, 관계기술 등을 통해 인식의 전환을 가질 수 있도록 노력해야 한다. 문제해결을 위한 타 지지망에 대한 거부감을 방지할 수 있도록 한다.

③ 전문가와의 연계
문제해결에 필요한 전문가와의 연계로 효과적인 사례관리를 추구해야 한다. 이들은 직접적이고 전문적인 기술을 가지고 있으므로 타 지지망과 구분된다.

④ 지역사회 자원을 이용한 새로운 사회적 지지망 구축
서비스 자원 제공자가 사례관리자와의 관계를 클라이언트와의 관계로 이전, 재형성하는 것으로 사례관리자는 연결개입을 통해 비공식적 자원체계를 개발하는 자원제공자, 비공식적 자원체계와 공식적 자원체계를 연결하는 연계자 그리고 지역사회와 기관과의 새로운 관계의 수립 등을 통해 조직화하는 지역사회 조직가로서의 역할을 담당하여야 한다.

5) 모니터링

제공되고 있는 서비스에 관한 것으로 이 과정에서 서비스의 계획과 서비스의 변경이 이루어지며, 클라이언트에게 상황의 변화에 적절한 지속적인 서비스 연계를 그 초점으로 하고 있다. 즉 서비스가 적절한가, 서비스의 질이 높은가, 서비스가 클라이언트의 욕구를 충족하고 있는가를 평가하는 것이다. 사례관리자는 이 목적을 달성하기 위해서 노력의 요소, 적정성 요소, 질적인 요소, 결과적 요소들을 클라이언트의 자기관리 차원, 상호적 관리 차원, 전문가 관리 차원과의 상관관계를 고려해서 점검한다.

① 클라이언트의 자기관리에 대한 점검
사례관리자의 주요 초점은 클라이언트 스스로 노력하고 있는지, 서비스와 지원계획은 지속되고 있는지, 클라이언트는 목표달성에 필요한 활동을 이행하고 있는지, 계획의 성취를 위해 정해진 자기관리활동은 적정한지, 이러한 활동들이 클라이언트의 욕구를 충족시키고 있는지의 여부를 알아본다.

② 상호적 관리에 대한 점검
사회적 지지망, 구성원들이 클라이언트의 서비스와 지원목표의 달성을 위해 기여하고

있는 정도에 초점을 둔다. 따라서 사례관리자는 사회적 지지망, 구성원들이 정해진 목표의 충족을 위해 적정하게 자신들의 과업을 이행하고 있는지를 점검한다. 또한 사례관리자는 클라이언트의 욕구가 충족될 수 있는 활동들의 기여와 지원활동의 질에 대해서도 점검해야 한다.

③ 전문가 관리에 대한 점검
사례관리자는 클라이언트에게 서비스를 제공하는 다른 전문가의 활동에 관심을 집중한다. 이때 점검의 핵심은 전문가가 계획된 활동에 근거해서 서비스를 수행하고 있는지의 여부, 이러한 활동이나 서비스가 환자의 욕구충족을 위해 필요한 것인지의 여부, 전문가는 얼마나 서비스를 잘 전달하고 있는지의 여부 그리고 전문가의 서비스는 클라이언트의 욕구충족에 공헌하고 있는지의 여부에 초점을 맞추어 점검활동을 시행한다.

6) 재측정

클라이언트의 상황과 기능이 처음에 세운 보호계획의 목적과 비교해서 서비스 전달 후 차이 또는 변화가 발생하였는지를 판정하기 위해 클라이언트의 조건과 상태를 다시 측정하는 과업을 말한다. 보통 3개월 단위로 이루어진다. 즉 서비스에 관한 것 - 서비스의 적정성, 서비스의 효율성 등이 아니라 클라이언트에 관한 처음과 같은 재접근을 의미한다. 이는 서비스 전의 상황과 후의 상황을 비교 평가하고 기록하여 활용되야 한다.

기출문제

01 사례관리자가 한 사례를 담당하여 종결할 때까지 제공되는 모든 서비스를 총괄하고 서로 중복되지 않으며 협력하여 개입의 효과와 책임성을 높일 수 있도록 하는 역할은 무엇인가?

① 옹호자의 역할
② 중재자의 역할
③ 중개자의 역할
④ 교육자의 역할
⑤ 통합, 조정자의 역할

해설 전체적이고 총괄적인 관할 과정을 의미한다.

정답 ⑤

02 다음 사례에서 사회복지사가 우선적으로 개입해야 하는 것은?

> A씨는 25세로 알코올 중독진단을 받았으나 문제에 대한 본인의 인식은 부족한 상황이다. 현재 A씨는 부모와 함께 살고 있으나 몇 년전부터 대화가 단절되어 있다. A씨가 술을 마실 때면 아버지로부터 학대도 발생하고 있는 상황이다.

① 경직된 가족경계를 재구조화한다.
② 단절된 의사소통의 문제를 해결한다.
③ 알코올 중독 문제에 관여한다.
④ 술 문제의 원인으로 보이는 부모를 대상으로 상담한다.
⑤ 부모 간 갈등으로부터 벗어나도록 자아분화를 촉진한다.

해설 사례관리자의 역할에서 가장 중요한 역할은 클라이언트의 욕구가 무엇인가 확인하여 클라이언트의 포괄적인 욕구를 알고 적절한 서비스와 연결시켜 효율적으로 자원을 제공하는 것이다.

정답 ③

03 사례관리기법에 대한 설명 중 옳은 것은?

① 클라이언트가 갖고 있는 문제를 중심으로 여러 가지 서비스를 연계하여 복합적인 문제해결을 도모하는 서비스 활동이다.
② 클라이언트의 사례를 기록하여 관리함으로써 이후 다른 사회사업가가 활용할 수 있도록 하는 활동이다.
③ 개별사회사업에 있어서 접수로부터 종결에 이르기까지 다른 모든 생활들을 철저하게 개인별로 확인 · 기록하는 기술이다.
④ 인간행동에 관한 이론적 측면보다는 인간 자신 및 타인과의 관계를 추구한다.
⑤ 개인이나 가족이 전문적 원조를 받아 불균형상태를 회복하려는 기술활동이다.

해설 내담자를 중심으로 한 연계서비스가 이루어져야 한다. 정답 ①

Chapter 11 역량강화(임파워먼트=권한부여)모델

제1절 임파워먼트

1. 권한부여

사회복지실천의 중요한 목적 중 하나는 클라이언트의 사회기능수행능력의 향상이다(NASW, 1993). 이것은 사회복지실천의 기능과 연결되어 클라이언트의 역량강화 및 권한부여(empowerment)로 집약된다고 할 수 있다(Browne, 1995). 최근 권한부여라는 개념은 억압받는 일부 소수집단에 매우 유용한 개념으로 논의되고 있으나, 사실 사회복지실천의 역사에서 꾸준히 함께 있어 왔던 철학이고, 이념이자 실천원칙이었다. 따라서 최근 논의가 활성화되고 있는 권한부여는 새롭게 등장한 신개념이 아니라 그동안 간과되었던 것의 재부각 혹은 강조라고 해야 할 것이다.

일반적으로 권한부여란 '개인이나 집단이 상대적으로 무기력한 상태에서 힘을 가진 상태로 이동해 나가는 것'인데(Staples, 1990), 학문 분야에 따라 다양한 의미로 사용되고 있다. 대표적으로 거티어리즈(1990)는 권한부여를 3가지 단계의 수준으로 나누고 있다. 거시적 수준에서의 권한부여는 집단적인 정치적 힘을 증대시키는 과정을 의미한다. 반면, 미시적 수준은 주로 개인에 초점을 둔 것으로 실제적인 구조의 변화가 없다고 할지라도 개인이 힘 혹은 통제력이 증대되었다고 느끼는 것이다.

2. 강점관점 및 권한부여

사회복지실천에서 권한부여의 활용에 대한 이해를 위해서는 강점관점, 권한부여 과정, 역량강화에 대한 충분한 이해가 있어야 하며, 이들이 서로 분리된 것이 아니라 연속적인 일련의 과정으로서 상호 밀접한 연관성을 갖는다는 것을 알아야 한다. 이러한 3가지 차원을 역동적인 상호작용의 관계 안에서 살펴보면 강점관점은 권한부여 과정을 활용하여 클라이언트의 역량을 향상시키고자 하는 사회복지사에게 중요한 준거틀이 된다고 할 수 있다.

1) 강점관점

① 정의

강점관점은 문제 자체에 대한 관심보다는 해결점을 발견하고 강점을 강화시키는데 주요 초점이 있다. 따라서 강점관점이란 클라이언트를 독특한 존재로서 다양성을 인정하고 존중하면서 클라이언트의 결점보다는 강점에 초점을 두어 가능한 모든 자원을 활용하여 역량을 실현해 나가도록 돕고자 하는 것이다.

② 강점관점 대 병리관점

병리관점으로부터 강점관점으로의 변화는 몇가지 핵심적인 변화 양상으로 나타나게 된다. 주요한 변화는 병리관점에서의 문제는 강점관점에서 변화를 위한 하나의 도전으로 간주되며, 병리적 관점이 과거 지향이라고 한다면, 강점 관점은 현재를 기반으로 한 미래를 강조한다는 것이다.

2) 권한부여

권한부여는 전통적인 힘, 통제력 보유 혹은 다른 사람에 대한 영향력, 법적 혹은 행정적 권위, 능력, 권위 혹은 물리적 힘에 대한 개념으로 정의할 수 있다. 따라서 권한부여는 다른 사람들에 대한 통제력, 권위, 영향력의 소유일 뿐 아니라 스스로의 삶에 대한 통제력을 얻는 것이라고 볼 수 있다. 그러나 사회복지실천에서의 권한부여 정의는 전통적 관점과는 다소 다르다. 사회복지실천에서는 기본적으로 3가지 측면으로 권한부여를 정의한다. 즉 개입 및 산출, 기술, 그리고 과정이다. 권한부여는 사회복지사에게 중요한 하나의 기술로서 정의되기도 하며 클라이언트를 돕는 일련의 과정으로 등장하였다.

3) 강점관점을 강조한 실천모델(권한부여모델)

(1) 협력과 파트너십

전통적으로 사회복지 전문직은 예측, 통찰, 지식, 활동계획을 가지고 있는 우월한 사회복지사가 통찰, 지식, 행동계획이 부족한 의존적인 클라이언트를 돕는 것이었다. 따라서 사회복지사는 권위적 치료자이며 제공자이고, 클라이언트는 서비스의 수동적인 수혜자로서 기능하였다. 그러나 권한부여모델에서는 클라이언트를 경험과 역량을 가진 원조과정의 파트너로 본다. 클라이언트를 파트너로 보는 것은 클라이언트를 잠재력을 가진 인간, 문제해결을 위한 자원으로 인식하여 클라이언트의 참여를 중시하고 변화 노력 전 과정에서 클라이언트의 자기결정권을 강조하는 것이다. 따라서 이 관점에서 클라이언트는 변화과정에 능동적으로 참여하는 파트너이며, 자신이 처한 환경과 능력을 가장 잘 알고 있는 사람으로 간주된다.

권한부여 접근은 클라이언트에 대한 시각을 변화시킨다. 즉 클라이언트는 기존의 수혜자, 환자, 도움을 받는 사람들이라는 낙인으로부터 소비자라는 개념으로 전환된다(Miley 등, 1995). 클라이언트를 소비자로 보는 것은 서비스 제공에 대해 수혜가 아닌 하나의 권리로서 이해하는 것이며, 클라이언트에게 서비스에 대한 능동적인 선택권을 부여하는 것을 의미한다고 할 수 있다.

(2) **역량**(competence)

역량은 인간체계의 구성원을 돌보는 기능을 수행할 수 있으며, 다른 체계와 효율적으로 상호작용하고, 사회적 · 물리적 환경의 자원체계에 기여할 수 있는 능력을 말한다. 역량은 개인적 특성, 대인상호관계, 사회적 · 물리적 환경에서 비롯되는데, 이러한 요소들이 잘 기능할수록 각 개인이 환경에 대처할 수 있는 역량은 더욱 향상된다.

권한부여모델에 근거한 사회복지사는 개인의 문제를 클라이언트 체계의 결점으로 보기보다는 개인적 역량과 환경적 요구 사이의 불일치로 인한 것으로 파악한다. 그러므로 이때 필요한 것은 자원에 대한 정확한 사정과 활용이다. 자원과 기회에의 접근 증가, 강점 확장, 역량 강조 자체가 권한부여라고 할 수 있다. 따라서 권한부여는 우리의 삶 안에서 역동적으로 발생하게 되는 것이다. 이러한 모든 과정은 사회복지사와 클라이언트 간의 파트너십으로 협력과정을 통해 이루어져야 하며, 클라이언트의 역량을 강화하여 매일의 삶 속에서 접하는 일상생활 안에서 대처기술의 향상으로 이어질 수 있도록 해야 한다.

(3) **개입과정**

콤튼과 갤러웨이(1994)은 사회복지실천과정을 '합의된 목표를 성취하기 위해서 감정, 사고, 행동의 통합에 참여하는 클라이언트 체계와 실천가 사이의 일련의 상호작용'으로 정의한다. 사회사업개입과정의 중요한 예가 펄만에 의해 제시된 문제해결과정이다. 펄만이 최초로 일반사회사업모델을 개념화하였기 때문에, 많은 임상실제에서는 문제해결과정을 하나의 임상모델로 활용해 왔다. 문제해결과정은 사회복지사와 클라이언트에게 '문제해결을 위한 협상, 계획, 행동전략'을 제시하는 것으로 논리적, 실제적인 개입 준거틀을 제시해준다.

권한부여 접근은 문제해결과정에서 강점을 부각한 것이다. 문제해결과정처럼 권한부여 접근도 현재 상황에 대한 포괄적인 이해, 개입활동을 안내하는 실제적인 행동계획, 변화전략에 대한 지속적인 평가의 중요성을 인정한다. 그러나 권한부여 접근은 전통적인 문제해결과정과 다르게 문제가 아니라 클라이언트의 강점과 환경적 자원에 초점을 두고 클라이언트의 역량을 향상시키기 위한 해결 중심의 접근을 한다. 따라서 이러한 접근에서는 결점보다는 강점을 강조하게 되며, 전문가적 전문성보다는 협력적인 파트너십과 해결 지향의 접근을 하게되는 것이다.

01 역량강화의 개입 중 자신과 비슷한 문제를 가진 사람들과 연대함으로써 사회적 해결을 위한 자기 주장을 할 수 있게 하는 활동은 어느 차원의 개입인가?

① 미시적 차원 ② 중범위적 차원
③ 대인 관계적 차원 ④ 사회 정치적 차원
⑤ 개인적 차원

해설 사회정치적 차원에서 사회적 해결을 위한 자기 주장을 할 수 있게 활동한다. 정답 ④

02 역량강화모델(empowerment model)에 관한 설명으로 옳지 않은 것은?

① 클라이언트의 잠재적인 역량에 초점을 둔다.
② 변화를 위한 클라이언트의 역할이 중요하다
③ 발견단계-대화단계-발전단계의 실천과정 순서로 진행된다.
④ 이용가능한 자원체계의 능력을 분석하고 목표를 구체화한다.
⑤ 클라이언트의 참여를 중시하고 자기결정권을 강조한다.

해설 대화단계 - 역량강화 관계 개발하기
발견단계 - 사정, 분석, 계획하기
발전단계 - 실행 및 변화 안정화하기의 순서이다. 정답 ③

Chapter 12 집단 대상 실천기법

제1절 집단 대상 실천

1. 집단의 개념

집단은 성원들이 사회복지사의 관여와 개입에 찬성하고 이를 선택한 사람들의 모임으로, 집단 지도자 집단형성에 책임이 있든 없든 성원들에 대해 전문가로서의 의무와 책임을 지고, 성원들이 함께 집단 목적을 달성할 수 있도록 돕는 역할을 하게 된다.

2. 집단의 특성

① 서로 함께 시간을 보내는 사람들의 모임으로, 구성원 스스로가 자신을 집단성원으로 인식함은 물론, 사람들도 그를 집단에 속한 사람이라고 인식하고 인정한다. 집단에는 사회복지사에 의해 새로 형성된 집단과 이미 형성되어 있는 기존집단이 포함된다.

② 성원들은 지속적으로 만나도록 기대되기도 하고 그렇지 않을 수도 있다. 일정한 기간 동안 시간을 정해 고정된 시간에 모임을 갖기도 하고 모임 시간의 길이를 목적의 진척에 따라 결정하는 집단도 있다.

③ 집단 내에서 성원들은 상호의존하고, 직 · 간접적 상호작용 · 교환을 하므로 집단의 크기를 제한하게 된다.

④ 집단은 한가지 이상의 목적을 위해 형성된다. 이 목적을 성원들이 공유함으로써 집단 내에서 상호작용을 하고 자신을 투자하며 일체감을 갖게 되는 것이다.

⑤ 사회복지사가 상호작용하는 집단은 그들을 고용하는 기관에 대한 견해나 기능에 일치할 수도 있고, 일치하지 않을 수도 있다. 이때 집단 사회복지사는 조직과 동료들에게 적합한 새로운 아이디어나 기획 등을 제안하기도 하고, 그들 조직에 대한 전통적 방법과 태도를 변화시키기 위한 운동을 전개하기도 한다.

결론적으로 집단은 적어도 두 사람 이상이 공통의 목표나 비슷한 인지적·정서적·사회적 흥미나 관심을 가지고 반복적으로 모여 서로에게 영향을 주고 함께 기능할 수 있는 규범을 만들며,

집단적 활동을 하기 위한 목표와 응집력을 발달시키는 모임으로 정의할 수 있다.

제2절 집단의 유형

집단은 구성원의 가입 · 탈퇴의 자율성 여부에 따라 개방집단과 폐쇄집단으로 나누어지며, 목적에 따라 치료집단 · 성장집단 · 교육집단 등으로 나누어진다.

1. 개방 집단

생각 · 신념 · 가치관이 유입될 수 있고 새로운 성원을 통해 새로운 정보자원을 받아들일 수 있다. 그러나 입회 · 탈퇴 빈도가 많으면 많을수록 사회복지사와 지도자는 새로운 성원에 대한 오리엔테이션을 반복하지 않으면 안 된다. 또한 지금까지 일정한 목표를 향해 노력해 온 성원들의 성장을 정체시키거나 초조감을 불러일으킬 수 있다.

2. 폐쇄 집단

집단성원이 동일하게 때문에 응집력이 높을 가능성이 크며, 집단의 사기도 높아 협력적이다. 그러나 질병으로 결석하거나 다른 이유로 집단을 그만두는 생길 경우 집단이 소수화되어 생각이나 의견이 한정될 위험이 있다.

3. 과업 집단

일련의 특수 과업이나 목표들을 달성하기 위해 구성된다. 조직이나 기관의 문제에 대한 해결책 모색, 새로운 아이디어 개발, 효과적인 원조 전략 등의 과업수행을 목적으로 하는 집단이다. 따라서 특별한 재능을 가진 사람으로 구성된다.

4. 치료 집단

목표는 일대일 상담과 비슷하게 성원들이 그들의 문제를 깊이있게 탐색함으로써 여러 해결전략들을 개발하는 데 있다. 사회복지사가 단번에 한 사람 이상을 원조할 수 있을 뿐만 아니라 전문가적 노력의 사용을 잠재적으로 비축하게 하는 장점을 가지고 있다. 또한 상호 원조적 치료 원칙이 적용된다는 점이 특징이다. 즉 각 성원들이 집단 내에서 서로 역할을 바꾸고 서로의 문제를 해결하도록 도와주는 원조자적 역할을 하게 된다는 것이다. 무한한 가능성과 잠재능력을 충분히 발휘할 수 있도록 돕고, 이를 통해 사회적 기능을 향상시킬 목적으로 형성된 집단으로 치료보다는 예방에 중점을 둔다.

5. 자기지향 집단

집단 지도자보다 집단 구성원들에 의해 집단의 방향과 목적이 결정되는 집단이다. 성원들이 가지고 있는 문제에 초점을 두는 문제중심적일 수도 있고, 스스로가 함께 일하면서 해결책을 모색하는 자조집단과 같이 집단 내·외에서 성원들의 변화를 시도하기도 한다. 핵심적인 목표는 성원들의 자존감과 자기주장 능력을 키우면서 외적 변화도 함께 모색하는 데 있다.

6. 참만남 집단·감수성훈련 집단

대인관계에 대한 인식강화를 목표로 한다. 집단성원들은 대인관계 기술 및 자기개방이 요구되는 집단경험과 관련된다. 신뢰·친밀감을 특징으로 하는 집단으로, 진실성이 원동력이 된다. 일단 대인적 인식이 증대되면 다른 모든 태도와 행동도 변화될 것이라는 가설에 기초한다.

7. 교육 집단

목적은 직접적인 교습활동을 통해 기술을 가르쳐주고, 정보를 제공하며, 지식을 습득할 수 있도록 돕는 데 있다. 변화에 의해 발생하는 감정들을 배우고 위치나 지위를 변화시키는 데 중점을 둔다.

8. 자조 집단

특정 목적을 성취하고 성원 상호간의 원조를 목적으로 형성되는 자발적 소집단이다. 특정 장애나 생활상의 분열·혼란문제와 사회적·개인적 변화를 가져오고자 하는 동료들에 의해 구성된다. 자조 집단에서는 대면적·사회적 상호작용을 강조하며, 원인 지향적이어서 성원들에 의한 개인적 책임과정을 중시한다. 정서적 지지는 물론 물질적 원조를 제공하며, 개인적 정체감을 고양하기도 한다.

9. 사회화 집단

집단성원의 행동과 태도를 좀 더 사회적으로 용납할 수 있는 태도로 변화 · 발달시키기 위해 사회적 기술 발달, 자기확신의 증대, 미래에 대한 계획들에 중점을 두게 된다.

예) 비행성향을 완화하기 위해 비행 소지가 있는 청소년 집단과의 작업 사례, 종족적 긴장을 완화하기 위해 다양한 종족적 배경을 가진 성원들로 구성된 집단, 결혼생활을 집에서 보내기로 계획하고 있는 임신한 여성들의 집단, 양로원에서 다양한 활동에 참여하고 재동기화하기 위해 노력하는 고령자들 집단, 지역사회에 돌아와 새로운 계획을 세우도록 도와주어야 할 교정학교에서의 소년 집단 등

10. 사회 집단

집단의 내용이 사회적이거나 오락활동을 포함하는 집단으로, 노인들의 취미모임이나 주간보호소가 포함된다. 관계에 대한 긍정적 경험을 제공함으로써 집단성원의 고립을 극복하도록 도움을 주거나 단순히 즐거운 기회를 제공하는 데 그치는 경우도 있다.

11. 레크레이션 집단

목적은 즐거움과 훈련활동을 제공하는 데 있다. 대표기관으로는 YMCA, YWCA, 인보관 등이 있다.

12. 레크레이션기술 집단

목적은 즐거움을 제공하는 기술을 개량하는 데 있다. 레크레이션 집단과는 대조적으로 이 집단의 대상은 지도자 · 교육자 등이 포함되며 좀 더 과제지향적인 성향이 강하다. 이 외에도 토론집단, 사회행동 집단, 문제해결 집단과 의사결정 집단 등의 유형이 있다.

제3절 집단사회사업 실천

집단사회사업은 집단, 집단성원, 집단 환경을 구성요소로 한 목표지향적 활동이며 사회사업 방법론 중 하나이다. 집단사회사업은 주로 소집단을 활용하여 문제를 가진 집단뿐만 아니라 건강한 집단을 대상으로 전문가의 지식과 실천을 기반으로 한 원조를 제공하게 된다. 면접보다는 여러 사람이 참여한 집단치료 회합을 개입 또는 서비스의 수단으로 삼는다.

1. 집단사회사업

의도적인 집단경험을 통해 개인이 사회경험을 할 수 있는 능력을 높여주고 개인 · 집단 · 지역사회의 여러 문제에 보다 효과적으로 대처할 수 있도록 사회자원을 동원하여 원조하는 사회복지의 한 방법이다.

2. 집단상담

특별한 문제를 해결하거나 특정 상황을 수정 · 변경하는 데 중점을 둔다. 성원들은 항상 집단의 초점을 제공하는 일상적 문제를 서로 공유하게 된다. 초점은 문제에 집중되어 계속 유지되고, 문제는 명확히 규정된다. 그러나 집단이 초점 확대에 동의하지 않는 한, 문제들에 대해서는 거의 관심을 기울이지 않는다. 예로는 부모들의 통제를 벗어난 아동, 가족을 결성하는 데 어려움을 느끼는 계부모 모임 등을 둘 수 있다.

3. 집단치료

전문가의 도움을 받는 특수하고 통제된 집단 상호작용을 통하여 집단성원의 개인적 · 사회적 기능을 향상시키고, 성원들의 증상과 고통을 완화하며, 기본적인 성격을 변화시키는 데 목적이 있다. 즉 집단활동을 통해 개인적 치료 목표를 달성하는 데 중점을 둔다. 치료집단에서도 성원들의 참여는 자발적인 것이어야 하며, 외적 압력의 결과이어서는 안 된다.

4. 집단지도

고통을 받고 있는 개인뿐만 아니라 건강한 개인들로 구성된 집단에 대한 지도까지를 포함하는 개념이다. 집단지도자가 개인적 · 사회적 기능상의 문제를 가지고 있는 개인들의 집단을 지도할 수 있는 특수한 전문적 훈련과 기술을 사용했을 때는 집단치료가 된다.

제4절 집단 대상 사회복지실천의 비교

사회복지실천에서 집단개입에는 세 가지 주요 모델들이 있다. 즉 집단구성의 모적에 따라 ① 사회적 목표 모델, ② 치료모델, ③ 상호작용모델로 분류된다.

1. 사회적 목표모델

사회적 목표모델은 초기 집단사회사업 목표 성취의 기본적 모델이며 중심 개념은 사회적 의식과 사회적 책임감이다. 사회적 목표모델은 선량한 시민 양성에 목적을 둔 인보관과 청년단체의 집단사회사업으로부터 성장했다. 이 모델은 지역사회 내의 범죄, 빈곤과 같은 문제를 다루기 위해서 자주지역복지관이나 시민조직 그리고 보건 또는 복지위원회 등에서 활용된다. 오늘날 사회복지관의 '지역환경지킴'이나 공공주거단지에서 주민들이 범죄에 대항하기 위해 조직된 집단이 여기에 해당된다.

2. 상호작용모델

상호작용모델은 집단 성원과 사회 간의 공생적인 관계를 통해 집단 성원들의 요구와 문제를 해결하는 것에 초점을 둔다. 즉 집단을 통해 개인기능과 사회기능을 향상시키는 대표적인 집단이 가정폭력 피해자 집단, 에이즈환자 집단 등이다. 이 집단 속에서 성원들은 서로를 지지하고 재보증을 통해 자신들의 인생을 통제하도록 도움을 받는다. 중간모델 또는 인본주의모델로도 불리는 상호작용모델은 개별성원과 집단 간의 상호관계에 초점을 둔다. 이 모델에서는 집단활동 시작 이전에 특정한 목표를 설정하지 않으며, 집단사회사업 과정을 통한 상호작용 중에 목표가 설정된다.

3. 치료모델

치료모델은 개인이 치료를 위한 도구로 집단을 활용하는 모델이다. 집단은 개인의 목적을 달성하는 하나의 방법이나 관계상황이고 집단과정을 통한 변화는 그 자체가 목적이 아니라 개인의 치료와 재활을 위한 수단이 된다. 알코올중독자들의 회복집단, 정신치료집단 등이 대표적인 예이다. 역사적 맥락에서 볼 때 치료적 모델의 발전은 집단사회사업이 전문사회복지실천에 통합될 수 있게 하였다. 치료모델은 사회적 기능수행에 문제가 있거나 문제발생의 위험이 높은 개인에게 원조하는 것을 강조하는 임상모델이다. 집단 사회복지사의 역할은 전문가와 집단성원 간에 개별적으로 계약된 치료목표에 기초하여 지시적이고, 계획적이며 목표 지향적이어야 한다. 치료모델의 초점은 집단을 활용하여 개인을 치료하는 것으로 집단은 개인의 목적을 달성하기 위한 도구 또는 상황이며, 집단구조와 집단과정에서의 변화는 그 자체가 목적이라기보다 목적달성을 위한 수단이다. 이 모델은 신체적으로나 정신적으로 장애를 가진 사람, 법률상의 범죄자, 격리되거나 소외된 사람을 위하여 교정시설, 병원, 가족서비스기관 등에서 활용된다.

제5절 집단역학

집단은 역동적인 힘을 통해 변화해 나가면서 개별성원에게 영향을 주어 변화를 유도하거나 문제의 해결을 제공한다. 따라서 사회복지사는 집단에 영향을 주는 집단역학을 잘 이해하고 있으면서, 집단역학의 하위요소들이 집단과 개별성원 그리고 집단 발달 및 과정에 주는 영향을 분석하고 적절한 개입을 할 필요가 있다.

1. 의사소통 유형

상호작용 유형을 이해하고, 개입하는 데 있어서의 첫 단계는 집단성원들이 모여서 의사소통하는 것을 인식하는 것이다. 의사소통을 통한 집단성원들의 상호작용은 집단 내 상호작용 유형을 결정하는 중요한 요인이 된다. 집단 내 의사소통에는 언어에 의한 의사 전달과 몸짓 등에 의한 비언어적 전달이 있지만 시작되면 어떤 형태로든 바로 의사소통이 시작된다.

2. 목적

모든 집단은 목적과 궁극적인 목표, 의도가 있다. 집단의 목적은 집단 구성원의 선별과 발달, 집단의 규범, 집단 활동 그리고 의사소통 유형 및 집단성원과 집단의 평가기준에 영향을 미친다. 사회복지사는 집단의 성원들이 자신들의 다양한 목적을 파악하고, 이를 명백히 규정하며, 개개인의 특정한 목적 안에서 공통의 목적과 참여동기를 찾을 수 있도록 지원해야 한다.

3. 대인관계

가족과의 관계, 친구, 어떤 문제가 발생했을 때 이야기를 들어주고 정신적으로 의지할 수 있는 인간관계의 유무 등에 관해 성원들과의 상호작용에서 흥미를 느낄 수 있으며, 서로 관심을 가질 수 있어야 한다. 때로는 대인관계에 어려움을 겪는 성원들은 다른 성원을 인격적으로 대하거나 타인의 관심사에 적절하게 반응하는 능력이 부족할 수도 있다. 즉 이타적이지 못하면서 자기애적인 대인관계를 갖는 성원이 있을 수 있다. 사회복지사는 집단이 활성화되거나 생존하기 위해서는 개별성원들이 개별적이면서 자기 중심적이기보다는 집단 중심적이고 집단에 통합된 행동과 생각을 보일 수 있도록 도울 필요가 있다.

4. 지위와 역할

지위와 역할은 복잡하고 밀접한 관계가 있다. 지위란 한 개인이 속한 집단 내의 위계체계 안에서 다른 사람과 관련하여 차지하고 있는 위치를 뜻한다. 집단에서는 개별성원의 의지와 상관없이 집단성원들 간에 서로 등급 또는 위계질서가 세워진다. 한 성원이 자신에게 주어진 역할을 집단 내에서 충실히 수행하지 못할 때 집단에 따라서는 그 성원에게 제재를 가하는 경우도 발생할 수 있으며, 이런 제재는 대체로 처벌적인 것이 많다.

5. 가치와 규범

질서있는 안정된 집단을 유지하기 위해서는 집단성원이 협력적으로 집단의 규약에 따르도록 집단통제가 필요하다. 집단이 만들어지면 이를 통제할 규범이 만들어지고, 집단성원의 역할이나 집단의 지위가 명확해진다. 집단의 규범은 성원으로서 용인된 행위나 승인되지 않은 행위에 대해 정의하고 집단을 통제하는 데 있어서 중요한 역할을 하게 된다.

6. 긴장과 갈등

집단성원들 사이에는 다양한 형태의 긴장 및 갈등관계가 형성될 수 있다. 특히 과제를 추진하거나 상호작용을 통해 대인관계가 형성되고, 자신들의 욕구충족을 위해 다른 성원들과 상호작용을 할 때 그리고 다른 성원에 대해 오해가 발생하거나 집단성원들 간에 상이한 목표, 가치, 규범을 가지고 있을 때 긴장과 갈등은 필수적으로 발생하기 마련이다. 하지만 긴장과 갈등이 집단에 항상 부정적인 영향을 미치는 것은 아니다.

7. 집단 응집력

응집력은 함께한다는 견지에서 유착이라고도 한다. 이는 집단성원들이 우리, 우리들 것이라는 말을 사용하게 될 때, 서로가 서로를 잘 알고 인식하며 서로를 위해 중요하다고 생각할 때 인식된다. 응집력은 집단 내에서 각자의 개성을 표현할 수 있고, 충분한 친밀감을 허용하는 서로간의 유대인 것이다. 성원들이 집단에 대해 매력을 느끼고 집단 내 응집력이 높아지면 집단성원들 사이의 상호작용은 활발해지고, 경쟁적이지 않고 협력적이며, 집단에 대한 만족도가 높아질 뿐만 아니라 상호원조 또한 잘 이루어진다. 응집력은 집단의 목표 성취와 집단 내 변화를 가져오는 사회적 영향력으로 매우 중요한 기능을 한다.

8. 하위집단

집단성원들이 상호 간에 공통점을 발견하거나 매력이 생기면 하위집단을 형성하게 된다. 사회복지사가 하위집단을 파악하는 방법은 의사소통의 질, 집단성원 간의 어울림 등을 관찰함으로써 가능하며, 소시오그램(sociogram)을 통해 분석이 가능하다.

> * 소시오그램 : 집단사정도구
> - 모레노와 제닝스(1950)에 의해 개발, 상징을 사용해서 집단 내 성원간의 상호작용을 표현한 그림
> - 소시오그램을 통해 집단 내부의 하위집단 여부, 집단성원간의 수용 및 거부 등을 파악. 시기별로 소시오그램을 작성해보면 집단의 특징적 상호작용과 집단 내의 소외자, 결탁, 경쟁관계 등을 발견 가능
> - 다양한 시점에서 작성된 집단의 소시오그램을 비교해 보면 집단성원들간의 안정성과 변화를 탐색 가능

제6절 집단 발달단계에 따른 사회복지실천기술

1. 집단의 발달단계 (H. Northern 주장)

(1) 준비단계

유사한 문제를 가진 자들의 접수와 집단을 구성한다. 집단의 크기, 성원의 특성과 배경 및 집단의 환경적 위치 등을 고려해야 한다.

① 이상적인 집단 규모에 대한 의견은 학자마다 다르지만, 일반적으로 5~10명이다.

집단이 작을수록	- 성원의 참여 및 친밀감 형성 용이 - 매우 작은 집단 : 다양성, 활력, 서로에게 충분한 자원제공이 부족, 참여와 친밀성에 대한 부담
집단이 클수록	- 개별적 관심을 더 적게 받으며 상호작용이 적어지고, 공식적이 되며, 공식적 지도유형에 대한 요구 증가 - 항의집단 생길 위험, 침묵하는 성원, 결석에 대한 무관심, 관리의 어려움 등

② 물리적 환경

㉠ 물리적 환경은 비밀성, 친밀감, 편안함 그리고 집중도에 영향

㉡ 너무 큰 방은 집단의 친밀감을 떨어뜨리고, 너무 작은 방은 공포감과 불안감을 초래

㉢ 탁자 : 참여자들이 컵을 놓거나 자신의 몸을 약간 숨길 수 있으므로 적절한 크기의 탁자 배치

㉣ 의자 : 사회복지사와 개별성원 모두를 볼 수 있도록 배열

(2) 오리엔테이션단계

① 성원간의 인간적인 유대관계가 생김, 투쟁적 리더를 중심으로 의사소통이 이루어짐

② 집단 응집력의 기초단계로 성원 각자가 갖는 집단의 목적이나 과제 및 다른 성원에 대한 매력이 중요

(3) 탐색과 시험단계

① 하위집단이 생성되고 상호작용의 유형이 발달하며 통제기제가 발달

② 집단의 목적이 분명해지고 활동이 목표지향적으로 이루어짐

(4) 문제해결단계

① 성원들간의 의존성, 응집력이 최고

② 협동과 문제해결 능력이 고도화

(5) 종결단계

목적 달성, 예정기한의 종료, 집단의 응집력이 약화되어 집단이 나누어진 경우, 부적응 등의 결과로 인하여 종료

2. 노든(Northern)의 7가지 집단역동

1) 의사소통을 기본으로 사회적 상호작용은 개인의 태도와 행동을 바꾼다.
2) 모든 집단에는 목적이 있다.
3) 집단 내에서 의사소통하면서 의견과 사실뿐만 아니라 긍정적 부정적, 감정을 표현한다.
4) 구성원간에 서로 알게 되고 긍정적 부정적, 감정을 표현한다.
5) 집단규정은 사회적 상호작용의 산물이며, 가치에 관한 구성원들의 합의이다.
6) 집단 내에서의 갈등은 건설적인 힘으로 상호작용하는 데 자극과 토대가 된다.
7) 집단 응집력이 강할수록 구성원에게 미치는 영향력은 크다.

3. 친밀 전단계 - 권한 및 통제 - 친밀단계 - 분화단계 - 이별단계

① 제1단계 : 제1단계는 친밀 전단계이다. 성원들의 접근-회피행동이 나타난다. 책임을 맡거나 성원들과 상호작용을 하거나 프로그램 활동에 참여하는 데 자신의 분명한 입장을 나타내지 않는 경향이 있다. 성원들은 불안감이나 두려움에 사로잡힌 모습으로 침묵을 지키거나 유보적인 대답을 하면서 집단활동의 참여에 주저하는 모습을 보여주곤 한다.

② 제2단계 : 제2단계는 권한 및 통제 단계이다. 성원들은 집단 경험이 잠재적으로 안전하고 가치 있다고 판단함에 따라 자치, 권한, 통제에 관한 문제에 관심을 가진다. 즉 집단의 역동성이나 분위가가 종종 갈등적인 시기에 접어들게 된다. 이 단계의 준거 틀은 과도기다. 이 단계에서 성원들은 비친밀에서 친밀로의 관계형성이 변화되는 과도기적 혼란을 참아내야만 한다. 그리고 안정된 상황을 만들어내야 한다.

③ 제3단계 : 제3단계는 친밀단계다. 갈등이 사라지고 성원들 사이에 개인적 관심이 깊어진다. 집단 경험의 중요성에 대한 인식이 증가한다. 사기와 공동체의식이 높아지고 집단 목적을 이루려는 동기가 높아진다. 자신의 삶을 탐색하고 변화시키고자 노력하면서 집단 경험이란 도대체 무엇인가를 검사해 보려고 노력한다. 서로의 독특성을 인정해감에 따라 상호 신뢰도 높아지고 자신의 감정과 문제를 자발적으로 노출시키며 집단의 의견을 구한다. 그러나 바람직한 친밀감을 성취하기 위해서 성원간의 갈등을 양산할 수 있는 부정적 감정은 억압되는 경우도 있다.

④ 제4단계 : 제4단계는 분화이다. 이 단계는 확고한 집단 응집력과 조화로 특징지어진다. 집단의 정체감이 개발된다. 집단은 자기 고유의 구조와 습성을 창출하며 이는 내부 준거 틀이 된다. 고도의 신뢰와 자유로운 감정의 표현, 안정감, 분화된 역할, 개방된 의사소통이 나타난다. 관계형성은 더욱 동등해진다.

사회복지사의 과업은 집단과 성원이 목표를 잘 달성할 수 있도록 격려, 목표달성에 필요한 집단문화와 규범을 발전, 목표달성에 방해가 되는 장애를 극복하도록 지원해야 한다.

⑤ 제5단계 : 마지막 단계는 이별단계다. 집단 목적이 성취되고 성원들이 새로운 행동유형을 학습하게 되면 마지막 단계로 접어든다. 종결이 늘 쉽게 수행되는 것은 아니다. 집단에 매우 깊이 관여해 왔던 성원들에게는 특히 힘든 시간이다. 성원들은 집단의 존재를 더 유지시키고자 퇴행적인 행동을 보이기도 한다. 성원들은 불안감과 노여움을 표시하기도 하고 종결을 부정하기도 한다.

4. 불만족스러운 종결 사유

① 집단성원의 중도 탈락에 의한 종결
- 모임 참석을 위한 거리가 너무 멀거나 다른 일정들과 겹치는 등의 외부요인
- 초기 관계수립의 문제, 감정변화에 대한 두려움, 사회복지사의 능력부족 등

② 집단 전체가 불만족스러운 상태로 조기 종결하는 이유
- 탈락한 성원을 새로운 성원으로 대치할 수 없을 때, 집단 리더가 집단을 떠날 경우 등
- 집단의 내적인 역기능 : 배타적인 하위집단 형성, 희생양 만들기, 소수에 의한 집단의 지배, 심각한 갈등

③ 사회복지사의 이직이나 퇴직
- 사회복지사가 떠난 이후 집단을 운영할 수 있는 다른 지도자 고려
- 집단성원에게 집단이 종결될 수 있음을 미리 알리기
- 마무리해야 하는 일들을 수행

제7절 사회복지분야의 실천기술

1. 사회복지실천의 기술과 과정

① 사회복지사의 클라이언트와의 전문적 관계에서 사용하는 지식, 전략, 기법, 기술
- 면접 : 관찰, 경청, 질문, 해석하는 기술
- 기록 : 사례관리, 정보, 평가자료
- 사정 : 문제, 욕구 파악, 동원 자원 파악, 제공 서비스의 수준, 방법 결정
- 평가 : 개입의 효과성, 효율성, 클라이언트의 변화 정도 점검

② 사회복지실천의 과정
- 초기접촉단계 : 클라이언트의 욕구 및 정보 수집, Rapport(라포) 관계 형성
- 사정계획단계 : 문제의 사정, 자원 파악, 사회적 지지망 파악, 개입계획
- 개입행동단계 : 자원의 동원, 개입방법 및 제공 서비스의 수준, 방법 결정
- 종결평가단계 : 사례 종결 준비, 사례분석, 개입의 효과성, 효율성 평가작업

제8절 집단발달단계

① 시작단계 : 집단의 형성 및 탐색
② 초기단계 : 저항다루기
③ 중기단계 : 응집력과 생산성
④ 종결단계 : 통합과 종결

기출문제

01 집단 사회복지실천의 종결단계 과업이 아닌 것은?

① 미래에 대한 계획
② 변화유지 능력의 확인
③ 평가계획의 수립
④ 변화 결과를 생활영역으로 일반화하기
⑤ 종결에 따른 감정 다루기

해설 평가계획의 수립은 개입단계 관련 과정에서 이루어진다. 정답 ③

02 집단을 준비 또는 계획하는 단계에서 고려할 사항으로 옳은 것을 모두 고른 것은?

ㄱ. 집단성원의 참여 자격	ㄴ. 공동지도자 참여 여부
ㄷ. 집단성원 모집방식과 절차	ㄹ. 집단의 회기별 주제

① ㄱ
② ㄱ, ㄷ
③ ㄴ, ㄹ
④ ㄱ, ㄷ, ㄹ
⑤ ㄱ, ㄴ, ㄷ, ㄹ

해설 준비단계에서 고려해여 할 사항

- 집단의 목적성, 잠재적 성원확인 및 정보수집, 성원모집, 집단구성하기, 오리엔테이션, 계약, 집단의 환경적요소 마련, 집단 구성, 모임시간 및 횟수 등 모두 옳은 내용이다. 정답 ⑤

03 집단의 성과를 평가하는 방법으로 옳지 않은 것은?

① 사전사후 검사　② 개별인터뷰
③ 단일사례설계　④ 델파이조사
⑤ 초점집단면접

해설 델파이 조사-설문 조사에 의한 기술 예측 방법. 과학 기술의 발전이나 신제품 개발 따위가 미래의 산업 구조나 국민 생활에 미칠 영향을 예측하는 것이다

정답 ④

04 집단을 구성할 때 고려할 내용으로 옳지 않은 것은?

① 집단의 응집력을 높이기 위해 참여 동기가 유사한 성원을 모집한다.
② 다양한 집단성원의 참여를 유도하기 위해 폐쇄형 집단으로 구성한다.
③ 집단성원의 동질성을 높이기 위해 사전에 욕구 수준을 파악한다.
④ 집단의 목표에 따라 집단의 크기를 융통성있게 정한다.
⑤ 집단의 정서적 안정감을 높이기 위해 쾌적한 장소를 선정한다.

해설 폐쇄형집단은 집단성원이 동일하기 때문에 응집력을 높이고 합리적이기 쉽다. 그러나 다양한 참여유도를 위해서는 개방형집단이 유리하다.

정답 ②

Chapter 13

가족 대상 사회복지실천기술

가족의 주요 가설(순환적 인과성 등) 및 가족의 개념, 체계의 특징 이해, 역기능적 가족의 특징, 환류고리, 가족생활주기, 가족신화(가족들간의 암묵적인 믿음) 등에 대해 살펴본다.

제1절 기본개념

1. 가족 대상 실천을 위한 기본 개념

1) 가족생태학

주변 사회환경과 끊임없이 상호작용하며, 사회환경과의 상호작용을 통해 가족의 기본 욕구를 충족하기 위한 필수 자원과 지지를 확보한다. 또한 가족은 주변환경과 상호작용하는 가운데 환경체계들과 구분되는 경계를 갖는다.

2) 가족 경계

가족은 주변환경과 상호작용하는 가운데 환경체계들과 구분되는 경계를 가진다. 기능적인 가족은 환경체계들과 분명히 구분되는 동시에 개방적이고 융통적이며 적응적인 경계를 가진다. 하지만 가족이 환경체계들과 지나치게 밀착되거나 혹은 지나치게 유리된 경계를 가지는 경우도 있다.

3) 순환적 인과성

가족 내 한 성원의 변화는 다른 성원들과 가족 전체에 영향을 미치며, 이런 영향은 다시 변화를 가져온 성원에게 순환적으로 영향을 미친다. 따라서 가족성원의 행동은 단선적(linear)이 아닌 순환적 반응으로 이해해야 하며, 작용(action)이 아닌 반작용(reaction)으로 이해해야 한다. 순환적 인과성에 따르면 가족이 가진 문제를 해결하기 위해서는 초점을 둘 필요가 있다.

4) 환류고리

가족은 가족 내 규범을 규정하고 강화함으로써 항상성(homeostasis)을 유지하려 는 속성을 가진다. 가족성원들은 환류고리에 따라 규범을 서로 강화하고, 규범으로부터 지나치게 벗어나려는 행동을 부적환류과정을 통해 인지함으로써 항상적 균형에 기여한다.

또한 가족체계는 항상성을 유지하는 동시에 형태발생성에 따라 체계 내외의 변화에 적응하려 하며, 가족 성원들은 정적환류과정을 통해 변환에 대한 적응에 기여한다.

5) 가족 구조

가족체계는 구조, 즉 가족성원들이 상호작용하는 조직화된 유형을 가진다. 가족을 형성하는 성원들의 구성에 따라 편부모가족, 다세대가족, 핵가족 등 다양한 구조가 있으며, 부모와 자녀들 간의 위계가 형성됨에 따라 가족 내 구조가 이루어진다. 또한 가족은 개별 성원들뿐 아니라 세대, 성(gender), 관심 등으로 구분되는 다양한 하위체계를 가진다. 대표적인 가족 내 하위체계는 부부 하위체계, 부모 하위체계, 부모-자녀 하위체계, 형제자매 하위체계 등이다.

가족은 환경체계들과 경계뿐 아니라 가족 내 하위체계간의 경계에 의해 구분된다. 가족 내 경계 역시 유리되거나 밀착될 수 있다. 유리된 가족성원들은 자기 중심적이며 다른 성원들에게 별로 관여하지 않는다. 자율성은 많으나 응집과 유대관계가 부족하며, 오히려 가족 이외의 사람들과 연관된다. 그러나 밀착된 가족성원들은 서로에게 지나치게 관여함으로써 매우 응집되어 있으나 차별성에 대한 이해와 자율성이 부족하다.

6) 의사소통

가족성원의 모든 행동은 언어적 혹은 비언어적 의사소통으로 볼 수 있다. 의사소통에는 내용기능과 관계기능 두 가지가 있다. 의사소통의 내용기능은 사실적인 정보, 의견, 감정을 전달하고, 관계기능은 정보가 전달되는 과정에서 관계의 속성을 규정한다.

의사소통은 개방적이며 직접적으로 분명하고 정확하게 이루어지는 것이 바람직하다. 가족 내 바람직하지 못한 의사소통 방식인 '이중구속'(double bind)은 두 개 이상의 상반된 메시지를 담고 있으나 이런 일치성의 부족에 대해 언급하는 것이 힘든 상황이다.

7) 가족 발달과 세대간 변천

가족은 가족의 생애주기(family life cycle)에 따라 발달하며, 각 생애주기의 단계에서 수행해야 하는 발달적 과업과 요구를 갖는다. 가족의 생애주기는 가족유형(다세대가족, 한부모가족, 재혼가족)에 따라 혹은 사회 문화적 차이에 따라 달라질 수 있다.

2. 한국 가족의 생애주기단계

① 형성기 - 결혼부터 첫 자녀 출산 전까지
② 자녀출산 및 양육기 - 첫 자녀의 출산부터 첫 자녀의 초등학교 입학 전까지
③ 자녀 교육기 - 첫 자녀의 초등, 중등, 고등학교 교육시기
④ 자녀 성인기 - 첫 자녀가 대학에 다니거나 취업, 군복무, 가사를 협조하는 시기
⑤ 자녀 결혼기 - 첫 자녀의 결혼부터 막내 자녀의 결혼까지
⑥ 노년기 - 막내 자녀의 결혼부터 양쪽 배우자의 사망까지

3. 가족주기별 발달과제(과업)

결혼에 의해 가족이 형성되고, 출산에 의해 가족이 확대되며, 다시 자녀의 출가에 의해 가족이 축소됨과 동시에 손자녀의 출산으로 다시 확대된다.

가족주기는 또한 각 주기에 따른 가족 발달 과제를 체계적으로 정리하는 데 도움을 준다.

1) 부부만의 시기

① 가정의 토대 확립하기
② 공유된 재정적 체계 확립하기
③ 상호간 만족스러운 성적관계 확립하기
④ 만족스러운 의사소통 패턴 확립하기
⑤ 친척과의 관계 확립하기
⑥ 미래에 부모역할을 어떻게 할 것인가 결정하기

2) 자녀출산 양육기

아내(어머니), 남편(아버지)과 영아기의 자녀로 구성되어 있는 가족으로 이때의 과업은 다음과 같다.

① 생활비용 충족하기
② 가사일의 책임패턴을 재조정하기
③ 영아를 포함하는 생활배치에 적응하기
④ 조부모를 가족단위 속에 조화시키기 등

3) 미취학 아동기

아내(어머니), 남편(아버지), 딸(자매), 아들(형제)이 포함되며 이 시기의 발달과업은 다음과 같다.

① 가족 요구 공간과 실비 구입비용 충당하기
② 가족욕구 충족하기
③ 가족구성원과의 의사소통 적응

4) 학동기

① 아동의 변화하는 발달요구에 대응하기
② 아동발달을 돕기 위해 학교와 보조 맞추기

5) 청소년기

① 가족구성원들의 다양한 요구에 대비하기
② 가족의 금전문제에 대처하기
③ 모든 가족구성원들이 책임 공유하기
④ 청소년과 성인 사이의 의사소통 중재하기
⑤ 청소년과 성인의 변화하는 욕구에 맞춰 변화하기

6) 진수기

자녀가 출가를 시작하는 시기로 가족구성원들은 지금까지의 역할 이외에 할머니, 할아버지, 고모, 이모, 삼촌 등의 역할이 추가된다.

① 가정의 물리적 설비와 자원 재배치
② 성인생활로 들어가는 자녀에게 필요한 생활비용 충족시키기
③ 자녀가 가정을 떠날 때 책임 재조정
④ 부부관계 재조정
⑤ 가족구성원 사이의 의사소통 유지
⑥ 자녀의 결혼을 통하여 새로운 가족구성원들을 받아들여 가족범위 확대시키기 등

7) 중년기

모든 자녀가 출가하고 부부만 남는 시기이다.

① 텅 빈 보금자리 적응하기
② 부부관계를 지속적으로 재조정하기
③ 조부모생활에 적응하기
④ 연로한 부모 돌보기
⑤ 은퇴에 적응하기
⑥ 쇠퇴하는 신체적 · 정신적 기술에 적응하기 등

8) 노년기

부부 중 한 사람만이 생존해 있는 시기로 배우자의 역할은 없어지고 과부나 홀아비의 역할이 새롭게 주어지는 시기이다.

① 배우자의 죽음에 적응하기
② 노화과정에 적응하기
③ 타인이나 자녀에 대한 의존에 대처하기
④ 생활배치에서의 변화에 적응하기
⑤ 경제적인 면에서의 변화에 적응하기
⑥ 임박한 죽음에 대처하기

가족의 욕구와 문제는 생애주기에 따른 발달과업과 연관되는 경우가 많다. 한 가족은 생애주기에 따라 발달할 뿐만 아니라 가족의 문화적, 종교적 유산과 신념체계, 관계유형 등을 이전 세대에서 다음 세대로 전승함에 따라 여러 세대에 걸쳐 발달한다.

4. 가족 대상 사회복지실천기술-적용기술

가계도와 생태도 작성, 탈 삼각화, 가족조각, 경계 만들기, 균형 깨뜨리기, 역설적 지시, 재구성, 질문기법(예외질문, 기적질문, 순환질문하기)

5. 가족개입 초기 실천기술 : 사정과 계획

가족개입 초기에는 가족에 대해 다원적으로 사정하고 개입을 계획한다. 개입 초기에 필요한 기술은 가족과 관계를 형성하고 가족을 면접하는 기술, 생태도와 가계도를 작성하고 분석하는 기술, 가족 생애주기에 따라 가족의 욕구와 문제를 분석하는 기술 등을 포함한다.

1) 관계형성

가족성원들은 이미 오랜 기간에 걸쳐 관계유형을 발전시켜 왔으므로, 사회복지사는 가족이 있는 곳에 '합류(joining)'할 필요가 있다. 가족과 합류한다는 것은 가족을 수용하고 가족에게 적응함으로써 가족의 신뢰를 얻는 것을 의미하며, 가족과 합류하기 위해서는 무엇보다 가족성원들의 이야기를 경청하는 것이 중요하다.

2) 가족 사정(탐색)

가족을 사정하는 목적은 가족의 욕구와 문제를 파악하고 가족의 강점과 자원을 활용함으로써 가족의 목표를 달성하도록 지원하기 위해서이다.

가족 사정의 내용을 구체적으로 살펴보면 다음과 같다.

① 가족이 제시하는 문제에 대해 사정한다. 가족은 문제 혹은 요구를 무엇으로 보는지, 가족 문제 혹은 욕구에 대해 가족성원들 사이에 차이가 있는지, 환경체계들은 가족의 문제를 무엇으로 보는지 등에 대해 탐색한다.
② 생태학적 사정으로 가족의 기본적 욕구는 충족되고 있는지, 가족과 환경체계들 간의 경계는 어떠한지, 개별성원들과 환경체계들 간의 관계는 어떠한지, 환경 체계들과 관계에서 개별성원들 간의 차이가 있는지, 가족과 사회복지사 혹은 기관과의 관계는 어떠한지에 대해 탐색한다.
③ 세대 간 사정으로 확대가족과 어떤 관계를 가지는지, 여러 세대에서 반복되는 가족의 유형, 관계, 문제 등은 무엇인지 등에 대해 탐색한다.
④ 가족내부에 대한 사정으로 가족의 구조와 기능, 의사소통, 가치, 신념체계 등 에 대해 탐색한다.

3) 생태도 작성과 분석

(1) 작성

생태도는 가족과 환경체계들과의 관계를 이해하기 위한 도구로 가족과 체계들 간의 자원 교환, 에너지의 흐름, 스트레스와 관련된 자료, 중재되어야 할 갈등, 메워야 할 간극, 활성화되어야 할 자원 등을 시각적으로 나타낸다. 생태도는 가족 전체와 환경체계들과의 관계뿐만 아니라 개별 성원들과 환경체계들과의 관계도 나타낸다.

사회복지사가 분석할 때는 가족의 피드백을 계속 구하고 가족의 결핍, 문제보다는 강점을 먼저 언급할 필요가 있다.

(2) 분석

사회복지사와 가족은 생태도를 다음의 세 차원에서 분석한다.

① 생태학적 환경에서 가족을 전체적으로 이해한다.
② 가족과 환경과의 경계를 이해한다.
③ 가족 내부에 대해 이해한다.

분석을 통해 주로 환경체계를 변화해야 할 것인지, 혹은 가족과 환경체계들과의 관계를 변화해야 할 것인지, 가족체계를 변화해야 할 것인지에 대해 결정할 수 있다

4) 가계도 작성과 분석

(1) 작성

가계도는 가족 내 역동을 이해하거나 가족이 여러 세대에 걸쳐 발전시켜 온 역할, 유형, 관계 등을 가족과 함께 비위협적이고 상호적인 방법으로 살펴보기 위한 도구로 사용한다. 생태도와 마찬가지로 가계도의 작성과 분석은 가족과 함께 이루어진다. 가계도에는 기본 가족구성과 구조를 나타내는 상징들, 상호작용 유형, 가족병력, 기타 가족에 관한 정보(종교, 교육, 직업, 병무, 법적문제, 신체적 혹은 성적 학대, 약물 남용 등)를 포함한다.

(2) 분석

사회복지사와 가족은 가계도를 다음의 네 가지 차원에서 분석한다.

① 가족의 구성과 구조를 분석한다.
② 가족의 생애주기를 분석한다.
③ 세대간 유형의 반복이 있는지 분석한다.
④ 가족성원들의 역할과 기능에서 균형이 이루어지는지 분석한다.

6. 가족개입 진행기 실천기술 : 실행

1) 환경적 개입

가족이 주변 환경체계들과의 상호작용을 통해 필요한 자원과 지지를 확보하지 못하는 경우, 사회복지사는 가족의 사회환경을 변화하기 위한 환경적 개입을 계획한다. 환경적 개입에서는 존재하지 않는 자원들과 지지를 개발하고, 존재하지만 작용하지 않는 자원들과 지지를 활성화하며, 경미하게 작용하는 자원들과 지지를 강화하는 데 초점을 맞춘다. 특히 가족에게 필요한 자원과 지지를 제공하기 위해 사회복지사는 옹호자의 역할을 수행할 윤리적 책임을 갖는다.

가족옹호의 목적은 공공 혹은 민간기관들이 가족을 위한 기존의 서비스 혹은 서비스 전달을 향상시키거나 새로운 혹은 변화된 형태의 서비스를 개발하도록 하는 것이다. 옹호는 특정 가족에게 편의를 제공하는 차원이 아니라 가족의 정당한 권리를 요구함으로써 지역사회 조직의 변화를 가져오도록 하는 것이다.

2) 가족옹호를 위한 단계

① 기관의 이사회에 알린다.
② 사실을 이해한다.
③ 양쪽의 입장을 이해한다.
④ 체계에 대해 이해한다.

⑤ 필요한 외부정보자원을 알고 활용한다.
⑥ 문제에 관심을 가진 다른 사람들이 있는지 찾아서 협력한다.
⑦ 확인한다.
⑧ 변화를 가져오기 위해 문제를 정확히 진단하고 효과적인 계획과 전략을 세운다.
⑨ 기관과 개인들에 대한 위험부담을 계산해 보고, 기관이 움직이지 않을 때 가족들에게 발생하는 결과들과 비교해 본다.
⑩ 문제를 해결하기 위해 체계 내 가장 큰 영향력을 사용한다.
⑪ 조직을 변화하는 작업은 힘든 작업이며 인내와 실망, 간간의 성공을 포함하는 오랜 과정이라는 것을 이해한다.
⑫ 긍정적으로 접근한다.
⑬ 협력하지만 필요한 경우 대결한다.
⑭ 과정을 평가한다.

7. 세대간 / 가족 내부의 변화를 위한 개입

(1) 탈삼각화

성원들의 분화가 이루어지지 않은 가족일수록 두 성원들간 불안수준이 높아지면 다른 성원을 끌어들여 삼각관계를 형성한다. '탈삼각화'란 두 성원들의 감정영역에서 제3의 성원을 분리시키는 과정이다.

(2) 가족 조각

'가족 조각'이란 성원들이 가족에 대해 어떻게 인식하고 있는지를 시각적으로 표현함으로써 가족에 대한 이해를 돕기 위한 기법이다. 가족 조각을 통해 가족은 이전에 미처 깨닫지 못했던 부분을 새롭게 이해할 수 있다. 가족 조각을 위해 사회복지사는 먼저 한 성원에게 다른 성원들을 의미있게 배치해 보도록 요청한다. 이때 요청을 받은 성원은 자신이 인식하는대로 가족성원들의 공간, 몸짓, 태도 등을 무언으로 연출한다. 성원들은 연출하는 성원의 지시대로 배치되어 무언극을 하게 되고, 무언극을 하는 과정에서 성원이 가족에 대해 어떻게 느끼고 생각하는 지에 대해 이해할 수 있다.

(3) 가족 그림

'가족 그림'이란 가족구성원들에게 자신이 느끼는 대로 자유롭게 가족에 대해 그림을 그리도록 하는 기법이다. 그림을 통해 성원들 자신이 가족에 대해 어떻게 느끼는지 이해할 수 있을 뿐 아니라 다른 성원들이 서로에 대해 어떻게 느끼는지, 가족 관계에 어떤 문제가 있는지 등을 이해할 수 있다.

(4) 경계 만들기

가족 내 하위체계간 경계선이 모호하거나 너무 경직된 경우 이를 수정하는 개입이 필요하다. '경계 만들기'는 가족 내 하위체계들간의 경계가 지나치게 유리되거나 밀착된 경우에 유리된 경계는 보다 가깝게 하며, 밀착된 경계는 어느 정도 거리를 두도록 만드는 것이다.

(5) 균형 깨뜨리기

'균형 깨뜨리기'는 가족 내 하위 체계들간의 역기능적 균형을 깨뜨리기 위한 기법이다.

예) 지나치게 권위적이고 지배적인 남편과 온순하지만 자신의 주장을 갖기 시작한 부인 사이에서 사회복지사는 의도적으로 부인의 편을 듦으로써 역기능적 균형을 깨뜨릴 수 있다.

(6) 역설적 지시

'역설적 지시'는 문제를 유지하는 연쇄를 변화하기 위해 가족이 역설적이라고 생각하는 행동으로 문제행동을 유지하거나 혹은 오히려 강화하는 행동을 수행하도록 지시하는 기법이다.

예) 부모가 결혼한 자녀의 생활에 지나치게 간섭하는 경우, 오히려 부모에게 전적으로 의존하도록 지시함으로써 부모가 자녀의 의존에 부담을 느끼고 더 이상 간섭하지 않는 결과를 가져올 수 있다.

(7) 순환적 질문하기

'순환적 질문하기'는 가족성원들이 문제에 대해 제한적이고 단선적인 시각에서 벗어나 문제의 순환성을 깨닫도록 돕기 위한 질문을 연속적으로 하는 기법이다.

(8) 재구성

'재구성'은 가족성원들이 문제 혹은 이슈를 다른 시각에서 보게 하거나 혹은 다른 방법으로 이해하도록 돕는 것을 의미한다. 가족개입에서는 주로 한 성원의 다른 성원에 대한 부정적인 생각이 보다 새롭고 긍정적인 시각으로 변화하도록 돕는 것을 의미한다.

(9) 긍정적 의미부여

'긍정적 의미부여'는 가족의 응집을 향상하고 치료에 대한 저항을 줄이기 위한 목적으로 가족의 문제나 행동을 긍정적으로 재해석하는 기법이다.

한 성원의 다른 성원에 대한 부정적인 생각이 보다 새롭고 긍정적인 시각으로 변화하도록 돕는 것이다.

(10) 문제의 외현화

'문제의 외현화'는 가족문제를 개별성원 혹은 가족이 아닌 문제 자체로 보고, 가족을 괴롭히는 하나의 별개 존재로써 문제를 이야기하는 것을 의미한다.

예) 남편이 자기 중심성으로 인해 괴로워하는 아내에게 "자기 중심성이 당신이 남편을 괴로워하도록 행동하게 하는군요" 라고 말하는 것이다. 문제를 외현화함으로써 부부는 문제로부터 벗어난 건강한 모습을 볼 수 있으며, 문제와 대항하기 위한 방법을 모색할 수 있다.

(11) 기적질문과 예외질문

① 기적질문(miracle question)

"어느날 밤, 당신이 자고 있는 동안에 기적이 일어나서 문제가 해결되었다고 가정해 보십시오. 기적이 일어난 걸 어떻게 알 수 있을까요? 무엇이 달라질까요?"라고 묻는다. 가족은 기적질문을 통해 문제해결 마인드를 가질 수 있을 뿐 아니라 기적이 일어났을 때 달라질 수 있는 일들을 실제로 수행함으로써 문제를 해결하기 위한 노력을 하게 된다.

② 예외질문(exception question)

가족이 현재 가지고 있는 문제를 가지지 않았던 때에는 지금과 어떻게 달랐는지를 탐색하도록 함으로써 이런 '예외'를 확장하기 위해 가족이 무엇을 해야 할지에 대한 단서를 찾도록 하는 질문이다.

(12) 가족 중재

'가족 중재'는 부모와 십대 자녀 사이에서 혹은 성인 자녀와 연로한 부모 사이 등에서 나타나는 발달적 전이와 관련된 이슈에 매우 유용한 접근으로 최근 부상하고 있다. 중재자는 중립적인 입장에서 가족과 감정적으로 깊이 관여하기보다는 단순히 구조화된 과정을 안내하는 역할을 수행한다.

(13) 역할연습

'역할연습'은 두 가지 방법으로 활용된다.

① 사회복지사가 한 가족 성원에게 다른 가족성원의 역할을 수행해보도록 요청함으로써 다른 성원의 느낌과 행동을 다른 성원의 시각에서 경험하도록 돕는다. 두 성원들이 서로의 역할을 바꾸는 경우 '역할반전'이라고 한다.

② 사회복지사가 성원에게 자신의 역할을 수행하지만 이전과는 다르게 행동해 보도록 요청함으로써 실제생활에서 겪을 수 있는 위험에 대한 부담이 없는 상황에서 새로운 행동을 학습하도록 돕는다.

8. 가족개입 종결기 실천기술 : 평가와 종결

가족개입 종결기에서는 개입을 통한 가족 혹은 성원들의 변화를 확인하고, 가족이 변화를 유지할 수 있도록 지원하며, 필요한 경우 추수면접을 계획한다. 사후면접에서는 가족의 항상성을 유지하기 위한 자원을 규명하고 가족이 성취한 목표를 점검하는 데 초점을 맞춘다.

1) 가정생활 교육

가족구성원들의 관계, 그들 상호간의 애정과 협동심을 강화시키기 위한 과정으로 교육적 성격을 강조한다. 가정생활 교육은 집단역할의 학습과정을 통하여 가족과 개인의 기능을 높이기 위한 서비스이다.

(1) 목적

가족구성원으로 하여금 집단과 지역사회 생활의 정상적 형태와 긴장요소를 이해하도록 하여 대인관계를 향상시키고 발생 가능한 위기를 예방 혹은 완화시키는 데 있다.

(2) 가족보존과 가정기반 서비스

다양한 접근과 방법, 상호보완적인 서비스의 결합 형태로 다양한 전달체계에 의해 수행된다.

가족복지는 다양한 가족문제에 의도적으로 직접적 혹은 간접적으로 개입하는 것으로 가족 정책적 접근방법과 가족복지 서비스적 접근방법이 상호 보완적으로 이루어져야 한다. 가족정책은 문제가족에 대해 예방적 접근이라는 관점에서 사회의 구조적인 문제에 대해 제도적, 환경적, 거시적으로 접근하는 것이다.

01 다음 설명에 해당하는 사정 도구는?

> 사회적 지지의 유형을 구분하고 가족의 환경과 필요한 자원을 파악하는 데 유용하다.

① 소시오그램(sociogram)
② 생활력표(life history grid)
③ 가족그림(family drawing)
④ 사회적 관계망표(social network grid)
⑤ 가계도(genogram)

해설 클라이언트의 외부 연결고리를 활용하여 여러 정보를 파악하는 것은 사회적 관계망표이다.

정답 ④

02 가족사정에 관한 설명으로 옳은 것을 모두 고른 것은?

> ㄱ. 가족체계가 어떻게 기능하는지 발견하는 것이 목적이다.
> ㄴ. 가족상호작용 유형에 적합한 방법을 찾는 것이다.
> ㄷ. 가족사정과 개입과정은 상호작용적이며 순환적이다.
> ㄹ. 가족이 제시하는 문제, 생태학적 사정, 세대 간 사정, 가족내부 간 사정으로 이루어진다.

① ㄱ, ㄴ
② ㄷ, ㄹ
③ ㄱ, ㄴ, ㄷ
④ ㄱ, ㄴ, ㄹ
⑤ ㄱ, ㄴ, ㄷ, ㄹ

해설 모든 옳은 내용이다.

정답 ⑤

03 가족개입을 위한 전제조건에 관한 설명으로 옳지 않은 것은?

① 한 사람의 문제는 가족성원 모두에게 영향을 미친다.
② 한 가족성원의 개입노력은 가족 전체에 영향을 준다.
③ 가족성원의 행동은 순환적 인과성의 특성을 갖는다.
④ 가족문제의 원인은 단선적 관점으로 파악한다.
⑤ 한 가족성원이 보이는 증상은 가족의 문제를 대신해서 호소하는 것으로 본다.

해설 가족문제의 원인은 다양한 관점을 가지고 파악하여야 한다. 정답 ④

04 다음 사례에 해당하는 전략적 가족치료의 개입기술은?

컴퓨터 게임중독의 문제를 겪는 자녀가 새벽까지 게임을 하다가 중단하려고 할 때,
엄마 : (진지하게) "조금 더 하지 그러니, 그만두지 말고 계속 해."
자녀 : "아니에요."

① 증상처방 ② 제지
③ 재정의 ④ 재보증
⑤ 합류하기

해설 클라이언트에게 증상행동을 계속하도록 격려하는 지시나 과제를 주는 기법이다. 정답 ①

Chapter 14

미누친의 구조적 가족치료

제1절 구조적 가족치료

1. 미누친

아르헨티나 출신으로 2차 대전 이후 아동정신과의사로 애커만에게 지도를 받았다. 1950년대 말 아동시설에서 가족면담을 시작, 1960년대 뉴욕 월트위크 학교에서 비행청소년과 하류계층 가족, 필라델피아의 아동상담소에서의 경험을 통해 1970년대 구조가족치료이론을 확립하였다. 이 이론의 주요 내용은 가족구조의 모습 파악→문제 재정리→치료의 과정이다.

2. 치료목표

증상이 반영하는 역기능의 구조를 바로잡는 일, 즉 가족의 구조를 바로잡는 일은 치료의 일차적 목표이다. 구조적 가족치료자는 문제가 역기능적 가족구조에 의해 유지된다고 파악한다. 치료는 가족구조를 변화시켜 가족의 문제를 해결할 수 있도록 하는 것이다.

3. 주요 개념

1) 구조

구조적 가족치료는 가족 내 상호작용의 행태에 초점을 둔다. Minuchin에게 있어서 구조란 보이지 않는 일련의 기능적 요구이다. 이것은 가족원들끼리의 상호작용법과 연속성, 반복, 예측되는 가족행동 등을 조직하며, 이 개념이 우리들로 하여금 기능적인 의미에 있어서 나름대로 고유한 구조를 가지고 있다고 생각할 수 있게 한다. 가족의 상호작용 형태를 고찰하는 것은 어떻게 가족이 조직되며 가족구조는 어떻게 유지되는지를 알 수 있는 정보를 제공해준다. 가족의 구조는 강제로 구속되는 두 가지의 일반체계에 의하여 지배된다고 볼 수 있다.

- 가족구조를 사정하는 질문

① 가족구성원들은 언제, 어떻게, 누구와 상호작용하는가?
② 가족구성원들간 상호작용 유형은 어떻게 유지되는가?

첫 번째 구속체계는 일반적인 것으로 모든 가족은 아동에게 더 큰 권위를 행사하는 위계구조를 갖는다는 점이다. 이 구조의 중요한 면은 상호적이며 보완적인 기능이다. 이 기능은 가족들이 해야 하는 역할과 기능을 구분해준다.

두 번째 구속체계는 특별한 가족의 특유한 것이다. 가족의 특유한 규칙과 형태는 서서히 형성, 발전된 것인데 그 특성이 만들어진 과정은 현재의 가족력에서는 보이지 않는다. 가족의 구조는 역학, 규칙, 양식을 규정한다. 이 구조적 특징에 대한 이해는 가족을 오랫동안 지켜본 후에야 가능하다. 구조를 이해하기 위해서는 하위체계간의 가족과정을 관찰해야 하며 그것이 가족원간의 경계선을 묘사한다.

2) 하위체계

구조적 가족치료에서는 가족이 배우자 하위체계, 부모 하위체계, 형제 하위체계 등의 세 가지 하위체계로 구성되어 있다고 본다. 이 하위체계간의 규칙은 위계질서이다. 이 이론은 세대간의 적합한 경계선을 주장한다.

(1) 배우자 하위체계

이 체계는 두 사람이 결혼을 하여 새로운 한 가정을 이루면서 형성되며, 적응과 조화, 배우자의 역할의 타협이다. 배우자 하위체계에서 상호보충성이란 논리적으로 모든 행동이 보충된다는 것이다. 상대방의 잠재적 재능과 취미를 개발할 수 있는 상호 보완적 욕구를 지닌다는 것이다.

(2) 부모 하위체계

아이가 태어나면 부모 하위체계가 형성된다. 만일 배우자 하위체계가 이미 성공적으로 타협, 적용되었다면 그 기술은 부모 하위체계의 발전에도 유용하게 사용될 수 있다.

(3) 형제 하위체계

아동으로 하여금 아동이 되도록 하며 또래집단과의 관계를 실험한다. 하위체계는 가족체계가 그 구조에 관계되는 기능을 완수하도록 돕는다. 즉 하위체계의 각 개인은 차별적인 권력이 있고, 그는 역할에 합당한 기술을 개발하는 것이다. 하위체계간의 관계는 가족의 구조를 정의한다. 기능적 가족의 하위체계간의 질서는 권위의 위계질서라는 개념으로 나타낼 수 있다. 하위체계간의 연합과 명확한 경계선은 가족의 안정과 복지수준을 높인다.

4. 경계선

경계선은 직접 보이지는 않는다. 그러나 개인과 하위체계간에 그리고 구성원과 가족간에 허용될 수 있는 접촉의 양과 종류는 이 경계선으로 구분된다. 미누친에 의하면 경계선이란 개념은 규칙과 하위체계 간에 선호되는 관계이다. 각 하위체계는 독자성과 기능, 관계의 형태를 지닌다. 그리고 하위체계간의 독자성과 기능, 관계의 형태는 서로간의 관계에 의해 지배된다. 하위체계간의 상호역공은 이 경계선이 명확한지, 밀착되어 있는지, 분리되어 있는지에 따라서 상이하다.

1) 명확한 경계선

부모와 자녀 간의 관계에 적절한 거리를 두고 독립심과 자율성을 보장하면서 상호 지지적인 관계를 유지한다.

하위체계간의 이상적인 배열은 명확한 경계선이다. 이 경계선은 경직된 경계선이나 혼동된 경계선과는 대조적이다. 명확한 경계는 명확하면서도 융통성이 있다. 명확한 경계가 있는 곳에서 가족원들은 지지 받고 건강하게 양육되며 어느 정도의 자율이 허락된다. 결과적으로 명확한 경계선은 하위체계간의 상호작용과 의사소통을 증진시키며 변화를 유발시키기 위하여 협상과 타협을 계속한다.

2) 경직된 경계선

경직된 경계란 체계간의 분리된 상태를 말한다. 분리된 개인과 가족은 비교적 자율적이지만 고립되어 있다. 이것이 극단화되면 역기능적이 되는 것이다. 이 경계선에서는 극도의 위기나 심각한 스트레스의 경우에만 겨우 상호지지가 가능하다. 그러므로 구성원들은 원하는 정서적, 경제적, 육체적, 지지와 욕구, 희망하는 상호작용을 가족 외의 다른 체계에 의지하고 있다고 볼 수 있다.

3) 혼동된 경계선

혼동된 경계선은 가족의 밀착된 관계에 기인한다. 이 경계선은 경직된 경계선과는 대조된다. 이 경우는 모든 사람은 일에 관여하며, 필요하지 않는 경우에도 지지하는 등 극도의 혼란스러운 상태이다. 혼돈된 경계선을 가진 가족은 너무 많이 타협하고 적응한다. 그리고 아동과 부모 양측은 모두 자립된 자율 그리고 실험성이 상실되었다. 그들은 어떤 감정이 자기들의 것이고 어떤 것이 타인의 것인지 구분하지 못한다. 이상적인 명확한 경계선은 경직되고, 혼돈된 경계선도 아닌 균형을 유지하는 것이다. 타협과 협상도 균형을 이루어야만 한다.

5. 제휴

가족은 배우자 하위체계, 부모 하위체계, 형제 하위체계 등 세 가지 하위체계로 구성되어 있으며 이 하위체계 속에는 많은 제휴가 일어난다. 하위체계 구성원간의 관계는 연합의 개념이며, 경계선 안에서의 상호작용이다. 제휴에는 연합과 동맹 두 가지가 있으며, 연합은 두 사람이 제삼자에 대항하기 위하여 제휴하는 경우이다. 반면 동맹은 두 사람이 제삼자와는 다른 공동의 목적을 위해 제휴하는 것으로 반드시 제삼자와 적대관계에 있는 것은 아니다.

6. 권력

개개인의 가족성원이 상호작용과정을 통하여 다른 사람에게 미치는 영향력이다. 권력은 일반적으로 절대적인 권한을 의미하는 것이 아니라 경우에 따라 달라진다. 이 권력구조는 상황에 따라 변화할 수 있고 상호보완적으로 변하는 것이 바람직하다. 상황이 바뀌었는데도 역할이 경직되어 있고 고정된 상태이면 문제가 발생하기 쉽다.

7. 정상가족과 역기능가족

1) 정상가족

명확하고 안정된 경계선, 부모 하위체계의 강력한 위계구조, 체계의 융통성이 특징이다. 자율성과 상호의존, 개인성장과 체계유지, 변화하는 내적발전과 환경적 요구에 반응하기 위한 연속적이고 적절한 재구조화 측면에서 공통적으로 융통성이 있다.

2) 역기능가족

역기능적 구조가 되는 것으로 가족의 경계선이 애매하거나 경직되어 있고, 가족구조가 융통성이 없어서 상황변화에 적절하게 대처하지 못하며 결탁이 형성되어 있고 부모 하위체계가 강한 권력구조를 가지고 있지 않은 경우이다.

8. 치료기법

구조적 가족치료는 가족이 제시하는 문제를 체계적 관점에서 재명명화하여 행동의 변화를 유도한다. 또한 치료자는 같은 문제를 보다 새롭고 건설적인 방향으로 제시해야 한다.

1) 치료과정

사정을 위한 면담과정을 별도로 가지지 않는다. 구조적 가족치료에서는 한 회의 면담 중에도 이러한 과정을 여러 번 반복하면서 가족구조의 변화를 시도한다.

① 문제의 정의

↓

② 문제에 관한 정보의 수집

↓

③ 가설설정(구조의 사정)

↓

④ 치료목표의 설정(단기 / 장기 목표)

↓

⑤ 치료적 개입

↓

⑥ 피드백

01 미누친(S. Minuchin)의 구조적 가족치료의 대표적 기법을 옳게 나열한 것은?

① 과제부여, 합류하기, 척도질문
② 합류하기, 탈삼각화, 경계만들기
③ 긴장 고조시키기, 균형 깨뜨리기, 실연
④ 역설적 지시, 긴장 고조시키기, 과제부여
⑤ 균형 깨뜨리기, 역설적 지시, 탈삼각화

해설

정답 ③

02 가족경계(boundary)에 관한 설명으로 옳은 것은?

① 하위체계의 경계가 경직된 경우에는 지나친 간섭이 증가한다.
② 하위체계의 경계가 희미한 경우에는 감정의 합일현상이 증가한다.
③ 하위체계의 경계가 경직된 경우에는 가족의 보호 기능이 강화된다.
④ 하위체계의 경계가 희미한 경우에는 가족 간 의사소통이 감소한다.
⑤ 하위체계의 경계가 경직된 경우에는 가족구성원이 독립적으로 행동하기 어렵다.

해설 건강한 가족(명확한 경계) - 가족 간의 경계가 분명하다.
밀착된 가족(혼돈된 경계) - 가족응집력이 지나치게 높고 가족원의 획인적인 감정과 생각을 강요한다.
유리된 가족(경직된 경계) - 가족 간의 상호작용이 이루어지기 어렵다(의사소통 융통성이 없다)

정답 ②

03 사회복지사가 클라이언트의 문제와 관련하여 가족의 역동성을 평가할 때 포함시켜야 되는 부분이 아닌 한 가지를 고르시오.

① 가족성원의 인구학적 특성과 기능
② 가족의 일상생활의 기능상황
③ 가족성원의 가족체계의 적응도
④ '문제행동'의 대가
⑤ 사회적 관계에서의 불만족

해설 ⑤번은 클라이언트의 가장 빈번한 문제 중의 하나이다.

정답 ⑤

Chapter 15 가족치료

제1절 보웬의 가족치료

1. 개론

정신분석적 원리 및 실제에 직접적인 영향을 받는 치료적 임상모델이다.

정신역동적으로 정립된 접근방법과 체계적인 접근방법의 가교적 역할을 했다는 점에서 높이 평가받고 있다. 보웬은 이론에 관심을 가지며 보다 포괄적인 치료기법 개발에 중요성을 두고 정신의학적이나 임상적 판단에 벗어난 보다 객관적인 것이어야 한다고 주장하였다. 보웬의 가족치료는 다른 가족치료적 접근보다 인간행동에 대해 가장 포괄적인 견해를 가지고 있다.

2. 특징

의미 있는 변화는 반드시 전체 가족에게서 나타나는 것은 아니라고 생각했으며 나머지 가족성원에게 영향을 미칠 수 있는 한 사람의 변화에 의해 전체가 변화될 수도 있다고 보았다. 그는 대부분의 경우 가족문제는 가족성원이 자신의 원가족에서 심리적으로 분리하지 못하는 데 기인한다고 보았다.

3. 보웬의 가족치료의 시작 배경

보웬의 연구에서 정신분열증 환자는 어머니에게 지나치게 정서적 애착을 나타낸다는 사실을 발견하고 모자공생관계를 설정하여 불안한 애착에 대해 관심을 갖고 이 시기부터 가족을 하나의 유기체라고 생각하고 가족을 치료에 참여시켰는데 이것이 가족치료의 시작이었다.

4. 치료목표

보웬 가족치료의 근본 치료목표는 불안을 감소시키고 자아분화 수준을 높이는 것이다. 가족체계에서 진정한 변화는 가족성원들의 자율성을 조장하여 개인들의 성장을 촉진하며, 가족관계를 개방하고 삼각관계에서 벗어나도록 하는 것을 의미한다. 문제는 사람에게 있는 것이 아니라 원래부터 체계에 존재해 왔으며, 개인의 변화는 다른 사람과의 관계 변화를 통하여 이루어진다는 것이다. 체계를 변화시키고 가족원들의 분화수준을 향상시키기 위하여 가장 중요한 것은 부부가 다른 가족을 끌어들이는 삼각관계에서 벗어나는 것이다. 이것을 성취하기 위하여 치료자는 부부와 함께 새로운 삼각관계를 만들어내는 것이다.

5. 주요개념

보웬의 이론은 양극에 놓여있는 두 개의 힘으로 요약된다. 즉 가족 내에 연합하고자 하는 힘인 연합성과 분리하고자 하는 힘인 개별성이 그것이다. 물론 이 두 힘이 서로 균형을 이루고 있을 때가 이상적이다. 연합성의 불균형은 융해나 미분화라고 한다. 자율적으로 기능하는 능력인 분화는 사람이 극단적인 반응에 사로잡히지 않도록 돕는 것을 골자로 한다.

- 보웬의 개념은 모자공생관계에서 분화되지 않은 가족자아집합체와 융해(미분화) · 분화의 개념으로 발전하였다.

6. 보웬의 개념(1963)

자아분화는 개인의 자아가 가족자아집합체에서 얼마나 분화되어 있는가를 사정하기 위한 이론적 척도이며, 정신내적 수준과 대인관계적인 수준으로 나눌 수 있다. 사고와 감정이 균형이 잡혀있고 자제력과 객관적 사고 능력을 지닌다. 분화가 안 된 사람은 감정으로 부터 사고를 구별하기 어렵고 객관적 사고나 자제력이 부족하며 다른 사람과 융합하려는 경향이 있다.

1) 삼각관계

일반적으로 가족치료자들은 세 사람의 인간관계가 이자 관계의 인간관계보다 안정된 관계라고 보고 있다. 사람은 불안을 피하기 위해 다른 사물이나 인물을 끌어들이는 경우가 많다. 삼각관계는 어떤 두 사람이 자신들의 정서적 문제에 제3의 사람을 끌어들이는 형태를 의미한다.

2) 핵가족의 정서체계

한 세대의 가족 내에서 보이는 정서적 기능을 설명한 것이다. 즉 자아분화가 낮은 사람의 결합일수록 두 사람의 자아가 융해되어 공동자아를 형성한다. 문제는 새롭게 형성된 이와 같은 융해는 불안정하며, 때로는 융해가 반대로 부부간의 정서적 거리감을 증가시켜 자녀에게 문제를 투사하는 등의 여러 가지 부적응을 초래할 위험성이 있다는 것이다.

3) 가족투사과정

투사대상이 된 자녀는 최소한의 자아분화만을 한 채 부모와 밀착관계를 갖게 된다. 분화수준이 낮은 가정일수록 투사경향이 심하다. 가족투사과정은 다음 세대를 희생시키면서까지 이전 세대의 미분화에서 발생한 불안을 경감시키고자 한다.

4) 다세대 전수과정

다세대를 통해 가족의 정서과정이 전수되는 것을 설명한다. 핵가족 안에서의 개인뿐만 아니라 여러 세대에 걸친 핵가족을 포함하는 정서적 장애를 의미한다. 가족융합에 참여하는 자녀는 자아분화가 더 낮은 수준으로 되는데 그 자녀가 자기와 비슷한 수준의 사람과 결혼하면 다음 세대인 자녀에게 그들이 가진 미분화된 특징을 투사하게 된다. 이는 3대, 4대로 거듭할수록 정신분열증이나 정서장애가 발생하게 될 소지가 있다.

5) 정서적 단절

한 개인과 자신의 원가족 간의 미분화와 그것과 관련된 정서적 긴장을 관리하는 방식으로, 극심한 정서적 분리의 양상을 의미한다.

6) 사회적 퇴행(사회적 정서과정)

개인에게 거짓연대감을 갖게 하는 사회의 작용으로 이 작용은 융해를 조장하며, 자기분화를 저해한다.(사회의 관계가 가족구성원들의 감정에 미치는 영향)

7. 치료기법

보웬의 가족치료에서는 가족성원 중 한사람을 선정하여 일정기간 그 사람을 치료함으로써 그 사람이 전체 가족체계를 변화시킬 수 있다고 생각하였기 때문에 어떤 의미에서는 치료대상의 폭이 광범위했다. 즉 가족이 어떻게 기능하는가에 대한 이해가 치료대상의 범위와 치료의 기술적 측면보다 훨씬 중요하다고 보았다.

1) 탈삼각관계 과정

치료자는 가족과 중립적이고 객관적인 자세로 적정 수준의 정서적 거리를 두어야 한다.

2) 가계도

치료 초기에 확대가족을 포함한 가족의 정보를 얻기 위해 가계도를 사용한다. 복잡한 가족에 대한 정보를 한눈에 알아볼 수 있는 장점이 있다.

〈가계도 작성법〉

가. 가족구조를 도식화한다.

나. 가족구성원에 관한 정보를 기록한다.

다. 가족관계를 표현한다.

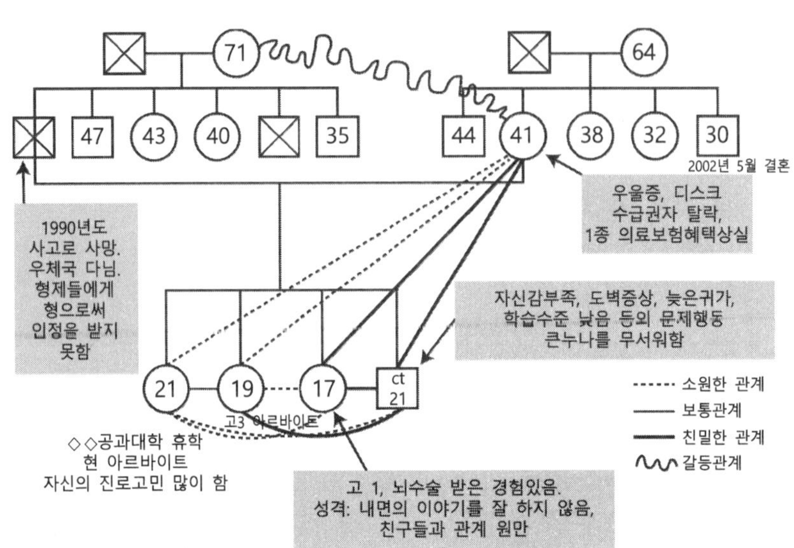

3) 가계도를 통한 평가

가족 내의 상호작용과 인간관계는 한정된 것이 아니므로 새로운 것이 들어와서 바뀌기도 하지만 일반적으로 어떤 유형이 반복되는 경향이 있다. 가계도는 이러한 유형의 반복을 예측 가능하게 한다.

기출문제

01 다음 중 보웬(Bowen)의 가족치료모델에 관한 설명으로 옳은 것은?

① 주요 기법으로 예외질문, 기적질문, 척도질문, 대처질문, 극복질문 등을 사용한다.
② 가족 내 하위체계와 분화는 가족문제의 핵심이다.
③ 가족의 분화 수준이 낮을수록 두 사람의 관계에 제3자를 끌어들이려는 삼각관계가 나타난다.
④ 현재 가족구성원들이 서로 어떤 관계를 맺고 있는지 통찰한다.
⑤ 자아분화는 세대간 미분화의 결과로 나타나며, 정서적 융합이 클수록 정서적 단절이 일어날 경향이 높다.

해설 가족의 분화수준이 높을수록 제3자를 끌어들이려는 삼각관계가 나타난다. 정답 ③

02 가족실천 모델과 주요개념, 기법의 연결로 옳지 않은 것은?

① 보웬모델 - 자아분화 - 탈삼각화
② 구조적모델 - 하위체계 - 균형깨뜨리기
③ 경험적모델 - 자기대상 - 외현화
④ 전략적모델 - 환류고리 - 재구성
⑤ 해결중심모델 - 강점과 자원 - 예외질문

해설 경험적 가족치료 모델은 가족에 대한 치료경험을 바탕으로 한 기법들을 사용하는 것으로 의사소통 유형에 관심을 두고 있다. 정답 ③

03 가족 대상 사회복지실천에서 보웬의 가족치료와 관계가 없는 것은?

① 가계도
② 탈삼각화
③ 자아분화수준
④ 경계만들기
⑤ 3세대

해설 경계만들기는 사티어의 경험적 가족치료와 밀접하다. 정답 ④

Chapter 16

사티어의 경험적 가족치료

제1절 경험적 가족치료

경험적 가족치료에서는 가족에게 통찰이나 설명을 해주기보다는 가족의 특유한 갈등과 행동양식에 맞는 경험을 제공하고자 노력한다. 가족과 치료자 사이의 상호작용은 면담에 참여하는 가족이나 치료자 모두가 성장할 수 있도록 도움을 주고자 한 이론이다.

1. 사티어

정직하고, 직접적이며, 명확히 의사소통하는 방법을 발전시켰으며, 가족구성원들이 자아존중감을 발전시킬 수 있도록 융통성이 있으며, 합리적인 가족규칙을 갖게 하는 지침을 발전시켰다.

2. 주요개념

경험주의적 가족치료는 가족구성원들의 변화에 의해 가족이 변화하도록 고안되어 있다. 가족구성원 개개인은 서로간의 개인적인 경험을 나눌 수 있도록 하고 역기능적인 상호작용의 변화나 증세의 치료와는 달리 개인성장에 많은 초점을 둔다.

① 개별성
경험주의적 치료자들은 가족구성원 개개인의 지각, 의미, 가치에 주요 관심을 가졌다, 그들은 관찰된 행동보다는 주관적인 경험에 초점을 두었다.

② 선택의 자유
가족은 개인의 선택을 원조해줌으로써 개인에게 의미를 부여한다. 선택은 인간의 잠재력에서 나오는 것으로 인간이 선택의 자유를 갖지 못하면 문제가 발생하게 된다.

③ 개인의 성장
어떤 문제 증상을 제거하기보다는 개인의 성장에 역점을 두었다. 성장은 계속적인 과정을 거치기 때문에 변화를 수반하게 된다. 가족들의 변화는 곧 가족들의 성장을 의미

한다.

3. 치료의 목표

치료의 목표는 안정이 아닌 성장이다. 증상의 감소, 사회적 적응 등도 중요한 목표지만 내면의 경험과 표현 행동이 일치하는 개인적 통합의 증가, 선택에 대한 보다 많은 자유, 덜 의존적인 것, 경험을 확대하는 것 등은 기본적인 가족치료의 목표이다.

① 재정의
부정적인 의미를 긍정적인 것으로 변화하기 위하여 사용하는 기법으로, 사실은 변화하지 않은 상황에서 이미 경험한 사실에 대한 관념, 정서적 감정과 태도를 좀 더 구체화하고 긍정적으로 규정함으로써 변화 계기가 발생하는 것이다.

② 가족조각
어느 시점을 선택하여 그 시점에서의 인간관계, 타인에 대한 느낌과 감정을 동작과 공간을 사용하여 표현하는 비언어적 기법을 말한다.
경험주의적 가족치료는 가족구성원들의 변화에 의해 가족이 변화하도록 고안되어 있다. 가족구성원 개개인은 서로간의 개인적인 경험을 나눌 수 있도록 하고 역기능적인 상호작용의 변화나 증세의 치료와는 달리 개인 성장에 많은 초점을 둔다.

4. 사티어 치료의 4가지 전제

사티어 치료의 4가지 전제는 다음과 같다.

첫째, 모든 행동은 합리적 또는 적절한 동기가 있다. 이미 학습된 것처럼 행동한다면 그것이 그 상황 속에서 그 사람이 할 수 있는 최선의 행동이다.

둘째, 모든 사람은 치유될 수 있으며, 치유는 치료과정에 내재되어 있다. 내용보다는 과정이 치료에 도움이 되는 중요한 요소라 생각한 그녀의 과정을 이용한 치료방법은 누구보다 개성적이다. 그러나 치료자는 일관된 행동으로 바람직한 의사소통을 하는 것이 중요하다.

셋째, 마음과 신체는 체계의 한 부분이다. 따라서 신체적 활력과 정서적 안녕과 연결되어 있다. 그러므로 치료를 할 때는 인간이 가지고 있는 모든 회로가 이용되지 않으면 안 된다.

넷째, 자존감과 효과적인 의사소통은 서로 관련이 있다. 자존감은 한 개인이 배우자 선택, 부부관계의 방법, 부모 자녀관계의 요구, 스트레스의 반응, 사물에 대처하는 능력, 유연성, 차이나 애매함을 처리하는 능력, 성장하여 자유를 향유하는 데 영향을 미친다.

1) satir의 성장기법

치료적 변화는 행동적인 것만이 아니라 내면의 과정에서 훨씬 중요한 요소라고 보았다. 즉 정서적 경험이 치료적 변화를 일으키는 중대한 요소라는 것이다.

2) satir의 의사소통기법

역기능적인 의사소통법 4가지가 있으며 이에 대한 바람직한 의사소통형의 대안으로 일치형을 제시할 수 있다.

① 회유형

자기 감정을 무시하고 다른 사람에게 나의 힘을 넘겨주고 모두에게 동의하는 말을 한다. 회유하는 사람은 다른 사람과 상호작용하는 상황을 중요시하지만 자신의 진정한 감정을 존중하지 않는다. 즉 회유는 나 자신이 살아남고 안정을 유지하는 방법이다. 자신이 느끼는 감정보다는 상대방에게 '예'라고 대답하는 것이 중요하다고 생각하면서 자신의 스트레스를 다루는 방법이다.

② 비난형

약해서는 안 된다고 하는 의지를 나타내며, 자신을 보호하고 다른 사람이나 환경을 괴롭히고 나무라는 것이다.

③ 초이성형

자신이나 다른 사람을 지나치게 낮게 평가하는 것이다. 지나치게 합리적인 입장에서 상황만을 중요시하며 기능적인 관점에서 언급하는데 이때 확실한 자료나 논리를 사용한다.

④ 산만형

지나치게 즐거워하거나 익살맞은 행동을 함으로써 오히려 의사소통이 혼란한 것을 말한다.

산만형의 의사소통을 사용하는 사람은 위협을 무시하고 마치 위협이 존재하지 않는 것처럼 행동하므로 주위를 혼란시킨다.

유형	자신	타인	상황
일치형	0	0	0
혼란형	x	x	x
비난형	o	x	0
회유형	x	0	0
초이성형	x	x	o

사티어에 의하면 이상적인 의사소통유형은 일치형이다. 그것은 나 스스로가 주체적으로 다른 사람과 관계를 갖고 접촉하고 직접적으로 사람과 연결을 맺는 것을 의미한다. 결국 나와 상대와 상황을 모두 중시하는 것이다.

01 가족 대상 사회복지실천에서 가족조각기법을 주로 많이 활용하는 모델은?

① 구조적 가족치료
② 전략적 가족치료
③ 경험적 가족치료
④ 해결중심 가족치료
⑤ 전술적 가족치료

해설 사티어는 경험을 통해서 해결할 수 있는 경험적 가족치료에서 가족의 조각기법을 많이 활용하였다.

정답 ③

02 사티어의 의사소통 유형으로 맞는 것은?

"객관적 사실과 논리에 입각하여 당신의 지식은 아주 무지한 것입니다."

① 비난형
② 산만형
③ 초이성형
④ 일치형
⑤ 완벽형

해설 자신이나 다른 사람을 지나치게 낮게 평가하는 것이다. 지나치게 합리적인 입장에서 상황만을 중요시하며 기능적인 관점에서 언급하는데 이때 확실한 자료나 논리를 사용한다.

정답 ③

Chapter 17 인지행동

제1절 인지행동주의적 가족치료

1960년대 행동치료를 통한 행동변화에 문제점들이 제기되면서 그 문제점들을 보완할 수 있는 새로운 치료접근법이 요구되었다. 행동치료의 주된 문제점으로는 클라이언트가 외부자극에 의존하는 경우 내적 동기가 유발되지 않는다는 점과 행동변화가 외부강화로 주어지지 않은 상황에서는 일반화가 되지 않는다는 점이 지적되었다. 따라서 자기통제에 대한 필요성과 사고과정에 대한 중재의 필요성이 대두되었다. 그 결과 행동주의 절차와 결합한 다양한 인지적 치료모델과 전략의 혼합체인 인지적 행동치료가 출현하게 되었다. 인지행동모델은 사고나 인지로 불리는 개인의 내면에서 은밀하게 일어나는 과정이 행동변화를 중재한다는 이론적 입장을 취하는 모든 치료접근법을 의미한다. 따라서 그 강조점에 다소 차이가 있기는 하지만 개인의 행동과 정서의 변화를 유도하기 위해서 클라이언트의 사고와 사고과정을 변화시킨다는 목적을 가진 모든 치료절차는 인지행동모델의 범위에 속한다.

1. 치료목표

치료목표를 한마디로 표현하면 현재의 증상을 완화시키기 위해 특별한 행동유형을 수정하는 것이다. 특별한 행동유형을 수정한다는 것은 바람직하지 않은 행동을 제거하거나 가족에 의하여 확인된 긍정적 행동을 증가시키는 것이다.

2. 주요개념

인지행동주의적 가족치료의 전략은 가족이 어떻게 기능하느냐의 문제보다는 어떻게 하면 행동의 변화를 초래할 수 있는가에 대한 방법에 보다 많은 관심을 두었다. 행동이 가속화된 결과를 강화라고 하며 반대로 행동이 감소된 결과를 처벌로 인식한다. 강화에 대하여 반응이 뒤따르지 않을 때 소거가 일어난다. 단순한 반응이 강화되는 양상을 인식하는 것은 쉬운 반면 보다 복잡한 반응이 강화되는 방식을 인식한다는 것은 명확하지 않을 수 있다. 이것을 학습하는 방법에는 행동형성과 모델링이 있다.

3. 치료기법

인지주의적 가족치료 과정을 한마디로 요약하면 다음과 같다. 치료자는 문제행동을 지배하는 상황을 사정하기 위해 우선 가족의 행동유형에 관심을 가진다. 그리고 사정의 결과에 의해 얻어진 자료를 토대로 행동분석을 한다. 이러한 행동분석에 의해서 어떤 행동을 변화시킬 것인가에 대한 계획을 세운다. 계획이 세워지면 가족의 특성에 맞는 기법에 따라 직접적인 개입을 하게 된다.

1) 인지행동주의적 부모교육

포괄적인 사정 절차로 시작한다. 사정에는 변화된 행동의 빈도뿐만 아니라 그것에 선행하거나 뒤따르는 사건을 정의하고 관찰하면서 기록하는 과정이 수반된다. 일단 이와 같은 사정이 완료되면 치료자는 어떤 행동이 증가되고 감소해야 할지를 결정한다. 바람직한 행동이 증가하도록 심리적 또는 사회적으로 다양한 강화요인이 사용된다.

조작적 조건화에는 여러가지 기법이 있다. 예를 들면 행동형성, 토큰강화, 유관계약, 타임아웃 등이다. 행동형성이란 바라는 목표에 점진적으로 접근하는 방법이다. 추구하는 목표를 작은 단계로 나누어서 각 단계 내에서 강화하여 그를 통한 점진적인 변화를 시도하는 것이다.

2) 인지행동주의적 부부치료

인지행동주의적 부부치료는 다른 행동주의 치료와 마찬가지로 정교하고 구조화된 사정으로 시작한다. 일반적으로 면담 이전에 임상적 상태, 특별한 표적행동에 대한 사정 그리고 표준적인 부부관계를 사정하는 질문이 포함된 구조화된 사정단계를 거치게 된다.

3) 가족치료이론 학자 비교

대표자	이론적 바탕	치료자의 역할	치료단위	목표
보웬	정신분석학 체계이론	능동적, 자제적, 직접적 지도	치료자와 두성인	융해의 감소, 자아분화수준의 향상
사티어	의사소통	분명한 의사소통의 교사, 모델, 촉진자	부부와 4세 이상의 자녀	성장경험, 개방적 의사소통 체계의 발달
헤일리	의사소통 행동주의	지시적, 변화조성의 책임, 조직적 역설의 사용	전체 가족	현재의 문제 또는 증상을 제거하기 위한 행동의 변화
Minuchin	체계이론 행동주의	단체지도자, 능동적 개입자, 조작적	전체 가족	가족조직의 재구조화

기출문제

01 다음 중 집단사회사업의 모델 중 상호작용모델을 설명한 것은 ?

① 지도자의 역할은 역할모델, 조력자, 교사이다.
② 목적은 사회에 대한 개인의 적응, 집단선 추구 등이다.
③ 개인적 역기능변화에 그 초점을 둔다.
④ 회합기간은 정기적이며, 시간사용 계획을 사전에 설정한다.
⑤ 대상은 공동관심사를 성취하기 위해 협력하는 구성원들이다.

해설 ① 사회목표모델 ② 사회목표모델 ③ 치료모델 ④ 치료모델 정답 ⑤

02 사회복지실천의 행동·심리이론에 대한 설명으로 틀린 것은?

① 행동 · 심리이론의 대표적인 이론은 정신분석이론, 자아심리학이론, 행동주의이론 등이 있다.
② 프로이드의 정신분석이론에 의하면 인간의 성격구조로서 id, ego, super-ego가 있다.
③ 행동주의이론의 대표적인 학자는 아들러이다.
④ 로저스의 인본주의 심리학은 자기이론, 현상학적이론 또는 자기실현이론이라고 한다.
⑤ 자아심리학자인 에릭슨은 인간발달에 심리 · 사회적 접근을 강조하였다.

해설 스키너, 아들러는 인지이론 정답 ③

Chapter 18 전략적 가족치료모델

전략적 가족치료모델은 가족의 문제를 해결하기 위한 전략에 초점을 두고 있다.

문제행동의 원인보다 무엇이 그 문제를 지속시키는가에 대한 관심, 즉 이해보다는 변화에, 이론보다는 기법에 더 많은 관심을 가지고 있는 모델 유형이다.

제1절 치료목표

1. MRI 이론가들

① 가족의 인성이나 가족구조를 변화시키기보다는 가족이 곤란을 느끼지 않고 활동할 수 있도록 돕는다.

② 가족의 문제나 증상의 원인을 '잘못된 문제해결책'에 있다고 파악, 문제와 관련된 새로운 행동을 하게 한다.

2. 헤일리

인식의 변화보다 행동을 중시하고 가족을 구조적으로 재조직하는 것이 궁극적 목표 → 가족의 위계질서나 경계선의 재구조화를 강조했다.

3. 밀란

증상은 가족을 보호하는 기능이 있다고 보며, 가족상호관계에서 힘겨루기를 위해 행해지는 가족 게임에 대한 동기를 재구조화하도록 계획한다.

제2절 치료기법

1. 역설적 지시

문제를 유지하는 연쇄과정에 변화를 주기 위한 기법으로 가족이 문제행동이라고 생각하는 행동을 유지하거나 혹은 더 강화하는 행동을 수행하도록 지시하는 기법이다.

2. 순환적 질문하기

가족성원들이 문제에 대해 제한적이고 단선적인 시각에서 벗어나 문제의 순환성을 알도록 돕기 위한 질문이다.

3. 재구성 기법

가족원들이 문제 혹은 이슈를 다른 시각에서 혹은 다른 방법으로 이해하도록 돕는 것으로 재명명, 재규정이라고도 한다.

4. 가장 기법

증상을 보이는 자녀에게 증상을 가진 것처럼 행동하고 부모는 자녀를 돕는 것처럼 행동하라고 지시 → 어떤 것을 놀이로 하도록 하면서 긴장과 저항심을 우회시키는 기법이다.

01 다음 사례에서 사용한 가족치료모델은 무엇인가?

> 상담자가 가족치료를 위해 우선적으로 어머니와 상담을 하는데, 가족용어를 사용하도록 하여 먼저 실시하고 그 뒤로 가족구성원들이 차례로 상담을 하였다.

① 구조적 가족치료
② 경험적 가족치료
③ 세대 간 가족치료
④ 전략적 가족치료
⑤ 행동주의 가족치료

해설 가족문제 해결을 위해 변화에 기법을 두고 전략적으로 접근한다. 정답 ④

02 다음 중 가족치료이론과 기법의 연결이 옳게 짝지어진 것은?

① 전략적 가족치료 - 가족구도
② 경험적 가족치료 - 의사소통방법 변화
③ 구조적 가족치료 - 탈삼각화
④ 보웬 가족치료 - 가계도
⑤ 전술적 가족치료 - 생태도

해설 전략적 가족치료는 가족의 각 역할의 분담을 통해 구조를 맞추어 가는 치료이다. 정답 ①④

Chapter 19 해결중심 단기치료

제1절 해결중심 단기치료

일반적으로 단기치료는 시간과 재정상의 이유 또한 많은 사람들이 '속성 처방'을 강조함으로 인해 최근 매우 인기가 높아졌다. 단기치료는 보통 4회 내지 6회 또는 8회 정도에서 끝나며 10회를 넘는 경우는 드물다.

단기치료의 초점은 문제와 그것의 뿌리가 아니라 해결책이다. 해결책에 초점을 맞춘다는 것은 원인을 완전히 무시하지는 않지만 오히려 '지금 여기'에 집중한다는 뜻이다. 단기치료는 특정한 목적과 목표에 초점을 맞춘다. 단기치료에서는 목표설정이 중요하다.

개입은 구체적인 것, 현실적인 것, 성취 가능한 것, 측정할 수 있는 것, 관찰할 수 있는 것을 중심으로 한다.

1. 해결중심 치료 기법

1) 사회화

사회화(합류하기)는 관계를 수립하기 위한 사회성 초기단계로 상호 라포형성을 토대로 한다.

2) 기적 질문

기적 질문이란 문제가 없다면 어떤 생활을 하고 있을 것인지 내담자로 하여금 상상해 보도록 돕는 데 사용하는 기법이다. 예를 들어, 내담자가 잠자리에 들어서 문제가 해결되어 치료자에게 어떤 일이 일어났는지 말하고 어떤 기적이 일어났는지 말하는 꿈을 꾸는 것을 상상해 보라고 요청하는 것이다.

3) 예외 질문

예외 질문은 문제에 대한 예외 상황을 이끌어내고, 확대하고, 강화하는 데 깊은 관심을 가져서 내담자의 말이 그들의 삶에 변화를 일으키도록 하는 것이다. 예를 들어, 내담자에게 문제가 존재하지 않는 때를 말하도록 요청할 수 있다.

4) 척도 질문

척도 질문은 기준선을 끌어내기 위해 치료자가 사용하는 기법이다. 예를 들어, 내담자에게 "1에서 10까지의 척도 중에서 최악의 시나리오를 1로 하고 기적이 일어난 다음 날이나 최상의 시나리오를 10이라고 한다면, 현재 당신의 점수는 얼마입니까?"라는 질문을 할 수 있다.

해결중심 단기가족치료는 원가족 작업을 하기에는 시간이 충분치 않은 몇몇 상황에서 즉각적인 문제에 어떤 해결책을 찾도록 돕는 데 유용한 기법이다.

01 다음 사례에서 활용한 해결중심모델의 질문기법은?

> "아버지가 술만 마시면 심하게 때리고, 그게 너무 고통스럽고 견디기 어려워 그 수준이 10점인 날들의 연속이라고 했지? 그런데 혹시 때리지 않았던 날도 있니?"

① 기적 질문 ② 관계성 질문
③ 예외 질문 ④ 척도 질문
⑤ 대치 질문

해설 문제에 대한 예외사항을 이끌어내어 내담자의 말이 그들의 삶에 변화를 일으키도록 하는 것.

정답 ③

02 해결중심모델에 관한 설명으로 옳은 것은?

① 클라이언트에게 대처행동을 가르치고 훈련함으로써 부적응을 해소하도록 한다.
② 탈이론적이고 비규범적이며 클라이언트의 견해를 존중한다.
③ 문제의 원인을 클라이언트의 심리 내적 요인에서 찾는다.
④ 클라이언트의 문제를 자원 혹은 기술 부족으로 본다.
⑤ 문제와 관련이 있는 환경과 자원을 사정하고 개입 방안을 강조한다.

해설 해결중심모델

- 내담자의 강점에 초점을 두고 작은 변화부터 시도하며 과거보다는 현재와 미래에 관심을 갖는다.
- 문제에 초점을 두는 것이 아니라 문제가 해결된 상황에 초점을 두고 해결책을 구축하는 치료 접근법을 사용한다.
- 인간의 경험은 사회적 상호작용과 언어에 의해 크게 영향을 받는다고 보는 사회구성주의의 전통에서 그 뿌리를 찾을 수 있다.

정답 ②

03 해결중심모델에서 사용하는 질문기법과 그에 관한 예로 옳은 것은?

① 관계성 질문: 재혼하신 아버지는 이 문제를 어떻게 생각하실까요?
② 기적질문: 처음 상담했을 때와 지금의 스트레스 수준을 비교한다면 지금은 몇 점인가요?
③ 대처질문: 어떻게 하면 그 문제가 발생하지 않을 것 같나요?
④ 예외질문: 당신은 그 어려운 상황에서 어떻게 견딜 수 있었나요?
⑤ 척도질문: 처음 상담을 약속했을 때와 지금은 무엇이 어떻게 달라졌는지 말씀해 주세요.

해설 기적질문-기적이 일어나서 문제가 해결되었다고 상상하게 함으로써 해결책을 제시하는 것
대처질문 - 클라이언트가 과거 경험중 어려운 상황에서 잘 견뎌낸 것을 강조하고 그것을 인식하게 하도록 하는 질문
예외질문 - 성공했던 경험을 찾아내어 문제가 없었던 상황을 찾아내어 해결책을 제시하는 것
척도질문 - 구체적인 숫자를 제시하여 문제의 정도를 파악하는 것

정답 ①

04 다음의 내용은 해결중심 가족치료의 어떤 기법에 대한 설명인가?

> "문제 시 되는 실패 경험보다는 성공했던 경험을 찾아내어 그것을 의도적으로 계속 실시하여 성공의 경험을 확장하고 강화하는 것이다."

① 예외 질문
② 기적 질문
③ 척도 질문
④ 대처 질문
⑤ 해결 질문

해설 문제에 대한 예외상황을 이끌어내고, 확대하고, 강화하는 데 깊은 관심을 가져서 내담자의 말이 그들의 삶에 변화를 일으키도록 하는 것이다. 예를 들어, 내담자에게 문제가 존재하지 않는 때를 말해 보도록 요청할 수 있다.

정답 ①

Chapter 20 사회복지실천을 위한 기록과 평가

제1절 사회복지실천의 기록

기록은 클라이언트의 상황을 확인, 기술, 사정하고, 서비스의 목적과 활동을 비롯한 서비스 전달과정을 나타내며, 클라이언트에 대한 개입의 효과여부를 평가하는 것까지 포함한다.

1. 사회복지실천에서 기록의 중요성과 용도에 대한 이해

1) 책무성 – 기록의 일차적 목적

사회복지사는 기관, 클라이언트, 지역사회에 대해 윤리적, 법적 책무성을 가지고 자신이 전달하는 서비스를 기록하고 설명하며 평가해야 한다.

책무성에 대한 요구와 기록을 요구하는 집단이나 조직이 증가함에 따라 더 많은 세부적인 정보가 기록에 포함될 것이 요구되고 있다.

2) 기록의 용도

① 책임성
② 정보제공
③ 개입, 과정, 평가에 사용
④ 클라이언트에 대한 이해 증진
⑤ 슈퍼비전, 자문, 교육의 활성화
⑥ 근거자료
  ㉠ 기관 및 사회정책에 따르는 승인을 증명하는데 이용 / 수급자격을 입증할 자료
  ㉡ 사회복지사와 사회복지기관이 행정절차상의 규정과 기준을 준수하는지 입증
  ㉢ 서비스의 질을 관리
  ㉣ 연구를 위한 자료로 활용
⑦ 지속적인 사례관리

⑧ 타 전문직과의 의사소통
⑨ 자료화

2. 기록내용의 구성요소

1) 기록에 포함되어야 할 내용

기록의 책무성을 나타내기 위해 서비스의 근거, 내용, 결과들이 문서상에 잘 나타나는 것이 바람직하다.

① 클라이언트의 인구학적인 특성
② 서비스를 제공하게 된 사유
③ 클라이언트의 현재 및 과거의 문제나 욕구 - 사회력
④ 사회복지사의 소견과 사정
⑤ 서비스의 목적
⑥ 서비스의 계획
⑦ 제공된 서비스의 특성
⑧ 서비스 종결방법과 사유
⑨ 서비스 활동과 결과에 대한 요약
⑩ 사후지도

2) 사회력

클라이언트의 문제나 욕구를 역사적이며 생태학적인 맥락에서 이해하기 위해 클라이언트와 상황에 관한 현재 및 과거에 대한 정보를 포함한다(Kagle, 1997). 간략한 사회력은 클라이언트와 상황을 이해하는 데 필요한 정보에 집중하고 중심문제를 관련 생태학적인 맥락에서 다루며, 보다 광범위한 사회력은 역사적인 선행사건, 반복되는 주제, 장기적 유형까지도 찾으려고 시도한다.

① 클라이언트의 가족배경과 현재 가족의 구성 - 가족력
② 신체적 기능, 건강상태, 장애, 영양, 의료상태
③ 교육적 배경, 최종학력, 지적 기능
④ 심리적, 정서적 기능
⑤ 종교와 영성
⑥ 대인 사회적 관계, 중요한 타자와의 관계
⑦ 고용, 소득, 작업환경, 기술
⑧ 강점, 대처방식, 문제해결능력

⑨ 주택, 지역사회, 이웃, 교통수단
⑩ 현재와 최근의 지역사회와 전문적 서비스의 이용

3. 기록의 종류와 특성

각 사회복지기관은 고유한 기록양식을 가지고 있다.

1) 이야기체 기록

① 서비스가 개인, 부부, 가족, 집단 등 어느 누구에게 전달되는지에 상관없이 개별화된 서비스를 문서화하는 양식이다.
② 클라이언트 및 상황과 서비스 교류의 특수한 본질을 반영할 수 있어서 임상사회복지실천을 문서화하는 데 특히 접합하다.
③ 이야기체 기록의 질은 제공된 서비스의 질보다 사회복지사의 문장력이나 기록에 투여된 시간에 의해 좌우될 수 있다.

2) 문제중심 기록

보건 또는 정신보건현장에서 많이 사용되는 기록으로 사회복지기관에서도 사용된다.

〈문제중심 기록의 요소〉

① 문제의 파악을 위한 데이터베이스 구축
② 문제의 분류번호가 정해진 특정한 문제의 목록
③ 각 문제에 대한 행동계획의 개발
④ 계획의 실행
특정한 문제에 초점을 맞추도록 하고, 문제해결의 진전에 대한 모니터링과 사후지도를 쉽게 할 수 있는 장점이 있다.

3) 과정의 기록

원조과정이나 클라이언트와 사회복지사의 상호작용과정을 있는 그대로 세밀하게 기록하는 방법이다.

① 사회복지사와 클라이언트가 면담하면서 이야기한 내용, 클라이언트의 행동, 사회복지사가 관찰한 내용과 판단 등을 기록

② 클라이언트가 실제로 말했던 것을 정확하게 상기할 수 있도록 그대로 기록
사회복지사가 자신의 실천행동과 결정을 분석하도록 하고 활동을 개념화하고 조직화하

도록 하며, 면접이나 개입의 목적을 명료화시키고, 사례에 대한 개입기술능력을 향상시키는 장점이 있다.

③ 과정기록의 장점

㉠ 사회복지실습(슈퍼비전)이나 교육방법으로 유용

㉡ 사회복지사가 자신의 실천행동과 결정을 분석하도록 지원

㉢ 기관 입장에서도 과정기록을 통해 사례진행에 대해 점검하고 면담 중 일어난 일을 파악할 수 있기 때문에 잘못된 사례진행을 사전에 예방 가능

④ 과정기록의 단점

㉠ 상호교류에서 실제로 일어났던 일에서 완벽하게 기록하는 것은 불가능

㉡ 정보가 불안전하고 왜곡 가능성이 있음. 이를 보완하기 위해 녹음이나 비디오 녹화 등을 활용

㉢ 시간과 비용이 너무 많이 소요되어 비효율적

㉣ 사회복지사의 기억력에 따라 기록의 유용성이 좌우

⑤ 유의사항

㉠ 정직하게 기록해야 한다 : 자신에게 유리한 쪽으로 고쳐서 기록하게 되면 자신에게 부족한 기술을 배울 수 없다.

㉡ 기록하는 데 너무 집중해서 면담 자체에 주의를 기울이지 못하는 경우도 있다.

㉢ 과정기록이 의미있기 위해서는 면접이 끝난 후 가능한 빨리 작성한다.

㉣ 과정기록은 교육적 목적으로 쓰이는 것이므로 기관의 공식적 기록의 일부가 되어서는 안 된다.

4. 좋은 기록의 특징

좋은 기록을 위해서는 무엇보다 서비스를 제공하기까지의 사고와 행동의 질이 좋아야 한다.

1) 좋은 기록의 특징

① 서비스의 결정과 행동에 초점을 둔다.

② 사정, 개입, 평가의 기초가 되는 클라이언트와 상황에 관한 정보가 들어있다.

③ 각 단계에서 목적, 목표, 계획, 과정과 진행을 포함하여 서비스 전달에 관한 정보가 들어있다.

④ 상황묘사와 사회복지사의 견해가 명확하게 분리되어 별도의 제목 하에 씌어져 읽는 사람들이 사회복지사의 관찰사항과 해석을 구분해 이해할 수 있다.

⑤ 구조화되어 있어 정보를 효과적으로 문서화할 수 있고, 쉽게 색출해 낼 수 있다.
⑥ 서비스 전달이 잘 묘사되고 모든 문서가 정확하여 유용하다.
⑦ 기록이 간결하고, 구체적이다. 또한 타당하고, 명확, 논리적, 시기적절, 의미있으며, 사실에 근거한다.
⑧ 전문가적 윤리를 바탕으로 한다.
⑨ 수용된 이론에 기초해 있다.
⑩ 전문가의 견해를 담으면서도 클라이언트의 관점을 무시하지 않는다.

2) 좋지 않은 기록의 특징

① 부정확한 사정, 잘못된 판단, 비윤리적 행동, 부적절한 개입
② 정보가 너무 많거나 적고 조직화되어 있지 않아 필요한 사람에게 정보를 제대로 제공할 수 없다.
③ 뒷받침이 되는 관찰과 평가없이 결론을 내려 기록상 과잉단순화 현상이 나타난다.
④ 초점이 없고, 모호하며, 편견에 치우쳐 있고, 추리에 의존, 정확하지 않다.
⑤ 맞춤법상의 오류가 있다.
⑥ 반복된 표현, 정확하지 않은 표현, 진부한 용어를 사용한다.
⑦ 의미가 없고, 비판적이며, 과장되게 표현한다.
⑧ 클라이언트와 상황에 대한 독단적인 견해의 표현 특히 클라이언트에 대한 비난 또는 부정적인 낙인을 붙인다.
⑨ 행위자가 식별되지 않는 수동태 문장으로 표현한다.

사회복지사는 좋은 기록을 위해서 체계적으로 준비하고 문장력을 향상시켜야 한다. 클라이언트를 만나는 동안이나 만난 이후에는 얻어진 것과 밝혀진 것에 대하여 짧게 메모해 두는 것이 좋다. 중요한 단어와 문장은 필요한 정보를 기억하는 데 큰 도움이 된다.

5. 기록과 클라이언트의 사생활보호 권리

클라이언트는 서비스를 구하고 받는 동안 본인, 환경, 대인관계에 대해서 정보를 전해야 하고 이 정보는 기록의 핵심이 되기도 한다,

1) 클라이언트의 사생활보호를 위한 지침

① 서비스제공에 필요하거나 전달 및 평가와 관련된 것만 기록한다.
② 클라이언트의 사생활이나 비밀스러운 행동 등 민감한 부분은 자세히 기록하지 않고 일반적 용어로 기술한다.

③ 입증된 정보만 기록하고, 부정확한 것으로 확인되면 삭제 또는 이전 기록이 정확하지 않음을 추가로 기입한다.

④ 사례기록은 잠금장치가 있는 곳에 보관하고, 기록파일에 빈번히 접근해야 하는 사람만이 잠금장치를 열 수 있도록 한다.

⑤ 특별한 예외적인 경우를 제외하고 기록파일 자체를 기관 외부로 내보내지 않는다.

⑥ 면담 중이나 회의 시 사례기록을 방치해 두거나 책상 위에 펼쳐두어 아무나 볼 수 있게 해서는 안 되며, 하루 일과를 마치면 기록을 제대로 보관하고 퇴근해야 한다.

⑦ 전산화된 기록은 암호장치를 함으로써 합법적 권한을 가진 사람만이 접근하도록 한다,

⑧ 사회복지기관은 외부기관이나 개인에게 정보를 제공하는 절차에 대해 규칙을 갖고 있어야 하며, 기관의 절차를 사회복지사가 잘 지킬 수 있도록 훈련하고 감독하여야 한다.

제2절 사회복지실천의 평가와 종결

종결의 유형과 과업 알기, 평가의 기준과 원칙 및 평가의 종류(형성평가, 총괄평가, 효과성 평가, 효율성 평가, 메타평가, 노력성 평가 등)가 있다.

총괄평가개입의 결과, 즉 전반적 효과성 및 효율성에 대한 것으로 프로그램 운영이 끝날 때 행해지는 평가조사로서 성질이 비슷한 새로운 프로그램을 다시 시작할 것인지 또는 종결할 것인지 결정하는 데 유용하다.

형성평가는 개입의 과정을 보는 것으로 총괄평가가 개입으로 인한 성과를 보여 주는 데 반해 개입과정의 어떤 요소가 성과를 내게 했는지 보여주는 것으로 운영 도중에 이루어지는 조사로 계속되는 프로그램을 수정 · 보완하기 위하여 이루어지는 조사이다.

1. 평가

사회복지개입의 결과를 조사기법을 사용하여 개입이 효과적, 효율적이었는지를 사정하는 것이다.

(1) 결과평가

설정했던 목표들이 얼마나 달성되었는가를 평가하는 것이다. 즉 개입과정을 통해 원했던 변화가 일어났는지를 평가한다.

① 사전, 사후 비교방법

사회복지실천과정을 평가하는 데 가장 많이 사용하는 방법으로 우선 평가하고자 하는 문제와 그 측정도구를 명확히 해야 한다. 그리고 개입하기 전에 문제가 어느 정도인지를 측정하고 개입 후 다시 같은 방법으로 문제의 정도를 측정하여 그 변화를 개입의 결과로 보는 것이다.

② 통제집단과 실험집단의 비교

이 방법은 개입을 한 집단과 개입을 하지 않은 집단을 비교하여 그 차이를 개입의 결과로 추정하는 것이다. 여기서 두 집단의 비교는 개입 이후 사후만을 할 수도 있으나 객관성을 높이기 위해서는 사전, 사후를 비교하는 것이 좋다.

(2) 과정평가

개입과정을 클라이언트가 어떻게 지각하는가를 평가하는 것이다. 즉 과정이 자신에게 도움이 되었다고 느끼는지 아니면 자신에게 오히려 나쁜 영향을 주었다고 생각하는지를 평가하는 것이다.

(3) 실무자평가

사회복지사의 행동, 태도, 속성 등이 개입과정에 어떤 영향을 미쳤다고 생각하는지에 대한 피드백까지 포함한다.

2. 종결

평가는 종결과 관련된다. 변화를 위한 활동을 끝내는 시점에서 원만하고 만족스러운 종결로 원조과정을 종결할 수 있는 능력이 효과적인 실천의 핵심요소이다. 종결은 적절한 시간에 긍정적인 결과와 함께 이루어져야 한다.

1) 종결유형

종결은 다음과 같은 여러 가지 상황에서 다양하게 나타날 수 있다.

① 일정 기간만 제공되는 계획된 종결

정해진 기간만 제공되는 계획된 종결은 미리 알려진 것이므로 클라이언트 입장에서는 갑작스럽게 종결을 맞는 것보다 충격이 적고 그에 대한 대비를 할 수 있어 종결에 따른 감정을 해소할 충분한 시간을 갖게 된다.

② 시간제한이 있는 종결

초기부터 사회복지사와 클라이언트 개입의 시간을 미리 제한하고 시작하는 것으로 정서적 애착과 의존을 줄여주고 종결에 따른 상실감도 줄여준다.

③ 시간제한이 없는 종결
언제 종결할 것인가를 결정하는 것이 중요하다. 일반적으로 사회복지사와의 만남을 통해 클라이언트가 얻는 것이 줄어들 때, 즉 세션에서 얻는 이득이 점차 줄어들어 중요성이 없어질 때 종결한다.

④ 클라이언트의 일방적 종결
클라이언트가 갑자기 약속을 어기거나 이런저런 이유로 올 수 없음을 핑계대고 더 이상 자신의 문제를 노출시키지 않으면서 종결을 원할 때 이루어진다. 사회복지사는 신중히 생각할 것을 권하지만 종국에는 클라이언트의 자기결정권을 존중하는 것이 좋다.

⑤ 사회복지사의 이동으로 인한 종결
클라이언트와 사회복지사 모두에게 힘든 것이다. 사회복지사는 시간이 허락하는 한 감정표현을 허용하고 다른 사회복지사에게 의뢰하는 것을 수용하도록 도와야 한다.

2) 종결에 대한 반응

전형적으로 나타나는 종결의 반응을 다음과 같다.

① 사회복지사에게 매달리는 경우
의존심이 증가하여 계속 만나줄 것을 요구하는데 클라이언트에게 독립적으로 문제를 해결하는 것이 목표였음을 강조하여야 한다.

② 과거의 문제가 재발했음을 보고하는 경우
클라이언트가 세션을 통해 획득한 자원과 장점을 강조하여 자기 효율성을 높여준다.

③ 새로운 문제를 가지고 오는 경우
우선 사회복지사는 그 문제를 다루기 전 먼저 종결에 따른 감정을 탐색하여야 한다.

④ 사회복지사를 대치할 대상을 찾는 경우
의존심을 지속시키고자 하는 욕구 때문이므로 그 역할을 인식하도록 도와야 한다.

3) 변화결과를 확고히 하기

개입과정에서 사회복지사의 마지막 활동은 진행되는 동안 달성한 결과를 안정시키고 그것을 클라이언트의 일상생활에 일반화시키는 것이다.

4) 사후세션과 의뢰

종결한 후 2~6개월이 지났을 때 클라이언트의 변화를 평가하고 유지하기 위해 사후세션을 갖는 것이 필요하다. 사회복지사는 항상 목적과 목표를 명확하게 설정하여 개입해야 한다. 목표를 설정하지 않고서는 이후의 개입이 성공적이었는지 평가할 수 없다.

5) 과제달성 척도

클라이언트와 사회복지사가 개입과제를 완수한 정도를 결정한다.

단순하고 유연한 평가도구로 특히 개입이 기초선의 설정이나 단일사례설계의 적용이 어려운 것일 때 유용하다.

6) 목적달성 척도

클라이언트가 개별화된 목적을 달성한 정도를 측정한다.

GAS는 정신건강, 약물남용 프로그램, 보호관찰과 가석방, 기타 많은 현장에서 사용되어 왔다.

7) 서비스 계획 결과 체크리스트

한 기관에서 전형적으로 제기되는 결과 목적의 일람표에서 클라이언트 진보를 기록한다.

접수에서 종결까지 클라이언트가 수행한 진보의 자료를 수집하는 데 사용하기 위한 기록과 점검의 도구이다.

3. 개별화된 척도

개별 클라이언트와 상황에 독특한 측정척도를 만든다.

사회복지사와 클라이언트가 어떤 특정한 클라이언트의 문제나 관심사를 측정하기 위해 고안한 척도와 관련된다.

4. 차별적 영향의 점수화

개입이 시작된 이래 발생한 변화에 대한 클라이언트의 인식을 얻어내고 다른 요인에 의한 것과 개입에 의한 변화를 구별한다. 다른 요인 및 클라이언트에게 영향을 줄 수 있는 다른 개입으로부터 관심을 가지는 특정 개입의 영향을 구별하는 기법이다.

5. 서비스의 종결

사회복지사와 클라이언트 간의 전문적 관계를 시기적절하고 책임 있는 방법으로 종결한다.

6. 동료 검토

사회복지사의 활동을 일련의 원칙과 기준에 비추어 그 실천의 질을 평가한다.

기관의 클라이언트, 정책, 절차를 이해하고 있는 동료 사회복지사가 사회복지사의 수행을 정기적으로 검사하는 것을 말한다. 품질관리의 한 형태이다.

7. 사회복지사 수행평가

사회복지사와 기관 모두에게 생산적인 것이 되도록 수행평가의 목적과 절차를 이해한다.

기관의 직원들이 일정기간동안 그들의 일을 얼마나 잘 수행하고 있는가를 체계적으로 사정하는 것과 관련된다.

8. 프로그램 평가

사회적 프로그램이 그 목표를 얼마나 달성했는지 결정한다.

① 프로그램 노력 : 활동의 양과 유형, 서비스를 받는 사람의 수, 직원 채용 유형, 기타의 내용에 대한 서술
② 프로그램 효과성 : 프로그램 목표가 달성된 정도의 결정
③ 프로그램 효율성 : 목표달성에 지출된 비용의 사정

9. 클라이언트 만족도 설문

클라이언트가 자신이 받은 서비스에 대해 만족하는지를 결정한다. 서비스에 대한 클라이언트의 의견을 구하는 기법이다.

10. 기관평가

사회기관의 진행 중인 업무수행을 사정하기 위해 수집해야 할 자료를 명확히 한다.

기관평가는 프로그램이 지역사회 욕구에 반응하는 정도, 제공되는 서비스의 질, 클라이언트의 만족도, 자원이용의 효율성 등을 사정해야 한다.

01 과정기록에 관한 설명으로 옳은 것은?

① 시간 및 비용측면에서 효율적이다.
② 면담에 대해서 클라이언트가 분석한 내용을 기록한다.
③ 문제를 목록화한다.
④ 사회복지실습이나 교육수단으로 유용하다.
⑤ 클라이언트와의 면담내용을 요약체로 기록한다.

해설 과정기록의 장점
- 사회복지실습이나 교육방법으로 유용
- 사회복지사가 자신의 실천행동과 결정을 분석하도록 지원
- 과정기록을 통해 사례진행에 대해 점검하고 면담 중에 일어난 일을 파악할 수 있기 때문에 잘못된 사례진행을 사전에 예방 가능

과정기록이 단점
- 상호교류에서 일어났던 일에서 완벽하게 기록하는 것은 불가능
- 정보가 불안전하고 왜곡이 가능
- 시간과 비용이 너무 많이 소요되어 비효율적
- 사회복지사의 기억력에 따라 기록의 유용성 좌우

정답 ④

02 다음에 해당되는 기록방법은?

○ 교육과 훈련의 중요한 수단이며, 자문의 근거자료로 유용 ○ 면담전개 과정을 시간의 흐름에 따라 기술하는 방식 ○ 사회복지사 자신의 행동분석을 통해 사례에 대한 개입능력 향상에 도움

① 과정기록
② 문제중심기록
③ 이야기체기록
④ 정보시스템을 이용한 기록
⑤ 요약기록

해설 과정기록의 장점
- 사회복지실습의 슈퍼비젼이나 교육방법으로 유용하다.
- 기관 측에서 과정기록을 통하여 사례진행에 대해 점검하고 면담 중에 일어난 일을 파악할 수 있다.
- 어려운 사례를 다루거나 새로운 기술 등을 개발할 때 유용하다.

정답 ①

03 기록의 목적에 해당하지 않는 것은?

① 사례에 대한 지도감독 자료
② 사례의 지속성 유지
③ 기관이 실시하는 서비스의 정당성 입증
④ 개입계획을 위한 준비
⑤ 전문가들간의 의사소통 원활화

해설 기록은 실행과정에서 일어나는 일들을 정리하는 것으로 개입은 실행을 위한 자료수집, 정보 등을 준비하는 단계로 기록의 목적과는 거리가 멀다.

정답 ④

제3영역 ▮ 지역사회복지론

Chapter 01 지역사회의 개념과 유형

제1절 지역사회

1. 지역사회

- 지역사회는 영어의 community의 개념에 근원을 두고 있는데 이것은 지역사회 또는 공동체로 번역된다.
- 지역사회복지에서 말하는 지역사회의 개념은 지리적 의미와 기능적 의미를 함축하고 있으며, 일정한 지리적 범위 내의 사람들의 집단 또는 공동의 이해관계, 소속감, 문화에 기초하여 활동하는 사람들이 집단으로 구성된 사회적 단위라고 정의 할 수 있다.
- 역사적으로 지역사회의 개념이 가진 의미가 변화함에 따라 현대사회에서 지역사회의 의미는 지리적 특성을 넘어 기능적 특성이 강조되고 있다. 여기서 기능적 특성이란 공동의 관심, 이해관계 등 특정한 속성을 의미한다.

2. 지역사회복지

지역사회를 개입대상으로 보고 그곳에 존재하는 각종 문제를 예방하거나 해결하고자 하는 일체의 사회적 노력

① 지리적 경계에 대한 구체적인 지적 없이 사회적 동질성을 강조하는 의견이 있다.
② 민주주의의 이념을 실현시킬 수 있는 가장 기본적인 단위로 보는 의견이 있다.
③ 사회적 상호작용의 역동성을 강조하는 의견이 있다.

3. 지역사회의 개념

- 지역사회 개념은 역사적으로 의미가 변화되어 왔다.
- 지역사회 개념은 지리적 의미와 기능적 의미를 함축하고 있다.
- 공동의 관심과 이해관계를 강조하는 기능적 의미의 지역사회는 공동체라는 성격을 갖고 그 의의가 부각되었다.
- 지역사회나 공동체 개념에서 구성원의 정서적 유대는 지역사회복지의 실천적인 측면에서 임파워먼트(empowerment)를 통해 지역사회를 긍정적인 방향으로 변화시키는 역량으로 작용할 수 있으며, 지역사회복지의 거시적 실천방법의 모티브가 된다.

1) 지리적 지역사회

① 지리적인 특성 및 분포를 강조

② 모든 지역사회는 사회이지만, 모든 사회가 지역사회는 아니다.

예) 행정단위인 특별시, 광역시, 도, 시, 군, 읍 · 면 등 일정한 지역에 사는 사람들의 집합체

2) 사회적으로 동질성을 띤 지역으로서의 지역사회

① 다른 지역과 구별될 수 있는 사회적 특성을 지닌 독립적인 지역이다.

② 사회적 상호작용의 역동성을 지닌 곳이다.

③ 지역사회란 지역사회 내에서 공동관심사를 위해 함께 행동하게 되는 사람들로 구성된 것을 말한다.

④ 지역사회란 민주적인 공동생활을 영위하는 '작은 사회'이다.

⑤ 지역사회 주민들간의 합의성, 일체감, 공동생활양식, 공통적 관심과 가치, 사회적 상호작용의 역동성의 결과 공동 노력이 강조된다.

3) 기능적 지역사회

① 공동적인 관심과 기능이 함께 이해관계로 형성된 공동체

② 인종, 성 정체성, 직업, 장애, 종교, 사회계층 등 특정한 속성 및 이해관계에 기초하여 형성

예) ㅇㅇ동호회, 아파트 부녀회, 조기축구회 등

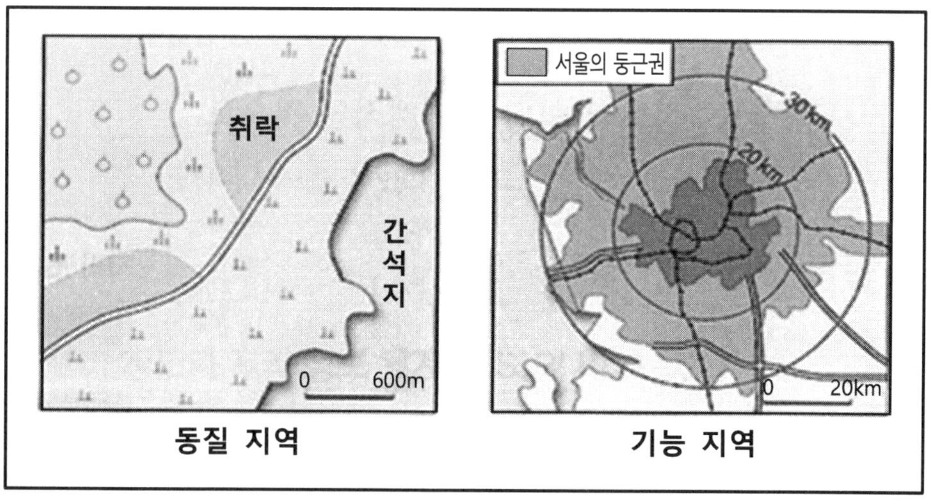

〈출처 : 경북대 지리교육과〉

4. 지역사회에 대한 2가지 관점

1) 구조적인 관점

① 지역사회를 개인과 국가를 연결하는 고리로 파악한다.

② 지역사회가 도시, 읍면, 근린지역 등으로 조직화된다고 본다.

③ 구조가 많은 정치 · 사회적 기능을 수행하고, 핵심적 권력으로서의 국가와 개인을 중재한다고 보는 관점이다.

2) 사회심리학적 관점

① 서로 관심과 관계, 상호작용을 중시한다.

② 지역주민의 상호작용을 통한 공동유대감을 강조한다.

③ 퇴니스의 공동사회 개념에 바탕을 둔 관점이다.

④ 지역사회를 사회 · 심리적으로 보는 견해이다.

⑤ 지역사회에 관하여 어떻게 느끼며, 어떤 관계에 있는지가 중요한 관심사이다.

5. 지역사회가 지녀야 할 공통 3요소

① 지역

② 공동결속체(공동의 연대감)

③ 사회적 상호작용

6. 퇴니스의 공동체 구분

인간사회는 공동사회에서 이익사회로 발전한다.

공동사회(게마인샤프트)	이익사회(게젤샤프트)
일차적 사회	이차적 사회
혈연, 지연에 의해 지속됨	이기주의
유기적 연대관계 유지	계약에 의해 이루어지는 사회
혈연, 이웃, 친구관계	이익사회의 협의체, 연합체

공동사회와 이익사회의 4가지 유형

공동사회의 연합체	혈연, 이웃, 친구관계에 의한 상부상조, 가족 중심의 비공식적 복지
공동사회의 협의체	종교, 노동, 직업적 소명에 기초한 사회적 연대, 교회, 길드 등의 초기형태의 공식적 사회복지
이익사회의 협의체	- 사회구성원간의 고립과 긴장상태 - 공식적, 사회적 연대의 부족 - 공식적 복지의 발전 지연 - 민간중심의 사회복지발전
이익사회의 연합체	- 인간관계의 회복과 사회연대성 추구 - 사회보험, 공공부조 - 사회복지서비스에 의한 제도적 사회복지발전

제2절 지역사회에 대한 이론

1. 지역사회 상실이론

- 상실된 지역사회의 기능을 대체할 수 있는 국가적인 사회복지제도의 필요성으로 국가의 개입을 강조한다.
- 과거 전통사회의 유기적 지역공동체에 대한 향수가 깔려있다.

2. 지역사회 보존이론

지역사회 상실이론에 대한 반론으로 제기된 이론으로 국가의 개입보다는 가족이나 지역사회가 갖고 있는 사회적 지지망(social network)으로 상호부조기능의 수행을 강조한다.

3. 지역사회 개방이론

① 사회적 지지망의 관점에서 비공식적 연계를 강조하면서 지역사회의 지리적 의미와 기능적 의미를 포괄적으로 함축하고 있는 이론이다.

② 지역사회 상실이론과 지역사회 보존이론에 대한 제3의 대안이다.

③ 비공식적 연계를 강조하고, 지역성에 기반을 둔 개념과 공통의 이해와 관심에 기초한다.

지역사회 상실	지역사회 보존	지역사회 개방
- 전통사회의 유기적 공동체를 이상적으로 여김 - 국가의 사회복지제도에 개입이 필요	- 사회적 관계망 중시 - 복지국가역할축소,가족과 지역사회의 상부상조 기능 강조	- 제3의 대안이론 - 지리적의미+기능적의미

제3절 지역사회의 기능과 척도

1. 지역사회의 기능과 제도(길버트와 스펙트)

① 가족제도 등을 통하여 사회가 향유하는 가치나 행동양태를 구성원들에게 전달하는 기능은 사회화 기능에 해당한다.

② 분배기능은 누가 무엇을 얼마나 어떻게 갖도록 하는지를 규정해주는 기능이다.

③ 지역사회는 종교제도를 통하여 사회통합기능을 수행한다.

④ 상부상조는 사회 구성원들이 주요 사회제도에 의해 자기들의 욕구를 충족할 수 없는 경우 필요한 기능이다.

⑤ 사회통제의 기능 : 정치제도, 지역사회가 그 구성원들에게 사회의 규범에 순응하게 하는 것이다.

⑥ 사회적 기능과 제도

제도		일차적 기능
가족		사회화
종교		사회통합
경제	➡	생산 · 분배 · 소비
정치		사회통제
사회복지		상부상조

자료 : Neil Gilbert and Harry Specht, *Dimensions of Social Welfare Policy*, Prentice-Hall, Englewood Cliffs, New Jersey, 1974, p.6.

2. 워렌이 제시하는 지역사회의 특성 및 척도

1) 지역사회 하위체계간 상호관련성이 높은 수평적 유형

① 타지역에 의존정도를 나타내는 지역적 자치성
② 서비스 전달체계의 인프라구축을 위한 서비스 영역의 일치성
③ 자기 지역에 대한 소속감을 갖는 주민들의 심리적 동일시

2) 워렌(Warren)이 제시한 지역사회 기능의 비교척도

(1) 지역적 자치성

타 지역에 어느 정도 의존하고 있는가의 정도를 의미한다. 즉 개방체계로서 지역사회는 다른 타 지역과 관계를 맺게 되는데, 그 관계 속에서 어느정도 자립성과 의존성을 가지는가에 대하 척도이다.

(2) 서비스 영역의 일치성

특정 서비스 영역이 동일지역에서 어느 정도 이루어지고 있는가를 의미한다.

(3) 지역에 대한 주민들의 심리적 동일시

지역사회주민들이 자기 지역을 어느 정도로 중요한 준거집단으로 생각하며, 어느정도 소속감을 갖는가에 관한 것이다.

(4) 수평적 유형

지역사회의 조직들이 구조적으로나 기능적으로 얼마나 강한 관련성을 가지고 있는가를 의미한다.

3) 좋은 지역사회의 특성

① 다양한 소득, 종교, 이익집단이 포함되어 있다.
② 주민의 자율권이 충분히 보장되어 있다.
③ 정책형성과정에서 갈등이 최소화되고 최대의 협력이 도출된다.
④ 구성원간에 인격적 관계가 이루어질 수 있다.
⑤ 권력이 폭넓게 분산되어 있다.

제4절 던햄(Dunham)의 지역사회의 유형과 기능

1. 지역사회의 유형화 : 던햄

① 인구크기 : 대도시, 중소도시 등
이러한 기준은 사회조사에서 응답자들의 성장지를 파악하는데 가장 많이 사용된다.

② 경제적 기반 : 광산촌, 산촌, 어촌 등
이러한 기준은 주민들의 경제생활뿐만 아니라 사회.문화적 특성을 파악하고자 하는 인류학적 조사나 연구에서 흔히 사용된다.

③ 행정구역 : 특별시, 광역시, 군, 구, 읍, 면, 동
일반적으로 인구크기가 중요시 되지만 반드시 인구의 크기에 따라 비율적으로 구분되지는 않는다.

④ 인구구성의 사회적 특수성 : 저소득 밀집지역, 이주 노동자 집단거주 지역 등
지역사회 구성원 대다수의 사회적 특성을 중심으로 지역을 유형화 하는 것이다.

2. 지역사회의 기능과 제도 : 길버트와 스펙트

1) 생산 · 분배 · 소비의 기능 → 경제제도

일상생활을 영위하는 데 필요한 재화와 서비스를 생산하고, 분배하며, 소비하는 과정과 관련된 기능

2) 사회화의 기능 → 가족제도

사회가 향유하고 있는 일반적인 지식, 사회적 가치, 행동양태를 사회 구성원들에게 전달하는 과정

3) 사회통제의 기능 → 정치제도

지역사회가 그 구성원들에게 사회의 규범(법, 도덕, 규칙 등)에 순응하게 하는 것

4) 사회통합의 기능 → 종교제도

사회참여의 기능이라고도 함

5) 상부상조의 기능 → 사회복지제도

사회구성원들이 주요 사회제도에 의해서 자기들의 욕구를 충족할 수 없는 경우 필요하게 되는 사회적 기능으로써 질병, 사망, 실업, 사고 등의 개인적인 이유 또는 경제적 제도의 부적절한 운영에 의해서 자립할 수 없는 상황에 놓이게 될 경우 외부의 도움을 필요로 한다.

기출문제

01 최근의 지역사회 개념으로 바르지 않은 것은?

① 지리적 지역사회와 기능적 지역사회를 함축하고 있다.
② 사이버공동체, 가상공동체의 개념이 지역사회로 새롭게 떠오르고 있다.
③ 동성애집단, 조기축구회 등 동질성과 공통적 관심에 기반한 기능적 의미의 지역사회 개념이 강조되고 있다.
④ 최근에 '공동체'라는 개념이 부각되고 있다.
⑤ 지역사회는 장소에 기초를 두어야 한다.

해설 지역사회는 지리적 의미와 기능적 의미를 함축하고 있으며, 현대는 기능적 의미의 지역사회가 강조되고 있다.

정답 ⑤

02 다음은 길버트와 스펙트(N. Gilbert & H. Specht)의 지역사회 기능 중 무엇에 해당되는가?

구성원들이 지역사회의 다양한 사회적 규범을 준수하고 순응하게 하는 것

① 생산 · 분배 · 소비 기능
② 의사소통 기능
③ 사회치료 기능
④ 상부상조 기능
⑤ 사회통제 기능

해설 사회통제의 기능은 구성원이 사회규범(법, 도덕, 규칙)에 순응하도록 지역사회가 구성원의 행동을 규제하는 것을 의미한다.

정답 ⑤

03 지역사회에 관한 설명으로 옳지 않은 것은?

① 지역사회의 개념에는 지리적 의미와 기능적 의미가 포함되어 있다.
② 산업사회 이후 공동사회가 발전되어 왔다.
③ 정보통신기술의 발달로 가상공동체가 부상하였다.
④ 이익사회에서 개인들간의 상호작용은 계약에 기초한다.
⑤ 지역사회는 사회적 동질성에 의해 형성될 수 있다.

해설 산업화 이후에는 공동사회보다는 이익사회가 발전되고 있다.

정답 ②

Chapter 02 지역사회복지와 지역사회복지실천

제1절 지역사회복지의 개념과 접근방법

1. 지역사회복지의 개념

① 지역사회 수준에 개입하는 일체의 사회적 노력을 의미한다.
② 지역사회는 공공행정, 보건, 도시계획 등 다양한 영역과 활동들을 포함한다.
③ 아동, 청소년, 노인 등 대상층 중심의 복지활동보다 지역성이 뚜렷하다는 점에서 차별성이 있다.
④ 자연발생적인 민간활동이나 민간자선활동 등을 포괄한다.
⑤ 지역주민의 삶의 질 향상이라는 목표를 가지고 있다.
⑥ 사회복지의 뉴 패러다임

영역	내용
사회복지실천 및 기술영역	가족치료, 의료 및 정신의료사회사업, 대상별 영역(아동복지, 장애인복지, 노인복지)
사회복지정책 영역	사회복지정책, 사회복지조사, 사회복지행정, 대상별 영역(사회보험, 공공부조 등)
지역사회복지 영역	공동모금, 자원봉사, 자원개발, 재가복지, 조직화이론, 시민연대, 사회운동 등

2. 지역사회복지의 이념

1) 정상화(normalization)

① 사회적으로 가치있는 역할을 수행할 수 있도록 지원하며 탈시설화, 사회통합의 이념을 가지고 있다.
② 특별한 장애나 욕구를 가진 사람이라고 해서 지역사회와 분리된 곳, 즉 시설이나 병원 등에서 살아가는 것은 인간다운 삶이 아니므로 가능한 한 일반인이 살아가는 보편의 삶과 유사한 생활을 살아갈 수 있도록 하는 것을 의미한다.

2) 사회통합

① 일반적으로 계층간의 격차를 줄이고, 사회의 전반적인 불평등을 감소시키는 것을 통해 삶의 질을 제고해 나가는 것을 의미한다.

② 지역사회의 보호대상자들이 일반 주민들과 함께 할 수 있는 여건을 확보하는 것이다.

3) 탈시설화(재가복지서비스 등장)

① 생활시설의 폐지를 의미하는 것이 아니라 생활시설의 형태를 소규모의 다양한 형태로 변화시켜 가는 것을 말한다.

② 지역주민이 자원봉사 등에 적극 참여하도록 체제를 개방하는 것이다.

③ 주민참여

㉠ 지역사회복지에서 가장 중요한 원칙으로 지방자치의 실시 이후 더욱 확대되는 추세이다.

㉡ 지방자치단체와 동등한 파트너십을 형성하는 방법의 하나이다.

㉢ 주민의 욕구와 문제해결의 주체로 주민의 주체성을 강조하는 것이다.

㉣ 주민은 서비스 이용자임과 동시에 제공자로서 양면성을 가지고 있다.

㉤ 주민참여의 양면성

지역복지에서의 주민은 단순히 서비스를 받는 사람으로만 위치하는 것이 아니다. 지역사회는 문제 발생의 장이기도 하지만, 해결의 장이고 나아가 예방의 장이므로 주민은 서비스 이용자임과 동시에 제공자로서의 양면성을 지니고 있다.

④ 네트워크

지역사회복지에서 주민 욕구에 적합한 서비스를 제공하기 위하여 의료, 보건, 복지, 시설 등 다양한 영역에서 연계하는 것을 말한다.

제2절 지역사회복지의 가치

1. 지역사회복지의 가치

① 이타주의

지역사회 내의 낯선 타자들간의 원조행위를 설명하는 기준이 된다.

② 자선

자신들의 사회적 위치에 따른 책임감에서 이루어지는 기부 행위나 원조

③ 전통

오랜 기간의 관습으로부터 오는 행동에 기초하고 있다.

④ 의무

혈연관계의 유대와 이웃관계의 유대가 구별되는 것은 의무로 설명할 수 있다.

⑤ 상호성

사회적 보호를 제공하는 인간의 행위를 설명하는 가장 일반적인 해석이다.

⑥ 지역사회복지의 긍정론과 부정론

㉠ 긍정론

사회변화와 사회정의를 추구하는 한국의 사회복지를 살펴보면 지역사회복지와 지역사회조직이 면면히 이어져 왔다. 최근 한국사회의 민주화와 더불어 풍부한 지역사회복지가 실천현장에서 대두되고 있으며, 21세기 지역사회복지의 중심이론은 재가복지사업으로 이루어져야 한다.

㉡ 부정론

사회복지사들이 그들이 몸담고 있는 사회복지기관이나 단체에서 지역사회복지활동을 체계적으로 전개하지 못하고 있으며, 관장이 시키는대로 혹은 주먹구구식으로 하였다.

거시적 차원의 정책 및 제도변화를 위한 조직적인 활동에 지역 사회복지사가 별로 참여하지 못하고 다른 전문직과 사회운동가가 주도하여 왔다.

2. 지역사회복지의 주체

1) 주민참여

① 지역사회복지에서 가장 중요한 원칙이며, 지방자치의 실시 이후로 더욱 확대되는 추세이다.

② 지방자치단체와 동등한 파트너십을 형성하는 방법의 하나이다.

③ 주민의 욕구와 문제해결의 주체로 주민의 주체성을 강조하는 것이다.

④ 주민은 서비스 이용자임과 동시에 제공자로 양면성을 가지고 있다

⑤ 주민참여의 양면성

지역복지에서의 주민은 단순히 서비스를 받는 사람으로만 위치하는 것이 아니다. 지역사회는 문제 발생의 장이기도 하지만 해결의 장이고 나아가 예방의 장이므로 주민은

서비스 이용자임과 동시에 제공자로서의 양면성을 가지고 있다.

2) 네트워크

지역사회복지에서 주민 욕구에 적합한 서비스를 제공하기 위하여 의료, 보건, 복지, 시설 등 다양한 영역에서 연계하는 것을 말한다.

3. 지역사회복지의 특성

1) 예방성

주민참여를 통한 문제의 조기발견과 대응을 의미한다.

2) 종합성과 포괄성(= 통합성)

서비스 공급자의 측면에서 종합성(one- stop service) , 서비스 이용자 측면에서 포괄성의 특성을 가지고 있다.

3) 연대성 및 공공성

대내적으로 상부상조, 대외적으로 주민운동으로 나타난다.

4) 지역성

주민의 생활권역을 기초로 전개되며, 물리적인 거리와 심리적인 거리도 포함된다.

제3절 지역사회복지의 개념

1. 지역사회복지실천의 개념

지역복지란 일정한 지역사회에 있어서의 사회적 욕구를 충족하는 공급체계이다. 사회적 욕구의 확대와 다양화에 따라 욕구와 자원의 수요 공급이 원활하지 않을 때 필요하다. 지역사회복지는 요보호문제를 중심으로 한 모든 생활 곤란을 대상으로 하며, 공적시설에 한정하는 것이 아닌 공사의 복합적 공급체계로 구성되며, 주민의 참여를 강조하는 접근방법을 사용한다.

1) 지역사회복지의 발생 배경

① 지역사회 및 가족기능의 변화에 따라 가족과 지역공동체가 지니고 있던 복지적 기능이 약화되고 이를 보완하는 서비스가 사회적으로 필요하게 되었다.

② 복지 요구가 경제적인 면에서 비경제적 복지서비스로 이동하고 있다.

③ 종래의 시설 수용 위주의 복지에서 탈피하여 가정과 이웃과의 정상적 생활 속에서 클라이언트에게 서비스를 제공하는 재가복지서비스가 등장하였다.

④ 지역사회의 중요성을 점차 인지하게 되었다.

⑤ 지역복지의 구성요건

㉠ 재가복지 서비스

㉡ 요보호 대상자에 대한 개별원조 및 환경개선 서비스

㉢ 주민 참여를 위한 지역사회 조직화 활동 등

제4절 지역사회복지실천의 원칙, 가치, 윤리

1. 지역사회복지실천의 원칙

1) 지역사회복지실천

① 지역사회는 있는 그대로 이해하고 수용되어야 한다.

② 지역사회복지실천은 사람들과 그들의 욕구에 관심을 가진다.

③ 지역사회복지실천에 있어서 일차적인 클라이언트는 지역사회이다.

④ 모든 사회복지기관과 단체는 상호의존적이다.

⑤ 지역사회복지실천은 일반적인 사회복지실천의 한 분야이다.

2) 로스(Ross)

지역사회조직사업을 전개하는 주체로서 로스는 어떤 종류의 구조나 사회조직체를 강조하고 있다. 이러한 조직체를 추진회(association)라고 부르고, 지역사회조직사업의 일체의 과정은 이 추진회를 중심으로 전개된다고 보았다.

(1) 추진회를 기반으로 한 지역사회복지실천의 원칙

① 지역사회의 현존 조건에 대한 불만으로부터 추진회의 결성이 이루어진다.

② 불만은 특정문제에 관한 계획을 세우고 실천에 옮길 수 있도록 집약되어야 한다.

③ 지역사회조직사업을 위한 불만은 지역사회 주민들에게 널리 인식될 필요가 있다.
④ 지역사회 내에 있는 주요 집단들에 의해 지목되고 수용될 수 있는 지도자(공식적 · 비공식적)들을 참여시켜야 한다.
⑤ 지역주민들로부터 고도의 지지를 받을 수 있는 목표와 운영방법을 갖춰야 한다.
⑥ 사업에 정서적 내용을 지닌 활동들이 포함되어야 한다.
⑦ 지역사회에 존재하는 현재적 · 잠재적 호의를 활용해야 한다.
⑧ 회원 상호간 및 지역사회와의 활발하고 효과적인 대화 통로를 개발해야 한다.
⑨ 협동적인 노력을 위해 참여하고 있는 여러 집단들을 지원하고 강화해야 한다.
⑩ 정상적인 업무상의 결정과정을 해치지 않는 범위 내에서 절차상에 있어서 융통성을 지녀야 한다.
⑪ 지역사회의 현존 조건에 따라 수행하는 사업의 보조를 맞추어야 한다.
⑫ 효과적인 지도자를 개발하는 데 힘써야 한다.
⑬ 지역사회 내의 지도자들을 참여시킬 수 있고, 어려운 문제를 해결할 수 있는 능력을 가져야 하며, 안정성을 갖추고 지역사회로부터 얻어야 한다.

3) 존스(Johns)와 디마치(Demarche)

① 개인과 집단처럼 각 지역사회는 특유의 문제와 욕구를 갖고 있다.
② 권위적인 압력이나 억압에 의한 조정은 민주적인 원칙에 위배된다.
③ 문제해결의 접근방법에 있어서 다양성이 존중되어야 한다.
④ 지역사회복지실천의 토대는 사회적 욕구이다.
⑤ 개별화의 원칙, 사회적 욕구라는 토대, 지역주민의 욕구를 우선적으로 고려, 민주적인 태도, 다양성 존중, 집중과 분산의 원칙 등

* 지역사회 주요 모델의 특성

지역개발 모델	지역사회의 사회행동 모델
지역사회의 문제나 욕구를 다룰 때 주민들의 자조정신을 강조한다. 주민들이 문제를 스스로 해결할 수 있는 능력을 강화시켜 주며 주민들의 광범위한 참여를 장려한다.	사회, 정치, 경제적으로 보다 나은 처우를 받을 수 있도록 지원해주는 활동을 말한다. 항의나 시위, 협상 등이 문제해결을 위한 수단으로 이용되기도 한다. 좀 더 나은 처우 개선을 위한 활동으로 실제적 행동을 취한다.
전문가의 역할 : 분위기 조성, 조력자, 조정자, 문제해결, 기술훈련자의 역할	특별히 전문가의 역할은 없다.

사회계획 모델	정치적 권력강화 모델
해결과정이 강조되는 모델이며 사회문제, 즉 비행, 주택, 건강 등의 제 문제를 해결하고자 하는 기술적(technical)인 과정을 강조한다. 직접적인 문제해결을 위한 과정으로 사실의 발견과 문제의 정의 → 의사전달 및 활동체계의 구축 → 사회적 목표와 정책의 결정 → 계획에 대한 실천수행 → 활동결과에 대한 평가로 사회계획 모델의 활동내용을 들 수 있다.	의도된 시민참여에 의한 정치적 권력 강화에 초점을 둔다. 합법적으로 위임된 조직이나 자생조직으로 진전될 수 있다. 사회복지사들이 지방의회나 국회로 진출하기도 한다.
전문가 역할 : 분석가, 계획가, 조직가, 행정가	전문가 역할 : 교육자, 자원개발가, 운동가로서의 역할

4) 맥닐(McNeil)

① 그들의 욕구에 관심을 가진다.
② 일차적인 클라이언트는 지역사회이어야 한다.
③ 지역사회를 있는 그대로 이해하고 수용한다.
④ 각 계층의 적극적인 참여를 목표로 한다.
⑤ 사업과정의 변화를 이해한다.
⑥ 기관들을 협력하고 기능을 분담한다.
⑦ 지역복지 활동은 과정으로서의 지역사회복지실천의 한 부분임을 인지한다.

2. 지역사회복지실천의 가치

1) 다양성 및 문화적 이해

인간의 다양성과 다양한 문화에 대한 이해는 인간의 행동과 사회의 기능을 이해하는 데 필수적이다.

2) 자기결정과 임파워먼트(역량강화)

개인과 지역의 집단이 스스로 환경을 이해하고, 선택하며, 조직화하도록 하고, 지역사회의 각기 다른 집단 사이에서 재원과 권력의 분배가 더욱더 공평하게 이루어지도록 실천한다.

3) 비판의식의 개발

4) 상호학습

5) 사회정의와 균등한 자원배분에 대한 헌신

3. 기타 지역사회복지 실천 원칙들

- 지역사회의 갈등 해결을 위한 추진위원회를 구성하는 원칙
- 지역사회의 갈등을 집약하고 공유하는 원칙
- 지역사회 내 풀뿌리 지도자를 발굴하고 참여시키는 원칙
- 공통의 목표를 수립하고 운영방법을 설정하는 원칙

제5절 지역사회복지의 관련 개념

1. 시설보호

1) 의미

장애인 및 노인 등 사회적 보호를 필요로 하는 사람들이 하나의 일정한 시설에서 보호서비스와 함께 의식주를 제공받으면서 장기 및 단기적으로 거주하는 형태의 사회적 보호이다.

2) 특성

① 주거 개념이 포함

② 훈련된 직원이 함께 거주

③ 폐쇄성

엄격한 규율과 절차가 있어 개인의 자유와 선택이 제한

2. 시설의 사회화

1) 의미

시설과 지역사회의 상호작용 과정으로 시설 생활자의 인권존중과 생활보장이라는 공공성에 기초하여 시설 생활자의 생활수준 향상을 위한 노력과 지역사회복지 욕구에 대응하기 위하여 시설의 제 자원을 지역사회에 제공하고 사회복지에 대한 주민의 교육과 체험을 돕는 제반활동이다.

2) 내용

시설과 서비스의 개방, 시설 운영의 개방, 시설 생활자의 지역사회 참여, 시설의 지역사회활동의 참여 및 지원, 지역사회 자원의 활용 등

3. 지역사회 보호

1) 의미

장애인과 노인 등 사회적 보호를 필요로 하는 사람들에게 지역사회가 보호서비스를 제공하는 것으로, 가정 또는 그와 유사한 지역사회 내의 환경에서 서비스를 제공하는 사회적 보호의 형태이다.

2) 특성

① 가정 또는 가정과 유사한 환경(통원치료기관, 그룹 홈)이 전제
② 서비스 제공을 위해 함께 동거하는 직원이 없음
③ 일상적인 생활의 결정은 개인에 의하여 이루어짐
④ 가정에서의 보호 또는 가정 외부로부터 서비스를 제공받음

4. 재가 보호

1) 의미

보호를 필요로 하는 사람들이 자신의 가정에서 보호를 받는 개념이다.

2) 특성

공공과 민간의 공식적 조직에 의해 보호와 가족, 친척, 이웃 등 비공식 조직에 의한 보호 모두를 포함한다.

5. 탈시설화

① 대규모의 수용시설에서 탈피하여 지역사회와 격리된 생활로부터 서비스 대상자들의 거주지와 지역사회를 중심으로 통합된 생활을 추구하는 것을 말한다.
② 통제된 생활에서 자유로운 생활로, 큰 시설에서 작은 시설로, 집단생활에서 개인생활로, 지역사회 내에서의 격리된 생활에서 통합된 생활로, 의존적인 생활에서 자립생활로 추진한다.

6. 지역사회복지의 목표

① 주민들과의 협력 도모
② 이슈를 결정하는 힘을 증가시킴
③ 민주원칙의 향상 및 발전
④ 사회정의의 실현
⑤ 경제발전 추진
⑥ 합의 촉진
⑦ 대인적 사회봉사 지원
⑧ 현대 시민권을 행사할 수 있도록 교육

7. 지역사회복지의 구성체계

① 주체(기관) : 가족, 교회, 민간, 정부 등 많은 사회기관
② 객체(대상) : 지역주민의 공통된 욕구 또는 결핍된 욕구, 지역사회의 사회문제
③ 방법 : 중간집단의 설립, 사실조사, 계획수립, 교육 및 선전, 자원동원, 참여결정
④ 재원(자원) : 조세, 이용료, 민간모금, 인적자원

1950~1970년대	지역사회조직론의 도입과 정착의 시기
1980년대	지역사회복지론으로의 전환 시기
1990년대	지방자치제 실시와 함께 재가복지의 도입과 정착의 시기
2000년대	재가복지, 공동모금, 자원봉사활동이 필요한 사업으로 부각되면서 더욱 활성화

8. 재가복지 서비스

① 재가복지가 본격적으로 등장하게 된 것은 제2차 세계대전 후 수용시설보다는 가정이나 규모가 적은 그룹 홈에서 보호하는 것이 바람직하다고 하는 원칙을 내세우게 된 것이 계기가 되어 노인이나 정신위생분야에서도 폭넓게 사용되었다.
② 욕구의 발견, 케어서비스, 각종 점검활동이 포함된다. 환경개선정비, 도모활동은 환경개선 서비스에 속한다.

제6절 사회복지실천에 영향을 미치는 요인

1. 사회복지사의 역량, 국가 정책, 지역 구성원의 욕구, 경제

2. 던햄

지역사회조직사업의 목표를 과업중심의 목표와 과정중심의 목표 두 가지로 정의하였다. 즉 지역사회의 광범위한 욕구를 충족하고 욕구와 자원 간의 조정과 균형을 도모하는 것이 과업중심의 목표이며, 지역주민들의 참여에 자조, 협동능력을 개발, 강화, 유지토록 도움으로써 그들이 문제에 보다 효과적으로 대처할 수 있도록 하는 것이 과정중심의 목표라고 주장하였다.

3. 지역사회복지와 관련된 개념

1) 지역사회조직사업

지역주민을 조직화하여 지역문제를 해결하는 동적인 과정

2) 지역사회실천

사회적 약자와 지역의 사회 · 경제적 삶의 질 향상을 목적으로 한다.

3) 지역사회사업

지역사회를 대상으로 사회사업적 지식과 기술을 적용하는 방법이다.

4) 지역사회보호

지역 내 노인이나 장애인 등이 지역사회에서의 일상적 삶을 유지하면서 필요한 사회복지 서비스를 받을 수 있도록 하는 것을 목표로 한다.

5) 지역사회개발

단순히 물리적 개발뿐 아니라 지역사회 구성원간 상호신뢰가 생기고, 지역사회의 문제 해결과정에 주민들의 참여가 확대되는 현상까지 포함된다.

기출문제

01 지역사회조직의 개념으로 옳지 않은 것은?

① 지역사회를 중심으로 이루어지는 지역사회복지실천이다.
② 전통적인 전문사회사업 방법 중 하나이다.
③ 지역사회주민의 욕구와 문제에 관심이 많다.
④ 지역주민들의 자조적인 활동이다.
⑤ 지역사회의 변화를 위해 개입기술을 활용한다.

해설 지역사회조직은 주민들이 주체가 되어 행하는 활동이다. 하지만 이 조직에는 사회복지사가 개입하여 옹호나 중재, 조력 등의 역할을 하기 때문에 주민들의 자조적인 활동으로 보기는 어렵다.

정답 ④

02 다음의 설명에 해당하는 지역사회복지 이념은?

> ○ 개인의 자유와 권리 증진의 순기능이 있다.
> ○ 의견수렴과정을 통해 합리적 의사결정을 할 수 있다.
> ○ 지역주민의 공동체의식을 강화한다.

① 정상화
② 주민참여
③ 네트워크
④ 전문화
⑤ 탈시설화

해설 주민참여는 주민의 욕구와 문제해결의 주체로서 주민의 주체성을 강조하는 것이다. 정답 ②

03 다음 사례에서 지역주민조직으로 맞는 것은?

> 가. 주민을 조직한다.
> 나. L 사회복지사는 혼자 스스로 쓰레기를 줍는다.
> 다. 시청 민원실에 알려서 자원을 투입한다.
> 라. 그 지역 집값이 떨어질 것을 우려하여 일부러 말하지 않는다.

① 가, 나, 다
② 가, 다
③ 나, 라
④ 라
⑤ 가, 나, 다, 라

해설 주민복지의 증진을 위해 주민이 주체가 되어 이루어지는 활동이 지역주민조직이다. 정답 ②

Chapter 03 지역사회복지의 역사

제1절 영국 지역사회복지의 역사

1) 지역사회보호의 태동기(1950년대 ~ 1960년대 후반)

시설보호로부터 지역사회라는 새로운 국면으로 접어들면서 재가복지 개념보다 지역사회보호 개념이 일반화되어 사용되었다.

2) 지역사회보호의 형성기(1960년대 후반 ~ 1980년대 후반)

- 지역사회보호로의 실질적인 전환의 계기는 시봄 보고서의 제출 이후이다.
- 지역주민의 다양한 욕구충족을 위한 비공식 보호서비스를 강조한다.

(1) 시봄보고서

지역사회는 사회서비스의 수혜자인 동시에 서비스의 제공자이며, 각종 비공식보호 서비스와 시민의 참여를 격려하였다.

(2) 하버트보고서

지역사회에 기반한 서비스 개발 및 근린사회의 비공식 서비스의 필요성을 강조하였다.

(3) 바클레이보고서

지역사회의 상호 간 유대를 강조하면서 비공식적 보호망의 중요성을 강조하였다.

(4) 그리피스보고서

지역사회보호의 일차적 책임은 각 지역 정부에 있으며, 비공식적 보호망의 중요성, 공식적 사회서비스와 비공식적 서비스와의 긴밀한 유대관계를 강조(영국의 지역사회복지에 영향을 미친 보고서)하였다.

3) 지역사회보호의 발전기(1980년대 후반 ~ 현재)

① 지방 행정당국의 역할축소와 민간부분으로의 역할강화로 권한과 재정의 지방정부로의 이양을 제안하였다.

② 1990년 국민보건서비스 및 지역사회보호법을 공포하였다.

제2절 자선조직협회와 인보관

1. 자선조직협회(C.O.S)

(1) 사회복지서비스의 문제가 재정적인 문제라기보다는 기능적인 문제로 인식되고 있기 때문에 사회사업기관들의 서비스 방법이 불합리함을 발견하고 보다 합리적인 서비스전달체계를 만들 필요가 있었다.

(2) 자선조직화기구들을 통해 산발적으로 이루어지던 자선모금활동이 발전하여 공동모금으로 발전하였다. 자선활동, 자선모금활동을 통해 자원봉사자들의 효율적인 개발과 관리방법, 모금에 대한 기부동기, 모금방법 등이 개발되었다. 이러한 활동은 후에 공동모금회와 사회복지협의회를 조직하는 계기가 된다.

(3) 자선조직화운동을 통해 사회사업 관련기관들의 업무조정뿐만 아니라 직접적인 구호와 서비스를 제공하기 시작하였다. 빈곤, 주택문제, 질병 등의 사회문제를 개선하기 위한 지역복지센터가 많이 설립되었다.

자선조직화운동은 남북전쟁이 끝나고 제1차 세계대전이 시작되는 시기에 일어났다. 산업화(계층), 도시화, 흑인문제(노예), 이민문제(미국으로 이민, 인종시장) 등으로 사회문제가 제기되던 당시 자선조직협회 지도자들에게는 구빈을 위한 정부의 활동은 빈민의 재활을 위해서는 도움이 되지 않는다는 생각이 만연하고 있었다. 따라서 우애방문원을 통해 COS는 가난한 주민들을 위한 서비스 조사, 개발, 후원과 동시에 비영리 사회복지부문을 위한 계획, 운영, 자금형성의 기초를 강화하는 수단 및 새로운 모델을 확립하였다. 특히 지역사회계획 전문기관을 탄생시키고 사회조사의 기술을 발전시켰다.

2. 인보관운동

(1) 1880년대 영국은 여러 나라에서 노예로 끌려온 사람들이 영국의 열악한 산업현장의 환경 속에서 노동하고 있었다. 이러한 열악한 환경을 파악하고 개선하려는 뜻있는 목사 바네트가 빈민지역에 뛰어들어 변화를 모색하였다.

(2) 열악한 환경 개선을 위해서 먼저 그들이 거주하고 있는 지역에 시설을 건립하고 빈민지역에 거주하고 있는 자들을 위해 적절한 자립방안을 모색하였다. 그 시설이 바로 세틀먼트 하우스이다.

(3) 인보관운동 : 대학생 자원봉사자들과 재정을 후원하는 후원자들을 활용하였다.
① 사회복지 대상자들인 클라이언트를 발견하고 그들과 함께 거주하였다.
② 자립시키기 위한 인보시설을 건립하였다.
③ 인적자원과 물적자원을 개발하여 빈민들의 자립을 위한 프로그램을 개발하였다.

그러나 인보관 운동은 지역사회복지실천방법의 전문성이 인정되지 않아 체계가 잡히지 않았고 비전문가에 의해 시도된 운동이었다고 할 수 있다. 사회복지실천의 전문분야로 등장하는 것은 1960년대 이후라 할 수 있다.

3. 자선조직협회와 인보관운동의 특성

자선조직협회	구분	인보관운동
개인적 속성	문제	환경적 요소
빈민개조, 역기능 수정	접근방법	빈민동반, 사회질서 비판
사회진화론적 사상	사상	자유주의, 급진주의사상
서비스 조정	역점	서비스 자체
사회유지	강조점	사회개혁

제3절 미국 지역사회복지의 역사

1. 지역사회복지의 태동기(1890년대~1910년대)

1) 자선조직협회

① 1877년 뉴욕 주 버팔로 시에서 최초 창설
② 우애방문원의 가정방문
③ 가치있는 자에게만 원조
④ 가치가 있는 빈민과 가치가 없는 빈민으로 구분
⑤ 기관들의 업무조정을 목적으로 창설

2) 자선운동 시기 미국의 사회적 상황

산업화, 이민문제, 흑인문제

3) 대공황이 미국의 빈곤문제에 미친 영향

① 사회보장법, 최저임금법 제정
② 공공복지사업의 출현
③ 뉴딜정책의 시행
④ 사회환경과 빈곤과의 관계 중시
⑤ 대공황은 복지에 대한 국가 중심의 이념, 큰 정부 중시이념을 확산시킴

4) 인보관운동

① 1889년 시카고에 헐 하우스 건립
② 대학생, 교사 등이 빈민자와 함께 생활
③ 환경에 의한 사회개혁을 강조

2. 지역사회복지의 형성기(1920년대~1950년대)

① 경제대공황 이후 사회적 양극화 심화
② 정부의 복지서비스 개입
③ 1935년 사회보장법 제정으로 연방정부의 개입 확대

3. 지역사회복지 정착기(1960년대~1970년대)

① 존슨의 빈곤의 전쟁, 시민권운동, 베드남 전쟁 등으로 사회정의에 대한 활동 촉진
② 로스만의 지역사회조직 모델 태동

4. 지역사회보호의 발전기(1980년대 후반~현재)

1) 미국의 신자유주의 이념 확산

레이건 정부의 경제정책인 레이거노믹스(Reaganomics)라는 신자유주의 이념의 확산으로 정부의 복지예산 지원이 감소

2) 미국 초기의 빈민구제 활동에서 전문성의 근거

① 사회복지기관협의회의 설립
② 우애방문원을 유급직원으로 내체
③ C.O.S 자선학교를 사회사업대학원으로 발전

3) 미국에서 복지를 안정적으로 정착시킨 특정한 상황

시민참여, 사회개혁을 위한 연방정부사업, 민권운동

4) 현재 미국의 지역사회복지실천

신보수주의 영향으로 복지예산이 삭감

제4절 우리나라 사회복지의 역사

1. 고려시대 진휼사업

① 은면지제 : 적당한 시기에 왕이 베푸는 은전
② 재면지제 : 천재지변, 질병 등으로 인한 이재민 등의 조세, 부역 형벌 등을 감면하는 제도
③ 환과고독 : 홀아비, 과부, 고아, 노인 등 우선적으로 보호를 받아야 할 대상에 대한 구호
④ 수한질여진대지제 : 이제궁민에게 물품과 의료, 주택 등을 부여하는 사업

⑤ 납속보관지제 : 국가재정 부족시 보충의 목적으로 금품을 납입한 자에게 관직을 제공하는 제도

2. 조선시대 구빈사업

① 두레 : 주민상호 간의 협력과 상호규찰을 목적으로 조직된 농민협동생산활동체이며, 농민 중심의 협동체이다.
② 향약 : 지식인들 간의 자치적인 협동조직의 성격을 지녔다.
③ 오가작통 : 정부 주도로 다섯 집을 1통으로 조직하였던 자치적 인보조직이다. 오가작통은 중국의 인보제도의 영향을 받았다.
④ 의창 : 무상구제의 개념이다.
⑤ 품앗이 : 부락 내 농민들이 노동력을 서로 차용하고 교환하던 활동이다.
⑥ 상평창 : 삼국시대의 진휼사업이다. 빈민에 대해 곡물을 대여하며 상환의 의무를 갖게 된다.
⑦ 진휼청 : 조선왕조 상평창에 진휼보다는 이곡에 치중하게 되면서 생겨났다.
⑧ 상평제 : 진휼의 복지적 의미가 퇴색되는 대신 백성에게 봄에 곡식을 대여하고 가을에 거두는 환곡과 세곡을 관장하는 직사로 바뀌었다. 이식을 위한 제도로 탈바꿈하게 되었다.
⑨ 비황제도 : 삼창을 위시한 창제제도
⑩ 구황제도 : 사궁에 대한 보호, 노인보호사업, 시식, 진휼 및 진대사업, 견감 등
⑪ 의료사업 : 불교의 영향, 대비원, 제위보 및 혜민국의 설치

3. 일제시대 사회복지시설과 사업

① 사회복지시설 : 육아시설, 임산부상담소, 탁아시설, 영아건강상담소, 빈궁아 교육기관, 불량아 감화시설, 맹아 보호시설, 육아협회 등 각종 보호시설
② 인보관 : 중일전쟁 시작 이후, 인보상부상조와 국민 자각 향상의 목적으로 설치
③ 구호법 : 일본의 구호법(1929 제정, 1932년 실시)을 바탕으로 조선구호령(1944년 3월)을 실시

4. 미군정 시기의 지역사회복지(1945년~1948년)

① 빈민의 인격을 존중하는 민주주의와 자본주의를 채택
② 요구호자에 대한 구호의 필요성에 대응하기보다는 요구호자들로 인해 야기되는 정치적 불안에 대응하여 전개

③ 구호의 범위와 수준이 열악하고 경제적인 어려움 때문에 자선적이고 사후대책적 성격
④ 아동 노동법규 제정

5. 해방 이후의 사회복지

1) 새마을운동

① '근면, 자주, 협동'을 새마을정신으로 지정
② 증산운동, 근검운동, 인보운동에 역점
③ 도시까지 범위 확대
④ 마을가꾸기사업을 시초로 진행
⑤ 1988년 6공화국이 들어선 이후 관변운동이라는 비판을 받으면서 위축되고 퇴색
⑥ 경제성장을 위한 발판 역할
⑦ 지역사회복지 변화에 막대한 역할
⑧ 1980년대 이후까지 지역사회복지 전반에 지속적인 영향
⑨ 지역사회 개발모델의 형태로 진행

2) 우리나라에서의 지역사회복지 발달과정

① 1983년 사회복지사업법 개정으로 사회복지관운영에 대한 국고보조가 시작되었다.
② 새마을 운동은 정부 주도로 펼쳐진 사업이다.
③ 1970년대는 빈민지역운동을 중심으로 지역사회조직사업이 활발히 전개된 시기이다.
④ 1980년대 후반 정치적 민주화가 시작되고, 다양한 분야에서 지역운동이 전개되었다.
⑤ 지역의 사회자본을 확대하고자 하는 지역통화운동은 1990년대 이후부터 전개되었다.

3) 1990년대 이후 지역사회복지 분야

① 지방분권과 국가균형발전의 일환으로 지역사회 중심의 전달체계로 개편되었다.
② NGO를 중심으로 한 사회행동모델이 확산되었다.
③ 지역사회복지를 위한 직접서비스기관으로서 사회복지관이 대폭적으로 설립되었다.
④ 한국자원봉사단체협의회가 설립되는 등 자원봉사활동이 크게 확대되었다.

4) 2000년대 이후 지역사회복지 발전기

① 1990년대 이후 지역사회복지는 지역 중심성과 전문성을 강조하며, 질적인 변화를 경험하게 되었다.
② 재가복지서비스 확대, 지역사회 중심의 자활사업전개, 지방자치제의 실시, 지역분권운동의 전개가 이루어지며 변화하였다.

③ 사회보장법에서는 사회보장을 사회보험, 공공부조, 사회복지서비스와 관련 복지제도로 구분하였다.

제5절 2000년대 제정 및 시행된 사회복지관련법

1. 2000년~2010년

① 국민기초생활보장제도 시행(2000)
② 장애인고용촉진 등에 관한 법률(1990) → 장애인고용촉진 및 직업재활법(2000)
③ 의료급여법(2001)
④ 모ㆍ부자복지법(2002) : 부자(父子) 가정의 문제점 해결 → 한부모가족지원법(2007)
⑤ 건강가정기본법(2003) : 건강한 가정생활의 영위와 가족의 유지 및 발전을 도모하기 위하여 제정
⑥ 사회복지사무소 시범사업(2004)
⑦ 긴급복지지원법(2005)
⑧ 주민생활지원서비스 시행(2006)
⑨ 1기 시ㆍ군ㆍ구 지역사회복지계획 수립(2006)
⑩ 기초노령연금법(2007) : 2008년 시행, 기존의 경로연금 폐지
2014년 7월 폐지 기초연금제도 시행
⑪ 노인장기요양보험법(2007)
⑫ 다문화가족지원법(2008)
⑬ 국민연금과 직연연금의 연계에 관한 법률(2009)
⑭ 아동ㆍ청소년 성보호에 관한 법률(2009)
⑮ 장애인연금법(2010)
⑯ 성폭력방지 및 피해자 보호 등에 관한 법률(2010)
⑰ 사회복지통합관리망 출발(2010)

2. 2010년 이후 제정된 사회복지관련법

① 장애인 활동지원에 관한 법률(2011)
② 사회복지사 등의 처우 및 지위 향상을 위한 법률(2011)

③ 자살예방 및 생명존중 문화조성을 위한 법률(2011)
④ 아동복지지원법(2011)
⑤ 노숙인 등의 복지 및 자립지원에 관한 법률(2011)
⑥ 치매관리법(2011)
⑦ 아동의 빈곤예방 및 지원 등에 관한 법률(2011)
⑧ 입양특례법(2011)
⑨ 사회서비스의 이용 및 이용권 관리에 관한 법률(2011)
⑩ 희망복지지원단 출범(2012)
⑪ 아이돌봄지원법(2012)
⑫ 발달장애인 권리보장 및 지원에 관한 법률, 기초연금법(2014)

기출문제

01 미국 지역사회복지의 역사 중에서 옳지 않은 것은?

① 자선조직협회는 노동 가능한 빈민과 노동능력이 없는 빈민으로 나누었다.
② 인보관운동은 우애방문원 활동을 통해 이후 개별사회사업으로 발전하였다.
③ 대공황 이후 지역사회복지는 지역 부분에서 국가 부분으로 책임이 확대되었다.
④ 자선조직협회는 사회진화론에 뿌리를 두고 있다.
⑤ 1960년대 빈곤과의 전쟁으로 인해 사회개발 프로그램이 증가하였다.

해설 자선조직협회(COS)에 관한 설명이다.

정답 ②

02 영국의 지역사회복지 역사에 관한 설명으로 옳지 않은 것은?

① 중복구호 방지를 위해 자선조직협회가 설립되었다.
② 1884년에 토인비홀(Toynbee Hall)이 설립되었다.
③ 정신보건법 제정에 따라 지역사회보호가 법률적으로 규정되었다.
④ 하버트(Harbert) 보고서는 헐하우스(Hull House) 건립의 기초가 되었다.
⑤ 그리피스(Griffiths) 보고서는 지역사회보호의 일차적 책임주체가 지방정부임을 강조하였다.

해설 하버트(Harbert) 보고서
- 지역사회에 기초한 사회적 보호
- 가족체계와 지역사회의 근린에 초점을 둠
- 비공식 서비스의 중요성 강조

정답 ④

03 인보관운동에 관한 설명으로 옳은 것은?

① 가정방문을 통한 사례 개입
② 지역주민 대상의 사회교육
③ 중복적인 구제활동 조정
④ 빈민의 도덕적 문제 조정
⑤ 수혜자격심사를 통한 지원

해설 인보관운동은 중류층이 빈민지구에 실거주하면서 이들을 교육시키고, 사회개혁을 홍보하였다.

정답 ②

Chapter 04

지역사회복지실천의 이론적 이해

제1절 구조기능주의이론과 갈등이론

1. 구조기능주의이론

1) 기능주의적 관점

① 지역사회의 기능을 생산, 분배, 소비의 기능, 사회화의 기능, 사회통제의 기능, 사회통합의 기능, 상부상조의 기능으로 구분한다.
② 지역사회를 다양한 사회제도로 구성되어 있는 하나의 체계로 파악할 수 있다.
③ 콩트(Conte), 뒤르켐(Durkeim), 파슨(Parsons) 등

2) 기능주의의 특성

① 사회는 여러 부분으로 구성되어 있고, 각 부분은 합의된 가치와 규범에 따라 변화되며, 균형, 안정을 강조한다.
② 기능주의이론은 지역사회의 유지와 균형에 주로 관심을 가지고 있기 때문에 지역사회의 변화나 지역사회에서의 자원, 권력을 둘러싼 하위체계들 간의 갈등을 설명하는 데는 다소 취약하다.
③ 지역사회는 다양한 사회제도로 구성되어 있는 하나의 체계이다.
④ 지역사회는 균형상태를 향해서 움직이는 경향이 있다.
⑤ 지역사회의 여러 하위체계들 간에는 상호관련성, 상호작용이 존재한다.
⑥ 지역사회의 조직적, 구조적 특징을 강조한다.
⑦ 중요한 제도적 체계들은 하위체계들로서 정부, 경제, 사회, 종교, 가족 등을 말한다.
⑧ 하위체계 내의 성원들 간에 그리고 하위체계들 간에 상호관련성이 있다.
⑨ 사회체계 구성원들은 의식적, 무의식적으로 다양한 경제유지활동에 종사한다.
⑩ 사회조건이 체계의 기능을 파괴, 위협하는 것을 문제시하며 부정적으로 본다.
⑪ 사회를 구성하는 각 부분들은 전체가 성공적인 기능을 발휘하는 데 기여한다.
⑫ 사회는 성원들 간의 가치와 재화 및 협동에 대한 합의와 조직적, 안정적으로 통합된 체계로 본다.

⑬ 사회의 기능을 제한적으로 확대하거나 안정을 위한 구조적 적응을 그 핵심으로 본다.

2. 갈등이론

1) 갈등주의적 관점

지역사회를 바라보는 갈등주의적 관점은 지역사회를 희소한의 자원에 대해 소수의 지배층이 소유하고 지배하려는 경쟁과 투쟁의 장으로 본다.

① 입법과 정책 등을 통해서 폭력을 예방하고 복지사회를 추구할 수 있다.
② 사회화를 한 형태로 보고 갈등이 사회를 재통합시켜 준다고 주장한다.
③ 사회갈등의 제도화, 입법과 정책수립을 통하여 갈등을 수용하려는 것을 주장한다.
④ 지역사회의 갈등은 지역사회가 발전하는 중요한 요인이다.
⑤ 지역문제와 주민욕구 해결을 위해 권력, 권위, 경제적 자원의 재분배를 요구한다.
⑥ 갈등을 사회악으로 보지 않고 사회통합과 발전을 위해서 그 분열적 요소를 조장하는 것을 기능으로 본다.
⑦ 갈등을 사회발전의 요인과 사회통합 관점에서 다루고 있다.
⑧ 마르크스(Marx), 짐멜(Simmel) 등

2) 갈등주의의 특성

① 지역사회 내의 변화에 초점
② 사회구성원들의 자원, 권력, 권위 등의 불균등에 초점을 둔다.
③ 마르크스, 엥겔스 등이 대표적인 이론가이다.
④ 기능주의이론에 대한 대안의 역할을 한다.
⑤ 사회적 현상들을 갈등과 투쟁의 역할로 설명한다.
⑥ 갈등관계를 통해 지역사회변동을 설명한다.
⑦ 갈등이론의 핵심은 갈등과 사회행동이다.
⑧ 지역사회구조에 대한 갈등의 영향으로 조직 간의 변동이 일어난다.
⑨ 지역사회 내의 권력, 자원 등의 재분배를 요구한다.
⑩ 지역사회구조에 대한 갈등의 영향은 조직 간의 변동을 유발한다.

3) 갈등이론에서 설명하는 '갈등'의 역할

① 갈등은 지역사회 조직 간의 변동을 유발한다.
② 경제적 형태와 문화적 가치 및 신념의 차이로 갈등이 발생한다.
③ 지역사회 갈등의 지속은 새로운 쟁점을 낳기도 한다.

④ 갈등과정에서 반대자에 대한 직접적 적대감으로 비화되기도 한다.
⑤ 영향력 있는 지역인사들이 갈등에 많은 여향을 미친다.
⑥ 지역사회의 갈등은 경제적 문제로 인한 갈등, 권력이나 권위로 인한 갈등, 문화적 가치 및 신념의 차이로 인한 갈등에 기인한다.
⑦ 지역사회구조에 대한 갈등의 영향으로 지역사회에 존재하는 사회조직간의 변동이 일어난다.
⑧ 지역사회 지도자들 및 지역사회 조직들은 갈등에 많은 영향을 미칠 수 있다.
⑨ 지역사회문제나 주민의 욕구를 해결하기 위해서는 갈등의 주요 소재인 권력, 경제적 자원, 권위 등의 재분배를 요구하게 되고, 이러한 결과가 사회행동으로 표출된다.

제2절 사회체계이론과 생태학이론

1. 사회체계이론

1) 지역사회의 사회체계론적 관점

① 지역사회체계 내의 다양한 사회제도들을 관련시키는 방식이다.
② 좋은 지역사회는 지역사회 주민의 이익을 위하여 하위체계들이 효과적으로 작동하는 상태를 말한다.
③ 지역사회를 하나의 행위자로 보는 관점이다.
④ 지역사회는 지위, 역할, 집단, 제도들로 이루어진 하나의 체계로 파악될 수 있다.

2) 지역사회를 바라보는 사회체계 관점

① 지역사회체계 내의 다양한 사회제도들을 관련시키는 방식이다.
② 수평적으로는 지역사회의 하위체계들이 지역사회 내에서 상호 작용하는 방식에 초점을 두고, 수직적으로는 지역사회의 하위체계들이 지역사회 외부체계와 상호작용하는 방식에 초점을 둔다.
③ 지역사회의 목적을 성취하고 성원의 욕구를 만족시키기 위하여 지역사회가 갈등을 처리하고 균형을 유지하며 변화에 대응하는 방식을 파악해야 한다.

3) 사회체계론적 관점은 사회 내의 하위 체계들을 강조하는 것으로서 기능주의 관점과 맥락을 같이 한다.

① 다양한 체계들 간의 상호작용 강조

② 수평적 및 수직적 관점에 초점

③ 지역사회는 개인과 사회를 연결하는 중간단계의 역할 수행

④ 모든 체계는 상호작용을 나누는 부분들의 합으로 움직이는 개방체계

⑤ 수평적 관점
지역사회의 하위체계들이 지역사회 내에 상호작용하는 방식

⑥ 수직적 관점
지역사회 외부에서 하위체계들이 다른 외부체계와 상호작용하는 방식

2. 생태학이론

1) 생태학이론의 특성

① 가족, 지역사회, 문화 등 인간을 둘러싼 생태환경을 보다 체계적으로 구조화 하고 이들 환경체계와 개인의 발달 간 관계를 이해한다.

② 개인과 환경은 호혜적 관계를 형성한다.

③ 사람을 자연스러운 환경과 생활 속에서 이해해야 한다.

④ 생활문제는 전체적인 생활공간 속에서 이해해야 한다.

⑤ 지역사회는 하위체계의 상호작용으로 구성되며, 각 하위체계들은 상호관련성이 있다.

⑥ 환경체계와 개인의 발달 간 관계이다.

⑦ 환경과의 적합성, 상호교류, 적응을 지지하거나 방해하는 요소를 중요하게 생각하며, 지역사회 환경과의 상호의존성 및 상호작용에 초점을 둔다.

2) 지역사회를 바라보는 생태학적 관점

① 사람들이 해당 지역사회 환경과 상호의존하는 관계에 초점을 맞춘다.

② 인구집단의 이동과 성장의 역동성 등 변화하는 지역사회의 특성을 이해하는 데 도움을 준다.

제3절 자원동원이론과 교환이론

1. 자원동원이론

① 사회행동이 집합행동으로 일어나기 위해서는 계기가 필요하다.
② 운동가는 조직 속에서 활동한다.
③ 자원의 유무에 따라 사회운동의 성패가 결정된다.
④ 자원동원을 위한 외부의존은 조직의 자율성을 약화시킬 수 있다.
⑤ 자원동원은 사회적 불만의 팽배가 사회운동의 직접원인이라는 전통적 인식에 대한 비판에서 출발한다.

2. 교환이론

① 인간을 합리적 동물이며 최대의 이익을 추구하려는 경향이 있다고 전제하는 이론이다.
② 사람들 사이에 이루어지는 교환과정에 초점을 두고, 사회적 물질적 자원의 교환을 인간 상호작용의 근본형태로 파악한다.
③ 교환이라는 인간의 사회행동이 어떠한 경로를 통해 사회적 유대와 또는 차별적 지위구조를 만들어 내는지에 관심을 가진 이론이다.

제4절 엘리트주의이론과 다원주의이론

1. 엘리트주의이론

① 엘리트들이 자신의 이익을 위해 사회복지정책을 도입한다.
② 소수의 기업인 관료 정치가들이 지역사회를 지배한다.
③ 지역사회는 서로 결탁하여 권력을 독점하는 소수의 세력이 존재한다.
④ 입법가, 정부관료 등 공식적인 정책결정자들이 정책을 결정하는 것 같지만 실제로는 보이지 않는 지배 엘리트들이 그들의 선호와 가치에 따라 정책을 결정한다.

2. 다원주의이론

① 사회복지정책의 내용과 형태는 이익집단들의 상대적 영향력의 정도에 따라 달라진다.
② 시민들이 실제로 큰 권력을 가지고 정책결정에 영향력을 행사할 수 없다.

제5절 사회구성론과 권력의존이론

1. 사회구성론

① 클라이언트를 원조하기 위해서는 클라이언트의 문화적 가치와 규범을 이해해야 한다고 주장한다.
② 포스트모더니즘과 상징적 상호주의의 영향을 받았다.
③ 클라이언트가 사회적 맥락에 의해 현실의 문제를 재구성한다.

2. 권력의존이론

① 클라이언트의 서비스를 제공하는 데 사용되는 외부의 재정지원은 서비스 조직이 재정지원자의 요구에 충실할 수밖에 없는 구조를 가진다.
② 정부의 후원금을 받고 있는 사회복지기관의 정치적 중립성 문제를 제기하고 있다.

제6절 가족주의이론과 국가주의이론

1. 가족주의이론

① 가족은 복지정책의 방향을 설정하는 기준이 된다.
② 사회복지서비스 보호는 가족적 형태와 가장 근접한 형태로 재생산되어야 하며 비가족적인 형태는 비정상적인 것으로 간주된다.
③ 가족의 보호가 최선의 방책이라는 규범적 준거틀에 기초하고 있다.

2. 국가주의이론

① 모든 인간의 단면으로 의존과 상호의존에 관한 인식에 기초하여 국가주의적 접근을 선호한다.

② 국가주의의 실천적 구성요소는 책임성과 포괄성으로 요약된다.

01 기능주의에 대한 설명으로 옳지 않은 것은?

① 지역사회를 하나의 체계로 본다.
② 사회문제의 원인이 개인, 가족 등 일부에 있다고 본다.
③ 모든 사회체계는 균형상태를 향해 움직이는 경향이 있다.
④ 점진적 변화와 안정을 추구한다.
⑤ 급진적인 변화를 추구한다.

해설 기능주의는 보수적인 입장으로서 균형과 안정 등 점진적이면서 누진적인 변화를 추구한다.

정답 ⑤

02 갈등이론에 관한 설명으로 옳은 것은?

① 이익과 보상으로 사회적 관계가 유지된다.
② 특정집단이 지닌 문화의 의미를 해석한다.
③ 지역사회는 상호의존적인 부분들로 구성되어 있다.
④ 조직구조 개발에 자원 동원 과정을 중요하게 여긴다.
⑤ 이해관계의 대립을 불평등한 분배로 설명한다.

해설 갈등이론은 사회구성원들이 희소자원 등에 대한 소유와 그것을 지배하려는 경쟁과 투쟁의 갈등상태를 인정하고 이러한 희소자원을 소유와 통제로 평등화 시키는 혁명적인 사회제도의 재조직화를 강조한다.

정답 ⑤

03 생태학에서 지역사회를 설명하는 것으로 옳지 않은 것은?

① 개발로 인한 주거지역 변경과정에서 A동과 B동의 주민들은 서로 좋은 장소를 선점하기 위해 경쟁했다.
② 어떤 지역사회는 매년 발생하는 홍수 피해에 대처하기 위해 지역주민들이 모여 방조제를 건설하였다.
③ A지역사회는 청소년 범죄의 증가문제에 대처하기 위해 관련 청소년들을 지역사회 차원에서 집단으로 진단하고 치료하였다.
④ B지역사회 내의 빈민촌은 지역 관광지구 개발정책으로 인해 강제로 이주되었다.
⑤ A지역이 지역사회의 특정지역을 집중적으로 개발시킨 결과, 지역사회의 경제적 · 사회적 · 문화적 기능이 중심화 되었다.

해설 생태학적이론은 클라이언트와 환경과의 역동적인 상호변화를 중시하는 이중초점의 관계를 말한다.

정답 ③

Chapter 05 지역사회복지의 실천모델에 대한 이해

제1절 지역사회복지 실천모델

1. 로스만의 지역사회복지 실천모델

1) 과업중심 목표

① 서비스를 제공
② 새로운 서비스를 강구
③ 특수사회입법을 통과시키는 것
④ 지역사회의 한정된 문제해결 자체에 관심을 가진다.
⑤ 지역사회의 광범위한 욕구충족 및 욕구와 자원 간의 조정과 균형 도모

2) 과정중심 목표

① 지역사회의 토착적 지도력 증대
② 주민의 지역사회에 대한 관심증대
③ 문제해결에 필요한 역량강화
④ 지역주민들로 하여금 지역사회에 관심을 갖고 참여하도록 자극
⑤ 지역사회 문제해결을 위한 자치구조의 창조

3) 관계중심 목표

지역사회 구성요소 간 사회관계에 있어서의 변화를 시도하는 데 역점을 둔다.

4) 지역사회복지활동의 과업중심 목표

지역사회의 특정욕구를 충족시키거나 특정문제를 해결

5) 지역사회복지 활동의 과정중심 목표

① 사회관계에 있어 변화를 도모하는 데 중점을 둔다.

② 주민들이 스스로 문제에 대처할 수 있도록 역량을 길러준다.
③ 지역사회 주민의 공동체 형성을 촉진하고자 한다.
④ 지역사회 주민 간의 협동적 관계를 수립한다.
⑤ 지역사회 주민들로 하여금 지역사회의 일에 대해 관심을 갖고 참여하도록 자극한다.
⑥ 지역사회가 장기간에 걸쳐 제 기능을 하도록 일반적인 능력향상에 역점을 둔다.
⑦ 문제해결에 필요한 역량을 강화한다.

2. 던햄의 지역사회복지 실천모델

1) 과업중심 목표

① 지역사회의 광범위한 욕구를 충족
② 지역사회의 욕구와 자원 간의 조정과 균형
③ 특정문제의 해결
④ 구체적인 과업의 완수

2) 과정중심 목표

① 지역사회 주민들이 문제를 해결할 수 있는 능력을 갖게 함
② 지역주민들의 참여, 자조 등을 통해 문제에 효과적으로 대처
③ 자조, 협동능력의 개발 · 강화

3) 관계중심 목표

① 지역사회 구성요소 간 사회관계의 변화 시도
② 지역사회와 집단들 간 관계와 의사결정권의 분배에 있어서 변화를 초래
③ 지역사회 내 소외집단의 이익 증대

제2절 로스만 모델

1. 지역사회개발

1) 개념

① 지역사회복지의 실천모델에서 지역사회의 문제해결과정에 지역주민, 단체간의 참여, 협동적 관계의 확립을 중시하는 과정중심 목표를 강조하는 모델
② 지역사회의 변화를 가장 효과적으로 이룩하기 위해서는 광범위한 주민들을 변화시키기 위한 목표결정와 실천행동에 참여시켜야 한다는 전제에서 나온 지역복지사업의 한 형태
③ 문제해결능력을 배양
④ 변화의 매개체로써 과정 지향적인 소집단 간의 합리적인 조정을 강조하는 지역사회복지 실천모델
⑤ 자원봉사운동
⑥ 합의나 토의를 주로 활용
⑦ 문제해결과정에서 합리성에 기반을 두고 비용 효과면에서 가장 적합한 방안 도출
⑧ 지역주민의 의식개선과 역량강화를 통해 지역사회의 통합능력을 기르는 모형
⑨ 기본전략은 '함께 모여서 이야기해 보자'라고 표현할 수 있음
⑩ 문제해결의 활동단위로써 지역사회 전체에 의존
⑪ 지역사회의 자기결정을 근간으로 외부의 원조를 결합
⑫ 변화의 기본적 전제로 지역사회의 자발성과 지도력을 중시
⑬ 사회복지사는 매개자로서의 역할과 중개, 조정, 지도자, 비전을 재시해주는 역할

2) 특징

① 민주적인 절차, 자발적 협동, 토착적인 지도자의 개발, 교육 등이 강조된 모델이다.
② 지역사회변화를 위한 전술 중 지역사회개발 모델에서 주로 사용한다.
③ 의견교환과 합의를 활용한다.
④ 지역사회개발 모델에서 추구하는 지역사회활동의 목적은 지역사회의 통합과 능력향상이다.
⑤ 지역사회의 능력향상과 사회통합이라는 과정중심 목표에 초점을 둔다.

2. 사회계획

① 지역사회문제의 구체적이고 효율적 해결과 예방을 최우선 목표로 하는 과업중심 목표를 강조하는 모델이다.
② 비행, 주택, 정신건강과 같은 사회문제를 해결하고자 하는 기술적 과정을 강조한다.
③ 문제해결을 위한 합리적인 계획수립과 통제된 변화
④ 사회문제를 해결하고자 하는 기술적인 과정 강조
⑤ 지역사회의 구체적 문제해결에 있어서 합리적인 접근을 강조한다.
⑥ 비행, 정신건강과 같이 실제적인 지역사회의 문제해결을 목표로 하기 때문에 이를 위한 합리적인 계획수립이 중요하다.
⑦ 실질적으로 지역사회의 문제를 해결한다.
⑧ 과업지향적이다.
⑨ 문제해결에 대한 전문적인 정책을 수립한다.
⑩ 클라이언트의 역할은 서비스의 혜택을 받는 소비자이다.
⑪ 사실 발견과 분석을 지역사회 변화를 위하여 활용한다.
⑫ 지역사회 내 집단들 간의 갈등적인 이해에 크게 개의치 않는다.
⑬ 변화 매개체로서 공식집단을 강조한다.
⑭ 사실발견과 분석을 사용한다.
⑮ 청소년 비행문제와 같은 사회문제의 해결에 역점을 둔다.
⑯ 실용적이며 특정문제의 해결에 관심을 가진다.
⑰ 로스만의 지역사회복지실천모델 중 클라이언트 집단을 서비스의 혜택을 받는 소비자로 보는 모형이다.
⑱ 서비스의 이용자들에게 소비자로서의 역할을 요구한다.

3. 사회행동모델

① 지역사회의 권력, 의사결정구조의 재편에 초점을 둔다.
② 지역사회의 기존제도와 현실에 대한 근본적인 변화를 추구한다.
③ 지역사회의 주민들이 사회정의와 민주주의에 입각해서 더 많은 자원과 향상된 처우를 지역사회에 요구하는 행동을 말한다.
④ 변화의 매개체로서 대중조직과의 정치적 조정을 강조한다.
⑤ 지역사회 구성 집단 간의 이해관계가 상충되어 조화를 이룰 수 없다.
⑥ 시위, 파업
⑦ 지역사회의 주민들이 사회정의와 민주주의에 입각해서 보다 많은 자원과 향상된 처우를 그 지역사회에 요구하는 것이다.

⑧ 불평등이나 기회의 제한과 같은 문제 등을 개선시키는 데 주목하기도 한다.
⑨ 학생운동, 노동운동, 소비자 보호운동, 환경보호운동
⑩ 지역사회의 기존제도와 현실에 대한 근본적인 변화를 추구한다.
⑪ 소수인종집단, 학생운동, 여성해방운동, 노동조합, 복지관 운동 등
⑫ 사회복지사는 권력, 자원 등의 재분배를 추구하며 기본정책의 변화를 추구한다.
⑬ 민주주의에 입각해 보다 많은 자원과 향상된 처우를 그 지역사회에 요구하는 행동이다.
⑭ 지역사회 일부의 특수한 지원을 필요로 하는 집단을 클라이언트 집단으로 본다.
⑮ 사회복지사는 조직가, 행동가, 대변가 등의 역할을 수행한다.
⑯ 갈등과 경쟁을 독특한 변화기술로 사용한다.

4. 지역사회모형의 목표에 대한 차이

지역사회개발 모형	지역사회의 활동능력 향상과 통합, 자조(과정)
지역사회계획 모형	지역사회문제 해결(과업)
지역사회행동 모형	권력관계 자원의 변화, 기본적 제도 변화(과정과 과업)

제3절 웨일과 갬블의 모델

1. 근린지역의 지역사회조직모델(지리적으로 가까운 지역)

① 지리적으로 가까운 지역사회 조직에 초점을 둔다.
② 능력개발과 과업수행이라는 두 가지 목표를 강조한다.
③ 일차적 구성원은 이웃, 교구 등이다.
④ 지역사회개발을 통한 지역주민의 삶의 질 향상을 목표로 한다.
⑤ 지리적 개념의 지역사회에 초점을 둔다.
⑥ 조직화를 위한 구성원의 능력개발, 도시 및 지역계획과 외부개발에 영향과 변화를 추구한다.

2. 기능적 지역사회조직모델

① 이해관계를 기초로 한 지역사회(예 : 학교폭력 추방을 위한 학부모 모임, 발달장애아동의 사회재활을 위한 모임 등)

② 행위, 태도의 옹호와 변화에 초점을 둔 사회정의를 위한 행동, 서비스 제공

3. 지역사회의 사회적 · 경제적 개발모델

① 지역사회 변화과정에 자원을 가진 사람이나 조직들을 참여하도록 유도하는 것이다.

② 교육을 통하여 어려운 여건에 있는 지역사회 주민의 내적 능력을 향상시키는 데 목적이 있다.

③ 기본전제는 어려운 여건에 있는 지역사회 주민계층을 위하여 경제개발과 사회개발이 동시에 이루어져야 한다는 것이다.

4. 사회계획모델

① 지역사회복지 실천 모형 중 전문성과 합리성에 기반을 두고 지역사회문제를 해결하려는 모형으로 합리적 의사결정을 통한 문제에 대한 우선순위와 자원배분이 중요한 실천모형이다.

② 일차적 구성원은 선출된 공무원, 사회기관 등이다.

③ 사회복지사는 제안자, 관리자, 조사자, 정보전달자로서의 역할을 한다.

④ 특정지역이나 사회 및 경제적 현안문제에 대한 휴먼서비스의 조정 역할을 한다.

⑤ 선출된 기관 또는 휴먼서비스 협의회의 행동을 제안한다.

5. 프로그램 개발과 지역사회연계모델

새로운 서비스나 재계획된 서비스의 잠재적 수행자이다.

6. 정치 및 사회적 행동화모델

① 참여민주주의의 강화와 사회정의를 지역사회에 확립하는 것에 중점을 둔다.

② 표적체계는 선거로 선출된 공직자와 행정관료, 사회적 불의의 원인을 제공하는 기타 조직체, 사회적 불의에 무반응한 일반시민이다.

7. 연대활동(연합)모델

① 분리된 집단 및 조직을 집합적인 사회변화에 동참시킨다.
② 지역사회의 여러 집단들이 힘을 모아 집합적 변화를 만들고자 한다.
③ 목표는 자원을 최대한 동원할 수 있는 다조직적 권력기반 형성에 있다.
④ 표적체계는 선거로 선출된 공직자, 정부이다.

8. 사회운동모델

① 지역주민과 다양한 형태의 패러다임을 제공하여 사회변화를 추구한다.
② 로스만의 지역사회행동 모델, 테일러와 로버츠의 정치적 권력강화 모델, 정치사회행동 모델과 유사한 모델이다.

제4절 테일러와 로버츠의 모델

1. 프로그램 개발 및 조정

① 어떤 특정목적을 이끌어내는 과정에서 변화를 위한 실질적 힘을 발현시킬 수 있는 모델이다.
② 이 모델은 공공기관, 지리적 지역사회를 대상으로 서비스를 제공하는 민간기관, 기능적 지역사회, 기관협의회 등에서 수행되는 실천에 초점을 두고 있다.

2. 사회계획

① 합리적인 기획 모델에 기초한 조사전략 및 기술을 강조한다.
② 기획에 있어 사람들과의 상호교류적인 노력을 강조하고 좀 더 옹호적이며 진보적인 정치적 접근을 포함하고 있다.
③ 조직과정의 관리, 영향력의 발휘, 대인관계 등의 과정지향적인 기술을 강조하며, 설계 및 실행과 같은 과업지향적인 기술적 측면의 필요성을 주장한다.

3. 지역사회연계

① 지역사회실천은 사회복지기관의 일차적인 책임인 직접 서비스 전달에 대한 이차적 기능으로 보고 있다.
② 사회복지기관의 행정가가 지역사회관계, 지지활동, 환경개선, 조직간의 관계 등과 같은 역할을 수행하는 데 반해, 일선 사회복지사는 클라이언트의 옹호, 욕구사정, 프로그램 개발 등의 역할을 수행한다.
③ 행정가 및 일선 사회복지사 모두 소비자집단과 함께 일하며, 표적집단의 욕구충족을 위한 프로그램의 적용 등에 관한 지역사회실천기술이 필요하다.

4. 지역사회개발

① 조력, 리더십 개발, 자조, 상호부조, 지역성에 바탕을 둔 지역사회 연구 및 문제해결을 강조한다.
② 시민참여와 교육과정을 매우 중요시하고 있으며, 전문가는 조직가의 역할보다는 주로 조력자의 역할을 담당하게 된다.

5. 정치적 권력강화

① 갈등이론과 다원주의사회에서의 다양한 이익집단의 경쟁원리에 기초하고 있다.
② 의도된 시민참여에 의한 정치적 권력강화에 초점을 두고 있다.
③ 사회체계 및 사회제도에서 시민들의 참여를 보장하고 극대화함으로써 민주주의의 확장을 도모하고 새로운 조직개발을 통해 참여의 채널을 촉진하는 데 있다.
④ 전문가들은 교육자, 자원개발가, 운동가로서의 역할을 하게 되며, 이러한 경향은 합법적으로 위임된 조직이나 자생조직으로 진전될 수 있다.
⑤ 정치적 역량강화모델은 로스만의 사회행동과 밀접한 관련이 있으며 배제된 집단의 사회 참여를 확대시키는 것이 주요 전략인 사회복지실천 모델이다.

01 지역사회집단들 간에 적대적이거나 이해가 상반되는 문제가 있는 경우나 논의 · 협상으로 결정하기 어려운 문제를 해결하는 데 적합한 모형은?

① 지역사회개발 모형 ② 사회계획 모형
③ 사회행동 모형 ④ 기능적 지역사회조직화 모형
⑤ 지역사회 사회 · 경제개발 모형

해설 논의나 협상으로 결정하기 어려운 문제를 해결하기 위해서 항의나 시위, 협상 등의 기술을 이용한 사회행동 모형에 대한 설명이다. 정답 ③

02 다음에서 설명하는 웨일과 갬블(M. Weil & D. Gamble)의 지역사회복지 실천모델은?

○ 공통 관심사나 특정 이슈에 대한 정책, 행위, 인식의 변화에 초점 지역사회모델 ○ 일반대중 및 정부기관을 변화의 표적체계로 파악 ○ 조직가, 촉진자, 옹호자, 정보전달자를 사회복지사의 주요 역할로 인식

① 사회계획 ② 기능적 지역사회조직
③ 프로그램 개발과 지역사회 연계 ④ 연합
⑤ 정치사회행동

해설 이 모형은 지리적 의미보다 기능에 초점을 두고 구성원을 교육시켜 자신들이 이슈에 대한 옹호활동을 강화시키는 모델이다. 정답 ②

03 로스만(J. Rothman)의 지역사회복지 실천모델에 관한 설명으로 옳은 것을 모두 고른 것은?

ㄱ. 지역사회개발모델은 지역사회 구성원의 조직화를 주요 실천과정으로 본다. ㄴ. 지역사회개발모델의 변화 매개체는 공식적 조직과 객관적 자료이다. ㄷ. 사회계획모델에서 사회복지사의 핵심 역할은 협상가, 옹호자이다. ㄹ. 사회행동모델에서는 지역사회 내 집단들이 갈등관계로 인해 타협과 조정이 어렵다고 본다.

① ㄱ, ㄷ ② ㄱ, ㄹ
③ ㄴ, ㄷ ④ ㄱ, ㄴ, ㄹ
⑤ ㄱ, ㄷ, ㄹ

해설 ㄴ. 지역사회개발모델은 지역주민의 의식개선과 역량강화를 통해 지역사회의 통합능력을 기르는 모형으로 지역사회의 다양한 사람과 집단이 참여한다.
ㄷ. 사회계획모델에서 사회복지사의 핵심 역할은 계획가, 행정가, 관리자의 역할을 수행한다.

정답 ②

04 웨일과 겜블의 지역사회복지실천 8모델 중 사회계획모델에 관한 설명으로 옳은 것을 모두 고른 것은?

> 가. 객관성과 합리성에 기반을 두고 지역사회문제를 해결하려는 모델이다.
> 나. 자원을 동원할 수 있는 잠재력을 가진 연대조직체를 형성하여 집합적으로 문제를 해결하고자 한다.
> 다. 전문가의 지식과 기술, 객관적 조사와 자료분석 등을 기초로 한다.
> 라. 지리적 의미의 지역사회가 아닌 동일한 정체성이나 이해관계를 가진 문제해결에 관심을 둔다.

① 가, 나, 다
② 가, 다
③ 나, 라
④ 라
⑤ 가, 나, 다, 라

해설 사회계획모델은 전문성과 합리성에 기반을 두고 지역사회의 문제를 해결하려는 모델이다. 사회계획의 일차적인 구성원은 선거로 선출된 공무원과 사회기관의 책임자 및 기관 상호 간의 조직 또는 이들 간의 조합이다. 표적체계는 지역사회지도자의 관점이 중요하다.

오답 나. 연합모델에 대한 설명이다.
라. 기능적 지역사회조직모델에 대한 설명이다.

정답 ②

05 테일러와 로버츠(S. Taylor & R. Roberts)의 지역사회복지 실천모델에 관한 설명으로 옳지 않은 것은?

① 프로그램 개발과 조정: 지역주민의 역량강화 및 지도력 개발에 관심
② 계획: 구체적 조사전략 및 기술 강조
③ 지역사회연계: 지역사회 문제해결을 위한 관계망 구축 강조
④ 지역사회개발: 지역주민의 참여와 자조 중시
⑤ 정치적 역량강화: 상대적으로 권력이 약한 시민의 권한 강화에 관심

해설 프로그램 개발과 조정모형은 어떤 특정 목적을 이끌어내는 과정에서 변화를 위한 실질적힘을 발현시킬 수 있는 모형이다.

정답 ①

Chapter 06 지역사회복지실천의 과정

제1절 지역사회복지실천의 과정

1) 문제와 표적집단의 이해

① 지역사회 문제에 대한 이해
② 인구집단에 대한 이해
③ 표적집단 확인

2) 지역사회의 강점과 문제 분석

① 지역사회의 특성 분석
② 지역사회구조에 대한 확인

3) 개입전략의 개발

① 인과관계와 가설의 개발
② 참여자의 확인
③ 변화를 위한 시스템의 준비와 점검
④ 변화를 위한 접근방법의 선택
⑤ 정치적, 경제적 요인의 고려
⑥ 성공 가능성의 검토
⑦ 목적과 목표의 설정

4) 지역사회실천 개입

① 지역사회의 사정
② 프로그램 기획과 실행
③ 평가 - 효과성, 효율성

제2절 지역사회복지 실천과정에 대한 학자별 논의

1) 던햄

문제인식 - 문제의 분석 - 진단 - 사실의 발견 - 계획 - 조치 - 평가에 의한 문제해결과정

2) 리피트

변화매개자는 변화를 성취하기 위한 과정

3) 칸

계획의 선동 - 탐색 - 계획과정의 결정 - 정책형성 - 프로그램화 - 평가와 피드백에 의한 문제해결과정

4) 길버트와 스펙트 – 정책형성과정

지역사회복지실천의 과정서 정책목표의 설정과 일반의 지지 및 합법성 구축을 강조

5) 펄만과 규린

문제에 대한 정의 - 문제를 개진할 구조와 커뮤니케이션의 구축 - 정책대안의 분석과 정책의 채택 - 정책계획의 개발과 실시 - 반응조사와 피드백에 의한 문제해결과정

6) 효과적인 프로그램 개발 시 고려사항

업무내용, 자원, 가능성

7) 지역사회 욕구 파악 방법

① 지표조사 : 사회지표와 건강에 관한 지표조사
② 사회조사 : 서비스 요구 사항, 공급자와 자원의 서비스 분석, 주민욕구조사
③ 지역사회집단 조사 : 지역사회포럼, 델파이

8) 지역사회자원

① 인적자원 : 지역사회에 거주하고 있거나 지역사회와 연고가 있는 인물
② 물적자원 : 후원금 개발이 가능한 계층
③ 정보자원 : 주민생활과 밀접한 법률의 제정 및 개정 사항, 문화공연, 보건의료 및 복지 서비스에 관한 사항, 지원봉사 참여에 관한 사항

④ 공공기관 및 비공식기관 : 시청, 군청, 경찰서 교육기관 등의 공공기관과 문화, 체육, 시민단체, 지역사회 내 다양한 소집단의 주민조직

제3절 사회복지관

사회복지관은 종합적인 사회복지사업을 통해 저소득층의 자립능력을 배양하여 중산층으로 유도하고 지역사회문제를 예방, 치료하며, 지역사회 및 주민의 연대감을 조성하고 주민의 복지증진을 수행하기 위하여 설립된 기관이다.

1) 사회복지관의 역할

① 사회서비스센터의 역할 : 주민의 욕구와 문제에 맞추어 조정하고 통합하여 효과적 서비스 체계 수립

② 공동이용 센터 : 주민이 모여 집단활동을 하거나 토론

③ 직업안정 센터 : 직업훈련과 부업의 알선 및 중개를 하는 매개체

④ 사회교육센터

⑤ 국민총화의 장

⑥ 레크리에이션센터, 지역사회 조사 및 평가 등

2) 사회복지관사업의 수행에 필요한 10가지 사항

① 전문성 : 전문적 지식과 기술을 요하는 것으로 전문인력에 의해 사업이 수행되어야 한다.

② 시설성 : 기준시설을 확보해야 한다.

③ 복지성 : 정치활동, 영리활동, 특정 종교활동이 개입할 수 없다. 수혜주민의 자존심과 인간의 존엄성 등을 유지하면서 서비스가 진행되어야 한다.

④ 자주성 : 수혜주민의 당면욕구와 지역사회실정, 특수성에 따라 사회복지관사업이 발생하고 운영되어야 한다.

⑤ 종합성과 연계성 : 치료적 차원과 예방적 차원의 사업이 필수적으로 수행되어야 한다.

⑥ 주민참여의 원칙 : 자조주의에 입각하여 주민 스스로 참여하여 해결해 나간다.

⑦ 다목적성 : 주민의 문제는 상호 연계되어 있으므로 사업의 연계적 운영에 의해 종합적으로 개선되어야 한다.

⑧ 잠재자원활용의 원칙 : 주민욕구의 다양성에 따라 다양한 기능인력과 자원을 필요로 하므로 사회잠재자원을 동원, 활용해야 한다.
⑨ 민주주의적 원칙 : 모든 서비스는 민주주의적 방법으로 진행되어야 한다.
⑩ 평가의 원칙 : 지속적으로 평가되어야 하며 피드백의 원리가 지속적으로 적용되어야 한다.

제4절 지역사회의 이해

1. 표준 준거틀

1) 표적집단의 확인

표적집단의 특성과 지역사회 인식에 관한 이해

2) 지역사회의 특성

지역사회의 지리적 경계 확인, 표적집단에 영향을 미치는 사회문제의 분석, 표적집단에 영향을 미치는 지배적인 가치의 이해

3) 지역사회 내 차이의 인식

억압에 관한 공개적, 비공개적 메커니즘의 확인, 표적집단에 가해지는 차별의 사정

4) 지역사회구조의 확인

권력의 소재 인식, 자원의 가용성 확인, 자원의 통제와 서비스 전달 형태의 확인

2. 지역사회 사정

포괄적 사정, 문제중심 사정, 하위체계 사정, 자원 사정, 협력 사정

1) 포괄적 사정

지역사회에 대한 포괄적 사정은 철저한 방법론에 기초하고, 1차자료의 생성과 함께 전체 지역사회를 포함한다.

2) 문제중심 사정

전체 지역사회와 관련되지만 지역사회의 중요문제에 초점을 둔 사정이다.

3) 하위체계 사정

지역사회의 특정 부분이나 일면을 조사하는 것이다.

4) 자원 사정

권력, 전문기술, 재정, 서비스 등 자원 영역을 검토하는 것이다.

5) 협력사정

사정 지역 사회참여자들이 완전한 파트너로서 조사계획, 참여관찰, 분석과 실행국면 등에 관계되면서 지역사회에 의해 수행되는 사정이다.

3. 욕구사정을 위한 자료수집방법

① 사회복지사는 지역사회주민과 함께 지역사회의 문제확인과 문제의 원인에 대한 사정활동을 수행한다. 욕구사정은 지역사회의 제반 문제해결을 위한 과정이다.

② 목적을 분명하게 밝혀야 한다.

③ 제한된 자원과 역량에 맞게 구체적인 쟁점에 초점을 둔다.

④ 지역사회 내부의 다양한 관점에 민감해야 한다.

⑤ 지역주민을 참여시켜 지역사회 발전에 일익을 담당한다는 인식을 갖게 한다.

⑥ 조사방법

㉠ 질적 조사방법

델파이기법, 명목집단 기법, 핵심정보제공자 기법, 비공식적 인터뷰, 민속학적 방법

㉡ 양적 자료수집방법

사회지표분석, 구조화된 서베이, 프로그램 모니터링, 지역사회집단 접근

제5절 지역사회복지실천의 원칙

개인과 집단처럼 지역사회 또한 상이하기 때문에 개별화의 원칙을 준수해야 한다. 지역사회는 자기결정의 권리를 가지며, 강요에 의한 사업추진은 거부해야 한다.

기관의 이익보다 지역주민의 욕구를 우선하여 고려하여야 한다. 분배는 공평하게 이루어져야 하고, 지역사회복지활동의 토대는 사회적 욕구와 집단들 간의 의사소통을 가로막는 장애는 제거되어야 한다.

또한 지역사회복지실천은 목적이 아니라 수단이며 궁극적인 목적은 인간의 복지와 성장이다.

1) 로스

① 지역복지활동에 대한 설명에서 사회계획모델이나 사회행동모델보다 지역개발모델을 강조했으므로 동질성이 강하고 전통성을 지닌 농촌지역이나 도시의 영세지역 개발을 위해 적절하다.

② 지역사회의 현존 조건에 따라 수행하는 사업의 보조를 맞춰야 한다.

2) 지역사회의 욕구(브래드쇼)

(1) 표출적 욕구

사회복지서비스 분야에서 가장 일반적으로 사용하는 욕구로 구체적인 행동으로 표현된 욕구이며, 요구하는 사람들의 숫자에 의해 결정되는 욕구이다.

(2) 규범적 욕구

전문가에 의해 규정된 욕구를 의미한다. 전문적으로 기준을 정하고 이에 미치지 못한 상태를 욕구가 있는 상태로 규정한다. 어린이 영양기준을 의학적으로 정하고, 이에 미치지 못한 영양상태의 경우 욕구가 있는 것으로 규정하는 경우가 그 예이다.

(3) 인지적 욕구(혹은 느껴진 욕구)

개개인이 느끼는 욕구로 원함과 같다. 사람들이 어떤 욕구의 상태에 있는지 혹은 어떤 서비스를 필요로 하는지를 사회조사를 통해서 파악한다.

(4) 비교 욕구

각기 다른 인구집단에 존재하는 서비스 수준상의 차이를 설명하기 위해 도입된 개념이다. 비슷한 다른 집단의 사람들이 서비스를 받았는데 해당집단에게는 아직 서비스가 전달되지 못했을 때 그 욕구를 파악하는 데 도움이 된다.

3) 지역자원에 관한 관점

① 지역사회 내의 중요조직이나 시설은 어떤 것이 있는가?
② 지역사회복지실천 과정 중 '가치판단' 이 가장 많이 요구되는 과정은 문제발견 및 분석
③ 지역사회복지실천과정
문제발견 및 분석 → 정책 및 프로그램 개발 → 프로그램 실천 → 평가

제6절 지역사회복지실천의 효과적인 수행을 위한 전제

1. 제1단계

① 문제를 발견하고 분석하는 과정이다.
② 사회복지실천 과정 중 '가치판단'이 가장 많이 요구되는 단계이다.
③ 문제를 파생하고 존속시키는 사회의 가치관과 제도를 조사한다.
④ 통계자료, 실태조사보고서 등을 분석한다.

2. 제2단계

프로그램 개발에서 수행해야 할 일이다.

① 계획을 수립한다.
② 지역사회문제의 해결과정 중에서 문제발견 및 분석단계에 대한 설명이다.
③ 누가 주어진 문제를 문제로 보고, 누가 그것을 문제로 보지 않는지 파악한다.
④ 정책 및 프로그램 개발단계이다.
⑤ 문제해결을 위한 자원의 활용가능성은 어느 정도인지 파악한다.
⑥ 필요한 인력과 자격 및 재원과 같은 자원을 누가 통제하고 있는지 파악한다.
⑦ 프로그램의 수행에 어느 정도의 저항이 존재하는지 파악한다.

3. 평가단계

실천을 점검하여 목표가 어느 정도 달성되었는지를 명확히 한다.

① 지역사회복지실천과정에서 문제해결을 위한 정책을 수립할 때 고려해야 할 사항
㉠ 정책목표를 과업 지향적 목표와 과정 중심적 목표 중 어디에 역점을 둘 것인지 고려
㉡ 문제해결을 위해 선택한 정책의 실현가능성
㉢ 문제와 관련되어 있는 행동체계가 문제해결에 대해 갖고 있는 견해

② 지역사회 사정의 유형
㉠ 문제 중심적 사정
㉡ 하위체계 사정
㉢ 자원 사정
㉣ 협력 사정
㉤ 포괄적 사정

제7절 지역사회의 욕구 사정

지역사회의 욕구 사정은 구성원에게 필요한 서비스에 중점을 두고 접근한다.
보통 지역사회의 어떤 집단에 초점을 두고 시작하며, 욕구와 자원의 분배에 관한 사실에 대해 알고자 하는 요구로 욕구조사 발생한다. 또한 지리적, 위치적, 공동체계적 지역사회 욕구 중 보통 한 가지에 초점을 맞춘다.
프로그램계획 및 실제를 위해 선행되는 연구로 욕구 사정과 상호작용해야 한다.

1. 욕구 사정 이해당사자

계획되고 평가되는 프로그램이나 서비스의 영향을 받게 되는 사람으로 프로그램 및 재원의 결정자, 서비스 제공자, 서비스 수혜자, 프로그램 수행 지역사회, 사회과학 연구단체들이 모두 포함될 수 있다.

1) 욕구 사정을 위한 자료수집방법

	질적조사방법	양적조사방법
특징	문제와 상황에 관한 깊이 있는 정보의 개발에 중점	사회적 상황과 문제에 대한 수적인 지표를 개발하는 데 중점
방법	비공식 및 공식적 인터뷰 민속학적 방법 지역사회포럼 대화기법 명목집단기법 초점집단기법 델파이기법	구조화된 서베이 프로그램 모니터링 사회지표분석 지역사회 집단 접근

2) 사회지표조사

① 2차자료에 대해서 조사하는 방법

② 최근 인터넷을 통한 각종 통계자료를 열람할 수 있기 때문에 활용도가 높아지고 있다.

3) 명목집단기법

① 지역사회 구성원들에게 영향을 미치는 문제나 이슈에 관한 목록을 작성하고 문제의 우선 순위를 정하는 방식

② 해결문제에 대한 개별적 해결방안을 나열한다.

4) 델파이기법

전문가 중심의 주요 정보제공자들을 활용하는 방법으로 동의가 이루어질 때까지 '환류'의 방식을 사용한다는 점에서 초점집단기법과 차이가 있다.

5) 초점집단기법

① 지역사회집단의 이행관계를 대표하는 대표자의 인터뷰를 통한 조사방법

② 여러 명이 동시에 질의와 응답에 참여할 수 있고 집중적인 토론에 유용하다.

6) 참여관찰기법

관찰자가 조사대상(개인, 집단, 지역사회 등)의 행동이나 사회현상을 현장에서 직접 보거나 들어서 필요한 정보나 상황을 정확히 알아내는 방법이다.

7) 핵심정보제공자기법

주요정보제공자로부터 대상 집단의 욕구 및 서비스 이용 상태를 파악하는 방법이다.

8) 면접

① 면접은 직접면접과 간접면접이 있다.
② 비용과 시간이 많이 들지만 심층적인 정보를 얻을 수 있다.

9) 지역사회 공개토론회(공청회)

① 지역사회 구성원으로부터 정보를 수집하는 방법이다.
② 참가자에 제한을 두지 않고 공개된 장소와 시간에 이루어진다
③ 주민 의견을 직접적으로 듣고자 하는 데 목적이 있다.

제8절 개입의 평가

1. 프로그램 평가의 기준

① 노력성 : 프로그램 활동의 양
② 효율성 : 산출 대비 비용정도
③ 효과성 : 목표달성정도
④ 형평성 : 프로그램의 공정성
⑤ 적합성 : 이용자 욕구충족도

2. 프로그램 평가의 종류

1) 형성평가

- 계획대로 활동이 이루어졌는가?
- 계획된 자원이 계획된 시간에 투입되었는가?
- 프로그램이 의도한 집단을 대상으로 실시되었는가?
- 관련 법규나 규정을 잘 지켰는가?

2) 형성평가의 방법

- 사업효과의 경로 확인
- 사업효과가 발생하지 않을 때 문제되는 경로 확인
- 운영계획의 실현 여부 탐색
- 계획된 양적 혹은 질적 자원의 적절한 투입 여부
- 대상 집단의 적중성
- 법규와 규정에의 순응성

3) 총괄평가

목표로 했던 사업효과의 양적 및 질적 평가, 사후적 평가이다.

① 문제제기자체계 : 문제를 가장 먼저 인지하고 그것을 공론화시키는 사람
② 지지체계 : 문제해결에 관심을 지닌 모든 사람
③ 클라이언트체계 : 지역사회 개입을 요청하고 개입의 결과로 혜택을 받게 되는 사람
④ 변화주도자체계 : 변화를 일으키는 데 주도적 역할을 할 수 있는 모든 사람
⑤ 표적체계 : 변화의 대상이 되는 개인, 집단, 제도, 구조, 정책 등

4) 프로그램의 효과

① 투입

클라이언트, 직원, 물적 자원, 시설장비
학교 부적응 아동에 대해 클라이언트의 범위를 10~12세로 제한하고, 과정에 필요한 자원봉사자 및 물품을 점검한다. 필요한 요소는 만족도 측정 척도

② 전환(개입방법)

상담, 직업훈련, 주간보호, 치료제공, 음식물 제공, 정보제공과 의뢰 등
12명으로 제한한 아동을 4명씩 오후 4시부터 오후 6시까지 각 한 시간씩, 일주일에 2회, 3개월 간 지속적으로 만난다. 필요한 요소는 서비스에 대한 정의, 서비스 과업내용 설정, 개입방법 설정

③ 산출(서비스 완료)

클라이언트가 실제로 제공받는 이용가능한 서비스의 양 측정, 설계에 명시된 클라이언트의 치료완료 또는 서비스의 보완제공을 규명
학교문화에 적응시킨다는 목적에 맞게 또래와의 적응시간, 생각을 자유롭게 말하는 연습 그리고 학교문화에 대한 이해를 돕는 과정을 도입하며, 각 과정은 최소 20분 이상은 지속해서 실행

④ 결과(변화)

총계, 표준화된 척도, 기능척도, 클라이언트의 만족도 등을 통해 측정

12명의 아동 중 8명은 또래문화, 자유발언, 학교문화에 대한 정도가 상승되었으나, 2명은 자유발언에 대한 이해에서, 2명은 학교문화에 대한 이해에서 목표한 만큼의 상승을 가져오지 못했다. 과정을 측정하는 방식은 수치집계, 표준화된 척도, 기능 수준 척도, 클라이언트 만족도

3. 프로그램 개발과정 시 고려사항

프로그램의 세부목표는 효과 지향적이어야 하며, 명확하고 긍정적이고 현실적이어야 한다. 또한 단일기준을 설정해야 하고, 측정이 가능해야 하며, 시간의 제한이 있어야 한다.

모니터링 평가는 프로그램이 본 궤도에 올라 지속적으로 수행되는 경우에 사용하는 평가이다. 프로그램 개발과정 시 가치로서 프로그램 관여자들에 대한 가치의 반영 여부, 프로그램 실행에 따른 정치적 경제적 동원의 실현가능성, 프로그램 주관기관 또는 조직의 진행 준비의 여부, 프로그램의 객관적 사실에 의한 준비 여부 등을 고려하여야 한다 .

1) 프로그램 설계의 과정

사회문제 분석 → 대상자 선정 → 목표설정 → 서비스 절차 구체화 → 클라이언트에게 혜택을 제공하는 데 필요한 주요 인물 확인 → 원조 환경을 구체화하기

2) 프로그램 설계과정에서의 대상 집단

① 일반집단

문제 범위 또는 행정구역 안에 있는 모든 사람들을 포함한다.

② 위기집단

어떤 사회문제에 대해, 특히 취약한 하위집단과 위험상태에 있는 대상에 대한 설명은 전형적으로 가장 취약한 사람들의 특성이 포함되며, 이러한 특성이 있는 사람들의 수를 어림한다.

③ 표적집단

목표대상이며, 프로그램 자격이 되는 위험대상의 부분집합이다.

④ 클라이언트집단

클라이언트가 될 표적대상의 하위집단, 프로그램자격이 되는 사람들 중 실제로 서비스를 받는 것은 소수이다.

3) 목표

- 반드시 사회문제 분석과 연결되어 있어야 한다
- 결과 지향적이어야 한다.
- 클라이언트 대상을 언급하고 있어야 한다.
- 명확하고 정확하게 설정되어야 한다.
- 긍정적이어야 한다.

01 다음 사례의 전술로 옳은 것은?

> 변화주도세력의 표적체계와 공통이익에 초점을 두고 상호간 차이를 좁히면서 얻을 수 있는 이익을 극대화할 때 사용한다.

① 협력 ② 캠페인
③ 법적 ④ 압력
⑤ 항의

해설 특정한 사회문제를 해결하기 위한 장기적 행동계획을 전략이라고 하는데, 워렌은 전략의 유형을 협력, 캠페인, 경쟁 또는 대항으로 구분하였다. 협력은 집단들 간에 공동행동이 필요할 때 취하는 전략이다.

정답 ①

02 지역사회복지 실천과정에서 다음 과업이 수행되는 단계는?

> ○ 재정자원의 집행
> ○ 추진인력의 확보 및 활용
> ○ 협력과 조정을 위한 네트워크 구축

① 문제발견 및 분석단계 ② 사정 및 욕구 파악단계
③ 계획단계 ④ 실행단계
⑤ 점검 및 평가단계

해설 실행단계 - 지역사회를 위한 사회복지계획의 인식보급, 홍보활동, 조직 내부의 상호협력관계를 유지. 강화할 수 있는 조정활동 등이 전개된다.

정답 ④

03 질적 자료수집 방법 중 하나로써 소집단으로 구성되며 여러 명이 동시에 질의와 응답에 참여할 수 있고, 집중적인 토론에 유용한 지역사회 사정 방법은?

① 참여관찰
② 지역공청회
③ 명목집단기법
④ 구조화된 서베이
⑤ 초점집단기법

해설 ① 참여관찰-관찰자가 지역주민의 삶에 참여함으로써 그들이 겪는 문제를 직접 체험하면서 정보를 얻는 방법이다.

② 지역공청회(지역사회 공개토론회)-지역사회 구성원으로부터 정보를 직접 수집하는 것으로 초점집단과 달리 참가자에 제한을 두지 않고 공개된 장소와 시간에 이루어진다.

③ 명목집단기법(델파이기법)-전문가들을 대상으로 반복조사를 통해 합의점을 찾는 방법으로 익명성이 보장되며, 토론을 거치지 않는 것이 특징이다.

④ 구조화된 서베이-상대적으로 적은 비용으로 지역주민 전체의 의견을 파악할 수 있어 계량화가 가능하지만 정보의 내용에 깊이가 없다.

정답 ⑤

Chapter 07 사회행동의 전략과 전술

제1절 사회행동의 전략

1. 대상집단을 이기기 위한 힘의 전략

① 정보력
② 대상(적대) 집단에 대한 힘의 행사
③ 피해를 입힐 수 있는 잠재력
④ 약점을 이용한 수치심 자극
⑤ 집단동원 능력 : 사회행동에서 대상 집단을 이기기 위한 힘의 전략 중 가장 중요한 힘의 원천

2. 사회행동의 합법성 확보 전략

사회행동에서 장기적 측면의 승리를 위해 중요한 것은 합법성의 확보이다.

사회행동은 내부 또는 외부집단의 구성원들에게 수용될 수 있어야 하고, 사회적 합법성을 확보하는 데 있어서 적합한 전술을 선택해야 하며, 과격한 폭력행사를 행사하지 않도록 주의해야 한다.

3. 타조직과의 협력 전략

1) 협조

일시적 협력관계이다.

협조관계에 참여하는 조직은 운동의 효과는 늘리면서 자체의 기본적인 목표나 계획을 바꾸지 않는다.

2) 연합

참여하는 조직들 간에 이슈와 전략을 합동으로 선택하는 보다 조직적인 협력관계를 말한다.

3) 동맹

회원조직들의 회원을 훈련하고, 캠페인을 준비하는 등 전문적인 활동을 필요로 한다.
가장 고도의 조직적인 협력관계를 맺는 경우이다.

4. 전술 연결의 전략

1) 압력 전술

① 공청회에 의견서를 제시하는 행동
② 선출된 관리와 일대일로 로비를 하는 행동
③ 전화나 전보의 이용
④ 연판장을 제출하는 행동

2) 법적 전술

① 금지명령을 요구
② 지역사회 행동조직의 활동을 공적으로 합법화시킬 수 있다.
③ 이슈와 관련된 주요법령과 규칙을 명확히 할 수 있는 기회를 준다.
④ 상대방의 급작스러운 조치에 대해 공격을 위한 시간을 얻어낼 수 있다.
⑤ 법적 행동에는 금지명령을 요구하는 것과 고소하는 방법이 있다.

3) 항의 전술

① 어떤 문제에 대해서 관심을 환기시키려 한다.
② 모든 대상을 목표로 한다.
③ 상대방을 협상 테이블에 나오게 하면 성공이라 할 수 있다.
④ 사회행동조직의 힘과 결속력을 과시하는 것을 목적으로 한다.

제2절 정치적 압력 전술

1. 정치적 압력의 개념과 필요성

정치적 압력과 항의는 서로 상이한 기술이다. 항의는 은행, 핵발전소, 백화점, 고용주 등 거의 모든 대상을 목표로 할 수 있다. 정치적 압력은 대상이 정부에 국한되며 그 목적은 새로운 법을 통과시키도록 한다거나, 새로운 프로그램을 개발하게 한다거나, 지역사회 주민조직에게 이로운 정책을 강구하고 시행하도록 하는 것이다.

2. 정치적 압력과 정책과정

정치적 압력의 단계 중 지역사회의 문제가 정치적으로 부각될 수 있도록 공청회에서 의견을 개진하는 활동을 하는 단계는 이슈를 논의대상으로 삼는 단계이다.

제3절 법적 행동과 사회적 대결

1. 법적 행동

① 많은 시일이 걸리기 때문에 지루하게 만들 수 있다.
② 시간과 돈이 많이 든다.
③ 승리가 잠정적일 수 있다.

2. 사회적 대결(직접 행동)

1) 사회적 대결의 문제점

① 폭력의 위험이 있다.
② 조직의 세력을 유지시키지 못할 위험이 있다.
③ 실천을 보장하지 못한다.
④ 비윤리적일 수 있다.

2) 비폭력 전술과 관계가 있는 것

① 연설을 하거나 묵묵히 체포에 응하는 방법도 그 하나이다.
② 투쟁에 참여하지 않은 일반주민에게 좋은 도덕적인 이미지를 줄 수 있다.
③ 시민불복종

3) 월렌스키의 항의 전술

① 주민조직 내부의 지지를 받아야 한다.
② 월렌스키의 항의 전술에서는 제도와 싸우지 않는 것이 하나의 전술이다.
③ 게임의 규칙을 공격한다.
④ 상대방이 실수할 때까지 인내한다.
⑤ 상대방의 대응을 예상한다.

제4절 언론의 활용과 협상 전술

1. 협상과 타협

1) 사회행동의 전술

사회행동의 합법성이나 정당성을 획득하기 위한 표현의 전술이다.

압력 전술이란 상대규칙이 갖는 합법성을 인정하고 그에 따라 조치를 강구하는 것으로 사회행동 조직이 활용할 수 있는 전술에는 압력전술, 법적전술, 항의전술이 있다.

사회행동의 성공을 위해서는 둘 이상의 전술을 사용해야 한다.

2) 사회적 대결(사회행동의 전술 중 힘을 사용하는 전술)

사회적 대결은 직접적인 힘을 사용하는 전술이다. 이 힘은 참여하는 사람들의 수와 결의 정도에서 나온다.

3) 정치적 압력 전술

정부로 하여금 어떤 행정조치를 시행 또는 포기하게 한다거나 새로운 정책을 강구하게 하려 하는 것이다.

4) 협상 전술

협상의 목적은 상대에게 주민조직의 요구를 관철시키는 것으로 협상에는 시한을 두어야 하고, 중재자 개입 여부를 고려해야 한다.

효과적인 협상을 위해서는 언제 어떻게 양보를 해야 하는지도 배워야 한다.

5) 사회행동

'고전적' 개념은 기존 사회질서와 구조의 근본적 변화를 추구하는 혁명과 같은 개념으로 이해할 수 있다. 그러나 20세기 중엽 이후 점차 '사회 개혁적' 성격을 띠게 되었다.

1970년대 중반을 전후해서 미국에서는 자원동원론, 유럽에서는 신사회운동론을 배출하게 하게 되는 계기가 되었다.

사회행동은 다른 집단이나 정치적 엘리트 혹은 국가의 이해관계에 부담을 주기도 한다. 한편 폭력 등 비제도권적인 행동노선을 배제하지 않는다. 그러나 시민참여는 제도권적인 행동노선을 고수한다. 이런 면에서 사회행동과 시민참여는 구분된다.

2. 사회행동 전략

① 지역사회조직이 대상 집단을 이기기 위한 힘의 원천
정보력, 대상 집단에 대한 힘의 행사, 피해를 입힐 수 있는 잠재력, 약점을 이용한 수치심 자극, 동원 능력

② 전개되는 사회행동의 합법성이나 정당성을 획득하기 위한 표현과 전술로 자체 조직원이나 상대조직에게도 수용될 수 있는 전략을 선택해야 한다.

③ 다른 조직과의 연계 여부
협조, 연합, 동맹의 방식을 사용하여 협력을 유도한다.

④ 전술연결의 전략
사회행동집단은 압력전술, 법적전술, 시위활동 등의 전술들을 적절히 활용한다.

⑤ 의미있는 승리를 위한 협상의 선택
성공적인 협상을 위한 준비로 갈등의 범위를 결정해야 한다.

⑥ 사회행동의 합법성 확보
사회행동은 자체조직원이나 상대 조직에게도 수용될 수 있는 전략을 선택하여 정당성이 인정되어야 한다.

3. 법적 행동

법적행동은 극적인 면이 없고, 제한된 수의 사람이 참여한다.

참여자의 행동은 냉정하고 심각하며, 지역사회행동 조직이 취할 수 있는 법적 행동으로는 금지명령 요구, 고소 등이 있다.

4. 사회적 대결

사회적 대결은 극적인 대결로 많은 수의 사람이 참여한다. 이슈의 심각성에도 불구하고 다소 유머러스하게 진행될 수 있으며, 대규모 집회나 성토대회에서부터 피케팅에 이르기까지 형태가 다양하다.

실천을 보장하지 못한다는 것과 폭력의 위험성이 있다는 단점이 있다.

5. 윌렌스키의 항의 전술

- 전술은 주민조직 내부의 지지를 받아야 한다.
- 상대방이 실수할 때까지 인내하며, 제도와 싸우면 안 된다.
- 상대방의 대응을 예상하고, 너무 오래 끄는 전술은 사용하지 않도록 한다.
- 대결전술은 주민조직이 가지고 있는 힘을 과시할 수 있도록 사용해야 한다.

6. 사회행동에서 홍보활동의 중요성

홍보는 선전의 효과와 조직력의 강화에는 도움이 되지만 사회행동의 목적을 달성할 수 있는 결정적인 수단을 얻어내기에는 효과가 미미하다.

홍보는 조직의 영향력을 증대시킬 수 있고, 주민 조직의 실천의지를 나타낸다.

또한 홍보활동을 통해 주민조직에 대한 참여를 늘릴 수 있으며, 직접적이며 간접적인 압력을 가할 수 있다.

홍보방법으로는 벽보 부착, 여론과 언론, 언론 캠페인, 기자회견 등이 있다.

7. 협상의 기술

- 협상은 언제 어떻게 양보해야 할지를 배워야 하며, 요구하는 입장을 확고히 해야 한다.
- 중재자 개입 여부를 고려하면서 언제, 어떻게 양보해야 할지를 배워야 한다.
- 상대방의 제안에 신중하게 대응해야 하고 협상의 시한을 두고 협상이 계속 진행되도록 한다.

8. 연계의 유형

협력	- 협력은 가장 기초적 형태의 연대유형 - 일시적이며 단기적이다. - 공동행진, 시위, 단합대회 등
협동	- 이념적 지향이 비슷한 조직끼리 지속적인 접촉과 정보교류를 유지 - 특정한 문제가 발생하면 일시적인 공동대처에 합의
연합	- 협동과 비슷하지만 연합은 장기적인 쟁점을 해결하기 위한 연대 - 연대적 성격은 느슨하고 구조화된 협력관계 - 운영위원회를 통해 조직간 협력이 이루어짐
동맹	- 가장 높은 수준의 연대 - 영속적 조직의 형태를 유지 - 동맹 자체에 별도의 인력과 조직을 가지고 있으며 상위조직의 성격 - 개별조직의 자율성을 포기해야 하는 상황도 발생

01 지역사회에서 다른 조직과의 연합에 대한 설명으로 옳은 것은?

① 지역사회의 다른 조직과의 조직적인 협력관계이다.
② 지역사회의 다른 조직과의 최소의 연합관계이다.
③ 영구적이며 가장 고도의 협력관계이다.
④ 지역사회의 다른 조직과 협력하지 않는다.
⑤ 독립적 활동을 하면서 이슈에 대해 지역사회의 다른 조직과 일시적으로 연합한다.

해설 1) 협조 - 일시적 협력관계이다. 협조관계에 참여하는 조직은 운동의 효과는 늘리면서 자체의 기본적인 목표나 계획을 바꾸지 않는다.
2) 연합 - 참여하는 조직들 간에 이슈와 전략을 합동으로 선택하는 보다 조직적인 협력관계를 말한다.
3) 동맹 - 회원조직들의 회원을 훈련하고, 캠페인을 준비하는 등 전문적인 활동을 필요로 한다. 가장 고도의 조직적인 협력관계를 맺는 경우이다.

정답 ①

02 지역사회복지 실천기술 중 연계에 관한 내용으로 옳지 않은 것은?

① 인적 · 물적 자원의 효율적 관리
② 사회복지사의 자원 네트워크 확장
③ 지역의 사회적 자본 확대
④ 클라이언트 중심의 통합적 서비스 제공
⑤ 지역주민 권익향상을 위한 사회행동

해설 지역주민 권익향상을 위한 사회행동은 옹호에 해당한다.

정답 ⑤

03 협력관계 중 연합에 대한 설명으로 옳은 것은?

① 협력관계를 유지하기 위해 최소한의 노력이 필요하다.
② 언제든지 한쪽에 의해 협력이 깨질 수 있다.
③ 특정한 목표를 위해 일시적으로 결합한다.
④ 이슈와 전략을 합동으로 정하지만 통제 주체가 다르다.
⑤ 조직성원의 승인을 받아야 하지만 중앙위원회나 전문직원이 결정한다.

해설 위 문제 1번 해설 참조
①, ②, ③은 협조관계, ⑤는 동맹관계이다.

정답 ④

Chapter 08

지역사회복지와 사회복지사

제1절 사회복지사의 역할 - 로스

1. 지역사회개발모델에서 사회복지사의 역할

1) 안내자

① 1차적인 역할로 문제해결을 위한 목표를 설정하고, 해결방안을 마련하도록 돕는다.
② 구체적인 내용이 있어야 한다.
③ 문제해결 과정에서 주도하는 능력을 발휘해야 한다.
④ 지역사회 문화에 대한 충분한 지식을 가지고 있어야 하고, 잠재능력을 파악할 수 있어야 하며, 변화 후 장래모습을 예견할 수 있어야 한다.
⑤ 지역사회의 조건에 대하여 객관적인 입장을 취해야 한다.
⑥ 지역사회와 동일시해야 한다.
⑦ 자기역할을 수용해야 한다.
⑧ 자기역할에 대한 설명을 해야 한다.

2) 조력자

① 불만을 집약하는 일을 해야 한다. (촉매자의 역할이라고도 할 수 있다.)
② 조직화를 격려하는 일을 해야 한다.
③ 좋은 인간관계를 조성하는 일을 해야 한다.
④ 공동목표를 강조하는 일을 해야 한다.

3) 전문가

자료를 제공하고 직접적인 충고를 한다. 즉 지역사회 단체가 사업을 운영하는 데 필요하고 요구되는 조사자료, 기술적인 경험, 자원에 관한 자료, 방법상의 조언 등을 제공한다.

4) 사회치료자

① 적절한 진단을 통해 지역사회 문제의 성격과 특성을 주민들에게 제시한다.
② 지역사회의 문제 해결을 위한 협력적인 작업을 방해하는 요인을 제거하도록 돕는다.
③ 금기적 사고나 전통적 태도가 지역사회의 불화 또는 긴장을 일으킬 때 이를 변화시키는 노력을 한다.

제2절 사회복지사의 역할 - 그로서

지역사회의 자원분배 매커니즘을 변경하여 지역사회의 불우계층의 이익을 증대시키는 것이 사회복지사의 주된 역할이라는 급진적인 견해이다.

1. 사회행동모델에서의 사회복지사의 역할

1) 옹호자

① 주민들 입장의 정당성을 주장하고 기관의 입장에 도전할 목적으로 지도력과 자원을 제공한다.
② 지역주민들의 입장의 정당성을 주장한다.
③ 자신의 역량을 오로지 클라이언트를 위해 사용한다.
④ 클라이언트의 서비스 획득을 돕고, 인간의 삶을 실제적으로 향상시키도록 대변한다.

2) 중개자

자원의 소재를 제공하여 주민들이 자원에 접근할 수 있도록 해준다. 개별 클라이언트 차원에서 직접적 개입이나 의뢰를 통해 클라이언트에게 적합한 자원과 서비스를 연결하는 역할로써 사례관리의 핵심적 기능을 수행한다.

3) 행동가

갈등적 상황에서 중립적이거나 수동적인 자세를 거부하며 직접행동 하는 것으로 클라이언트의 행동을 조직화한다.

4) 조력가

좋은 인간관계를 조성한다.

5) 전문가

지역사회를 분석하고 진단한다. 지역사회에서 기술적인 경험과 자원에 관한 자료를 공유하여 방법상의 직접적인 조언 등을 제공한다.

6) 조직가

이데올로기상의 대립이 첨예화되는 흑인집단거주지역과 가난한 여러 인종집단이 함께 거주하는 지역 등에서의 역할이다.

2. 그로서가 제시한 사회복지사의 역할

① 정부가 제공하는 서비스를 보다 많이 얻어내도록 노력하는 것
② 제도적으로 무관심하고 무기력하게 사회화되어 있는 주민들을 자극하는 것
③ 주민들의 집단행동을 위한 전술을 교육시키는 것
④ 도시빈민의 이익을 증진시키기 위해 압력을 행사하는 것
⑤ 그로서의 조력자의 역할은 서비스의 수혜자 입장보다 서비스의 제공자인 기관의 입장에서 일하는 경향을 비판한다.

제3절 그로스만의 조직가의 역할 과업

1. 기술상의 과업

① 문제를 가진 집단과 진지한 토의를 갖는다.
② 사람들을 회합에 끌어들인다.
③ 주민들로 하여금 사회복지기관에 대해 동일시하도록 한다.
④ 주민들에게 조직상의 기술과 자신감을 깨닫게 한다.

2. 이데올로기적 성격

체제의 실상을 드러내게 한다.

3. 지역사회복지 실천모델에 따른 사회복지사의 역할

① 추천하고자 하는 사업의 목적과 형태에 따라 역할과 내용이 달라진다.
② 사업유형에 따라 역할은 다르다.
③ 사회복지사의 역할은 눈에 잘 띄지 않으며 동시에 여러 역할을 수행할 수 있다.

사회복지사의 각 유형간의 역할은 강조하는 바가 다를 뿐, 배타적이며 독립적 성격으로 규정할 수 없다.

제4절 지역사회개발모델에서 사회복지사의 역할

1. 로스에 의하면 지역사회개발모델

(1) 안내자 역할

(2) 조력자 역할

(3) 전문가 역할

(4) 사회치료자 역할

2. 사회계획모델에서 설명하는 사회복지사의 계획가로서의 역할

1) 모리스와 빈톡스의 계획가

사회적 서비스를 개선하고 사회문제를 완화시키는 주요 수단은 공공기관의 정책을 고치는 것이며, 이러한 목적을 달성하기 위해서 노력하는 사람을 계획가라 한다.

목적 성취를 위한 자신의 영향력을 분석하고, 목적 성취를 위해 정책기관과의 저항관계 분석하며, 목표, 대상기관, 자원의 인과관계 조절이 핵심적 과업이다.
기관 내의 지배세력에 영향력을 미치는 경로도 검토 한다.

2) 모리스와 빈스톡의 '계획가'의 자원

돈과 신용, 개인적 열정, 전문성, 인기, 사회적 정치적 기반, 정보의 통제, 적법성 등이 있다.

3) 샌더스의 '전문가'로서의 역할

① 분석가

사회변화를 위한 프로그램과정 분석하고, 유도된 변화에 대한 평가를 한다.
사회문제와 영향을 미치는 요인들에 관한 조사, 계획수립의 과정 분석, 계획에 영향을 미치는 다양한 요인들을 조사한다.

② 계획가

계획수립에 있어 기술적인 것뿐만 아니라 철학적인 면도 고려한다.
물리적이고 물질적인 면보다 인간적인 면을 중시한다.
모든 사업계획은 목표를 설정해야 한다.
행정에 있어서는 중앙집권적 결정에 의존할 것인지, 분권적 결정에 의존할 것인지를 판단해야 한다.

③ 조직가

계획의 수립과 실천과정에 지역주민이나 단체를 지역사회 행동체계에 적절히 참여시킨다.
지역사회 집단이나 단체들을 참여시키기 위해서 그들의 역할을 분명히 하고, 효과적으로 수행할 수 있도록 훈련시켜야 한다.
지역사회가 수립한 계획을 스스로 추진해 나갈 수 있게 주민들의 사기와 능력을 고취시킨다.

④ 행정가

계획 수행을 위한 프로그램이나 기관의 운영에 관심을 둔다.
계획에서 설정한 목표의 효율적 효과적 달성을 위하여 인적 물적 자원을 적절히 관리하며, 계획이 추진되는 것 자체보다는 계획을 수행하기 위해 마련된 프로그램이나 기관의 운영에 주로 관심을 갖는다.
프로그램을 운영하는 규칙과 절차를 적용함에 있어서 여러 가지 행정적인 문제가 발생하므로 이에 능동적으로 대처하는 융통성을 발휘해야 한다.

3. 사회행동모델에서 그로서가 제시한 사회복지사의 역할

지역사회의 자원분배 메커니즘을 변경하여 지역사회의 불우계층의 이익을 증대시키고 도시 저소득 지역주민 등 어려운 처지에 있는 클라이언트 집단의 복지를 위해 일하는 것이 사회복지사의 주된 역할이라고 주장한 학자로 그는 사회행동모델과 관련해서 급진적인 견해를 주장했다.

4. 모리스와 빈스톡이 제시한 지역사회계획모형에서 사회복지사의 역할

사회서비스를 개선하고 사회문제를 완화시키는 주요수단으로 공공기관의 정책을 고치기 위해 노력하는 것

1) 중개자

클라이언트와 지역사회 자원을 연결하여 지역주민이 필요로 하는 자원에 쉽게 접근할 수 있도록 자원의 소재를 알려주는 것

2) 조력자

클라이언트 스스로 할 수 있는 일은 스스로 하도록 조력하는 것
지역주민의 역량을 강화시켜 주도적으로 참여 하도록 도와주는 것

3) 행동가

갈등적 상황에서 중립적이거나 수동적인 자세를 거부하며 직접 행동하는 것

4) 전문가

지역사회 자원에 대한 지식을 소유하고 클라이언트의 유익을 위해 지역사회의 자원을 이용하는 기술을 적용하는 사회복지사의 역할에 가장 가까운 것

5) 옹호자

좀 더 거시적 실천활동으로서 개인이나 집단, 지역사회를 대신하여 직접주장, 방어, 지지, 추천 등의 행위를 하는 사회복지사의 역할로 도움이 없이는 서비스를 거부당할 수 있는 특정 클라이언트에게 서비스 획득을 도와주고 욕구가 있는 더 많은 사람들에게까지 서비스가 확대되도록 돕는다.

6) 분석가

분석가로서의 역할은 사회문제와 영향을 미치는 요인들에 관한 조사, 프로그램 과정 분석, 환경에 대한 평가 등이 있다.

기출문제

01 사회복지사의 역할에 관한 설명이 바르게 연결된 것은?

① 조력자 – 조직화를 격려
② 안내자 – 공동목표의 강조
③ 전문가 – 불만의 집약
④ 계획가 – 자기역할의 수용
⑤ 행동가 – 프로그램 운영규칙 적용

해설 ② 안내자 – 1차적인 역할로, 문제해결을 위한 목표를 설정하고, 해결방안을 마련하도록 돕는다.
③ 전문가 – 자료를 제공하고 직접적인 충고를 한다. 즉 지역사회 단체가 사업을 운영하는 데 필요하고 요구되는 조사자료, 기술적인 경험, 자원에 관한 자료, 방법상의 조언 등을 제공한다.
④ 계획가 – 계획수립에 있어서 기술적인 것뿐만 아니라 철학적인 면도 고려한다.
⑤ 행동가 – 클라이언트의 행동을 조직화한다.

정답 ①

02 다음에 제시된 사회복지사의 핵심 역할은?

> A지역은 저소득가구 밀집지역으로 방임, 결식 등 취약계층 아동 비율이 높은 곳이다. 사회복지사는 지역사회 아동의 안전한 보호와 부모의 양육부담 완화를 위해 아동돌봄시설 확충을 위한 서명운동 및 조례제정 입법 활동을 하였다.

① 옹호자
② 교육자
③ 중재자
④ 자원연결자
⑤ 조정자

해설 옹호자 – 필요한 정보를 끌어내주고 주민 입장에서 문제나 권리의 정당성을 주장하며 지도력과 자원문제를 변화하도록 제안한다.

정답 ①

03 다음 사례에서 사회복지관에 근무하는 사회복지사의 과업과 관련 있는 역할은?

> ㅇㅇ사회복지관은 저소득층 밀집지역에 있다. 이 복지관의 K사회복지사는 지역주민들과 마을의 문제에 대해 이야기를 하다가 어린이 놀이터가 방치되어 우범지대화 되어 있다는 것을 알게 되었다. 또한 놀이터를 계량하기를 희망하는 주민들이 있다는 것도 알게 되었다. K사회복지사는 이들 주민들을 조직하여 놀이터 개량사업을 추진하기로 하였다.

① 행정가
② 조력자
③ 중개자
④ 분석가
⑤ 조정가

해설 조력자의 역할로 주민들을 조직하여 개량사업을 할 수 있도록 추진하는 사회복지사의 역할이다.

정답 ②

Chapter 09

사회복지사의 실천기술

제1절 사회복지사의 지역사회 실천기술

1. 옹호/대변기술

① 클라이언트의 권리와 이익을 지키고 대변하는 활동
② 지역사회나 지역주민을 대신하여 일을 진행
③ 지역사회나 지역주민의 입장을 지지하고 일련의 행동을 제안
④ 다양한 수준의 클라이언트로 하여금 문제해결에 적극적으로 참여할 수 있도록 돕고 그들의 이익을 대변하는 기술

2. 연계기술

① 지역사회 또는 지역주민이 필요한 자원이나 서비스와 연결하는 과정, 네트워킹이라고 한다.
② 서비스의 중복을 방지하고 자원을 효율적으로 관리하기 위하여 정기적인 모임 및 회의 등을 가지도록 한다.
③ 지역사회 또는 지역주민이 필요한 자원이나 서비스와 연결하는 것을 돕는다.
④ 지역사회의 유용한 자원에 대한 정보나 그것을 이용할 지역주민의 능력이 부족한 경우 적절하다.

3. 조직화기술

① 지역사회 전체 또는 일부 집단을 하나의 역동적 실체로 만들어 나가는 과정에서 활용하는 기술로 지역주민의 욕구와 동기를 파악, 다양한 지역사회 활동에 참여하도록 유도한다.
② 지역주민에게 동기를 부여한다.
③ 지역주민의 욕구를 파악한다.

④ 다양한 지역사회 활동에 참여하도록 유도하다.
⑤ 지역주민으로 하여금 지역사회에 소속감을 가지도록 한다.
⑥ 지역사회의 당면문제를 해결하기 위해 전체 주민을 대표하는 일정 수의 주민을 선정하여 모임을 구성하고, 이 모임이 지역사회의 욕구나 문제를 해결해 나가도록 돕는 기술이다.

4. 지역사회 교육기술

① 지역사회와 지역주민들에게 정보를 제공하고 기술을 가르치는 것으로 지역주민의 상담, 다양한 행사 등이 해당한다.
② 다양한 교육프로그램으로 지역주민의 능력을 개발한다.
③ 지역주민 실정에 맞는 교육과정으로 지역사회개발에 선도적 역할을 담당한다.
④ 지역주민 상호 간 대화를 촉진시킨다.

5. 자원개발/동원기술

① 조직화의 내용 중 하나로 동원기술은 사람과 자원을 끌어내는 방식을 의미한다.
② 동원
지역사회의 기존 조직 활용, 지역사회 내 다양한 관계망 활용, 지역사회 내 지도자를 발견하여 활용(토착지도자. 여론지도자 등)

6. 임파워먼트(역량강화)기술

① 사회복지사의 역할에 대한 핵심기술 중 클라이언트의 잠재력 및 자원을 인정하고 건강한 삶을 결정할 수 있도록 권한 혹은 힘을 부여하는 것이다.
② 개인의 역량 강화를 통해 스스로 문제를 해결할 수 있도록 대상자의 권력에 핵심을 두는 기술이다.

제2절 협상기술

지역사회복지실천가가 동료, 상관, 주민과의 관계에서 자신이 원하는 것을 상대로부터 얻어내거나 상대가 자신에 대해 좋은 감정을 갖도록 하는 일이며, 긴장과 대립속에서 자신에게 유리한 결과를 얻기 위해 정보와 힘을 사용하는 것을 말한다.

1. 협상기술의 원칙

① 각 팀에 다수가 협상에 참여할 때 각 성원의 역할을 분담하여 상대를 대응한다.
② 상대의 강점과 약점을 미리 파악하고 상대에 관한 상세한 정보를 수집한다.
③ 협상을 할 때에는 목표를 분명히 해야 하며, 과거 경험을 점검하여 합당한 협상목표를 세워야 한다.
④ 상대의 지위와 역할에 따른 격에 합당한 자가 나서야 한다.
⑤ 상대에 대한 장악력이 중요하다.

2. 협상과정

협상목표와 전략수립 → 교섭 → 설득 → 절충 → 합의 결정

3. 협조관계

① 특정 이슈에 관해 유사한 목표를 가진 조직들이 일시적인 협력을 하는 것으로 협력관계는 어느 한 쪽에 의해 중단될 수 있으며 협력관계를 위해 최소한 노력이 필요하다.
② 협조관계를 유지하기 위한 최소한의 노력이 필요하다.
③ 언제든지 한쪽에 의해 협력이 깨질 수 있다.
④ 특정한 목표를 위해 일시적으로 결합한다.

4. 동맹관계

① 주요 의제를 결정할 수 있는 힘은 중앙위원회나 전문직원이 갖는다. 동맹은 가장 조직

적인 협력관계로, 회원조직들이 회원을 훈련하고 캠페인을 준비하는 등 전문적인 활동을 필요로 하는 경우 적합한 협력관계라고 할 수 있다.

② 조직성원의 승인을 받아야 하지만 중앙위원회나 전문직원이 결정한다.

5. 지역사회실천에서 사용되는 협력전술

① 공통의 이익에 초점을 맞춤으로써 상호간의 차이를 좁히고 이익을 극대화하려는 전술이다.

② 협력전술에서는 참여와 주민의 역량강화가 중시된다.

③ 구체적인 방법으로 문제해결, 교육, 설득 등이 있다.

01 지역주민에 대한 복지교육이 갖는 의미는?

가. 주민의 주민의식 함양	나. 지역 이기주의 고취
다. 지역공동체 형성	라. 지역주민 계층화

① 가, 나, 다　　② 가, 다
③ 나, 라　　④ 라
⑤ 가, 나, 다, 라

해설 지역주민에 대한 복지교육은 주민의식 함양, 지역공동체 형성, 주민통합화 등이 있다.

정답 ②

02 다음 사례에서 사회복지사가 활용한 기술은?

A사회복지사는 독거노인이 따뜻한 겨울을 보낼 수 있도록 지역 내 종교단체에 예산과 자원봉사자를 지원해 줄 것을 요청하였다.

① 조직화　　② 옹호
③ 자원개발 및 동원　　④ 협상
⑤ 교육

해설 자원개발 및 동원- 기존의 집단이나 조직체를 활용하는 방법은 가장 신속하게 자원을 동원할 수 있다.

정답 ③

03 다음 중 지역사회복지에서 사회복지사의 역할 중 전문가의 기능은?

가. 자료를 수집하여 제공한다.	나. 불만을 집약한다.
다. 직접적인 충고를 한다.	라. 변화의 매개가 된다.

① 가, 나, 다　　② 가, 다
③ 나, 라　　④ 라
⑤ 가, 나, 다, 라

해설 불만집약과 변화의 매개로 조직화하는 것은 사회복지사의 조력자 역할이다.

정답 ②

Chapter 10 지방분권화와 지역사회보장 계획

제1절 지역사회보장협의체

1. 지역사회보장협의체

(1) 필요성 및 연혁

지역사회 내 다양한 기관과 단체들을 통해 보건과 복지서비스가 제공되고 있으나, 공공 · 민간 분야 및 보건 · 복지분야 상호 간 연계체계가 전혀 이루어지지 않아 일부 대상자에 대한 서비스 중복 · 누락의 문제가 발생하고 있다.

복지대상자가 보건 · 고용 · 복지 등의 서비스에 접근하기 위해서는 관련기관을 수차례 방문해야 하는 문제점이 있다.

지역사회 자원 간 네트워크를 강화하기 위해 지난 2001년 10월~2002년 11월까지 지역사회복지협의체 시범사업을 실시하였으며, 이후 지역사회복지협의체는 좀더 포괄적인 내용을 토대로 하는 지역사회보장협의체로 변경되었다.

지역사회보장협의체에서는 지역복지 욕구 조사를 실시하고 지역사회보장계획수립 및 보건 · 복지서비스 간 기능연계를 위한 사업들을 실시하였다.

시장 · 군수 · 구청장은 지역의 사회보장을 증진하고, 사회보장과 관련된 서비스를 제공하는 관계 기관 · 법인 · 단체 · 시설과 연계 · 협력을 강화하기 위하여 해당 시 · 군 · 구에 지역사회보장협의체를 둔다.

(2) 구성목적

① 지역사회 내 복지문제를 해결하기 위한 민주적 의사소통구조 확립

지역보장계획 수립 등 지역복지증진을 위한 과정에 민간의 참여기반을 마련함으로써 참여복지를 구현하고 특히 서비스 제공 실무자들의 문제해결 의지가 지역사회에서 활발하게 논의될 수 있는 상향식 의사소통 구조를 확립하기 위해 구성되었다.

② 수요자 중심의 통합적 복지서비스 제공 기반의 마련

지역사회의 보건 · 복지서비스 제공자 간의 연계망을 구성하여 수요자의 복합적 요구에

공동으로 대응하고, 주민들이 필요로 하는 서비스를 one-stop으로 제공하기 위해 구성되었다.

③ 지역사회복지 자원의 효율적 활용체계 조성
서비스 제공기관 간의 연계 · 협력을 통해 지역사회복지 정보 및 서비스 수요자에 대한 정보 등을 공유함으로써 자원제공의 중복과 누락을 방지하기 위해 구성되었다.

(3) 지역사회보장협의체의 기능

① 사회복지 부문의 주요사항 심의기능
관할지역 내 사회복지사업에 관한 주요사항과 지역사회보장계획 심의
개선사항을 시장, 군수, 구청장에게 건의
② 서비스부문 간 연계 강화기능
사회복지, 보건의료서비스의 연계 · 협력을 강화하기 위한 민 · 관 협력, 보건 · 복지 등 관련부문 간 연계 · 협력 강화
③ 지역사회복지자원의 개발과 발굴
④ 지역사회보장협의체 운영에 대한 논의
⑤ 지역사회보장계획과 관련된 다양한 논의와 협의
⑥ 협의된 시행 사항에 대한 모니터링

(4) 지역사회보장협의체의 구성

① 위원장 포함 10인 이상 40인 이하의 위원으로 구성한다.
② 위원은 사회복지 또는 보건의료에 관한 학식과 경험이 풍부한 자, 사회복지사업을 행하는 기관 · 단체의 대표자, 보건의료사업을 행하는 기관 · 단체의 대표자, 공익단체에서 추천한 자, 사회복지업무 또는 보건의료업무를 담당하는 공무원 중에서 시장 · 군수 · 구청장이 임명 또는 위촉한다.

(5) 실무협의체의 기능

① 서비스제공 및 서비스연계에 관한 협의
② 서비스 질 향상을 위한 다양한 사업안을 협의 · 상정
③ 협의된 안을 지역사회보장협의체에 상정
④ 실무분과의 현황 점검
⑤ 실무분과 간 연계 및 조성
⑥ 실무분과에서 발의된 이슈에 대한 논의

(6) 실무협의체의 구성

① 지역사회보장협의체의 효율적인 업무수행을 위하여 실무협의체를 둘 수 있다.

② 위원장 1인을 포함한 10인 이상 40인 이하의 위원으로 구성한다.

③ 위원은 사회복지 또는 기관 · 단체의 실무자 또는 공익단체의 실무자, 사회복지업무 또는 보건의료업무를 담당하는 공무원 중에서 지역사회보장협의체의 위원장이 임명 또는 위촉한다.

제2절 지역사회복지

1. 지역사회보장계획

(1) 개념

지역사회보장계획은 지역사회복지서비스를 종합적, 계획적으로 추진하기 위한 방법으로 주민의 복지요구와 지역 특성 등 지역의 복지문제를 파악하여 이것을 과제로 설정하고 주민참여를 토대로 그 해결을 도모하기 위한 중 · 장기적 계획이다.

4년마다 수립하고, 매년 지역사회보장계획에 따라 연차별 시행계획을 수립하여야 한다.

또한 기초 및 광역단체 수준에서 지역의 특성이나 주민의 복지욕구, 제도의 현황과 문제를 파악하여 이를 해결하기 위해 계획적인 사회복지 정책수립과 사회개발을 추진하는 과정이다.

지역사회보장계획의 작성과 시행은 지역 간의 정보교류를 촉진하고 지역 간 사회복지격차를 축소하는데 도움을 준다. 지역에서 사회복지 관련 조직과 인력들이 상호조정과 연계를 이루지 못하는 상황에서는 지역사회보장계획의 수립을 통해 이 문제를 해결할 수 있다.

지역사회보장계획은 주민 복지욕구를 파악하고 그 욕구를 충족시키기 위한 서비스 공급체계를 확보하는 것을 의미한다.

(2) 이념

① 기본 인권의 존중

- 지역사회보장계획은 전 지역주민의 건강하고 문화적인 생활을 평등하게 확보하고 향상시킬 수 있도록 법을 통해서 보장한다.
- 장애인, 아동, 노인 등에 관계없이 전 생애에 걸쳐 일상적인 생활을 유지해 나갈 수 있도록 사회경제적 조건을 개선해야 한다.
- 자기결정권을 통해 인간의 존엄성을 보장받을 수 있도록 한다.

② 삶의 질 향상과 사회적 연대

- 지역주민의 기본적 욕구충족을 위해 지방자치단체별로 최저 생활수준을 규정하고 이를 달성하여 지역주민들의 삶의 질을 향상시킨다.
- 직업, 연령, 성별 등의 차이에 따른 개인주의를 지양하고 상호협조 하에 사회적 취약계층의 자립, 자활을 지원하여 사회적 연대를 추구하는 사회분위기를 조성한다.

③ 지역특성의 중시

- 지역사회복지를 추진할 때에는 지역의 특성을 반영해야 한다.
- 지역사회복지계획은 지역특성을 파악하는 것과 함께 그 지역 특유의 복지문제나 과제를 종합적으로 진단하여 적절한 정책을 개발한다.

④ 민 · 관 협력과 주민참여

- 공공부문은 전 국민의 최저생활보장을 담당하고, 민간부문은 공공부문에서 담당하기 어려운 기능을 충족시키는 보완적 역할을 담당한다.
- 주체적이고 자발적인 민간 참여의 실을 얻어야 한다.

(3) 성격

- 주민의 복지욕구를 충족시키기 위한 서비스체계 확보
- 지역사회복지 문제에 대한 주민과 관계자의 활동을 조직화 하는 과정
- 국가 및 지방자치단체의 종합적인 행정계획의 성격

(4) 필요성

① 지역사회복지의 제도화

주민의 복지욕구, 사회자원, 정책조사 등의 지역사회복지 계획과정을 통하여 지역에 필수적인 사회복지를 제도적으로 정착할 수 있다.

② 지역사회복지서비스의 안정적 공급

인적 · 물적 자원의 적절한 분배를 위한 지역사회복지계획으로 사회복지 대상자에게 서비스를 안정적, 지속적으로 공급할 수 있다.

③ 지역사회복지서비스 공급주체의 다원화

공공 및 민간의 참여를 촉구하기 위해 지역사회복지계획에서는 기존의 사회복지기관뿐만 아니라 자원봉사, 시민단체 등도 서비스의 공급주체로 설정한다.

④ 사회자원의 조달과 적절 배분

다양한 물적, 인적자원을 개발하고 조달하는 방안과 적절한 배분방안이 지역사회복지

계획을 통하여 배분된다.

(5) 지역사회보장계획 수립 시 포함되어야 할 사항

① 지역사회보장 수요의 측정, 목표 및 추진전략

② 지역사회보장의 목표를 점검할 수 있는 지표(이하 "지역사회보장지표"라 한다)의 설정 및 목표

③ 지역사회보장의 분야별 추진전략, 중점 추진사업 및 연계협력 방안

④ 지역사회보장 전달체계의 조직과 운영

⑤ 사회보장급여의 사각지대 발굴 및 지원 방안

⑥ 지역사회보장에 필요한 재원의 규모와 조달 방안

⑦ 지역사회보장에 관련한 통계 수집 및 관리 방안

⑧ 지역 내 부정수급 발생 현황 및 방지대책

⑨ 그 밖에 대통령령으로 정하는 사항

(6) 시행 및 평가

① 시행

시 · 도지사 또는 시장 · 군수 · 구청장은 보건복지부령이 정하는 바에 의하여 지역사회보장계획을 시행해야 하고, 시행함에 있어서 필요하다고 인정하는 경우에는 민간사회복지관련단체 등에 대하여 인력기술 및 재정지원을 할 수 있다.

② 지역사회보장계획 시행결과의 평가

- 보건복지부장관 또는 시 · 도지사는 지역사회보장계획의 시행결과를 평가하고자 하는 경우 지역사회보장계획 내용의 충실성, 시행과정의 적정성, 시행결과의 목표달성도, 지역주민의 참여도와 만족도 등을 고려하여 보건복지부장관이 정하는 평가기준에 따라 평가해야 한다.
- 보건복지부장관 또는 시 · 도지사는 필요한 경우 평가결과를 비용보조에 반영할 수 있다.

(7) 지역사회보장에 관한 계획의 수립

① 특별시장 · 광역시장 · 특별자치시장 · 도지사 · 특별자치도지사 및 시장 · 군수 · 구청장은 지역사회보장계획을 4년마다 수립하고, 매년 지역사회보장계획에 따라 연차별 시행계획을 수립하여야 한다. 이 경우 사회보장에 관한 기본계획과 연계되도록 하여야 한다.

② 시장 · 군수 · 구청장은 해당 시 · 군 · 구의 지역사회보장계획을 지역주민 등 이해관계인의 의견을 들은 후 수립하고, 지역사회보장협의체의 심의와 해당 시 · 군 · 구 의회의 보고를 거쳐 시 · 도지사에게 제출하여야 한다.

③ 시 · 도지사는 제출받은 시 · 군 · 구의 지역사회보장계획을 지원하는 내용 등을 포함한 해당 특별시 · 광역시 · 도 · 특별자치도의 지역사회보장계획을 수립하여야 한다.

④ 특별자치시장은 지역주민 등 이해관계인의 의견을 들어 지역사회보장계획을 수립하여야 한다.

⑤ 시 · 도지사는 지역사회보장계획을 시 · 도사회보장위원회의 심의와 해당 특별시 · 광역시 · 특별자치시 · 도 · 특별자치도의회의 보고를 거쳐 보건복지부장관에게 제출하여야 한다. 이 경우 보건복지부장관은 제출된 계획을 사회보장위원회에 보고하여야 한다.

⑥ 시 · 도지사 또는 시장 · 군수 · 구청장은 지역사회보장계획을 수립할 때 필요하다고 인정하는 경우에는 사회보장 관련 기관 · 법인 · 단체 · 시설에 자료 또는 정보의 제공과 협력을 요청할 수 있다.

⑦ 보장기관의 장은 지역사회보장계획의 수립 및 지원 등을 위하여 지역 내 사회보장 관련 실태와 지역주민의 사회보장에 관한 인식 등에 관하여 필요한 조사를 실시할 수 있으며, 시 · 도지사 및 시장 · 군수 · 구청장은 지역사회보장계획 수립 시 지역사회보장조사 결과를 반영할 수 있다.

⑧ 보건복지부장관 또는 시 · 도지사는 지역사회보장계획의 내용이 대통령령으로 정하는 사유에 해당하는 경우에는 시 · 도지사 또는 시장 · 군수 · 구청장에게 그 조정을 권고할 수 있다. 이 경우 보건복지부장관은 관계 중앙행정기관의 장의 의견을 들을 수 있다.

⑨ 지역사회보장계획의 수립 및 지역사회보장조사의 시기 · 방법 등에 필요한 사항은 대통령령으로 정한다.

(8) 개선방안

지역사회보장계획은 중앙정부와 지방정부의 관련 정책 및 계획과의 조정을 통해서 긴밀한 상호협력관계를 유지하면서 추진되어야 한다.

실제로 수행할 사업 및 목표를 구체적으로 제시하는 실행계획을 수립해야 한다.

지역사회보장계획이 실현가능성이 높은 계획이 되기 위해서는 지방정부의 복지재정이 확충될 필요가 있다.

제3절 지방분권화

1. 지역사회복지에 미치는 긍정적인 영향

① 지방의 발언권 강화로 사회복지비 배분의 불균형이 점차 시정될 것이다.
② 사회복지서비스의 기획과 집행에서 지방정부의 역량이 강화 될 것이다.
③ 주민의 욕구에 반응하는 맞춤서비스를 제공할 수 있다.
④ 지역주민의 복지의식을 고취하여 지역발전을 가져올 수 있다.

2. 지역사회복지에 미치는 부정적인 영향

사회복지에 관한 중앙정부의 책임 감축, 그로 인한 중앙정부지출의 감소, 지역간 불평등 확대 등이다.

3. 지역사회복지에 미치는 긍정적인 효과로 적절한 것

① 지방정부의 자율성 강화
② 지역간 균형발전 도모
③ 지역주민의 복지의식을 고취하여 지역사회 발전을 가져올 수 있다.

4. 지역사회복지에 미치는 부정적인 효과로 적절한 것

① 지방재정의 악화로 사회복지서비스의 공급이 축소될 가능성이 있다.
② 지역간 사회복지 수준의 격차가 확대될 우려가 있다.
③ 지방분권화로 인해 지역간 복지서비스의 격차가 발생하고, 보편적 복지서비스의 발전에 한계로 작용할 수도 있다는 지적이다.

5. 지방분권화에 따라 변화된 지역사회복지 여건

① 사회복지전달체계의 개선노력 증대
② 지방정부의 복지행정 역량강화
③ 지역이기주의는 증대되는 추세이다

6. 복지재정의 분권화에 대한 설명

① 지방재정의 자율성 확대와 성과에 대한 책임을 명확히 하기 위함이다.
② 지방정부로 사회복지서비스에 관한 예산편성권한을 이양하는 것이다.
③ 재정분권을 통해 지방분권화를 이루려고 하는 것이다
④ 국고보조금 사업으로 추진되었던 사회복지서비스를 지방교부세로 이전하였다

7. 지역사회를 기초로 이루어지는 공공복지실천의 특징

① 사회복지서비스의 실천주체는 지방자치단체이다
② 사회복지전담공무원에 의해 수행되고 있다.
③ 공공부조업무를 중심으로 이루어지고 있다.
④ 대부분의 직접 서비스와 관련된 사회복지업무는 사회복지관, 제가 복지봉사센터 등 민간복지기관에 위탁하고 있다.

제4절 사회복지전담공무원

① 사회복지전담공무원은 사회복지사업법 제14조의 규정에 따라 사회복지업무를 담당하는 지방자치단체의 사회복지직 공무원으로 주로 읍·면·동에 배치되어 근무하고 있으며 2002년부터 시·도 및 시·군·구 사회복지 관련 부서에서도 근무하고 있다.
② 2000년 1월부터 사회복지전담 공무원의 직렬은 별정직에서 일반직 사회복지직으로 전환되었으며, 명칭도 사회복지전담공무원으로 불리고 있다.
③ 사회복지사 자격증 소지자 중 공무원임용시험을 통해 시·군·구청장이 임용한다.
④ 사회복지전담공무원의 직무내용은 다음과 같다.
- 생계, 의료, 교육 등 국민기초생활보장 급여지급 업무
- 저소득가구 자활, 직업훈련, 융자 등 자립지원
- 장애인, 노인 등에 대한 각종 지원시책 안내 및 제공
- 요보호아동 지원(가정위탁 등)
- 모부자가정 지원
- 복지대상자 사례관리

제5절 사회복지협의회

사회복지에 관한 업무를 수행하기 위하여 전국 단위의 한국사회복지협의회(이하 "중앙협의회"라 한다)와 시 · 도 단위의 시 · 도 사회복지협의회(이하 "시 · 도협의회"라 한다)를 두며, 필요한 경우에는 시(「제주특별자치도 설치 및 국제자유도시 조성을 위한 특별법」에 따른 행정시를 포함한다) · 군 · 구(자치구를 말한다) 단위의 시 · 군 · 구 사회복지협의회(이하 "시 · 군 · 구협의회"라 한다)를 둘 수 있으며 다음과 같은 업무를 한다.

- 사회복지에 관한 조사 · 연구 및 정책 건의
- 사회복지 관련 기관 · 단체 간의 연계 · 협력 · 조정
- 사회복지 소외계층 발굴 및 민간사회복지자원과의 연계 · 협력
- 대통령령으로 정하는 사회복지사업의 조성 등

1. 기본원칙

1) 주민욕구기본의 원칙

광범위한 주민의 생활실태 · 복지과제 등을 파악하도록 노력하고 그 욕구에 입각한 활동을 수행해야 한다.

2) 주민활동주체의 원칙

주민의 지역복지에 대한 관심을 높이고 그 자주적인 대응을 기초로 한 활동을 수행해야 한다.

3) 민간성의 원칙

민간조직으로서 특성을 살려 주민욕구, 지역의 복지과제에 대응하는 개척성, 적응성, 유연성을 발휘한 활동을 수행해야 한다.

4) 공사협동의 원칙

공사의 사회복지 및 보건, 의료, 교육, 노동 등의 관계기관, 단체, 주민 등의 협력과 역할분담에 따른 계획적이고 종합적인 활동을 수행해야 한다.

5) 전문성의 원칙

지역복지의 추진조직으로 조직화, 조사, 계획 등에 관련하여 전문성을 발휘하는 활동을 수행해야 한다.

2. 사회복지협의회의 기능

- 지역사회의 복지증진과 관련된 사실 발견
- 사회복지관들의 조정과 협력
- 지역사회복지의 센터 역할
- 사회복지기관 간의 서비스 조정활동
- 사회복지기관 업무의 질적 수준을 높임
- 지역사회복지를 위한 공동의 계획수립, 실천
- 정보제공, 교육 및 홍보
- 자원동원 및 제정안정 도모
- 사회행동

제6절 지역복지 환경의 변화

1. 지역복지 환경의 변화

① 지역사회보장계획의 시행과 함께 사회복지서비스 공급 중심축을 지방으로 이전시키는 흐름이 본격화되고 있다.
② 중앙정부의 국고보조사업으로 운영되던 사회복지사업 중 상당부분이 지방으로 이양되었다.
③ 행정자치부 주관의 주민생활지원서비스 강화를 위한 행정체계 개편이 진행되고 있다.
④ 지역사회복지협의체의 경우처럼 민관의 공동협력이 강조되고 있다.
⑤ 중앙정부의 책임을 강화하거나 중앙정부와 지방정부의 의무에 관한 명확한 규정이 없어서 각 주체들의 역할이 모호하며, 중앙정부의 책임을 지방에 전가할 수 있는 우려가 있다.

2. 로스의 지역사회복지 발전의 필요성

① 사회복지의 목적달성을 위해서는 지역사회 안에서 목적을 추구한다.
② 대상자 욕구충족의 측면에서 지역사회와 우호적인 관계를 유지해야 한다.
③ 문제발생의 사후대책보다 예방대책의 합리적인 적용이 필요하다.
④ 제도 및 정책에 대한 참여의 수준에서 지역사회 주민의 참여가 필요하다.
⑤ 국가와 지역 간의 역할을 적절히 설정하여 수행하는 것이 바람직하다.

01 다음 중 지방분권화와 재정분권에 따라 나타날 수 있는 문제점으로 옳은 것은?

① 지방재정의 부실화와 지역 간 불평등이 나타날 수 있다.
② 지역사회 욕구에 대한 민감성이 떨어진다.
③ 지역 간 경쟁에 의한 프로그램 개선이 어려워진다.
④ 관료제에 의한 경직성이 발생한다.
⑤ 지역주민의 참여가 줄어든다.

해설 지방분권화가 지역사회복지에 미치는 부정적인 효과
- 지방재정의 악화로 사회복지서비스의 공급이 축소될 가능성이 있다.
- 지역 간 사회복지 수준의 격차가 확대될 우려가 있다.
- 지방분권화로 인해 지역 간 복지서비스의 격차가 발생하고, 보편적 복지서비스의 발전에 한계로 작용할 수도 있다.

정답 ①

02 지방분권에 관한 설명으로 옳은 것은?

① 사회보험제도의 지방분권이 확대되고 있다.
② 주민참여로 권력의 재분배가 이루어진다.
③ 지역주민의 욕구에 대한 민감성이 약화된다.
④ 복지수준의 지역 간 균형이 이루어진다.
⑤ 중앙정부의 사회적 책임성이 강화된다.

해설 지방분권화에 따른 장점
- 개인의 권리와 자유의 신장
- 주민복지의 증진
- 자원의 효율적 배분

지방분권화에 따른 단점
- 자원배분을 둘러싼 갈등
- 사회적 형평성의 문제
- 지역이기주의

정답 ②

03 지역사회보장협의체에 대한 설명으로 잘못된 것은?

① 시 · 도 단위에서 설립
② 민관의 협력
③ 지역보장계획의 수립
④ 지역의 복지문제를 스스로 해결하는 논의구조
⑤ 보건 및 복지서비스의 연계 강화

해설 사회보장기본법 제41조에 의거 시, 군, 구에 둔다.

정답 ①

Chapter 11 지역사회복지 실천분야

제1절 재가복지

1. 재가복지서비스

1) 우리나라 재가복지의 특징

① 우리나라 공공복지서비스는 민간조직을 중심으로 형성되었기 때문에 공공조직에 의한 사회적 보호가 거의 없다.
② 전문인력을 중심으로 하되, 자원봉사자의 역할 또한 중요하다.
③ 가사, 간병, 의료, 자립지원서비스 등을 행한다.
④ 재가복지센터의 재정 전액을 정부가 부담하지는 않는다.
⑤ 전달체계는 보건복지부 지침에 의거한 지방자치단체의 지도와 감독을 받아 작동된다.

2) 우리나라 재가복지사업의 등장 배경

① 핵가족화
② 취업여성 증가
③ 개별 사회적서비스에 대한 요구
④ 지역사회의 역할 증대
⑤ 가족의 구조와 기능이 변화되고 취업여성이 증가함에 따라 가족구성원 내에서 도움이 필요한 노인, 장애인, 아동 등의 보호를 담당하는 것이 어려워지게 되었다.

2. 재가복지서비스의 개념

재가복지서비스는 전문적 보호서비스로 노인 등을 포함한 요보호대상자에게 시설수용이 아닌 가정이나 지역사회를 기반으로 제공되는 서비스를 말한다. 재가복지서비스는 불평등의 극복과는 거리가 있다.

가사, 신변의 원조와 정서적인 안정을 위한 서비스이고, 예방적 서비스이자, 복지증진 서비스이다.

3. 재가복지봉사센터의 이용 우선 대상자

① 국민기초생활수급자
② 저소득층 가정으로 재가복지서비스가 필요하다고 인정되는 사람
③ 비인가시설 수용자
④ 재가복지서비스를 필요로 하는 지역주민

4. 재가복지봉사센터에서 제공하는 재가복지서비스의 내용

1) 서비스 내용

- 가사서비스 : 집안청소, 식사준비 및 취사, 세탁, 청소 등
- 정서적서비스 : 말벗, 상담, 학업지도, 책 읽어주기, 여가지도, 취미활동 제공, 행정업무
- 의료서비스 : 지역의료기관, 보건기관과의 연계 및 결연을 통한 정기 또는 수시 방문진료
- 주민교육서비스 : 보호대상자의 가족, 이웃, 친지 등을 포함한 지역주민을 위한 재가보호 서비스요령 및 방법교육

2) 재가복지사업이 확대된 사회적 배경

- 예방, 재활, 사회통합에 목적을 둔 서비스의 필요성
- 정상화의 이념에 입각한 사회복지의 변화경향
- 가정 내에서의 대상자 보호의 어려움 증가
- 보호대상의 확대 요구

5. 재가복지봉사센터에 대한 설명

- 가사, 간병, 정서적 지원, 의료, 결연 등의 서비스를 제공한다.
- 일정한 정부의 지원을 받는다.
- 사회복지법인 이외에도 운영주체가 될 수 있다.
- 예방적 서비스를 우선으로 한다.
- 국민기초생활수급자, 가족기능이 취약한 저소득 소외계층 등을 우선순위 대상으로 한다.

6. 우리나라에서 실시하고 있는 재가복지서비스 운영상의 원칙

- 적극성, 능률성, 연계성, 자립성의 원칙

제2절 재가복지서비스의 종류

1. 재가복지의 3대 핵심사업 중 단기보호서비스

안정과 휴양의 장소 제공, 보호 감독의 서비스를 받을 수 있다. 장애에 따른 사회적 고립을 예방할 수 있으며, 가벼운 질병이나 장애에 대한 의료재활서비스이다.

1) 주간보호사업

가정에서 통원하면서 서비스를 제공

2) 가정봉사원 파견사업

혼자서 일상생활을 하기 곤란한 노인을 위해 각종 생활편의를 위한 서비스를 제공하는 프로그램이다.

3) 지역사회보호

사회적 보호를 필요로 하는 사람에게 가정이나 지역사회를 기반으로 제공하는 서비스이다.

2. 사례관리의 필요성

- 시설복지에서 재가복지로의 전환에 따른 욕구충족의 패키지화
- 서비스공급 주체의 다원화
- 지역사회의 다양한 자원체계를 활용하는 방식으로 가족기능의 저하와 종적(수직적) 행정전달체계의 문제점 극복, 패키지화된 다양한 서비스 제공 등이 필요
- 종적 행정의 극복을 위해 필요
- 사회적 지원망을 구축하기 위해 필요

제3절 사회복지관

1. 사회복지관 운영의 기본원칙

지역성, 전문성, 책임성, 자율성, 통합성, 자원활용, 중립성, 투명성의 원칙 등

1) 중립성의 원칙

사회복지관 운영의 기본 원칙 중 '정치활동, 영리활동, 특정 종교활동 등으로 이용되지 않아야 한다'는 원칙

2) 책임성의 원칙

사업수행에 따른 효과성, 효율성 입증

3) 자율성의 원칙

능력과 전문성을 최대한 발휘할 수 있는 자율적인 운영

4) 통합성의 원칙

지역사회 내의 공공, 민간기관 간 연계성과 통합성 강화

5) 전문성의 원칙

전문인력의 사업수행, 전문성 증진을 위한 재교육

6) 지역성의 원칙

사회복지관은 지역사회의 특성과 지역주민의 문제나 욕구를 신속하게 파악하여 사업계획 수립시 반영하여 지역사회의 문제를 해결하고 이에 따른 서비스를 제공하여야 한다.

2. 사회복지기관의 기능

- 보호서비스 제공
- 자립능력 배양을 위한 교육훈련 제공
- 재가복지서비스 제공
- 지역사회문제의 예방 및 치료

3. 사회복지관의 궁극적인 목표

- 저소득층의 자립능력 배양
- 지역사회문제의 예방과 치료
- 지역사회 및 주민의 연대감 조성
- 지역사회 주민의 복지증진을 위한 종합적인 복지센터 역할의 수행

4. 사회복지관 운영 원칙

① 지역성의 원칙
수혜주민의 욕구와 지역사회의 특수성에 따라 사회복지관사업이 발생하고 운영되어야 한다.

② 전문성의 원칙
다양한 지역사회문제에 대처하기 위해 지식과 기술을 보유한 전문인력이 사업을 수행하도록 하고, 이들 인력에 대한 지속적인 재교육 등을 통해 전문성을 증진토록 하여야 한다.

③ 자율성의 원칙
다양한 복지서비스를 효율적으로 제공하기 위해 사회복지관의 능력과 전문성이 최대한 발휘될 수 있도록 자율적으로 운영하여야 한다.

④ 책임성의 원칙
사회복지관은 서비스 이용자의 욕구를 충족하고 지역사회문제를 해결함에 있어서 효과성을 극대화하기 위하여 최선의 노력을 기울여야 한다.

⑤ 중립성의 원칙
정치활동, 영리활동, 특정 종교활동 등에 이용되지 않도록 중립성을 유지해야 한다.

⑥ 통합성의 원칙
사업을 수행함에 있어 지역 내 공공 및 민간복지간에 연계성과 통합성을 강화시켜 지역사회복지체계를 효율적이고 효과적으로 운영되도록 하여야 한다.

5. 사회복지관에서 제공하는 지역사회보호사업의 내용

분야	단위사업	우선사업 대상 프로그램
지역사회보호사업	- 급식서비스 - 보건의료서비스 - 일시보호서비스 - 일상생활 지원 - 경제적 지원 - 정서서비스	- 급식서비스 (식사배달, 밑반찬 배달, 무료급식 등) - 주간보호소 및 단기보호소 운영

6. 지역사회복지관

지역사회를 근거로 하여 주민들의 욕구 및 문제를 파악하여 전문인력을 동원, 필요한 서비스를 제공하는 기관이다.

7. 사회복지관의 분야별 사업의 연결

1) 지역사회조직사업

자원봉사자 양성 및 후원자 개발 조직

2) 지역사회보호사업

정서서비스

3) 교육 및 문화사업

문화복지, 성인기능교실, 노인 여가, 문화프로그램, 아동 및 청소년 사회교육프로그램

4) 자활사업

자활기업체 육성, 취업 부업 안내 및 알선, 취업 부업 기능훈련 및 공동작업장 운영

5) 지역사회보호사업

일상생활지원, 급식서비스(식사배달,밑반찬배달,무료급식), 주간보호소, 단기보호소 운영

6) 지역사회조직사업

주민조직 강화 및 교육, 복지 네트워크 구축, 주민복지증진 및 주민조직체 형성 및 운영

8. 사회복지관 사업 중 지역사회조직사업

① 복지 네트워크 구축사업
② 자원봉사자 양성 및 후원자 발굴사업
③ 주민의식교육사업
④ 교육 및 문화사업 : 지역문화행사 등 문화복지사업

9. 우리나라 사회복지관의 역사

1980년대 후반 재벌기업 및 민간단체의 사회복지관 건립 활성화와 전문인력 배출이 이루어졌다.

1) 태동기

우리나라 최초의 사회복지운동은 1906년 원산에서 미국의 감리교 여선교사인 메리 놀즈에 의해 시작되었다. 또한 여성계몽, 빈곤문제 해결이 주축이 되었으며, 사회복지관 설립 · 운용이 외국의 종교단체에 의해 민간주도로 이루어졌다.

2) 형성기

대학부설 사회복지관이 출현했으며, 개인 및 민간단체들에 의해 사회복지관이 설립되었다. 그러나 국가보조금의 법적 근거는 마련되지 않았다.

3) 확대기

공식적인 국가지원이 이루어지고, 재벌기업 및 민간단체에 의한 사회복지관이 활성화 되었다. 또한 사회복지관이 운영, 건립되었으며, 국고보조사업의 지침이 마련되고, 전문사회복지 인력이 배출된 시기이다.

10. 사회복지관의 사업내용

- 가족복지사업 → 가정문제 등 상담
- 지역사회보호사업 → 급식서비스
- 지역사회조직사업 → 복지 네트워크 구축
- 교육 및 문화사업 → 노인 여가와 문화 프로그램
- 지역사회보호사업 → 주간보호소 및 단기보호소 운영

제4절 사회복지협의회

1. 사회복지협의회

사회복지에 관한 업무를 수행하기 위하여 전국 단위의 한국사회복지협의회와 시 · 도 단위의 시 · 도 사회복지협의회를 두며, 필요한 경우에는 시 · 군 · 구단위의 시 · 군 · 구 사회복지협의회를 둘 수 있다.

중앙협의회, 시 · 도협의회 및 시 · 군 · 구협의회는 사회복지법인으로 한다.

중앙협의회의 설립 및 운영 등에 관한 허가, 인가, 보고 등에 관하여 시 · 도지사는 보건복지부장관으로 본다.

2. 협의회 역할

① 사회복지에 관한 조사 · 연구 및 정책 건의
② 사회복지 관련 기관 · 단체 간의 연계 · 협력 · 조정
③ 사회복지 소외계층 발굴 및 민간사회복지자원과의 연계 · 협력
④ 대통령령으로 정하는 사회복지사업의 조성 등

3. 협의회의 기능

① 사회복지사업 종사자의 교육훈련과 복지증진
② 공동모금회의 기능, 합리적인 기부금 모금, 지역 내 자금 모집 및 가입기관에의 배분
③ 자원봉사센터의 기능, 자원봉사 활동 활성화
④ 지역자활센터의 역할, 저소득층의 자활능력 배양

4. 한국사회복지협의회

1) 업무 영역 및 활동

- 사회복지사업에 종사하는 자의 교육훈련과 복지증진
- 사회복지에 관한 교육훈련
- 자원봉사 활동의 지원
- 사회복지에 관한 조사연구 및 정책건의

- 사회복지사의 권익옹호
- 사회복지사의 권익을 보장하기 위하여 사회복지사 자격증 발급, 관리사업에 가장 역점을 두고 있다.
- 사회복지협의회의 활동원칙에는 주민주체원칙, 공사협동원칙, 전문성원칙 등이 있다.
- 사회복지협의회는 지역사회 여러 기관, 단체, 시설들이 모여 지역사회의 사회복지문제를 함께 협의하고, 조정하는 기구이다.
- 한국사회복지협의회가 법정단체가 된 것은 1983년도이며, 2003년도 개정으로 시 · 군 · 구 사회복지협의회도 사회복지법인으로 인정되었다.

2) 한국사회복지협의회 구성

- 회원, 임원, 전문위원회, 사무처, 지방협의회로 구성된다,
- 정회원 중 개인회원은 사회복지에 관한 학식과 경험이 풍부한 자로 규정하고 있다.
- 업무를 사회복지분야별로 효율적으로 수행하기 위한 기구로는 전문위원회가 있다.
- 지방협의회는 서울특별시, 광역시 및 각 도에 행정구역을 관할하며 대부분 사회복지시설 및 기관 대표자들로 구성되어 있다.

제5절 지역사회복지협의회

1. 지역사회복지협의회의 활동 원칙

① 민간성 원칙

주민의 욕구와 지역의 복지과제에 대응하는 개척성, 즉응성, 유연성을 발휘한 활동을 수행해야 한다.

② 주민활동주체 원칙

주민의 지역복지에 대한 관심을 높이고, 자주적인 대응을 기초로 한 활동을 수행해야 한다.

③ 공사협동 원칙

관계기관, 단체, 주민 등의 협력과 역할분담에 따른 계획적이고 종합적인 활동을 수행해야 한다.

④ 전문성 원칙

전문성을 발휘하는 활동을 수행해야 한다.

2. 지역사회복지이념

① 정상화

지역사회에서 생활하는 모든 주민이 사회적으로 가치 있는 역할을 수행할 수 있도록 지원하는 것을 말하며, 탈시설화, 사회통합의 이념과 밀접한 관련을 가지고 있다.

② 사회통합

사회통합은 일반적으로 계층간의 격차를 줄이고, 사회의 전반적인 불평등을 감소시키는 것을 통해 삶의 질을 제고해 나가는 것을 의미한다. 또한 지역 간의 차이에서 발생하는 갈등의 가능성을 줄여나간다는 의미도 포함한다. 무엇보다 지역사회에서 사회통합이란 장애인, 노인 등 지역사회의 보호대상자들이 일반수민들과 함께 생활해나갈 수 있는 조건을 확보하는 것이다.

③ 탈시설화

대규모의 수용시설에서 탈피하여 지역사회와 격리된 생활로부터 서비스대상의 거주지와 지역사회를 중심으로 통합된 생활을 추구하는 것이다.

01 다음 중 시 · 군 · 구 지역사회복지협의회에 대한 내용으로 옳은 것은?

① 사회복지사업법상 반드시 설치해야 한다.
② 실무자들은 참여할 수 없다.
③ 시 · 도협의회의 지회로 운영한다.
④ 한국사회복지협의회 정관에 의거한다.
⑤ 시 · 군 · 구로부터 지방자치단체 재정지원을 받을 수 있다.

해설 사회복지협의회는 2003년 사회복지사업법 개정으로 시·군·구 지역사회복지협의회의 설치에 관한 법이 시행되고 있지만 이는 자주적 민간기구로서 설치 의무사항은 아니며, 실무지도자도 참여가 가능하고, 지회로 운영되는 것은 광역사회복지협의회이다. 정답 ⑤

02 시 · 군 · 구 지역사회보장계획에 관한 설명으로 옳은 것을 모두 고른 것은?

ㄱ. 시 · 군 · 구 지역사회보장협의체의 보고와 의회의 심의를 거쳐야 한다.
ㄴ. 사회보장급여의 이용 · 제공 및 수급권자 발굴에 관한 법률에 의거한다.
ㄷ. 시행연도의 전년도 11월 30일까지 수립하여 제출하여야 한다.
ㄹ. 4년마다 수립하고 매년 연차별 시행계획을 수립해야 한다.

① ㄱ, ㄴ
② ㄱ, ㄷ
③ ㄴ, ㄹ
④ ㄱ, ㄴ, ㄹ
⑤ ㄴ, ㄷ, ㄹ

해설 ㄱ - 지역사회보장협의체의 심의와 해당 시.군.구 의회의 보고를 거쳐 시.도지사에게 제출한다.
ㄷ - 시행연도의 전년도 9월 30일까지 시.도지사에게 제출한다. 정답 ③

03 사회복지관사업이 지역성의 원칙을 제고하기 위한 방안으로 옳지 않은 것은?

① 정부 및 지방자치단체에 대한 재정 의존을 강화한다.
② 서비스 중복 · 누락 방지를 위한 지역사회기관 간의 서비스 통합을 추구한다.
③ 지역사회복지운동의 거점 역할을 한다.
④ 옹호와 주민 조직화 기능을 활성화한다.
⑤ 주민들의 참여방안을 강구한다.

해설 분권화에 따른 지방정부로의 재정 이양으로 지방정부의 책임성과 자율성이 강화되었다.
정답 ①

04 사회복지관 사업 내용 중 지역사회조직화 기능에 해당하는 것은?

① 독거노인을 위한 도시락 배달
② 한부모 가정 아동을 위한 문화 프로그램 제공
③ 아동 자립생활 지원을 위한 후원자 개발
④ 학교 밖 청소년을 위한 직업기능 교육
⑤ 장애인 일상생활 지원을 위한 서비스 제공

해설 지역조직화기능

① 복지네트워크 : 지역 내 복지기관. 시설들과 네트워크를 구축함으로써 복지서비스 공급의 효율성을 재고하고, 사회복지관이 지역복지의 중심으로서의 역할을 강화하는 사업 (지역사회연계사업, 지역욕구조사, 실습지도)
② 주민조직화 : 주민이 지역사회 문제에 스스로 참여하고 공동체의식을 갖도록 주민조직의 육성을 지원하고, 이러한 주민협력강화에 필요한 주민의식을 높이기 위한 교육을 실시하는 사업 (주민복지증진사업, 주민조직화 사업, 주민교육)
③ 자원 개발 및 관리 : 지역주민의 다양한 욕구충족 및 문제해결을 위해 필요한 인력, 재원 등을 발굴하여 연계 및 지원하는 사업 (자원봉사자 개발.관리, 후원자 개발.관리) 정답 ③

05 지역사회복지운동에 관한 설명으로 옳은 것은? 2

① 사회복지전문가 중심의 활동으로 이루어진다.
② 목적지향적인 조직적 활동이다.
③ 운동의 초점은 정치권력의 장악이다.
④ 지역사회의 구조적 문제는 배제된다.
⑤ 지역사회복지운동단체는 서비스제공 활동을 하지 않는다.

해설 지역사회복지운동

1. 지역 중심: 특정 지역 또는 지역사회에서 시작. 지역사회의 독특한 요구와 우려에 맞춰 활동이 이루어짐
2. 다양한 이슈 다룸: 지역사회복지운동은 사회적, 경제적, 환경적 문제와 다양한 사회 이슈를 다룸. 이슈는 고용, 교육, 건강, 환경 보호, 인권, 사회적 불평등 등 다양
3. 참여와 협력: 다양한 사회 구성원, 단체, 단체 및 봉사자의 참여와 협력을 중시. 공동체 구성원들은 문제 해결과 개선을 위해 함께 노력함.
4. 주장과 교육: 사회적 변화를 위해 주장하고 교육 활동을 통해 의식을 확산시킴. 정부, 기업 및 다른 이해관계자에게 정책 및 제도의 개선을 촉진함.
5. 활동의 다양성: 다양한 활동과 이니셔티브를 포함함.
   토론, 시위, 자원봉사, 정보 공유, 교육 프로그램, 지역개발 프로젝트 등 다양한 형태를 가질 수 있음. 정답 ②

Chapter 12

민간부분에서 지역사회복지 실천

제1절 자활사업

1. 자활사업

① 근로능력자의 기초생활을 보장하는 국민기초생활보장제도를 도입하면서 근로역량 및 일자리 제공을 통한 탈빈곤 지원제도이다.
② 자활사업을 통해 근로능력이 있는 저소득층이 스스로 자활할 수 있도록 자활능력 배양, 기능습득 지원 및 근로기회를 제공한다.

2. 자활급여

자활급여는 수급자의 자활을 돕기 위하여 급여를 실시하는 것이다.

① 자활에 필요한 금품의 지급 또는 대여
② 자활에 필요한 근로능력의 향상 및 기능습득의 지원
③ 취업알선 등 정보의 제공
④ 자활을 위한 근로기회의 제공
⑤ 자활에 필요한 시설 및 장비의 대여
⑥ 창업교육, 기능훈련 및 기술·경영 지도 등 창업지원
⑦ 자활에 필요한 자산형성 지원
⑧ 그 밖에 대통령령으로 정하는 자활을 위한 각종 지원

제2절 자활지원

1. 중앙자활센터

① 보건복지부장관, 특별시장 · 광역시장 · 특별자치시장 · 도지사 · 특별자치도지사(이하 "시 · 도지사"라 한다), 시장 · 군수 · 구청장은 수급자 및 차상위자의 자활촉진을 위하여 교육을 실시할 수 있다.

② 보건복지부장관은 제1항에 따른 교육을 위하여 교육기관을 설치 · 운영하거나, 운영의 전부 또는 일부를 법인 · 단체 등에 위탁할 수 있다.

③ 보건복지부장관은 제2항에 따른 교육기관의 운영을 위탁받은 법인 · 단체 등에 대하여 그 운영에 필요한 비용을 지원할 수 있다.

④ 교육과 교육기관의 조직 · 운영 등에 필요한 사항은 보건복지부장관이 정한다.

2. 광역자활센터

1) 보장기관은 수급자 및 차상위자의 자활촉진에 필요한 다음 각 호의 사업을 수행하게 하기 위하여 사회복지법인, 사회적협동조합 등 비영리법인과 단체(이하 이 조에서 "법인 등"이라 한다)를 법인 등의 신청을 받아 특별시 · 광역시 · 특별자치시 · 도 · 특별자치도(이하 "시 · 도"라 한다) 단위의 광역자활센터로 지정할 수 있다. 이 경우 보장기관은 법인 등의 지역사회복지사업 및 자활지원사업의 수행 능력 · 경험 등을 고려하여야 한다.

① 시 · 도 단위의 자활기업 창업지원
② 시 · 도 단위의 수급자 및 차상위자에 대한 취업 · 창업 지원 및 알선
③ 지역자활센터 종사자 및 참여자에 대한 교육훈련 및 지원
④ 지역특화형 자활프로그램 개발 · 보급 및 사업개발 지원
⑤ 지역자활센터 및 제18조에 따른 자활기업에 대한 기술 · 경영 지도
⑥ 그 밖에 자활촉진에 필요한 사업으로 보건복지부장관이 정하는 사업

2) 보장기관은 광역자활센터의 설치 및 운영에 필요한 경비의 전부 또는 일부를 보조할 수 있다.

3) 보장기관은 광역자활센터에 대하여 정기적으로 사업실적 및 운영실태를 평가하고 수급자의 자활촉진을 달성하지 못하는 광역자활센터에 대하여는 그 지정을 취소할 수 있다.

4) 광역자활센터의 신청 · 지정 및 취소 절차와 평가, 그 밖에 운영 등에 필요한 사항은 보건복지부령으로 정한다.

3. 지역자활센터

1) 보장기관은 수급자 및 차상위자의 자활 촉진에 필요한 다음 사업을 수행하게 하기 위하여 사회복지법인, 사회적협동조합 등 비영리법인과 단체(이하 이 조에서 "법인 등"이라 한다)를 법인 등의 신청을 받아 지역자활센터로 지정할 수 있다. 이 경우 보장기관은 법인 등의 지역사회복지사업 및 자활지원사업 수행능력 · 경험 등을 고려하여야 한다.

① 자활의욕 고취를 위한 교육
② 자활을 위한 정보제공, 상담, 직업교육 및 취업알선
③ 생업을 위한 자금융자 알선
④ 자영창업 지원 및 기술 · 경영 지도
⑤ 자활기업의 설립 · 운영 지원
⑥ 그 밖에 자활을 위한 각종 사업

2) 보장기관은 지정을 받은 지역자활센터에 대하여 다음의 지원을 할 수 있다.
① 지역자활센터의 설립 · 운영 비용 또는 제1항 각 호의 사업수행 비용의 전부 또는 일부
② 국유 · 공유 재산의 무상임대
③ 보장기관이 실시하는 사업의 우선 위탁

3) 보장기관은 지역자활센터에 대하여 정기적으로 사업실적 및 운영실태를 평가하고 수급자의 자활촉진을 달성하지 못하는 지역자활센터에 대하여는 그 지정을 취소할 수 있다.

4) 지역자활센터는 수급자 및 차상위자에 대한 효과적인 자활 지원과 지역자활센터의 발전을 공동으로 도모하기 위하여 지역자활센터협회를 설립할 수 있다.

5) 지역자활센터의 신청 · 지정 및 취소 절차와 평가, 그 밖에 운영 등에 필요한 사항은 보건복지부령으로 정한다.

4. 자활기관 협의체

시장 · 군수 · 구청장은 자활지원사업의 효율적인 추진을 위하여 지역자활센터, 직업안정기관,

사회복지시설의 장 등과 상시적인 협의체계(이하 "자활기관협의체"라 한다)를 구축하여야 한다. 자활기관협의체의 구성 및 운영 등에 필요한 사항은 보건복지부령으로 정한다.

5. 자활기업

1) 수급자 및 차상위자는 상호 협력하여 자활기업을 설립 · 운영할 수 있다.

2) 자활기업은 조합 또는 「부가가치세법」상의 사업자로 한다.

3) 보장기관은 자활기업에게 직접 또는 중앙자활센터, 광역자활센터 및 지역자활센터를 통하여 다음의 지원을 할 수 있다.

① 자활을 위한 사업자금 융자
② 국유지 · 공유지 우선 임대
③ 국가나 지방자치단체가 실시하는 사업의 우선 위탁
④ 국가나 지방자치단체의 조달구매 시 자활기업 생산품의 우선 구매
⑤ 그 밖에 수급자의 자활촉진을 위한 각종 사업

6. 고용촉진

① 보장기관은 수급자 및 차상위자의 고용을 촉진하기 위하여 상시근로자의 일정비율 이상을 수급자 및 차상위자로 채용하는 기업에 대하여는 대통령령으로 정하는 바에 따라 해당하는 지원을 할 수 있다.
② 시장 · 군수 · 구청장은 수급자 및 차상위자에게 가구별 특성을 감안하여 관련 기관의 고용지원서비스를 연계할 수 있다.
③ 시장 · 군수 · 구청장은 수급자 및 차상위자의 취업활동으로 인하여 지원이 필요하게 된 해당 가구의 아동 · 노인 등에게 사회복지서비스를 지원할 수 있다.

7. 자활기금의 적립

① 보장기관은 이 법에 따른 자활지원사업의 원활한 추진을 위하여 일정한 금액과 연한을 정하여 자활기금을 적립할 수 있다.
② 보장기관은 자활지원사업의 효율적 추진을 위하여 필요하다고 인정하는 경우에는 자활기금의 관리 · 운영을 중앙자활센터 또는 자활지원사업을 수행하는 비영리법인에 위탁

할 수 있다. 이 경우 그에 드는 비용은 보장기관이 부담한다.

③ 자활기금의 적립에 필요한 사항은 대통령령으로 정한다.

8. 자산형성지원

① 보장기관은 수급자 및 차상위자가 자활에 필요한 자산을 형성할 수 있도록 재정적인 지원을 할 수 있다.

② 보장기관은 수급자 및 차상위자가 자활에 필요한 자산을 형성하는 데 필요한 교육을 실시할 수 있다.

③ 지원으로 형성된 자산은 대통령령으로 정하는 바에 따라 수급자 재산의 소득환산액 산정 시 이를 포함하지 아니한다.

④ 자산형성지원의 대상과 기준 및 교육의 내용은 대통령령으로 정하고, 자산형성지원의 신청, 방법 및 지원금의 반환절차 등에 필요한 사항은 보건복지부령으로 정한다.

9. 자활의 교육 등

① 보건복지부장관, 특별시장 · 광역시장 · 특별자치시장 · 도지사 · 특별자치도지사(이하 "시 · 도지사"라 한다), 시장 · 군수 · 구청장은 수급자 및 차상위자의 자활촉진을 위하여 교육을 실시할 수 있다.

② 보건복지부장관은 교육을 위하여 교육기관을 설치 · 운영하거나, 운영의 전부 또는 일부를 법인 · 단체 등에 위탁할 수 있다.

③ 보건복지부장관은 교육기관의 운영을 위탁받은 법인 · 단체 등에 대하여 그 운영에 필요한 비용을 지원할 수 있다.

④ 교육과 교육기관의 조직 · 운영 등에 필요한 사항은 보건복지부장관이 정한다.

제3절 자활사업대상자와 지원계획

1. 자활사업대상자

국민기초생활보장법에 따라 수급권자를 자활사업에 참여하기 위한 사전조치로서 근로능력의 유·무를 판정하여, 근로능력이 있는 수급자에 대하여 조건부과 및 유예를 결정하고, 확인조사 등 자활사업 대상자의 선정과 관리에 필요한 조치를 안내한다.

2. 자활사업 참여자

① 일반수급자 : 조건부 수급자가 아닌 수급자

② 조건부 수급자 : 근로능력 있는 수급자 중 자활사업 참여를 조건으로 생계급여를 지급받는 수급자(조건으로 제시된 자활사업에 참여하지 않으면 생계급여 중지)

③ 자활급여특례자 : 수급자가 자활근로, 자활공동체, 자활취업촉진사업 등 자활사업에 참가하여 발생한 소득으로 소득인정액이 선정기준을 초과한 자

④ 특례수급자의 가구원 : 의료급여특례, 교육급여특례가구의 근로능력 있는 가구원 중 자활사업 참여를 희망하는자

⑤ 차상위계층 : 소득인정액이 최저생계비의 120% 미만인 자

⑥ 2007년부터 소득인정액이 최저생계비의 120% 미만인 자로서 미성년 자녀를 양육하고 있는 국적 미취득의 여성 결혼이민자도 자활사업 대상자에 포함

⑦ 근로능력이 있는 시설수급자 : 기초생활보장 시설수급자, 일반시설생활자

3. 시설수급자의 자활사업 참여(본인 희망시)

① 대상

- 시설보호 중인 기초생활보장 수급자 : 일반수급자의 참여절차 준용
- 타법에 의한 시설보호자 : 차상위계층의 참여절차 준용

② 의뢰절차

- 복지부 자활사업 : 시설장 → 시 · 군 · 구 → 자활사업실시기관
- 노동부 자활사업 : 시설장 → 시 · 군 · 구 → 고용지원센터

* 시설 소재지 관할 시 · 군 · 구청장은 추진 중인 “자활사업안내” 정보를 시설장에게 제공하여야 한다.

제4절 지역공동모금회

1. 공동모금의 특성

- 봉사활동으로의 민간운동
- 효율성과 일원화
- 지역사회 중심
- 전국적인 협조
- 공동모금회는 민간복지 발전에 필요한 재원을 자율적으로 마련하고 이를 복지사업에 배분하는 민간복지 운동으로 지역사회를 중심기반으로 한다. 또한 모금의 일원화를 통해서 효율성을 높일 수 있다.

2. 공동모금회의 사회적 기능

- 합리적 기부금 모금을 통한 사회복지자금의 조성
- 국민의 상부상조정신 고양
- 사회복지에 관한 이해의 보급과 여론의 형성
- 민주적 사회인으로서의 권리와 책무의 수행

3. 공동모금회의 모금활동에 대한 설명

- 연중모금캠페인과 연말집중모금으로 구분할 수 있다.
- 연말집중모금이 큰 비중을 차지하며, 가장 많은 비중을 차지하는 것은 기업모금이다.
- 이벤트 모금은 다양한 방송프로그램을 기획해서 진행한다.
- 기업모금은 전체 모금에서 가장 많은 비중을 차지하고 있다.
- 개인모금의 참여도는 선진국에 비해 낮은 편이다.

4. 공동모금회의 일반적인 배분절차

모금회는 매년 8월 31일까지 다음 각 호의 사항이 포함된 다음 회계연도의 공동모금재원 배분기준을 정하여 공고하여야 한다.

1. 공동모금재원의 배분대상
2. 배분한도액
3. 배분신청기간 및 배분신청서 제출 장소
4. 배분심사기준
5. 배분재원의 과부족(過不足) 시 조정방법
6. 배분신청 시 제출할 서류
7. 그 밖에 공동모금재원의 배분에 필요한 사항

모금회는 재난구호 및 긴급구호 등 긴급히 지원하여야 할 필요가 있는 경우에는 제1항에 준하여 별도의 배분기준에 따라 지원할 수 있다.

모금회는 지정되지 아니한 기부금품의 100분의 10의 범위에서 이사회 의결로 정하는 비율을 「한국국제보건의료재단법」에 따라 시행하는 개발도상국가를 비롯한 외국 및 군사분계선 이북지역의 보건의료수준의 향상을 위한 사업에 사용되도록 배분할 수 있다.

모금회는 공동모금재원을 배분하는 경우 모금회가 배분하는 것임을 표시하여야 한다.

① 공고
② 사업계획서 접수
③ 배분분과실행위원회 심의
④ 운영위원회 승인
⑤ 선정결과 통보 후 지원금 지급
⑥ 사업결과보고서 제출
⑦ 평가

5. 사회복지공동모금회법

- 사회복지사업의 지원을 위해 국민의 자발적 참여로 공동모금된 재원을 효율적으로 관리 운영함으로써 사회복지의 증진에 이바지함을 목적으로 한다.
- 1997년 처음 제정되어 1998년 시행되었다.
- 1999년 법의 개정결과 그 명칭이 사회복지공동모금회법으로 바뀌었다.
- 16개 시 · 도지회를 두고 있다.
- 기획, 홍보, 모금, 배분업무에 관한 사항을 심의하기 위하여 기획분과실행위원회, 홍보분과실행위원회, 모급문과실행위원회 및 배분분과실행위원회를 두고 있다.

6. 공동모금회의 발전 방향

- 지역사회 문제해결과 복지증진에 공동모금회가 중요한 역할을 수행해야 한다.
- 객관적 조사 및 자료의 축적을 통한 배분원칙을 확립해 가야 한다.

7. 사회복지공동모금의 의의

- 제도적 틀 내에서 민간자원을 동원하는 방법이다.
- 공공재원과 민간재원이 통합되어 운영된다.
- 사회복지프로그램의 전문화를 가능하게 한다.
- 사회복지기관 업무의 질적 수준을 향상시킨다.

제5절 자원봉사센터

1. 자원봉사활동의 특성

자아실현성, 자발성, 공익성, 비영리성, 비정파성, 비종파성의 원칙 아래 수행될 수 있도록 하여야 한다.

2. 자원봉사 활동의 관리과정

모집 → 사전교육 → 배치 → 지도감독 및 평가 → 인정 및 보상과 사후관리

3. 자원봉사활동기본법

- 자원봉사활동의 진흥을 위한 정책은 민·관 협력을 기본정신으로 추진되어야 한다.
- 자원봉사진흥위원회는 자원봉사활동에 관한 주요정책을 심의하기 위해 국무총리 소속하에 둔다.
- 행정안전부장관은 자원봉사활동의 진흥을 위한 국가기본계획을 5년마다 수립해야 한다.
- 지역사회 개발 및 발전에 관한 활동은 자원봉사활동의 범위에 해당한다.

- 국가는 국민의 자원봉사활동에 대한 참여를 촉진하기 위해 매년 12월 5일을 자원봉사자의 날로 설정하고 있다.

4. 자원봉사활동의 인정과 보상

- 자원봉사활동을 지속시키기 위한 매개체의 역할
- 자원봉사의 동기 및 욕구를 고려한 개별화
- 경력인정제도
- 자원봉사보험제도

5. 자활근로사업

- 보건복지부에서 직접 관리하지 않고 민간위탁기관이나 시 · 군 · 구에서 담당한다.
- 사업의 수익성은 떨어지나 사회적으로 유용한 일자리 제공으로 참여자의 자활능력 개발과 의지를 고취하여 향후 시장진입을 준비하는 사회적 일자리사업이 있다.
- 시장진입형, 인턴형, 사회서비스형, 근로유지형이 있다.
- 사회적 일자리사업의 유형은 사회적 일자리형 자활근로사업단, 자활사업도우미가 있다.
- 시장진입형 자활근로는 5대 전국표준화사업을 중점사업으로 추진한다.

6. 자활기업

- 자활기업이란 2인 이상의 수급자 또는 저소득층이 상호 협력하여, 조합 또는 공동사업자의 형태로 탈빈곤을 위한 자활사업을 운영하는 업체를 말한다.
- 국민기초생활보장법 개정에 따라 2012년 8월부터 '자활공동체'를 자활기업으로 명칭을 변경하고, 설립 요건을 2인 이상의 사업자에서 1인 이상의 사업자로 완화하였다.
- 자활기업 구성원 중 기초생활보장수급자가 3/1 이상이어야 한다.
- 지원은 2년, 최대 3년까지 지원된다.
- 수급권에서 벗어나 생계, 의료, 주거급여의 지급이 중지되며, 교육급여도 지급이 중지된다.
- 수급자들은 자활사업 참여자와 동일한 기준에 따른다.
- 참여자들이 생산한 상품과 서비스를 판매하여 생기는 사업수익금에 의해 소득을 창출하는 방식으로 운영한다.

7. 자활촉진프로그램

1) 자활장려금사업

보충급여를 기본원리로 하고 있는 국민기초생활보장제도가 야기할 수 있는 수급자의 근로의욕 감퇴를 예방하는 차원에서 근로소득의 일정비율을 산정하여 '자활장려금' 형태로 구분 지원하는 제도

2) 희망키움통장사업(자산형성지원)

일하는 수급자 대상 희망키움통장을 통한 취 · 창업 지원, 복지서비스 및 근로유인보상체계의 결합으로 탈빈곤을 위한 통합적 접근 노력

3) 내일키움통장사업

- 자활사업 참여자 대상 내일키움통장 도입(2013년 2월)
- 자활근로사업단 참여자(수급자 · 차상위 포함)로, 매월 5만원 또는 10만원 선택 저축
- 3년 이내 일반 시장 취 · 창업을 요건으로 내일키움장려금(시장진입형 1 : 1, 사회서비스형 1 : 0.5 매칭 지원) 및 내일키움수익금 지급

제6절 노인복지

1. 목적

노인의 질환을 사전예방 또는 조기발견하고 질환상태에 따른 적절한 치료 · 요양으로 심신의 건강을 유지하며, 노후의 생활안정을 위하여 필요한 조치를 강구함으로써 노인의 보건복지증진에 기여함을 목적으로 한다.

2. 정의

① "부양의무자"란 배우자(사실상의 혼인관계에 있는 자를 포함한다)와 직계비속 및 그 배우자(사실상의 혼인관계에 있는 자를 포함한다)를 말한다.

② "보호자"란 부양의무자 또는 업무 · 고용 등의 관계로 사실상 노인을 보호하는 자를 말한다.

③ "치매"란 치매관리법에 따른 치매를 말한다.
④ "노인학대"란 노인에 대하여 신체적 · 정신적 · 정서적 · 성적 폭력 및 경제적 착취 또는 가혹행위를 하거나 유기 또는 방임을 하는 것을 말한다.
⑤ "노인학대관련범죄"란 보호자에 의한 65세 이상 노인에 대한 학대를 말한다.

3. 기본이념

① 노인은 후손의 양육과 국가 및 사회의 발전에 기여하여 온 자로 존경받으며 건전하고 안정된 생활을 보장받는다.
② 노인은 그 능력에 따라 적당한 일에 종사하고 사회적 활동에 참여할 기회를 보장받는다.
③ 노인은 노령에 따르는 심신의 변화를 자각하여 항상 심신의 건강을 유지하고 그 지식과 경험을 활용하여 사회의 발전에 기여하도록 노력하여야 한다.

4. 보건복지증진의 책임

① 국가와 지방자치단체는 노인의 보건 및 복지증진의 책임이 있으며, 이를 위한 시책을 강구하여 추진하여야 한다.
② 국가와 지방자치단체는 규정에 의한 시책을 강구함에 있어 기본이념이 구현되도록 노력하여야 한다.
③ 노인의 일상생활에 관련되는 사업을 경영하는 자는 그 사업을 경영함에 있어 노인의 보건복지가 증진되도록 노력하여야 한다.

5. 노인실태조사

① 보건복지부장관은 노인의 보건 및 복지에 관한 실태조사를 3년마다 실시하고 그 결과를 공표하여야 한다.
② 보건복지부장관은 실태조사를 위하여 관계 기관 · 법인 · 단체 · 시설의 장에게 필요한 자료의 제출 또는 의견의 진술을 요청할 수 있다. 이 경우 관계 기관 · 법인 · 단체 · 시설의 장은 정당한 사유가 없으면 그 요청에 따라야 한다.
③ 조사의 방법과 내용 등에 관하여 필요한 사항은 보건복지부령으로 정한다.

6. 노인의 날

① 노인에 대한 사회적 관심과 공경의식을 높이기 위하여 매년 10월 2일을 노인의 날로, 매년 10월을 경로의 달로 한다.

② 부모에 대한 효사상을 앙양하기 위하여 매년 5월 8일을 어버이날로 한다.

③ 범국민적으로 노인학대에 대한 인식을 높이고 관심을 유도하기 위하여 매년 6월 15일을 노인학대예방의 날로 지정하고, 국가와 지방자치단체는 노인학대예방의 날의 취지에 맞는 행사와 홍보를 실시하도록 노력하여야 한다.

7. 인권교육

① 노인복지시설 중 대통령령으로 정하는 시설을 설치 · 운영하는 자와 그 종사자는 인권에 관한 교육(이하 이 조에서 "인권교육"이라 한다)을 받아야 한다.

② 노인복지시설 중 대통령령으로 정하는 시설을 설치 · 운영하는 자는 해당 시설을 이용하고 있는 노인들에게 인권교육을 실시할 수 있다.

③ 보건복지부장관은 인권교육을 효율적으로 실시하기 위하여 인권교육기관을 지정할 수 있다. 이 경우 예산의 범위에서 인권교육에 소요되는 비용을 지원할 수 있으며, 지정을 받은 인권교육기관은 보건복지부장관의 승인을 받아 인권교육에 필요한 비용을 교육대상자로부터 징수할 수 있다.

④ 보건복지부장관은 지정을 받은 인권교육기관이 다음 각 호의 어느 하나에 해당하면 그 지정을 취소하거나 6개월 이내의 기간을 정하여 업무를 정지할 수 있다.

㉠ 거짓이나 그 밖의 부정한 방법으로 지정을 받은 경우(당연취소)

㉡ 보건복지부령으로 정하는 지정요건을 갖추지 못하게 된 경우

㉢ 인권교육의 수행능력이 현저히 부족하다고 인정되는 경우

⑤ 인권교육의 대상 · 내용 · 방법, 인권교육기관의 지정 및 인권교육기관의 지정취소 · 업무정지 처분의 기준 등에 필요한 사항은 보건복지부령으로 정한다.

8. 노인복지상담원

① 노인의 복지를 담당하게 하기 위하여 특별자치도와 시 · 군 · 구(자치구를 말한다. 이하 같다)에 노인복지상담원을 둔다.

② 노인복지상담원의 임용 또는 위촉, 직무 및 보수 등에 관하여 필요한 사항은 대통령령으로 정한다.

9. 노인 사회참여 지원

① 국가 또는 지방자치단체는 노인의 사회참여 확대를 위하여 노인의 지역봉사 활동기회를 넓히고, 노인에게 적합한 직종의 개발과 그 보급을 위한 시책을 강구하며, 근로능력있는 노인에게 일할 기회를 우선적으로 제공하도록 노력하여야 한다.

② 국가 또는 지방자치단체는 노인의 지역봉사활동 및 취업의 활성화를 기하기 위하여 노인지역봉사기관, 노인취업알선기관 등 노인복지관계기관에 대하여 필요한 지원을 할 수 있다.

10. 노인일자리전담기관의 설치 · 운영

1) 노인의 능력과 적성에 맞는 일자리지원사업을 전문적 · 체계적으로 수행하기 위한 전담기관(이하 "노인일자리전담기관"이라 한다)은 다음 기관으로 한다.

① 노인인력개발기관 : 노인일자리개발 · 보급사업, 조사사업, 교육 · 홍보 및 협력사업, 프로그램인증 · 평가사업 등을 지원하는 기관

② 노인일자리지원기관 : 지역사회 등에서 노인일자리의 개발 · 지원, 창업 · 육성 및 노인에 의한 재화의 생산 · 판매 등을 직접 담당하는 기관

③ 노인취업알선기관 : 노인에게 취업 상담 및 정보를 제공하거나 노인일자리를 알선하는 기관

2) 국가 또는 지방자치단체는 노인일자리전담기관을 설치 · 운영하거나 그 운영의 전부 또는 일부를 법인 · 단체 등에 위탁할 수 있다.

3) 노인일자리전담기관의 설치 · 운영 또는 위탁에 관하여 필요한 사항은 대통령령으로 정한다.

4) 노인일자리지원기관의 시설 및 인력에 관한 기준 등은 보건복지부령으로 정한다.

11. 홀로 사는 노인에 대한 지원

① 국가 또는 지방자치단체는 홀로 사는 노인에 대하여 방문요양과 돌봄 등의 서비스와 안전확인 등의 보호조치를 취하여야 한다.

② 국가 또는 지방자치단체는 노인 관련 기관 · 단체에 위탁할 수 있으며, 예산의 범위에서 그 사업 및 운영에 필요한 비용을 지원할 수 있다.

③ 서비스 및 보호조치의 구체적인 내용 등에 관하여는 보건복지부장관이 정한다.

12. 독거노인종합지원센터

1) 보건복지부장관은 홀로 사는 노인에 대한 돌봄과 관련된 사업을 수행하기 위하여 독거노인종합지원센터를 설치 · 운영할 수 있다.

① 홀로 사는 노인에 대한 정책 연구 및 프로그램의 개발
② 홀로 사는 노인에 대한 현황조사 및 관리
③ 홀로 사는 노인돌봄사업 종사자에 대한 교육
④ 홀로 사는 노인에 대한 돌봄사업의 홍보, 교육교재 개발 및 보급
⑤ 홀로 사는 노인에 대한 돌봄사업의 수행기관 지원 및 평가
⑥ 관련기관 협력체계의 구축 및 교류
⑦ 홀로 사는 노인에 대한 기부문화조성을 위한 기부금품의 모집, 접수 및 배부
⑧ 그 밖에 홀로 사는 노인의 돌봄을 위하여 보건복지부장관이 위탁하는 업무

2) 보건복지부장관은 독거노인종합지원센터의 운영을 전문인력과 시설을 갖춘 법인 또는 단체에 위탁할 수 있다.

3) 그 밖에 독거노인종합지원센터의 설치 · 운영 등에 필요한 사항은 보건복지부령으로 정한다.

13. 상담 · 입소 등의 조치

보건복지부장관, 특별시장 · 광역시장 · 특별자치시장 · 도지사 · 특별자치도지사(이하 "시 · 도지사"라 한다), 시장 · 군수 · 구청장(자치구의 구청장을 말한다. 이하 같다)은 노인에 대한 복지를 도모하기 위하여 필요하다고 인정한 때에는 다음 각 호의 조치를 하여야 한다.

1) 65세 이상의 자 또는 그를 보호하고 있는 자를 관계공무원 또는 노인복지상담원으로 하여금 상담 · 지도하게 하는 것
2) 65세 이상의 자로서 신체적 · 정신적 · 경제적 이유 또는 환경상의 이유로 거택에서 보호받기가 곤란한 자를 노인주거복지시설 또는 재가노인복지시설에 입소시키거나 입소를 위탁하는 것
3) 65세 이상의 자로서 신체 또는 정신상의 현저한 결함으로 인하여 항상 보호를 필요로 하고 경제적 이유로 거택에서 보호받기가 곤란한 자를 노인의료복지시설에 입소시키거나 입소를 위탁하는 것

14. 노인복지시설의 종류

노인복지시설의 종류는 다음과 같다.

① 노인주거복지시설
② 노인의료복지시설
③ 노인여가복지시설
④ 재가노인복지시설
⑤ 노인보호전문기관
⑥ 노인일자리지원기관
⑦ 학대피해노인 전용 쉼터

15. 노인주거복지시설

1) 노인주거복지시설은 다음의 시설로 한다.
① 양로시설 : 노인을 입소시켜 급식과 그 밖에 일상생활에 필요한 편의를 제공함을 목적으로 하는 시설
② 노인공동생활가정 : 노인들에게 가정과 같은 주거여건과 급식, 그 밖에 일상생활에 필요한 편의를 제공함을 목적으로 하는 시설
③ 노인복지주택 : 노인에게 주거시설을 임대하여 주거의 편의 · 생활지도 · 상담 및 안전관리 등 일상생활에 필요한 편의를 제공함을 목적으로 하는 시설

2) 노인주거복지시설의 입소대상 · 입소절차 · 입소비용 및 임대 등에 관하여 필요한 사항은 보건복지부령으로 정한다.

3) 노인복지주택의 설치 · 관리 및 공급 등에 관하여 이 법에서 규정된 사항을 제외하고는 「주택법」 및 「공동주택관리법」의 관련규정을 준용한다.

16. 재가노인복지시설

재가노인복지시설은 다음 각 호의 어느 하나 이상의 서비스를 제공함을 목적으로 하는 시설을 말한다.

1) 방문요양서비스

가정에서 일상생활을 영위하고 있는 노인(이하 "재가노인"이라 한다)으로서 신체적 · 정신적

장애로 어려움을 겪고 있는 노인에게 필요한 각종 편의를 제공하여 지역사회 안에서 건전하고 안정된 노후를 영위하도록 하는 서비스

2) 주 · 야간보호서비스

부득이한 사유로 가족의 보호를 받을 수 없는 심신이 허약한 노인과 장애노인을 주간 또는 야간 동안 보호시설에 입소시켜 필요한 각종 편의를 제공하여 이들의 생활안정과 심신기능의 유지 · 향상을 도모하고, 그 가족의 신체적 · 정신적 부담을 덜어주기 위한 서비스

3) 단기보호서비스

부득이한 사유로 가족의 보호를 받을 수 없어 일시적으로 보호가 필요한 심신이 허약한 노인과 장애노인을 보호시설에 단기간 입소시켜 보호함으로써 노인 및 노인가정의 복지증진을 도모하기 위한 서비스

4) 방문목욕서비스

목욕장비를 갖추고 재가노인을 방문하여 목욕을 제공하는 서비스

5) 그 밖의 서비스

그 밖에 재가노인에게 제공하는 서비스로서 보건복지부령이 정하는 서비스

제7절 아동복지

1. 목적

아동이 건강하게 출생하여 행복하고 안전하게 자랄 수 있도록 아동의 복지를 보장하는 것을 목적으로 한다.

2. 기본이념

① 아동은 자신 또는 부모의 성별, 연령, 종교, 사회적 신분, 재산, 장애유무, 출생지역, 인종 등에 따른 어떠한 종류의 차별도 받지 않고 자라나야 한다.

② 아동은 완전하고 조화로운 인격발달을 위하여 안정된 가정환경에서 행복하게 자라나야 한다.

③ 아동에 관한 모든 활동에 있어서 아동의 이익이 최우선적으로 고려되어야 한다.

④ 아동은 아동의 권리보장과 복지증진을 위하여 이 법에 따른 보호와 지원을 받을 권리를 가진다.

3. 정의

1) "아동"이란 18세 미만인 사람을 말한다.

2) "아동복지"란 아동이 행복한 삶을 누릴 수 있는 기본적인 여건을 조성하고 조화롭게 성장·발달할 수 있도록 하기 위한 경제적·사회적·정서적 지원을 말한다.

3) "보호자"란 친권자, 후견인, 아동을 보호·양육·교육하거나 그러한 의무가 있는 사 또는 업무·고용 등의 관계로 사실상 아동을 보호·감독하는 자를 말한다.

4) "보호대상아동"이란 보호자가 없거나 보호자로부터 이탈된 아동 또는 보호자가 아동을 학대하는 경우 등 그 보호자가 아동을 양육하기에 적당하지 않거나 양육할 능력이 없는 경우의 아동을 말한다.

5) "지원대상아동"이란 아동이 조화롭고 건강하게 성장하는 데에 필요한 기초적인 조건이 갖추어지지 않아서 사회적·경제적·정서적 지원이 필요한 아동을 말한다.

6) "가정위탁"이란 보호대상아동의 보호를 위하여 성범죄, 가정폭력, 아동학대, 정신질환 등의 전력이 없는 보건복지부령으로 정하는 기준에 적합한 가정에 보호대상아동을 일정기간 위탁하는 것을 말한다.

7) "아동학대"란 보호자를 포함한 성인이 아동의 건강 또는 복지를 해치거나 정상적 발달을 저해할 수 있는 신체적·정신적·성적 폭력이나 가혹행위를 하는 것과 아동의 보호자가 아동을 유기하거나 방임하는 것을 말한다.

8) "피해아동"이란 아동학대로 인하여 피해를 입은 아동을 말한다.

9) "아동복지시설"이란 제50조에 따라 설치된 시설을 말한다.

10) "아동복지시설 종사자"란 아동복지시설에서 아동의 상담·지도·치료·양육, 그 밖에 아동의 복지에 관한 업무를 담당하는 사람을 말한다.

4. 아동보호전문기관의 설치

① 국가는 아동학대예방사업을 활성화하고 지역 간 연계체계를 구축하기 위하여 중앙아동보호전문기관을 둔다.

② 지방자치단체는 학대받은 아동의 발견, 보호, 치료에 대한 신속처리 및 아동학대예방을 담당하는 지역아동보호전문기관을 시 · 도 및 시 · 군 · 구에 1개소 이상 두어야 한다. 다만, 시 · 도지사는 관할 구역의 아동 수 및 지리적 요건을 고려하여 조례로 정하는 바에 따라 둘 이상의 시 · 군 · 구를 통합하여 하나의 지역아동보호전문기관을 설치 · 운영할 수 있다.

③ 지역아동보호전문기관을 통합하여 설치 · 운영하는 경우 시 · 도지사는 지역아동보호전문기관의 설치 · 운영에 필요한 비용을 관할 구역의 아동의 수 등을 고려하여 시장 · 군수 · 구청장에게 공동으로 부담하게 할 수 있다.

④ 보건복지부장관, 시 · 도지사 및 시장 · 군수 · 구청장은 아동학대예방사업을 목적으로 하는 비영리법인을 지정하여 제1항에 따른 중앙아동보호전문기관 및 제2항에 따른 지역아동보호전문기관의 운영을 위탁할 수 있다.

⑤ 아동보호전문기관의 설치기준과 운영, 상담원 등 직원의 자격과 배치기준, 제4항에 따른 지정의 요건 등에 필요한 사항은 대통령령으로 정한다.

5. 아동복지시설의 종류

아동복지시설의 종류는 다음과 같다.

1) 아동양육시설

보호대상아동을 입소시켜 보호, 양육 및 취업훈련, 자립지원 서비스 등을 제공하는 것을 목적으로 하는 시설

2) 아동일시보호시설

보호대상아동을 일시보호하고 아동에 대한 향후의 양육대책수립 및 보호조치를 행하는 것을 목적으로 하는 시설

3) 아동보호치료시설

아동에게 보호 및 치료 서비스를 제공하는 시설

4) 공동생활가정

보호대상아동에게 가정과 같은 주거여건과 보호, 양육, 자립지원 서비스를 제공하는 것을 목적으로 하는 시설

5) 자립지원시설

아동복지시설에서 퇴소한 사람에게 취업준비기간 또는 취업 후 일정기간 동안 보호함으로써 자립을 지원하는 것을 목적으로 하는 시설

6) 아동상담소

아동과 그 가족의 문제에 관한 상담, 치료, 예방 및 연구 등을 목적으로 하는 시설

7) 아동전용시설

어린이공원, 어린이놀이터, 아동회관, 체육 · 연극 · 영화 · 과학실험전시시설, 아동휴게숙박시설, 야영장 등 아동에게 건전한 놀이 · 오락, 그 밖의 각종 편의를 제공하여 심신의 건강유지와 복지증진에 필요한 서비스를 제공하는 것을 목적으로 하는 시설

8) 지역아동센터

지역사회 아동의 보호 · 교육, 건전한 놀이와 오락의 제공, 보호자와 지역사회의 연계 등 아동의 건전육성을 위하여 종합적인 아동복지서비스를 제공하는 시설

9) 아동보호전문기관

10) 가정위탁지원센터

11) 아동복지시설은 각 시설 고유의 목적 사업을 해치지 않고 각 시설별 설치기준 및 운영기준을 충족하는 경우 다음의 사업을 추가로 실시할 수 있다.

① 아동가정지원사업

지역사회아동의 건전한 발달을 위하여 아동, 가정, 지역주민에게 상담, 조언 및 정보를 제공하여 주는 사업

② 아동주간보호사업

부득이한 사유로 가정에서 낮시간 동안 보호를 받을 수 없는 아동을 대상으로 개별적인 보호와 교육을 통하여 아동의 건전한 성장을 도모하는 사업

③ 아동전문상담사업
학교부적응아동 등을 대상으로 올바른 인격형성을 위한 상담, 치료 및 학교폭력예방을 실시하는 사업

④ 학대아동보호사업
학대아동의 발견, 보호, 치료 및 아동학대의 예방 등을 전문적으로 실시하는 사업

⑤ 공동생활가정사업
보호대상아동에게 가정과 같은 주거여건과 보호를 제공하는 것을 목적으로 하는 사업

⑥ 방과 후 아동지도사업
저소득층아동을 대상으로 방과 후 개별적인 보호와 교육을 통하여 건전한 인격형성을 목적으로 하는 사업

제8절 장애인복지

1. 목적

장애인의 인간다운 삶과 권리보장을 위한 국가와 지방자치단체 등의 책임을 명백히 하고, 장애발생 예방과 장애인의 의료 · 교육 · 직업재활 · 생활환경개선 등에 관한 사업을 정하여 장애인복지대책을 종합적으로 추진하며, 장애인의 자립생활 · 보호 및 수당지급 등에 관하여 필요한 사항을 정하여 장애인의 생활안정에 기여하는 등 장애인의 복지와 사회활동 참여증진을 통하여 사회통합에 이바지하는 것이다.

2. 기본이념

장애인복지의 기본이념은 장애인의 완전한 사회참여와 평등을 통하여 사회통합을 이루는 데에 있다.

3. 장애인정책종합계획

① 보건복지부장관은 장애인의 권익과 복지증진을 위하여 관계 중앙행정기관의 장과 협의하여 5년마다 장애인정책종합계획을 수립 · 시행하여야 한다.

② 종합계획에는 다음의 사항이 포함되어야 한다.
- 장애인의 복지에 관한 사항
- 장애인의 교육문화에 관한 사항
- 장애인의 경제활동에 관한 사항
- 장애인의 사회참여에 관한 사항
- 그 밖에 장애인의 권익과 복지증진을 위하여 필요한 사항

③ 관계 중앙행정기관의 장은 장애인의 권익과 복지증진을 위하여 관련업무에 대한 사업계획을 매년 수립 · 시행하여야 하고, 그 사업계획과 전년도의 사업계획 추진실적을 매년 보건복지부장관에게 제출하여야 한다.

④ 보건복지부장관은 제3항에 따라 제출된 사업계획과 추진실적을 종합하여 종합계획을 수립하되, 장애인정책조정위원회의 심의를 미리 거쳐야 한다. 종합계획을 변경하는 경우에도 또한 같다.

⑤ 보건복지부장관은 종합계획의 추진성과를 매년 평가하고, 그 결과를 종합계획에 반영할 필요가 있는 경우에는 종합계획을 변경하거나 다음 종합계획을 수립할 때에 반영하여야 한다.

4. 복지연구 등의 진흥

① 국가와 지방자치단체는 장애인복지의 종합적이고 체계적인 조사 · 연구 · 평가 및 장애인 체육활동 등 장애인정책개발 등을 위하여 필요한 정책을 강구하여야 한다.

5. 한국장애인개발원의 설립 등

1) 장애인 관련 조사 · 연구 및 정책개발 · 복지진흥 등을 위하여 한국장애인개발원(이하 "개발원"이라 한다)을 설립한다.

2) 개발원은 법인으로 한다.

3) 국가와 지방자치단체는 개발원의 운영 및 사업에 필요한 비용을 보조할 수 있다.

6. 실태조사

① 보건복지부장관은 장애인 복지정책의 수립에 필요한 기초 자료로 활용하기 위하여 3년마다 장애실태조사를 실시하여야 한다.
② 장애실태조사의 방법, 대상 및 내용 등에 관하여 필요한 사항은 대통령령으로 정한다.

7. 복지서비스에 관한 장애인 지원사업

국가와 지방자치단체는 제32조제1항에 따라 등록한 장애인에게 필요한 복지서비스가 적시에 제공될 수 있도록 다음 각 호의 장애인 지원사업을 실시한다.

1) 복지서비스에 관한 상담 및 정보 제공

2) 장애인학대 등 안전문제 또는 생계곤란 등 위기상황에 놓여있을 가능성이 높은 장애인에 대한 방문 상담

3) 복지서비스 신청의 대행

4) 장애인 개인별로 필요한 욕구의 조사 및 복지서비스 제공 계획의 수립 지원

5) 장애인과 복지서비스 제공 기관 · 법인 · 단체 · 시설과의 연계

6) 복지서비스 등 복지자원의 발굴 및 데이터베이스 구축

7) 그 밖에 복지서비스의 제공에 필요한 사업

8. 장애인복지시설의 이용

① 국가와 지방자치단체는 장애인이 제58조에 따른 장애인복지시설의 이용을 통하여 기능회복과 사회적 향상을 도모할 수 있도록 필요한 정책을 강구하여야 한다.
② 국가와 지방자치단체는 장애인복지시설을 이용하는 장애인의 인권을 보호하기 위하여 필요한 정책을 마련하고 관련 프로그램을 실시할 수 있는 기반을 조성하여야 한다.

③ 장애인복지실시기관은 장애인복지시설에 대한 장애인의 선택권을 최대한 보장하여야 한다.
④ 장애인복지실시기관은 장애인의 선택권을 보장하기 위하여 장애인복지시설을 이용하려는 장애인에게 시설의 선택에 필요한 정보를 충분히 제공하여야 한다.

9. 장애인복지시설 설치

① 국가와 지방자치단체는 장애인복지시설을 설치할 수 있다.
② 장애인복지시설을 설치·운영하려면 해당시설 소재지 관할 시장·군수·구청장에게 신고하여야 하며, 신고한 사항 중 보건복지부령으로 정하는 중요한 사항을 변경할 때에도 신고하여야 한다. 다만, 폐쇄 명령을 받고 1년이 지나지 아니한 자는 시설의 설치·운영 신고를 할 수 없다.
③ 거주시설의 정원은 30명을 초과할 수 없다. 다만, 특수한 서비스를 위하여 일정 규모 이상이 필요한 시설 등 대통령령으로 정하는 경우는 예외이다.
④ 의료재활시설의 설치는 「의료법」에 따른다.

10. 장애인복지시설 운영의 개시

① 신고한 자는 지체 없이 시설운영을 시작하여야 한다.
② 시설운영자가 시설운영을 중단 또는 재개하거나 시설을 폐지하려는 때에는 보건복지부령이 정하는 바에 따라 미리 시장·군수·구청장에게 신고하여야 한다.
③ 시설운영자가 시설운영을 중단하거나 시설을 폐지할 때에는 보건복지부령이 정하는 바에 따라 시설이용자의 권익을 보호하기 위하여 다음의 조치를 하여야 한다.
   ㉠ 시장·군수·구청장의 협조를 받아 시설이용자가 다른 시설을 선택할 수 있도록 하고 그 이행을 확인하는 조치
   ㉡ 시설이용자가 이용료·사용료 등의 비용을 부담하는 경우 납부한 비용 중 사용하지 아니한 금액을 반환하게 하고 그 이행을 확인하는 조치
   ㉢ 보조금·후원금 등의 사용 실태 확인과 이를 재원으로 조성한 재산 중 남은 재산의 회수조치
   ㉣ 그 밖에 시설 이용자의 권익보호를 위하여 필요하다고 인정되는 조치
④ 시설 운영자가 시설운영을 재개하려고 할 때에는 보건복지부령으로 정하는 바에 따라 시설 이용자의 권익을 보호하기 위하여 다음의 조치를 하여야 한다.
   ㉠ 운영 중단 사유의 해소

㉡ 향후 안정적 운영계획의 수립
㉢ 그 밖에 시설 이용자의 권익 보호를 위하여 보건복지부장관이 필요하다고 인정하는 조치

11. 장애인재활상담사 자격증 교부

보건복지부장관은 장애인의 직업재활 등을 지원하기 위하여 자격요건을 갖춘 사람으로서 국가시험에 합격한 사람에게 장애인재활상담사 자격증을 교부해야 한다.

01 우리나라 사회복지공동모금회의 일반적 배분 절차는?

① 배분기준공고 - 서류심사 - 면접심사 - 현장방문심사 - 최종사정
② 배분기준공고 - 면접심사 - 현장방문심사 - 서류심사 - 최종사정
③ 배분기준공고 - 현장방문심사 - 면접심사 - 서류심사 - 최종사정
④ 서류심사 - 면접심사 - 배분기준공고- 현장방문심사 - 최종사정
⑤ 면접심사 - 서류심사 - 최종사정 - 배분기준공고 - 현장방문심사

해설 사회복지공동모금회 배분 절차
공고 - 사업계획서 접수 - 배분분과실행위원회 심의 - 운영위원회 승인 - 선정결과 통보 및 지원금 지급 - 사업결과보고서 제출 - 평가

정답 ①

02 자원봉사활동 추진체계의 역할로 옳지 않은 것은?

① 보건복지부: 자원봉사활동의 진흥을 위한 국가기본계획 수립
② 지방자치단체: 자원봉사센터 운영을 위한 예산 지원
③ 중앙자원봉사센터: 자원봉사센터 정책 개발 및 연구
④ 시 · 도 자원봉사센터: 자원봉사 프로그램 개발 및 보급
⑤ 시 · 군 · 구 자원봉사센터: 지역 자원봉사 거점역할 수행

해설 행정안전부장관은 관계 중앙행정기관의 장과 협의하여 자원봉사활동의 진흥을 위한 국가기본계획을 5년마다 수립하여야 한다.

정답 ①

03 사회복지공동모금의 의의는?

> 가. 제도적 틀 내에서 민간지원을 동원하는 방법
> 나. 사회복지발전을 위한 정부와 민간의 갈등관계 형성
> 다. 기부문화에 대한 주민의식 증진
> 라. 신고시설만을 지원하기 위한 자원분배활동

① 가, 나, 다
② 가, 다
③ 나, 라
④ 라
⑤ 가, 나, 다, 라

해설 사회복지공동모금의 의의
- 제도적 틀 내에서 민간자원을 동원하는 방법이다.
- 공공재원과 민간재원이 통합되어 운영된다.
- 사회복지프로그램의 전문화를 가능하게 한다.
- 사회복지기관 업무의 질적 수준을 향상시킨다.

정답 ②

Chapter 13 지역사회복지운동

1. 지역사회복지운동의 개념

1) 지역사회복지운동의 의의

지역차원에서 복지를 매개로 이루어지는 모든 사회운동은 지역사회복지운동으로 간주할 수 있다. 지역사회복지운동은 지역사회주민의 주체성과 역량을 강화하고, 지역사회의 변화를 주도하는 조직운동이며, 주민참여의 활성화에 의해 복지권리의식과 시민의식을 배양하는 사회권 확립운동이다.

주된 관심사를 지역사회주민의 삶의 질과 관련된 생활영역에 두고 있기 때문에 지역사회복지의 확산과 발전을 위한 생활운동으로써 의미를 가지고 있다.

지역사회복지운동은 지역사회의 다양한 자원활용 및 관련 조직 간의 유기적인 협력이 이루어지는 운동이다.

2) 지역사회복지운동의 목표

① 주민참여의 활성화와 주민복지권의 증진
② 지역사회복지자원의 확충
③ 지역사회복지기관의 확대

3) 지역사회복지운동의 필수요소

① 주민의 주체적 참여
② 영향력 강화
③ 공동정신의 강화
④ 제도적 여건 마련

2. 우리나라의 지역사회복지운동

1) 지역사회복지운동의 현황

- 시민사회의 확장으로 1990년대 이후 지역사회복지운동은 새롭게 조명을 받고 있으며, 다양한 활동을 전개하고 있다.

- 사회복지공동모금회법 제정으로 순수 민간차원의 모금운동이 활발해지고 있다.

2) 지역사회복지운동의 과제

- 지역사회의 관점에서 지역사회문제에 개입해야 한다.
- 지역복지활동영역의 확대와 현재의 지역사회복지관 중심의 단편적 · 미시적인 지역복지 활동의 지평을 넓혀야 한다.
- 지역복지활동가는 조직가, 조정자, 리더의 역할을 수행할 수 있어야 하며, 성공적인 활동을 위해서는 지역별, 전국적 활동가의 조직화가 모색되어야 한다.
- 지역복지교육 및 훈련강화가 필수적이며, 대학 지역복지교육의 근본적 개선이 필요하다.
- 지역사회복지운동의 정착을 위해서는 사회복지계와 시민운동조직 간의 연대활동을 발전시켜야 한다.

3. 지역사회복지운동의 유형

지역사회주민의 욕구충족을 목표로 하는 지역사회 중심의 사회복지운동으로써 주민운동과 특정사회복지 문제나 이슈의 해결을 목표로 하는 문제 또는 이슈 중심의 지역사회복지운동으로 구분된다.

1) 아른슈타인의 주민참여 8단계

- 비참여상태 : 조작, 치료
- 형식적 참여 : 정보제공, 상담, 회유
- 주민권력 : 협동관계, 권한위임, 주민통제

〈아른슈타인이 제시한 주민참여 8단계〉

① 조작 : 공무원이 일방적으로 교육, 설득시키고 주민은 단순히 참석
② 치료 : 주민의 욕구불만을 일정한 사업에 분출시켜서 치료
③ 정보제공 : 행정이 주민에게 일방적으로 정보를 제공
④ 상담 : 공청회나 집회 등의 방법으로 행정에 참여하기를 유도
⑤ 회유 : 주민의 참여범위가 확대되지만 최종적인 판단은 행정기관이 함
⑥ 협동관계 : 행정기관이 최종결정권을 가지고 있지만 주민들이 필요한 경우 그들의 주장을 협상으로 유도할 수 있음
⑦ 권한위임 : 주민들이 특정한 계획에 관해서 우월한 결정권을 행사하고 집행단계에 있어서도 강력한 권한을 행사함
⑧ 주민통제 : 주민 스스로 입안하고, 결정에서 집행 그리고 평가단계까지 주민이 통제하는 단계

TIP 아른슈타인은 참여의 효과라는 측면에서 8단계를 3개의 범주로 나누어 고찰하고 있다.
1단계 - 비참여 : 조작, 치료
2단계 - 형식적 참여 : 정보제공, 상담, 회유
3단계 - 주민권력 : 협동관계, 권한위임, 주민통제

2) 주민참여

- 공식적인 정부의 의사결정과정에 관여하여 주민들의 욕구를 정책이나 계획에 반영시키기 위한 적극적인 노력을 말한다.
- 지역사회 문제의 해결방식을 지역특성에 맞게 적합한 방식으로 선택할 수 있다.
- 주민들이 문제해결능력과 부담에 대해서 책임지는 것은 아니다.
- 지역주민들의 민주성을 확보할 수 있는 수단이 된다.
- 참여의 주체는 주민이다.

(1) 주민참여의 방법

주민참여의 방법에는 크게 두 가지가 있다. 일반적인 방법에는 전시회, 공청회, 설문조사, 대중매체 등이 있고, 해당 주민과의 대화유도를 통해 수용할 수 있도록 하기 위한 방법에는 델파이 방법, 명목집단 방법, 샤레트 방법이 있다.

① 샤레트 방법

지역주민, 관료, 정치가들이 함께 모여 서로 배우는 비공식적 분위기를 조성하여 지역사회가 느끼는 문제점과 관료나 정치가들이 인지하는 문제의 시각을 개진하여 상호 이해를 통해 일정시간 내 합의된 제안을 작성하는 방법

② 공청회

모든 주민을 대상으로 공개초청하여 진행하는 방법이다.

③ 명목집단 방법

전통적 집단회합의 한계를 극복하기 위해 사용하는 방법으로 상호작용이 이뤄지지 않는 상황을 조성하여 문제에 대해 개별적인 해결방안을 나열하고 이를 우선순위, 중요성에 따라 등급화하여 정리, 제시하는 방법이다.

④ 전시회

전시물의 내용이 간단하고 이해하기 쉬워야 하며 주민과의 접촉이 용이한 곳에서 이루어져야 하며, 홍보, 선전의 목적과 주민의견 파악에 용이하게 운영되어야 한다.

(2) 주민참여의 긍정적 효과와 부정적 효과

① 긍정적 효과

- 지방정부의 의사결정의 효율성을 제고시켜 준다.
- 지방행정의 불평등을 완화시켜준다.
- 정책결정의 민주성을 확보시켜준다.
- 지방정부와 공공기관 간의 갈등을 중재시켜 준다.

② 부정적 효과

행정비용이 증가할 수 있고, 주민들 간에 갈등을 유발시킬 수 있다. 또한 참여자들의 대표성 여부에 문제가 될 수 있다.

(3) 글래서가 말한 주민참여의 5가지 일반목표

① 정보교환 : 의사결정자와 주민이 서로의 생각과 관심사항을 공유하는 것
② 교육 : 주민들에게 정책이나 계획이 결정되는 과정을 알리는 것
③ 지지구축 : 주민과 정부의 갈등을 해소하기 위한 활동
④ 의사결정보완 : 의사결정과정에 주민을 참여시키는 것
⑤ 대표적 투입 : 특정 문제에 대해 전체 지역사회의 견해들을 확인하는 노력

3) 비영리 민간단체의 기능

- 교육 기능 : 리더십을 학습하고 공동체의식을 배양, 비영리민간단체의 활동은 참여민주주의를 배우는 실천현장
- 견제 기능 : 국가와 시장이 지닌 권력을 비판하고 감시
- 복지 기능 : 정부가 제공할 수 없거나 무시하는 사회서비스를 제공
- 대변 기능 : 사회적 약자의 권익을 옹호
- 조정 기능 : 정부와 이익집단 간의 분쟁 시 조정자로 기능

4) 비정부조직(NGO)

- 이윤추구적 기업과 시민사회단체를 포괄한다.
- 공식성을 띤 조직이어야 하지만 법인일 필요는 없다.
- 정부와 직접, 간접으로 계약을 맺거나 독자적인 힘으로 사회서비스를 제공한다.
- 정부의 역할을 대체하는 '작은 정부'를 보완한다.
- 활동의 궁극적인 목적은 시민의 의식과 가치관의 변화를 추구
- 재정은 회원의 회비, 기부금, 정부지원 등 다양한 방법으로 충원
- 의사결정구조의 분권화

- 의사결정과정은 하의상달식이며 지도자가 일반적으로 명령할 수 없음
- 시민의 자율적 조직으로 자원봉사자의 역할이 큼

5) 사회복지운동의 참여를 결정짓는 요인

- 시민의 정치적 참여폭을 확대하기 위함이다.
- 개인의 영역에 대한 국가간섭이 확대되었기 때문이다.
- 환경과 생태 등 지역사회 문제의 변화 때문이다.
- 사회운동 참여자의 계층이 다양해지고 있기 때문이다.

6) 비영리 민간단체

- 국가와 시장이 지닌 권력을 비판하고 감시하는 기능을 한다.
- 정부조직이 아니어야 한다.
- 공식성을 띤 것이어야 한다.
- 다른 기관과 경쟁하기보다는 정부가 제공할 수 없거나 무시하는 서비스를 제공한다.

7) 사회복지운동

사회구성원의 삶의 질을 높이기 위한 목적 의식적이며 조직적 활동으로, 사회복지 종사자나 전문가, 넓게는 모든 국민들이 주체적인 참여와 행동을 통하여 사회복지 목표달성을 위해 의도적으로 추진해가는 사회운동이다.

(1) 사회행동

체제변혁 혹은 체제 내 개량을 지향하는 운동이다.

(2) 주민참여

주민들의 욕구가 공식적인 정부의 의사결정 과정에 관여할 수 있도록 하는 지역사회 주민들의 노력이다.

(3) 지역사회운동

지역사회 구조 내에서 심화된 모순을 전체구조의 변화에까지 확장시키려는 집단적인 의식적 운동이다.

(4) 시민운동

시민 주체의 사회적 운동이다.

(5) **희망스타트사업**

- 지방자치단체를 중심으로 실시되고 있는 빈곤아동과 그 가족에 보건, 복지, 교육을 통합한 맞춤형 전문서비스를 제공하여 빈곤의 대물림을 차단하는 예방적 서비스
- 빈곤아동의 신체적, 정서적, 사회적 능력 등 전인적 발달 지원
- 사전 예방적 통합서비스 지원체계
- 전국 16개 지역에서 실시 중
- 보건복지교육을 통합한 맞춤형 서비스

(7) **아동발달지원계좌사업**(CDA)

- 아동이 후원자의 지원을 받아 월 3만원 이내의 기본적립금을 적립하면 정부(지자체)에서도 만 18세가 될 때까지 같은 액수로 지원함으로써, 18세 이후 사회진출 시 학자금, 기술습득비용, 창업비용, 주거마련 비용 등으로 자립자금을 사용할 수 있도록 하는 사업이다.
- 빈곤아동에 대한 자산형성과 경제교육을 지원한다.

01 다음 중 지역사회복지운동에 대한 설명으로 옳은 것은?

> 가. 지역복지관의 난립과 경쟁을 가져온다.
> 나. 지역사회주민뿐만 아니라 사회복지전문가, 사회복지실무자 모두 주체가 될 수 있다.
> 다. 직접서비스제공이 중심적인 활동이다.
> 라. 지역사회의 변화를 추구하는 조직적인 운동이다.

① 가, 나, 다 ② 가, 다
③ 나, 라 ④ 라
⑤ 가, 나, 다, 라

해설 가. 지역사회복지운동과 관련 없는 내용이다.
다. 지역사회복지운동은 매개체 역할로써 직접적인 서비스 제공과는 거리가 멀다.

정답 ③

02 지역사회 욕구사정 방법에 관한 설명으로 옳은 것은?

① 명목집단기법: 지역주민으로부터 설문조사를 통해 직접적으로 자료를 획득
② 초점집단기법: 전문가 패널을 대상으로 반복된 설문을 통해 합의에 이를 때까지 의견을 수렴
③ 델파이기법: 정부기관이나 사회복지관련 조직에 의해 수집된 기존 자료를 활용
④ 지역사회포럼: 지역주민이 참여할 수 있는 공개 모임을 개최하여 구성원의 의견을 모색
⑤ 사회지표분석: 지역사회 문제를 잘 파악하고 있는 사람들을 대상으로 정보를 확보

해설 ① 명목집단기법 : 소수로 구성된 집단의 공동 문제나 질문에 대해 우선 각자 나름대로 제안이나 해결책을 제시하고 나중에 그들의 제안을 공유한 후 집단 구성원 간 토론을 통하여 우선순위를 결정하는 방법
② 초점집단기법 : 어떤 문제에 관련된 소수의 사람들을 한 곳에 모아 어떤 문제에 대한 의견을 개진하게 하고 또한 참여자들끼리 토론도 가능하게 하여 보다 깊이 있게 의견을 듣는 방법
③ 델파이기법 : 전문가 패널을 대상으로 반복된 설문을 통해 합의에 이를 때까지 의견을 수렴
⑤ 사회지표분석 : 정부기관이나 사회복지관련 조직에 의해 수집된 기존 자료를 활용

정답 ④

03 지역사회복지실천의 원칙으로 옳지 않은 것은?

① 지역사회 기관 간 협력관계 구축
② 지역사회 특성을 반영한 계획 수립
③ 지역사회 문제 인식의 획일화
④ 욕구 가변성에 따른 실천과정의 변화 이해
⑤ 지역사회 변화에 초점을 둔 개입

해설 지역사회 문제는 여러 가지 다양한 인식을 통해 실천해야 한다. 정답 ③

04 지역사회복지에 있어서 주민참여의 효과를 옳게 나타낸 것은?

가. 행정비용 절감	나. 지역의 공동체성 강화
다. 시간의 절약	라. 지역주민의 욕구반영

① 가, 나, 다 ② 가, 다
③ 나, 라 ④ 라
⑤ 가, 나, 다, 라

해설 주민참여의 부정적 효과
- 행정비용이 증가할 수 있다.
- 주민들 간에 갈등을 유발시킬 수 있다.
- 참여자들의 대표성 여부에 문제가 될 수 있다.
- 시간이 많이 걸린다. 정답 ③

05 지역사회복지실천에서 지역주민 참여수준이 높은 것에서 낮은 것 순서로 옳게 나열한 것은?

ㄱ. 계획단계에 참여	ㄴ. 조직대상자
ㄷ. 단순정보수혜자	ㄹ. 의사결정권 행사

① ㄴ - ㄷ - ㄹ - ㄱ
② ㄷ - ㄱ - ㄴ - ㄹ
③ ㄷ - ㄴ - ㄱ - ㄹ
④ ㄹ - ㄱ - ㄴ - ㄷ
⑤ ㄹ - ㄴ - ㄱ - ㄷ

해설 아른슈테인(Arnstein)의 주민참여 1단계에서 8단계
조작-치료-정보제공-상담-주민회유-협동관계-권한위임-주민통제

정답 ④

06 최근 복지전달체계의 동향으로 옳지 않은 것은?

① 사회복지 전담인력의 확충
② 수요자 중심 복지서비스 제공
③ 통합사례관리의 축소
④ 민 · 관 협력의 활성화
⑤ 보건과 연계한 서비스의 통합성 강화

해설 최근 사회복지 전달체계는 통합사례관리 확대를 통한 운영의 효율성과 서비스의 효과성을 높이는 노력이 수행되어야 한다.

정답 ③

2026 사회복지사1급 기본 핵심이론서

2교시 사회복지실천

사회복지실천론 / 사회복지실천기술론 / 지역사회복지론

편 저 자 이상혁
제작유통 메인에듀(주)
초판발행 2025년 04월 01일
초판인쇄 2025년 04월 01일
마 케 팅 메인에듀(주)
주 소 서울시 강동구 성안로 115, 3층
전 화 1544-8513
정 가 32,000원

I S B N 979-11-89357-83-2